Bauwelt Fundamente 24

Herausgegeben von Ulrich Conrads
unter Mitarbeit von
Gerd Albers, Adolf Arndt,
Lucius Burckhardt, Werner Kallmorgen,
Hermann Mattern, Julius Posener,
Hans Scharoun, Hansjörg Schneider

»Die Form«

Stimme des Deutschen Werkbundes 1925—1934

Herausgegeben von
Felix Schwarz
und Frank Gloor

Bertelsmann Fachverlag

© Bertelsmann Fachverlag Reinhard Mohn, Gütersloh 1969 · 1
Umschlagentwurf von Helmut Lortz
Gesamtherstellung Industriedruck AG, Essen
Alle Rechte vorbehalten
Printed in Germany · Bestell-Nr. 8624

Inhaltsverzeichnis

Das Politische des Werkbundes 7
Werkbundarbeit — damals und heute 9
Vorwort der Herausgeber 14

»DIE FORM« UND DER WERKBUND

Schlaglichter 16
Geleitwort 17
Zum neuen Jahrgang 20
Wege zur Form 23
1932 27
Idee und Realisierung der Internationalen Werkbund-Ausstellung Köln 1932 32
Was ist modern? 63
Front 1932 75
Die Gründung des Deutschen Werkbundes 6. Oktober 1907 82
Der Kampf um die deutsche Kultur 88
Mitteilungen des neuen Werkbundes 95
Der Deutsche Werkbund im neuen Reich 97
Jahresversammlung des Deutschen Werkbundes in Würzburg 100
Wird die Kultur diktiert? 110
Was bedeutet der Deutsche Werkbund heute? 112

STÄDTEBAU, WOHNUNGSBAU, BAUWIRTSCHAFT

Schlaglichter 114
Stadt, Form, Architekt 115
Vom Weg der Bautypen 122
Organisation eines Baugedankens 127
Vorbemerkung zum 1. Sonderheft »Werkbundausstellung Stuttgart 1927« 132
Form der Kleingärten 134
Zur Tagung der Reichsforschungsgesellschaft 137
Städtebau und Wohnungsbau 140
Ist die Genossenschaftsstadt möglich? 145
400 000 Wohnungen pro Jahr! 147
Die Wohnung für das Existenzminimum 148
Das Städtebaugesetz — eine Gefahr 152
Zur Abteilung Städtebau und Landesplanung 154
Beiträge zur Frage des Hochhauses 163
Dammerstock 168
Diskussion über den Zeilenbau 175
Menschenwirtschaft und Raumwirtschaft in Deutschland 180

Typen der Theorie des Städtebaus	184
Zur Freiflächenfrage / Forderung und Problematik	190
Die Wohnung unserer Zeit	194
Diskussion um die Stadtrandsiedlung	197
Ein Volk, das nicht baut, stirbt!	203

THEATER, TANZ, FILM, FOTOGRAFIE

Schlaglichter	208
Vom Chaos zur Form des Bühnenwerks	210
Zum Problem des Bühnenbildes	219
Der neue Tanz in seiner symptomatischen Bedeutung	222
Neue Mittel der Filmgestaltung	230
Film als reine Gestaltung	233
Fotogramm und Grenzgebiete	240
Vom »Kino-Auge« zum »Radio-Auge«	243
Probleme des neuen Films	247

MALEREI UND TYPOGRAPHIE

Schlaglichter	258
Zur abstrakten Malerei	259
Farben im Raum	262
Gegen den Dogmatismus in der Kunst	266
Inkonsequenzen	275
Fotografie und Typografie	279
Das Buch und seine Gestaltung	284

INDUSTRIEFORM

Schlaglichter	290
Wo berühren sich die Schaffensgebiete des Technikers und Künstlers?	291
»Modern« als Handelsware	293
Englische Charakterzüge — Englische Typenformen	297

MODE

Schlaglichter	308
Probleme der Mode	309
Bemerkungen eines Architekten zur Mode	315

ANHANG

Jahresinhaltsverzeichnisse	321
Kurzbiographien von Mitarbeitern der »Form«	339

Das Politische des Werkbundes
Von Adolf Arndt

Ist es eine Herausforderung, daß jetzt in Querschnitt ein Neudruck der »alten« Werkbund-Zeitschrift »Die Form« aus den Weimarer Jahren erscheint? Ist das eine Herausforderung, weil gerade zur Stunde gefragt wird, ob der Deutsche Werkbund sich überlebte oder ob er nicht mindestens von Grund auf sich ändern müßte? Ließe der Deutsche Werkbund die Berechtigung seines Daseins nicht in Frage stellen, er hätte aufgehört, der Werkbund zu sein. Aber es muß sich auch der Freund oder Gegner gefragt wissen, der Forderungen an den Werkbund erhebt oder seine Fragwürdigkeit behauptet, und zwar sich gefragt wissen, ob er den Werkbund schief von irrigen Voraussetzungen her angreift.

Anscheinend unausrottbar ist das Mißverständnis, der Werkbund sei eine »Richtung« oder gar eine Architekten-Schule. Daß die Zeitschrift »Die Form« wenigstens im Querschnitt wieder gegenwärtig ist, wird dazu beitragen, die Nebel solcher Mißverständnisse aufzulösen.

Was den Werkbund kennzeichnet, ist das *Übergreifen*. Zeile um Zeile zeigt es sich beim Nachlesen in der »Form«. Der Ausgangspunkt für eine Arbeit im Sinne des Werkbundes war und ist die Einsicht, daß kein Ding — und Ding ist außerhalb des Menschen bis zur Stadtlandschaft hin alles und jedes, was ihm zuhanden ist — also, daß kein Ding als vereinzeltes losgelöst für sich geschaffen werden kann, sondern, daß ein Erzeugnis, sei es Gabel oder Haus, nur »gerecht« gelingt, wenn alle Zusammenhänge, aus denen ein Ding entsteht, und nicht zuletzt der Schöpfer, der das Ding macht, auch »gerecht« sind. Diese Einsicht in die Notwendigkeit des Übergreifens findet ihren organisatorischen Ausdruck darin, daß der Deutsche Werkbund zu keiner Zeit ein Fachverband war, insbesondere kein Architektenverein. In der Sache selbst führt diese Einsicht dazu, daß der Einsichtige auf die Zusammenhänge stößt, innerhalb derer er arbeitet und auf die er — verändernd — durch seine Arbeit Einfluß nimmt, keineswegs nur, wie es anfangs den Anschein hatte, auf die Funktion des Dinges. Denn die Frage nach der Gerechtigkeit eines Dinges ist nicht allein die Frage, welche Funktion es hat und wie es ihr in seiner Form dient, sondern die Frage, wie Mensch und Ding miteinander umgehen.

Durch dieses Übergreifen auf die Zusammenhänge in ihrer Vielfalt stoßen — heißt: wesensgemäß politisch zu sein. Das Politische des Werkbundes ist nichts Willkürliches oder Beliebiges. Die Zusammenhänge von Mensch und Ding sowie von den Menschen und den Dingen untereinander, diese Zusammenhänge sind politisch. Wer durch sein Übergreifen auf diese Zusammenhänge stößt, gerät dann damit frontal ins Politische. Er sieht sich vor die Notwendigkeit gestellt, die Frage nach der Wirklichkeit aufzuwerfen und Wirklichkeit zu begreifen. Ein Arbeiten im Geist des Werkbundes war niemals möglich ohne Sinn für Wirklichkeit. Darum ist es wohl die erste Aufgabe des Werkbundes, Sinn für Wirklichkeit zu wecken. Wirklichkeit umgreift dabei nicht nur das Gegebene in tatsächlicher Feststellung, sondern ist Antwort auch auf die Wahrheitsfrage nach unserem geschichtlichen Ort. Der Zusammenhang von Wahrheit und Schönheit, auf den Thomas von Aquin hinwies, erschließt sich nur, wenn man wieder zu ahnen anfängt, daß Schönheit nicht das Gefällige meint, nicht den bloßen Schein der Oberfläche, sondern die sinnliche Erfahrung der Welt.

Werkbundarbeit — damals und heute
Von Walter Rossow

> Aus der Satzung des Deutschen Werkbundes vom 12. Juli 1908:
> § 2 Der Zweck des Bundes ist die Veredelung der gewerblichen Arbeit im Zusammenwirken von Kunst, Industrie und Handwerk durch Erziehung, Propaganda und geschlossene Stellungnahme zu einschlägigen Fragen.

Die Geschichte des Deutschen Werkbundes weist drei deutliche Abschnitte auf: eine erste Periode von der Gründung bis zum Ende des 1. Weltkrieges, die Jahre von 1918 bis 1933 und die Zeit von 1946 bis in unsere Tage. Obwohl das Wirken des Werkbundes sich — mit Ausnahme der zwölf Jahre des Dritten Reiches — als kontinuierliche Anstrengung zu erkennen gibt, hatte die Werkbundarbeit in den drei Perioden jeweils andere Akzente und damit auch andere Wirkungen.

Der erste Abschnitt, die Zeit der Pionierarbeit auf einem bis dahin unbegangenen Gelände, ist mitbestimmt von dem nationalen Rahmen, den die gesellschaftlichen und politischen Verhältnisse setzen. Arbeitsmittel ist in diesem Jahrzehnt die Einflußnahme der Kunst auf die Produktion des Handwerks und der Industrie. Das Verhältnis zwischen den schöpferischen Menschen und den Produzenten industrieller Güter ist Gegenstand einer nicht abreißenden Diskussion. Zeugnis darüber geben die Jahrbücher 1912 bis 1916.

»Die Durchgeistigung der deutschen Arbeit« — so lautet der Titel eines Berichts über die Werkbundarbeit aus dem Jahr 1912. Der Bericht zeigt bereits die Breite der Einflußnahme: die Themen reichen von Schule und Museum bis zu Mode und Architektur. Muthesius sagt zwei Jahre später: »Die Bestätigung des guten Geschmacks im Leben des einzelnen mag Privatangelegenheit sein, in der Gesamtheit des Volkes wird aus dieser Privatangelegenheit ein charakteristisches Anzeichen, das nicht nur das Kulturbild der Nation färbt, sondern auch weitreichende wirtschaftliche Konsequenzen hat.«

Friedrich Naumann, der im selben Jahr, am 4. Juli 1914 anläßlich der Eröffnung der Werkbund-Ausstellung in Köln, über das Thema »Werkbund und Weltwirtschaft« spricht, hatte schon 1906 ganz allgemeine gesellschaftliche Probleme berührt, als er auf die Notwendigkeit »sozialer und pädagogischer Einflußnahme über das Ästhetische hinaus« hinwies. Insofern kommt auch van de Veldes Aufruf an die Gewerkschaften, sich ihrer kulturellen Verantwortung bewußt zu werden, im Jahre 1914 nicht von ungefähr. Der soziale Aspekt der Werkbundarbeit war schon eingewurzelt. Doch tauchen solche Betrachtungen und Zielsetzungen in der ersten Zeit nur am Rande auf.

Mit dem Einschnitt 1918 beginnt für den Werkbund eine überaus lebendige

Zeit. Vor dem bewegten Hintergrund außen- und innenpolitischer Spannungen, inmitten des kulturellen und geistigen Aufbruchs erweitert sich auch die Wirksamkeit des Werkbundes nach allen Seiten. Er kann darüber hinaus die Ernte früherer Arbeit einbringen. Viele kulturelle Ereignisse und Taten dieser Jahre haben ihren Ursprung in Werkbundideen, sind Auswirkungen der vorhergehenden Periode. Die Entstehung des Bauhauses und das Wirken Redlobs als Reichskunstwart kann man ebenso dazurechnen wie die großen städtebaulichen Taten Martin Wagners für den Berliner Wohnungsbau, um nur einige wenige herausragende Beispiele zu nennen.
Die Arbeit der dem Werkbund angehörigen oder nahestehenden Architekten hat nun eine ganz deutliche soziale und sozialkritische Komponente. Die Gewerkschaften werden zum erstenmal in ihrer Geschichte als Bauherren in kultureller Funktion tätig. Die veränderten politischen Verhältnisse ließen das jetzt nicht nur zu, sie forderten es sogar. »Formprobleme der gestaltenden Arbeit ... können nur im Zusammenhang mit jenen übergeordneten Problemen behandelt werden, die in der Gestaltung einer neuen Arbeitsordnung und der Bildung neuer Lebensformen bestehen«, sagt W. C. Behrendt in seinem programmatischen Geleitwort zum ersten Heft der »Form« 1925. Die Fragen der Gestaltung sind unlösbar verknüpft mit der gesellschaftlichen Entwicklung. Die Neuordnung der Arbeits-, Lebens- und Wohnformen ist Werkbund-Aufgabe. Am Rande bemerkt: damals entstanden die elektrischen S-Bahnen in Berlin und Hamburg, auf etwa 60 Einwohner kam ein Auto, die Entwicklung der Mietwohnung stand unter dem Zwang, aus wirtschaftlichen Gründen mit immer geringerer Fläche auskommen zu müssen — schließlich arbeitete und diskutierte man über die »Wohnung für das Existenzminimum«.
In dieser zweiten Periode öffentlicher Wirksamkeit des Deutschen Werkbundes zwischen 1918 und 1933 treten neben den Gründern und Pionieren andere Persönlichkeiten in den Vordergrund. Die für den vorliegenden Band ausgewählten Aufsätze aus der »Form« nennen viele Namen, die der radikale Einbruch der Diktatur hat in Vergessenheit geraten lassen; sehr zu Unrecht, wie die Wiederbegegnung mit ihnen zeigt.
Denn trotz der guten Organisation und finanziellen Ausstattung des Deutschen Werkbundes, trotz der vielen und oft sehr gegensätzlichen geistigen Einflüsse, die sein Wirken bestimmten, und trotz der großen Breite seiner Aktivität bestand die Werkbundarbeit auch damals ganz wesentlich in dem Wirken einzelner. Ihr Sprachrohr und öffentliches Forum ist »Die Form«. Keineswegs gilt alles, was in der »Form« veröffentlicht wurde, als offizielle Meinung und erklärtes Werkbund-Programm. Die Zeitschrift ist zugleich — wie hätte es auch anders sein können — Medium eines weiten, mit dem Bund sympathisierenden Kreises von Künstlern, Architekten, Theater- und Filmleuten. Wie es

kaum etwas gab, was den Werkbund nichts anging, so unterliegt auch alles seiner geistigen Ausstrahlung und profitiert von der Auseinandersetzung einer »offenen« Gruppe, die hohe Ansprüche an sich selbst stellt. Das sollte auch für den Werkbund von heute gelten.

Zur Darstellung der Ideen und Leistungen dieser zweiten Periode war für das Jahr 1932 eine Ausstellung geplant, die wiederum in Köln stattfinden sollte. Aber der Werkbund hat, mit wenigen Ausnahmen, kein Glück mit seinen großen Ausstellungen gehabt. Die Werkbund-Ausstellung Köln 1914 mußte nach Kriegsausbruch vorzeitig geschlossen werden und hat sich kaum auswirken können. Die für 1932 geplante internationale Ausstellung kam überhaupt nicht zustande, sie fiel der Weltwirtschaftskrise zum Opfer. Das Thema der Ausstellung sollte »Die neue Zeit« sein, neue Zeit im Sinne tagtäglich sich neu herausbildender technischer Möglichkeiten und Mittel, die aufgegriffen, bewältigt und beherrscht werden wollen. Ernst Jäckh beschreibt das Programm in Heft 15/1929 sehr eingehend und mit ausführlicher Begründung. Die Ausstellung sollte eine umfassende Vision des modernen Menschen und seiner Welt werden, ein Manifest größten Stils (Riezler), und als internationale Veranstaltung eine bessere Ordnung dieser Welt vor Augen führen und den Willen zu weltweiter Zusammenarbeit stärken.

Zu dieser Manifestation — heute so aktuell wie damals — ist es wie gesagt nicht gekommen. Die Arbeit des Werkbundes als Organisation und die Wirksamkeit seiner Mitglieder endete praktisch in den ersten Monaten nach Hitlers Machtergreifung. Die Dokumente über den schnellen Gang der »Gleichschaltung« sind heute eine interessante und bewegende historische Lektüre, aber nur noch dem Namen nach Äußerungen des Werkbundes. 1934 wurde er aufgelöst.

Über den dritten Abschnitt seines nun mehr als 60jährigen Wirkens ließe sich ein Wort von Mies van der Rohe setzen: er wünschte sich 1927, »ohne Fahne zu marschieren«. Fünf Jahre dauerte es, bis sich nach Kriegsschluß in den neuen Bundesländern eine Reihe von Werkbund-Zusammenschlüssen herausbildete. Inzwischen sind aus diesen Gruppierungen acht Organisationen entstanden, deren Bereich sich nicht in jedem Fall mit den Ländergrenzen deckt, die aber gleichwohl landschaftlich-regionale Züge haben. Überall aber ist die wirtschaftliche Basis der Arbeit schmal. Ein Bund, der von seinen Mitgliedern schöpferische Leistungen erwartet und in Anbetracht seiner Eigenart und Zielsetzung nie zu einem Massenverein wird wachsen können, zählt nicht nur begüterte Leute zu seinen Mitgliedern. Aber nicht allein die finanziellen Mittel des Werkbundes, auch seine Arbeits- und Wirkungsmöglichkeiten sind beängstigend gering.

Schon die fünfziger und die frühen sechziger Jahre waren sehr anders geartet als die aufgewühlte, aufwühlende Zeit vor 1933. Der zunehmende Wohlstand und der mit ihm verbundene Abbau der wirtschaftlichen Kontraste im Lande gaben den restaurativen Kräften eine ungemein breite Basis. Die Bereitschaft zu Neuem ist gering. Und abgesehen von unserer nationalen Misere, die ebenfalls der Restauration unvergleichliche Chancen einräumt — die Welt draußen ist bedrohlich in Bewegung und mit wirtschaftlichen, rassischen und machtpolitischen Problemen geladen wie nie zuvor. Einer solchen Welt gegenüber relativieren sich die Anstrengungen eines Werkbundes oft bis zur Unkenntlichkeit. Gerade weil seine Arbeit in die politischen Zusammenhänge einfließt, der Werkbund aber weder eine politische noch eine parteipolitische Organisation ist, kann von ihm keine aggressive Wirkung ausgehen. Ihm kann nach wie vor nicht die Lautstärke, sondern nur der Inhalt von Worten und Taten Maßstab sein. Der Vorsatz, durch das Werk, eine gute Lösung, eine gelungene Sache zu wirken statt sie lauthals anzupreisen, scheidet die Geister.

Mitglieder, die sich in ihrer beruflichen Arbeit für die Ziele des Werkbundes engagieren, leisten mehr für seine, des Werkbundes, Sache, als der organisatorische Verband als solcher je leisten könnte. Die Frage »Was tut der Werkbund?« ist zu einem wichtigen Teil so zu beantworten, und zwar durch seine ganze Geschichte hin, von 1907 bis heute. Die Verbreitung solcher Arbeiten einzelner und einzelner Gruppen, die Veröffentlichung solcher Arbeitsergebnisse, die ihre Herkunft aus den Ideen und aus der Haltung des Deutschen Werkbundes erkennen lassen, ist heute jedoch leider ganz unzureichend. Nicht nur gehen unverhältnismäßig wenig Informationen nach außen — auch im Werkbund selbst fließen sie nur spärlich. Diese »offene Gesellschaft mit hohen Ansprüchen an sich selbst« muß aufs neue Mittel und Wege finden, um sich deutlich zu dokumentieren. Man denke an »Die Form«.

Viele unserer schöpferischen Kräfte waren in den dreißiger Jahren gezwungen, Deutschland zu verlassen und ein neues Tätigkeitsfeld zu suchen. Sie vor allem waren es, die unsere Ideen über Architektur und Industrieform, so wie sie sich im Hinblick auf »Die neue Zeit« herausgebildet hatten, in die Welt hinaustrugen und weiterführten. Das Neue, was dort entstand, wirkte zurück, als die Grenzen sich wieder öffneten. Nicht mehr allein die »deutsche Arbeit« — die Welt ist der Hintergrund des Werkbund-Operationsfeldes heute.

Die ungeheure Schnelligkeit der Entwicklung und Veränderung in allen Bereichen des Lebens, bedingt durch die wachsenden Mittel der Technik, haben unsere Verantwortung für die Formprobleme der Umwelt erweitert und größer gemacht. Zwar sind viele formale Fragen, die früher Gegenstand intensiver Arbeit waren, so etwa im Schiffsbau, bei Verkehrsmitteln und in der Mode (siehe die Werkbund-Jahrbücher und »Die Form«), inzwischen gelöst. Aufs Ganze gesehen ist uns jedoch die Aufgabe geblieben, Qualität und Form der industriellen Produkte zu beeinflussen.

Neue Techniken haben neue Fragen aufgeworfen. Die bildende Kunst ist in eine tiefgehende, noch nicht absehbare Bewegung geraten. Die konventionellen Begriffe von Materialien verwischen und überschneiden sich. Die Auswirkungen auf die Technik, auf das Bauen und die industrielle Produktion werden bereits sichtbar. Die neuen Praktiken erfordern neue organisatorische Einrichtungen. Auch der Werkbund wird nicht ungeschoren bleiben. Er wird dafür zu sorgen haben, daß das Schöpferische im Menschen nicht in falsch verstandenen oder beurteilten Sachzwängen erstickt. Die Möglichkeiten, im Hinblick darauf der Erziehung und Ausbildung Wege zu weisen, sind vielfältig und noch nirgends ausgeschöpft.

Hier wie überall geht es darum, Zusammenhänge bewußt zu machen, ehe eilfertiges Handeln und engstirnige Interessen um eines nur scheinbaren oder nur kurzlebigen Vorteils willen irreparable Zerstörungen anrichten. Seit dem Werkbundtag in Marl 1959 hat sich der Werkbund dem Thema »Landzerstörung — Landordnung« gewidmet und immer wieder in der heutigen Werkbundzeitung »Werk und Zeit« zur Sprache gebracht[1]. Die Analyse des Problems, die wir erarbeiteten und an Modellen darzustellen suchten, steht im Gegensatz zu dem mit Gemütswerten beladenen Begriff des »Landschaftsschutzes«, der nach wie vor von der amtlichen Landesplanung benutzt wird. Die Ergebnisse solcher Arbeit in Form sachlicher und fundierter Alternativen und kontrastierender Aussagen in die Öffentlichkeit zu bringen, Augen zu öffnen, Entwicklungen zu bewirken, das wird für den Deutschen Werkbund eine wichtige Aufgabe noch für lange Zeit sein.

Seitdem der Werkbund besteht, in jeder seiner Arbeitsperioden war das Generalthema des Werkbundes die Gestaltung der Umwelt. Je größer und je vielfältiger der Inhalt dessen wird, was sich in dem Begriff »Umwelt« ausdrückt, je zahlreicher die Menge der Menschen wird, die bewußt an ihr teilhaben, die sie beeinflussen und von ihr beeinflußt werden — desto wichtiger wird die Arbeit des Werkbundes sein, desto augenfälliger seine Wirkung. Er wird der Masse und der großen Zahl, wie immer in seiner Geschichte, nicht durch Quantität begegnen, sondern sie mit Qualität konfrontieren. Nicht jeder Erfolg auf diesem Weg, der ebenso mühselig ist, wie er weiterführt — ich darf das aus persönlicher Erfahrung sagen —, nicht jeder Erfolg wird auch die Marke »Werkbund« tragen müssen. Die Sache ist wichtiger als das Etikett.

---

[1] Siehe auch BF Band 13: Hermann Mattern, Gras darf nicht mehr wachsen. 12 Kapitel über den Verbrauch der Landschaft. Berlin, 1964.

Vorwort der Herausgeber

Acht Jahre lang — von 1925 bis 1933 — gelang es der Zeitschrift des Deutschen Werkbundes »Die Form«, nicht nur die »Unform, sondern auch das Übergeformte aus ihr fernzuhalten oder doch nur mit Kritik aufzunehmen«. Im Juni 1933 besetzten Lörcher und Wendland die Redaktion der »Form«.
1934 triumphierten sie: »Unser programmatisches Heft ‚Die bauliche Gesinnung unserer Zeit' löste erfreulicherweise eine große Zahl begeisterter und zustimmender Zuschriften aus. Nur Walter Gropius, Berlin, fand es ‚einfach verheerend'. Wir sind also auf dem richtigen Weg.«
Noch zwei Hefte, und der Weg endete im Sumpf.
»Die Form« wurde vergessen. Und blieb vergessen auch, als das Interesse für die Entwicklungsarbeiten der zwanziger Jahre neu erwachte. Das ist erstaunlich, denn »Die Form« ist repräsentativ für die geistige und künstlerische Arbeit einer zwar kleinen, aber in ihren Interessen breit gestreuten Elite. Mit der Zeitschrift entstand eine Art interdisziplinäres Forum, in dem schöpferische Menschen von so verschiedenem Zuschnitt wie Häring und Haesler, Doesburg und Tschichold, Zech und Preetorius ihre Differenzen offen und nobel diskutierten.
Die Redakteure folgten Sullivans »form follows function«. Sie verpaßten der Zeitschrift kein enges thematisches oder ideologisches Korsett. Aktualität galt mehr als Einheit oder Klarheit. Aber die scheinbar ziellose Aktualität war von historischem Anspruch und ein genauer Spiegel der kulturellen Prozesse.
Das Rezept: interdisziplinäre Aktualität geriet mit der Zeitschrift in Vergessenheit und wurde nach dem Krieg nicht mehr aufgenommen. Es waren nicht nur die veränderten verlegerischen Voraussetzungen, die eine Renaissance der »Form« und ihrer Form verhinderten. Es fehlte ihr die schöpferische Basis. Die Gesellschaft hatte sich unter dem Zepter des materiellen Wettbewerbs neu konstituiert. Die sich selbst bewußte Avantgarde des Vorkrieges war erschöpft und in einen dispersen Nonkonformismus aufgelöst.
Heute versuchen unsere spezialisierten Zeitschriften, mit Kolumnen zwischen opulenten Anzeigenteilen die verstreuten schöpferischen Kräfte zu erreichen. Gelegentlich etwas Salz und Pfeffer ist aber noch kein gut gewürztes Gericht.
Mit der vorliegenden Auswahl ist versucht, »Die Form« durch sich selber nachzuzeichnen. Wesentliche Beiträge mußten zugunsten der Vielfalt und der Skizzierung der Zeitprobleme weggelassen werden. Das ist besonders fühlbar im Bereich der Architektur, die, mit ihren Werken in vielen neueren Publikationen vertreten, hier mehr in Zusammenhang mit ökonomischen und sozialen Fragen gebracht wird. Die Inhaltsangabe aller Hefte ermöglicht dem Leser aber die Korrektur der Verzerrungen.

Felix Schwarz / Frank Gloor

»DIE FORM«
UND DER WERKBUND

Schlaglichter

1923 Max Scheler: Schriften zur Soziologie und Weltanschauungslehre
Sigmund Freud: Das Ich und das Es
Arthur Moeller van den Bruck: Das dritte Reich

1924 Nicolai Hartmann: Diesseits von Idealismus und Realismus
Felix Krueger: Der Strukturbegriff in der Psychologie
Werner Sombart: Die Ordnung des Wirtschaftslebens

1925 Artur Buchenau: Sozialpädagogik
Erich Rudolf Jaensch: Die Eidetik und die typologische Forschungsmethode
Erwin G. Kolbenheyer: Die Bauhütte. Elemente einer Metaphysik der Gegenwart

1926 Georg Kerschensteiner: Theorie der Bildung
Theodor Litt: Möglichkeiten und Grenzen der Pädagogik
Jahrbuch für Soziologie, 1. Jahrgang

1927 Martin Heidegger: Sein und Zeit
Maurice Maeterlinck: Das Leben der Termiten
Alfred Weber: Ideen der Staats- und Kultursoziologie

1928 Rudolf Carnap: Scheinprobleme in der Philosophie. Das Fremdpsychologische und der Realismusstreit
Carl Gustav Jung: Die Beziehungen zwischen dem Ich und dem Unbewußten
Eduard Spranger: Das deutsche Bildungsideal der Gegenwart in geschichtsphilosophischer Beleuchtung

1929 Eduard Cassirer: Philosophie der symbolischen Formen
Jaensch/Grünhut: Über Gestalt und Gestalttheorie
Karl Mannheim: Ideologie und Utopie

1930 Sigmund Freud: Das Unbehagen an der Kultur
José Ortega y Gasset: Der Aufstand der Massen
Alfred Rosenberg: Der Mythos des 20. Jahrhunderts

1931 Oswald Spengler: Der Mensch und die Technik
Pius XI.: Enzyklika »Quadragesimo anno«, katholische Soziallehre
Jürgen Kuczynski: Die Lage des deutschen Industriearbeiters

1932 Karl Jaspers: Philosophie
Ludwig Klages: Graphologie
Victor v. Weizäcker: Körpergeschehen und Neurose

1933 Leo Frobenius: Kulturgeschichte Afrikas. Prolegomena zu einer historischen Gestaltlehre
Erich und Mathilde Ludendorff: Am heiligen Quell deutscher Kraft
Max Planck: Wege zu physikalischer Erkenntnis

1934 Ruth Benedict: Patterns of Culture (Begründung einer Wissenschaft vom Nationalcharakter)
Rudolf Carnap: Logische Syntax der Sprache
Eduard Spranger: Die Urschichten des Wirklichkeitsbewußtseins

Heft 1/1925
Geleitwort

Mit dieser Zeitschrift setzt der Deutsche Werkbund ein Unternehmen fort, das bereits vor längerer Zeit begonnen, unter dem Druck der wirtschaftlichen Verhältnisse zunächst wieder aufgegeben werden mußte.
Die Zeitschrift wird die Aufgaben der Formgestaltung für alle Gebiete des gewerblichen und künstlerischen Schaffens behandeln.
Alle gestaltende Arbeit findet ihr Ende und ihren sichtbaren Ausdruck in der Form. Form ist Ordnung. Die neue Welt der Arbeit aber, die um uns erstanden

ist, hat für sich bisher noch keine Ordnung gefunden. Die Grundlagen der gestaltenden Arbeit haben eine vollständige Umwandlung erfahren, neue Arbeitsverfahren, neue Werkzeuge, neue Werkstoffe sind eingeführt, und diese tiefgreifenden Umwälzungen haben umgestaltend zurückgewirkt auf unsere Wirtschafts-, Lebens- und Gesellschaftsformen. Sie haben die alte Arbeitsordnung mit ihren festgefügten Bindungen zerstört, die überlieferten Formen zerbrochen und altgewohnte, durch Jahrhunderte gültige Begriffe ihres Sinnes beraubt. Aber die neue Welt der Arbeit hat bisher einen endgültigen Ersatz für diesen Verlust noch nicht zu schaffen vermocht. Sie ist überall auf der Suche danach: allerwege ist der Wunsch und das Streben lebendig, auf der Grundlage der neuen Gegebenheiten zu einer Neugestaltung und Neuordnung des wirtschaftlichen, sozialen und geistigen Lebens zu gelangen.

Wir sind uns bewußt, daß die Formprobleme der gestaltenden Arbeit, mit denen wir uns in dieser Zeitschrift zu beschäftigen haben, nur im Zusammenhang mit jenen übergeordneten Problemen behandelt werden können, die in der Gestaltung einer neuen Arbeitsordnung und der Bildung neuer Lebensformen bestehen. Wie soll der Architekt den Grundriß des Wohnhauses gestalten, solange es an einem allgemeingültigen Wohnprogramm fehlt, solange die Wohnsitten nicht endgültig geklärt sind und feste Arbeits- und Lebensformen sich noch nicht wieder herausgebildet haben? Wie können wir uns mit Formproblemen des Städtebaues beschäftigen, solange die Funktionen nicht geklärt sind, die die Stadt innerhalb der Nationalwirtschaft und, darüber hinaus, innerhalb der Weltwirtschaft zu erfüllen hat? Und wie sollen wir heute die so wichtige und grundlegende Frage der Kunsterziehung behandeln, solange die Kunst noch nicht als integrierender Bestandteil des produktiven Schaffens gilt und der Künstler den ihm gebührenden Platz in der neuen Arbeitsordnung noch nicht gefunden hat? Überall erwies sich der Formprozeß der gestaltenden Arbeit aufs engste verknüpft mit jenen Problemen, die durch die Neuordnung der Arbeits- und Lebensformen aufgeworfen worden sind, und überall stößt der Formprozeß heute auf Hemmungen und Schwierigkeiten, weil es an einer endgültigen Lösung dieser Probleme noch fehlt, durch die allein die feste Grundlage einer Überlieferung gewonnen werden könnte.

Im Sinne dieser Feststellungen ist die Form für uns nicht ein ästhetisches, sondern vorwiegend ein konstruktives Problem. Uns geht hier weniger die fertige Form an und ihre kritische Bewertung nach überlieferten Schönheitsbegriffen. Wir werden uns vielmehr mit dem Gestaltungsprozeß, mit dem Weg zur Form, mit der Formwerdung beschäftigen. Wir werden die Gestaltungsmethoden aufzeigen, die auf allen Gebieten des gewerblichen und künstlerischen Schaffens unserer Zeit zu neuen und oft ungewohnten Formen geführt haben. Wir werden die Wechselbeziehungen untersuchen zwischen Arbeitsvorgang, Werkstoff, Werkzeug und Form und die Problemstellung zu ermitteln suchen, die sich daraus für die Formgestaltung ergibt. Wir werden versuchen, die mannigfachen Faktoren zu bestimmen, die heute entscheidenden Einfluß auf den Gestaltungsprozeß ausüben, und die Voraussetzungen zu klären, unter denen die Formgebung sich heute vollzieht. Zur Klärung dieser Zusammenhänge wollen wir durch freie Aussprache der Sachverständigen, durch Meinungsaustausch der Fabrikanten und Künstler, der Ingenieure und Architekten beitragen. Nur wenn wir diese Zusammenhänge und Wechselbeziehungen kennen, wenn wir Klarheit haben über Sinn und Bedeutung der Faktoren, die die gestaltende Arbeit beeinflussen, werden wir zu einer organischen Gestaltung und damit auch zu neuen, unserer Zeit eigentümlichen Formen gelangen.

Das ist die eine, die methodisch-kritische Seite unserer Aufgabe. Und wir werden bei der Behandlung dieser Aufgabe nicht irgendwelchen kunsttheoretischen Dogmen folgen noch überhaupt allzuviel von Kunst dabei reden, die ja auch nur ein, und zwar der höchste und letzte Ausdruck der gestaltenden Arbeit ist. Sondern wir werden unsere Probleme mehr aus der Praxis der Werkstatt und aus dem Umkreis des täglichen Lebens betrachten, in dem Bewußtsein, daß alle echte Form ein sinnfälliger und wahrheitsgetreuer Ausdruck eben dieses gegenwärtigen Lebens ist und alle menschliche Gestaltung geprägte Form ist, die lebend sich entwickelt.

Zum andern aber soll unsere Zeitschrift auch eine Sammelstätte sein für den schöpferischen Formenausdruck unserer Zeit. In den Abbildungen werden wir Formgebungen aus allen Gebieten der gestaltenden Arbeit zeigen, die als Beispiele schöpferischen Gestaltens gelten können oder als vorläufige Lösungen von Wert sind, weil sie durch die Art ihrer Problemstellung die gegenwärtigen Aufgaben der Formgestaltung anschaulich machen.

In einem berichtenden Teil werden wir fortlaufend zu allen wichtigen Zeitfragen und Zeitereignissen, die mit dem Aufgabengebiet der Zeitschrift in Beziehung stehen, betrachtend und kritisch Stellung nehmen.

Dieses Programm hat in den Grundzügen dem Vorstand des Deutschen Werkbundes vorgelegen und seine Billigung gefunden. Zu seiner Durchführung erbittet der vom Vorstand bestellte Herausgeber hiermit die Förderung und Mitarbeit aller Mitglieder und Freunde des Deutschen Werkbundes.

Walter Curt Behrendt

Heft 1/1927
Zum neuen Jahrgang

Lieber Herr Dr. Riezler!
Darf ich Ihnen in dem Augenblick, wo Sie die Herausgabe der Zeitschrift des Deutschen Werkbundes übernehmen, einen Vorschlag machen? Geben Sie dem Blatt einen anderen Titel. Irgendeinen neutralen Titel, der auf den Werkbund hinweist.
Sie werden fragen, was ich gegen den bisherigen Titel habe?
Liegt in dem Titel »Die Form« nicht ein allzugroßer Anspruch?
Ein Anspruch, der sehr verpflichtet? Doch das wäre noch keine Gefahr. Verpflichtet er nicht in einer falschen Richtung?
Lenken wir hierdurch nicht den Blick vom Wesentlichsten fort?
Ist die Form wirklich ein Ziel?
Ist sie nicht vielmehr das Ergebnis eines Gestaltungsprozesses?
Ist nicht der Prozeß das Wesentliche?
Hat nicht eine kleine Verschiebung seiner Bedingungen ein anderes Ergebnis zur Folge?
Eine andere Form?
Deshalb würde ich wünschen, wir marschierten ohne Fahne. Überlegen Sie meinen Vorschlag einmal.

Ihr Mies van der Rohe

Lieber Herr Mies van der Rohe!
Ihr Wunsch ist nicht ganz leicht zu erfüllen: Man ändert nicht gern den Namen einer Zeitschrift, wenn dieser sich eingebürgert hat, und wir würden uns wahrscheinlich den Groll des Verlegers zuziehen, wenn wir an ihn mit einem solchen Verlangen heranträten. Der Name »Die Form« ist bereits zu einer Art von Schlagwort geworden, vor allem auch in Verbindung mit den »*Büchern der Form*«, und besitzt immerhin einiges Gewicht. Freilich, wenn dieses Schlagwort in eine falsche Richtung wiese, wie Sie schreiben, so müßte man trotzdem nach einem anderen Namen suchen. Aber ich bin nicht ganz überzeugt davon, und glaube, wir beide meinen, wie das so oft vorkommt, nur etwas Verschiedenes, wenn wir von »Form« reden.
Sie halten es für bedenklich, wenn man das Ergebnis des Gestaltungsprozesses — nichts anderes sei ja die Form — wichtiger nehme als diesen Prozeß selbst. Ich muß gestehen, daß ich hier keinen scharfen Gegensatz sehen kann. Das, was

ich unter »Form« verstehe, ist vom Gestaltungsprozeß überhaupt nicht zu trennen, und ich glaube nicht, daß es möglich ist, den Gestaltungsprozeß anders wie in der Form sichtbar zu machen: Die Form des Baumes ist eins mit seinem Wachstumsprozeß, der ein lebendig organischer ist, ebenso wie die Form einer Maschine eins ist mit den in ihr organisierten Kräften. Man kann das nicht schöner sagen als mit den Worten Goethes: »Denn was innen, das ist außen.« Und für die Kunst gilt das natürlich auch, denn die künstlerische Form ist ja nicht, was zum inneren Leben, zum »Gehalt« eines Kunstwerks noch hinzukommt, sondern dieses Leben, dieser »Gehalt« selbst. Sie haben sehr recht: Jede kleinste Verschiebung der Bedingungen des Gestaltungsprozesses hat eine Änderung der Form zur Folge. Aber das beweist ja gerade die unlösbare Verbindung der beiden Faktoren. Ich weiß wohl, Sie meinen mit dem Worte »Form« etwas anderes. Sie denken an den Mißbrauch, der weniger mit dem Worte als mit der Form selbst seit langem getrieben wurde und immer noch getrieben wird. Es ist ja leider richtig, daß die Zeit des »Formenschatzes« immer noch nicht ganz der Vergangenheit angehört, daß es immer noch so etwas gibt wie die äußerliche Anwendung von Formen, die nicht an der Stelle, wo sie verwendet werden, gewachsen, sondern als lebloses Präparat von irgendwo anders her übertragen sind. Wenn Sie gegen diesen Formbegriff ankämpfen, so finden Sie mich, wie ich Ihnen wohl gar nicht zu sagen brauche, stets auf Ihrer Seite. Aber ich glaube, wir führen den Kampf mit besseren Waffen, wenn wir diesem falschen den echten Formbegriff entgegenstellen, wenn wir den »Formalismus« klar und energisch aus dem Reiche der echten »Form« verbannen. Es ist von der größten Wichtigkeit, wenn wir auch vor den Werken des neuen Baustils, der in seiner Schlichtheit so gar nichts von leeren Formelementen, die die Architektur der verflossenen Jahrzehnte für uns unerträglich machen, zu enthalten scheint, den leeren, äußerlichen Formalismus, der sich da und dort einzuschleichen versucht, festzustellen versuchen.

Soweit wäre es ja nur ein Streit der Worte, aber ich glaube, man kann nachweisen, daß wir das Wort »Form« gar nicht entbehren können. Es gibt nämlich, und das gilt gerade für die Zeit, in der wir leben, auch einen Gestaltungsprozeß, der auf halbem Wege steckengeblieben ist, d. h. der nicht zur lebendigen Form geführt hat. Die Beispiele hierfür sind mindestens so häufig wie die eines leeren Formalismus. Und die Gefahr, die darin liegt, daß man sich mit diesem Zustand einer sozusagen embryonalen Gestaltung zufriedengibt, scheint mir in einer Zeit, die im Banne der Rationalisierung und Typisierung steht, außerordentlich groß zu sein. Gerade wir im Werkbund sind dazu da, zwar auf der einen Seite den leeren Formalismus zu bekämpfen — aber auf der anderen Seite auch mit allen Kräften dafür zu sorgen, daß alle diejenigen, denen die gestaltende Arbeit unserer Zeit anvertraut ist, nicht eher ruhen, als bis jedes Ding, sei es das unscheinbarste oder das bedeutendste, bis ins letzte »durchformt« ist. Darin sehe ich die eigentliche Aufgabe unserer Zeitschrift, und deshalb glaube ich, sie trägt den Namen »Die Form« mit Recht.

Mit herzlichen Grüßen
Ihr Walter Riezler

Heft 2/1927 (Rundschau)

Lieber Herr Dr. Riezler!
Ich wende mich nicht gegen die Form, sondern nur gegen die Form als Ziel.
Und zwar tue ich das aus einer Reihe von Erfahrungen heraus und der dadurch gewonnenen Einsicht.
Form als Ziel mündet immer in Formalismus.
Denn dieses Streben richtet sich nicht auf ein Innen, sondern auf ein Außen.
Aber nur ein lebendiges Innen hat ein lebendiges Außen.
Nur Lebensintensität hat Formintensität.
Alles Wie wird getragen von einem Was.
Das Ungeformte ist nicht schlechter als das Übergeformte.
Das eine ist nichts, und das andere ist Schein.
Wirkliche Form setzt wirkliches Leben voraus.
Aber kein Gewesenes und auch kein Gedachtes.
Hier liegt das Kriterium.
Wir werten nicht das Resultat, sondern den Ansatz des Gestaltungsprozesses. Gerade dieser zeigt, ob vom Leben her die Form gefunden wurde oder um ihrer selbst willen.
Deshalb ist mir der Gestaltungsprozeß so wesentlich.
Das Leben ist uns das Entscheidende.
In seiner ganzen Fülle, in seinen geistigen und realen Bindungen.
Ist es nicht eine der wichtigsten Aufgaben des Werkbundes, die geistige und reale Situation, in der wir stehen, aufzuhellen, sichtbar zu machen, ihre Strömungen zu ordnen und dadurch zu führen?
Muß man nicht alles andere den schöpferischen Kräften überlassen?

Mit herzlichen Grüßen
Ihr Mies van der Rohe

Heft 1/1925
Wege zur Form
Von Hugo Häring, Berlin

Die Dinge, die wir Menschen schaffen, sind das Ergebnis unserer Anstrengungen nach zweierlei Richtungen hin; einerseits stellen wir Ansprüche an eine Zweckerfüllung, andererseits Ansprüche an einen Ausdruck. Es kämpfen also Ansprüche sachlicher und dinglicher Art mit Ansprüchen geistiger Art um die Gestalt der Dinge, während die Materie die Mittel zu diesem Kampfe liefert. Nun ist die Verteilung und Betonung dieser beiden Ansprüche auf die Dinge durchaus verschieden in Hinsicht auf das einzelne Objekt, verschieden auch zu verschiedenen Zeiten, in verschiedenen Landschaften, in verschiedenen Völkerschaften, verschieden aber auch durch die Materie. Die sachlichen Ansprüche an die Zweckerfüllung werden die Ansprüche an einen Ausdruck verdrängen, wenn diese Zweckerfüllung von großer Wichtigkeit für das Leben ist, während andererseits die Ansprüche an den Ausdruck die Führung übernehmen, wenn die Ansprüche an die Zweckerfüllung gering sind. Bei Geräten des täglichen Gebrauchs, bei Wohnbauten, bei Schiffsbauten, bei Festungswerken, bei Brücken, bei Kanalbauten usw. haben zu allen Zeiten die Ansprüche an die Zweckerfüllung dominiert, während die Bauten für die Götter und die Bauten für die Toten nahezu ganz den Ansprüchen rein geistiger Art, den Ansprüchen an Ausdruck überlassen werden konnten. Diese Abstammung der Dinge aber aus zwei Arten von Ansprüchen erklärt die ganze Konfliktmasse, die in ihrer Gestaltwerdung liegt. Denn es ist offenbar, daß die Formen der geeignetsten Zweckerfüllung und die Formen um eines Ausdrucks willen sich nicht immer decken.

Nun sind die Formen der sachlichen Ansprüche, als vom Leben gestaltet, von elementarer Art und von einer naturhaften, nicht dem Menschen entstammenden Ursprünglichkeit, während die Formen, die um eines Ausdrucks willen den Dingen gegeben werden, von einer abgeleiteten Gesetzhaftigkeit sind, von einer Gesetzhaftigkeit, die sich als eine Erkenntnis bei den Menschen einfand. So sind also die ersteren Formen, obwohl dauernden Modifikationen durch äußere Umstände unterworfen, doch in Wahrheit ewige und unzerstörbare, weil vom Leben ewig neugeborene Gestaltungen, während die Formen, die um ihres Ausdrucks willen entstanden, der Vergänglichkeit, dem Wandel der menschlichen Erkenntnis ausgesetzt sind. Dies bedeutet andererseits, daß die Formen der Zweckerfüllung auch auf eine naturhafte Weise und sozusagen auf anonymem Wege entstehen, während die Formen, die um eines Ausdrucks willen geschaffen wurden, einer psychischen Konstitution entstammen und deshalb im höchsten Maße subjektiv und unbestimmbar sind. Mit anderen Worten: die Formen bestimmter Zweckerfüllung sind in der ganzen Welt und ewig dieselben, die Formen des Ausdrucks sind an Blut und Erkenntnis und damit auch an Zeit und Ort gebunden. Die Geschichte der Gestaltwerdung der Dinge ist also in Wirklichkeit nur eine Geschichte der Ansprüche an den Ausdruck der Dinge.

In diesem Anspruch an den Ausdruck der Dinge ist in den letzten Jahrzehnten eine grundsätzliche Wandlung eingetreten. Unter und in der Herrschaft der geometrischen Kulturen hatten wir diese Ansprüche an einen Ausdruck abgeleitet aus einer Gesetzhaftigkeit, die gegen das Lebendige, gegen das Werden, gegen die Bewegung, gegen die Natur gerichtet war, nämlich aus der Gesetzhaftigkeit, die wir in den geometrischen Figuren erkannten, an ihnen errichteten und aus ihnen ableiteten. Wir haben nunmehr die Entdeckung gemacht, daß viele Dinge einer reinen Zweckerfüllung bereits eine Gestalt besitzen, die unseren Ansprüchen an einen Ausdruck vollkommen genügt, und daß viele Dinge, die einer reinen Zweckerfüllung wegen gestaltet waren, unseren Ansprüchen an Ausdruck um so besser entsprachen, je besser sie denen an einer reinen Zweckerfüllung entsprachen, und daß zudem der Ausdruck dieser Dinge *einer neuen Geistigkeit* entsprach. Wir bekannten uns zu dem Ausdruck, den Maschinen, Schiffe, Autos, Flugzeuge und tausend Geräte und Instrumente haben. Mit dieser Entdeckung beginnt ein neuer Abschnitt in der Geschichte der Gestaltwerdung der Dinge.

Wir suchen nunmehr unsere Ansprüche an den Ausdruck nicht mehr der Zweckerfüllung der Dinge *gegen*gerichtet zu behaupten, sondern suchen sie ihr *gleich*gerichtet auf den Weg zu bringen. Wir suchen unsere Ansprüche an Ausdruck *in* Richtung des Lebendigen, *in* Richtung des Werdens, *in* Richtung des Bewegten, *in* Richtung einer naturhaften Gestaltung geltend zu machen, denn der Gestaltungsweg zur Form der Zweckerfüllung ist auch der Gestaltungsweg der Natur. In der Natur ist die Gestalt das Ergebnis einer Ordnung vieler einzelner Dinge im Raum, in Hinsicht auf eine Lebensentfaltung und Leistungserfüllung sowohl des Einzelnen wie des Ganzen. (In der Welt der geometrischen Kulturen ist die Gestalt der Dinge gegeben durch die Gesetzhaftigkeiten der Geometrie.) Wollen wir also Formfindung, nicht Zwangsform, Gestaltfindung, nicht Gestaltgebung, so befinden wir uns damit im Einklange mit der Natur, indem wir nicht mehr gegen sie handeln, sondern in ihr.

Damit fordern wir für die Dinge nur dasselbe, was wir auf vielen anderen Gebieten des Lebens bereits seit langem fordern. Diese Wandlung unseres Anspruches an die Dinge ist also nicht eine Besonderheit eines begrenzten Gebiets, sondern die Wirkung einer ganz allgemeinen Umwälzung in der Planwirtschaft unseres geistigen Lebens überhaupt. Es ist also schließlich richtiger zu sagen, daß wir eine Wandlung in den Planbegriffen und Plansetzungen unseres geistigen Ordnens, Bauens und Schaffens überhaupt durchmachen und daß diese Wandlung, die wir an einzelnen Dingen bereits feststellten, eben ihre Ursache hat in dieser allgemeinen Umwälzung. Wir entnehmen die Planfiguren, die wir unseren schöpferischen Gestalten zugrunde legen, nicht mehr der Welt der Geometrie, sondern der Welt der organhaften Formungen, weil wir die Einsicht gewonnen haben, daß der Weg des gestaltenden aufbauenden, schöpferischen Lebens nur derselbe sein kann, den die Natur geht, der Weg organhafter Planbildung, nicht der Weg der Geometrie.

Alle Bewegungen unseres geistigen Lebens liegen in diesem Planwandel begründet, und die neue Ordnung der Dinge, die wir durchzuführen unternommen haben, geschieht und vollzieht sich aus neuen Planbegriffen heraus und in bezug auf sie. Der Drang zu ordnen, der Drang zu gestalten, der Drang zu bauen bedarf eines Planes, um handeln zu können. Unsere Sorge ist es, diesen Plan zu finden. Denn was wir auf und über diesem Plan errichten, muß in diesem Plane selbst schon enthalten sein. Über der Plansetzung eines Kreises läßt sich keine Pflanze errichten, wohl aber finden sich auf dem Wege, auf dem die Gestalten der Natur entstehen, Planfiguren ein, die identisch sind mit dem Kreis. Das heißt: es gibt einen Gestaltungsweg, auf dem alle Dinge, auch die geometrischen Figuren gleichenden und die kristallgleich gebildeten, als Gestalten aus individuellen Planbegriffen werden, während auf jenem anderen Wege den Dingen eine Form von außen gegeben wird, die ihrer inneren Gestaltwerdung entgegensteht. Wir entnehmen daraus, daß die Fruchtbarkeit unseres bauenden, schaffenden Tuns in der Fruchtbarkeit unserer Planbegriffe bereits beschlossen liegt. Handelt der anfängliche Mensch ohne Wissen um Planbegriffe in Identität mit der Natur und also naturhaft, handelt er somit auch immer schöpferisch, so handelte der Mensch der geometrischen Kulturen mit dem überbetonten Planwillen und den begrenzten Planbegriffen nur so lange fruchtbar, bis seine lebendige Kraft in die Formen der Geometrie nach allen Regeln und Gesetzen gegossen und verpackt und damit abgetötet war, also nur so lange und so weit, als diese Figuren ihrem Dange nach Entfaltung Lebenswärme ließen. Der geometrische Planbegriff wirkte zwar energiefördernd, aber er wirkte auch lebenerschöpfend und tötend. In dem Ablauf dieser geometrischen Kulturen füllen sich die Planbegriffe selbst immer mehr und mehr mit Leben, vor den Ansprüchen des Lebendigen zurückweichend, sie wandern selbst vom Dreieck und Quadrat zum Rechteck und Kreis und werden schließlich durch weitere Zerlegungen und Abwandlungen bis an die Planbegriffe der organhaften Natur herangebracht. In diesem Augenblicke aber, den wir jetzt erleben, in diesem Augenblick, in dem wir weder anfänglich, ohne Wissen, naturhaft, handeln können, in dem wir planhaft, aus Wissen, weiter handeln müssen, gibt es keinen

anderen Weg als, im Sinne der Natur, wissend planhaft zu handeln, wissend planhaft im Sinne der Natur die Dinge so zu ordnen, daß ihre Individualität sich entfalte und diese Entfaltung zugleich dem Leben des Ganzen diene. Dieses Ganze ist die Gestalt unseres Lebens.
Wollen wir also Forderungen stellen für die Gestaltfindung der Dinge, so müssen wir zunächst Forderungen stellen für die Gestaltfindung eines neuen Lebens, einer neuen Gesellschaft. Denn wir können den Sinn des Einzelnen nicht bestimmen, solange wir nicht den Sinn des Ganzen kennen, dem dieses Einzelne angehört. Forderten wir also für die Gestaltfindung einzelner Dinge, daß sie den Weg der Natur gehe, so müssen wir ergänzen oder vielmehr eigentlich vorausschicken, daß wir auch für die Gestaltwerdung eines neuen Lebens, einer neuen Gesellschaft für unsere Menschwerdung fordern, daß sie den Weg der Natur gehe und nicht gegen sie.
Wir wollen die Dinge aufsuchen und sie ihre eigene Gestalt entfalten lassen. Es widerspricht uns, ihnen eine Form zu geben, sie von außen her zu bestimmen, irgendwelche abgeleiteten Gesetzhaftigkeiten auf sie zu übertragen, ihnen Gewalt anzutun. Wir handelten falsch, als wir sie zum Schauplatz historischer Demonstrationen machten, wir handelten aber ebenso falsch, als wir sie zum Gegenstand unserer individuellen Launen machten.
Und gleicherweise falsch handeln wir, wenn wir die Dinge auf geometrische oder kristallische Grundfiguren zurückführen, weil wir ihnen damit wiederum Gewalt antun (Corbusier). Geometrische Grundfiguren sind keine Urformen, auch keine Urgestalten. Geometrische Grundformen sind Abstraktionen, abgeleitete Gesetzhaftigkeiten. Die Einheit, die wir auf Grund der geometrischen Figuren über die Gestalt vieler Dinge hinweg errichten, ist nur eine Einheit der Form, nicht eine Einheit im Lebendigen.
Wir aber wollen die Einheit im Lebendigen und mit dem Lebendigen. Eine polierte Metallkugel ist zwar eine phantastische Angelegenheit für unseren Geist, aber eine Blüte ist ein Erlebnis. Geometrische Figuren über die Dinge stülpen heißt: diese uniformieren, heißt: diese mechanisieren. Wir wollen aber nicht die Dinge, sondern nur ihre Herstellung mechanisieren.
Die Dinge mechanisieren heißt: ihr Leben — und das ist unser Leben — mechanisieren, das ist abtöten. Die Herstellung mechanisieren indessen heißt Leben gewinnen.
Die Gestalt der Dinge kann identisch sein mit geometrischen Figuren — wie beim Kristall —, doch ist, in der Natur, die geometrische Figur niemals Inhalt und Ursprung der Gestalt. Wir sind also gegen die Prinzipien Corbusiers — (doch nicht gegen Corbusier). Nicht unsere Individualität haben wir zu gestalten, sondern die Individualität der Dinge. Ihr Ausdruck sei identisch mit ihnen selbst.

Heft 1/1929

1932

Von Walter Riezler

Mehr als zwei Jahre sind vergangen, seit durch Richard Riemerschmid zum erstenmal die Idee der großen Werkbundausstellung auf der Bremer Tagung verkündigt wurde. Von der Arbeit, die seither im Werkbund geleistet wurde, den Übertragungen und Verhandlungen, auch Kämpfen und Konflikten, ist nur das wenigste nach außen gedrungen, und das war auch besser so. Noch war der Augenblick nicht gekommen, um in öffentlicher Diskussion die Grundfragen der Ausstellung zu erörtern. Erst mußte einmal der reale Boden bereitet werden — wie es ja auch in den letzten Monaten durch das Wirken von Ernst Jäckh gelungen ist. Und wenn auch die formale Beschlußfassung der Reichsregierung noch nicht möglich geworden ist, so kann man doch sagen, daß die Durchführung des Planes der internationalen Werkbundausstellung »Die Neue Zeit« gesichert ist.

Nun haben wir noch drei Jahre der Vorbereitung vor uns, wahrlich eine lange Zeit, wenn man an die Eile denkt, mit der sonst große Ausstellungen vorbereitet zu werden pflegen — und doch ist keine Zeit mehr zu verlieren, will man die Sicherheit dafür haben, daß der Plan auch wirklich bis zur Reife durchdacht worden ist, wenn einmal die Zeit der Verwirklichung naht. Daher ist jetzt auch für die Zeitschrift des Werkbunds der Augenblick gekommen, da sie über tatsächliche Mitteilungen und gelegentliche Anregungen hinaus in grundsätzliche Erörterungen eintritt.

Es hat schon viele Ausstellungen großen Umfangs gegeben, denen ein heimliches oder ausgesprochenes Programm ideellen Charakters zugrunde lag, doch niemals war eine Ausstellungsidee so umfassend und anspruchsvoll wie diejenige, die in dem Namen »Die Neue Zeit« ihren Ausdruck gefunden hat. Es liegt der Idee ein gewaltiger Glaube zugrunde: daß wir an der Schwelle eines neuen Zeitalters stehen, dessen Antlitz sich deutlich genug von dem der letzten Vergangenheit abhebt — und daß es möglich ist, im Rahmen einer Ausstellung ein Bild zu zeigen, das in der Tat die wesentlichen Züge des neuen Zeitalters deutlich macht. Noch nie hat man von einer Ausstellung so viel gefordert!

Man kann nicht sagen, daß das Wissen um die tiefe, unüberbrückbare Kluft, die die Gegenwart von einer keineswegs entfernten Vergangenheit — deren letzte Phasen die Älteren unter uns noch mit Bewußtsein erlebt haben — scheidet, heute schon Gemeingut derer ist, die inner- und außerhalb des Werkbunds zur Mitarbeit an der Ausstellung berufen sind. Die Kluft bedeutet ja nicht, daß alles drüben Gelegene dem Blick entschwunden ist: noch lebt die große Kunst des

19. Jahrhunderts und der älteren Zeiten und wird, wie wir hoffen, weiterleben. Noch haben sich Formen der Sitte und Gesellschaft erhalten, die der Welt jenseits der Kluft entstammen, und wenn auch manche dieser Formen erstarrt, andere in ganz allmählicher Umgestaltung begriffen sind, so braucht das noch nicht jedem zum Bewußtsein zu kommen. Es ist ja schon seltsam genug, daß wir überhaupt um die Kluft wissen, daß nicht die ganze Umformung, so wie es früher gewesen ist, uns unbewußt vor sich geht. Aber die Bewußtheit ist nun einmal unser Schicksal, und wenn wir auch sicher nicht die Wandlung heute schon in ihrer ganzen Tiefe begreifen — vielleicht geht auch heute noch die gewaltige Wandlung im Unterbewußtsein vor sich! —, so kennen wir doch zahlreiche Symptome und haben die Pflicht, offenen Auges die Entwicklung zu verfolgen und unsere ganze Arbeit nicht dem Vergehenden, sondern dem Entstehenden zu weihen; wobei freilich nicht jede »Neuerung«, nicht jede Wandlung der Mode und des Geschmacks gleich wichtig genommen werden darf. Auf die Idee der Ausstellung angewendet würde das bedeuten, daß auch sie nur dem »Entstehenden« zu dienen hätte, und daß unter den vielen »Berufenen« diejenigen in erster Linie als zur Mitarbeit »auserwählt« zu gelten hätten, deren schöpferische Kraft dem Entstehenden zugewandt ist, oder die, mit dem zuverlässigsten Urteil begabt, sicheren Blickes das Bleibende, also im wahrsten Sinne Zukunftsreiche von dem wohl Neuen, aber Blasen gleich bald wieder Verschwindenden zu unterscheiden vermögen. Wer nicht an das Heraufkommen eines neuen Weltalters glaubt, für den wird 1932 kaum Wesentliches zu tun sein

Unter den Berufenen die Auswahl zu treffen, wird schwierig genug sein. Noch schwieriger wird es aber sein, dann der Ausstellung die Form zu geben, die ihrer Idee entspricht. Denn schließlich ist eine Ausstellung, man mag die Aufgabe so ernst und groß begreifen wie nur möglich, doch mehr oder weniger eine nicht eigentlich organische Anhäufung von Erzeugnissen, und damit, daß man diese Erzeugnisse nach bestimmten Gesichtspunkten auswählt, ist noch nicht gesagt, daß sie dann auch in ihrem eigentlichen Sinne deutlich werden. Selbst wenn es gelingen sollte, auf der Ausstellung all das zu zeigen, was von der neuen Zeit »schaubar« ist (um eine bis jetzt noch geltende Formulierung anzuwenden), so könnte doch die erhoffte lebendige Wirkung ausbleiben. Ein Beispiel: es war vom ersten Auftauchen der Idee an klar, daß der Technik ein großer Teil der Ausstellung eingeräumt werden müsse. Die Technik ist ja schließlich diejenige Macht, in der sich das neue Weltalter am deutlichsten manifestiert, durch deren Walten die gesamte menschliche Kultur von Grund aus umgeformt wird — noch dazu, vom Standpunkt der »gestaltenden Arbeit«, die den Werkbund ja vor allem angeht, eine Macht, die ein ganzes Reich von neuen, höchst ausdrucksvollen Formen geschaffen hat. Daß sie 1932 zum mindesten gleichberechtigt neben den übrigen Abteilungen stehen wird, ist schon aus der Tatsache zu fol-

gern, daß die Jubiläums-Ausstellung des »Verbandes der Rheinischen Industriellen« mit der Werkbundausstellung vereinigt werden wird. Diese technisch-industrielle Ausstellung wird aber nur dann sich in die Gesamtidee der Ausstellung wirklich einfügen, wird nur dann »das maschinelle Gesicht der neuen Zeit« anschaulich machen können, wenn sie nicht wie die bisherigen Industrieausstellungen nur eine Anhäufung von — sicher ausgezeichneten und großartigen — Maschinen und Maschinenerzeugnissen enthält. Sonst wird sie beim Beschauer wohl ein Staunen über diese unheimliche neue Formenwelt und über die gewaltige materielle Leistungsfähigkeit der Maschine hervorrufen, zu einem inneren Verständnis oder nur zu einer Ahnung von der eigentlichen lebendigen Bedeutung dieser neuen Welt wird es nicht kommen. Dies kann nur dann gelingen, wenn es möglich ist, die Technik in ihrer unmittelbaren Auswirkung zu zeigen, d. h. sie »erleben« zu lassen. Wie das im einzelnen erreicht werden kann, das wird Gegenstand gründlicher Überlegung sein müssen. Sehr wesentliche Vorschläge sind bereits gemacht worden: daß der gesamte Verkehr zur und auf der Ausstellung — seien es nun Flugzeuge, Schiffe oder Bahnen — zur unmittelbaren Verlebendigung der technischen Idee benutzt werden müsse. (Die »Liliputbahn«, so niedlich sie sein mag, reicht dazu nicht aus!) Überhaupt wird die gesamte Ausstellung in einer so intensiven Weise mit den unerhörtesten technischen Dingen zu durchsetzen sein, daß der Besucher in jedem Augenblick diese Macht unmittelbar erlebt. Welche Möglichkeiten gibt es da allein für die Elektroindustrie — aber alle diese Dinge dürfen nicht einfach »ausgestellt« werden, womöglich noch in einem unorganisierten Nebeneinander der verschiedenen Systeme, sondern sie müssen im Dienste der Ausstellungsidee stehen. Und vielleicht ergibt es auch ein glücklicher Zufall, daß in der Nähe des Ausstellungsplatzes oder von ihm aus zugänglich das eine oder andere technisch-industrielle Werk, etwa ein Großkraftwerk errichtet und für die Zeit der Ausstellung in gewissen Grenzen zugänglich gemacht werden kann.
Und das gleiche gilt nun auch für die übrigen Teile der Ausstellung: es wird nicht genügen, schöne und interessante Dinge »schaubar« zu machen, es muß gelingen, sie zum »Erlebnis« zu machen. Und dabei können — allerdings zumeist auf dem Wege über das »Schaubare« — Komplexe von höchster Wichtigkeit aus dem Bereiche der »Neuen Zeit« in die Ausstellung aufgenommen werden, die sich scheinbar einer Ausstellung entziehen. Die ungeheure Bedeutung der sozialen Umschichtung — neben der Technik wahrscheinlich das wichtigste Moment in der Gestaltung der neuen Zeit — läßt sich unmittelbar »schaubar« nur in Tabellen und grafischen Darstellungen »ausstellen«. Sie kann im Zusammenhang mit der Ausstellung in der eindringlichsten Weise zum Erlebnis werden, wenn es gelingt, bei dieser Gelegenheit ein neues Stadtviertel mit wahrhaft mustergültigen Wohnungen der verschiedensten Typen, dazu noch mit Schulen,

Krankenhäusern, Sportplätzen usw. zu bauen, wenn also diese Aufgaben, die durch die Entwicklung einer Großstadt ohnehin gestellt werden, bei der Gelegenheit der Ausstellung mit besonderer Intensität zur Lösung gebracht werden. Und wenn dabei auch manches zum erstenmal erprobt werden müßte, ohne die absolute Sicherheit des Gelingens — so denke man daran, wie gewaltig das Problem der neuen Wohnung durch das mutige Vorgehen der Stuttgarter Stadtverwaltung im letzten Jahre gefördert wurde!

Man wird ganz allgemein sagen dürfen: die Ausstellung wird ihrer Idee nur dienen können, wenn man über das, was ohnehin vorhanden ist oder doch ohnehin in diesen Jahren entstanden wäre, weit hinausgeht. Man wird nicht nur, in den für die Zeit der Ausstellung zu errichtenden Bauten, nun endlich einmal von den phantastischen Möglichkeiten, die die neuen Baustoffe bieten, ausgiebigsten Gebrauch machen müssen. Man wird auch sonst vieles wagen dürfen, was ohne diese Ausstellung noch auf Verwirklichung warten müßte, was aber der Idee der neuen Zeit dient, und man wird sich dabei nicht vor einzelnen Fehlgriffen fürchten dürfen. Man wird vielleicht sogar — ich wage das an dieser Stelle kaum auszusprechen! — dabei manchmal sich gegen das Gebot der »Qualität« versündigen müssen, weil die »Qualität«, so wie sie der Werkbund versteht und auch sicher für die übliche Produktion fordern muß, nur als Ergebnis einer Entwicklung zu erreichen ist, während es sich auf dieser Ausstellung auch in besonderen Fällen darum handeln muß, eine neue Entwicklung erst einzuleiten, daher erst einmal notdürftige Lösungen zu bieten. Die »geistige Qualität« allerdings, so wie sie Mies van der Rohe versteht, muß dabei gewahrt bleiben. In ihr allein liegt die Gewähr, daß auch das Vorläufige, bald Überholte nicht nutzlos vertane Mühe bedeutet.

Noch manches gibt es, was sich zwar nicht mehr in ein Schaubares verwandeln läßt, was aber so wesentlich zum Bilde der neuen Zeit gehört, daß es auf der Ausstellung nicht fehlen darf. Daß neben dem Theater und dem Lichtspiel auch die neue Musik nicht fehlen darf, darüber braucht man kein Wort zu verlieren. Sie, die vielleicht zu den wesentlichsten Äußerungen des neuen Geistes gehört, wird auf großen Musikfesten vorzuführen sein. Daß auch das Radio mit allem, was bis 1932 vielleicht noch neu entstanden sein wird, dorthin gehört, steht ebenfalls außer Zweifel. Hier wird man ganz besonders darauf sehen müssen, daß kein chaotisches Nebeneinander — so wie es bisher auf allen Ausstellungen zu merken war — herrscht, sondern daß die Technik in den Dienst der Ausstellungsidee tritt. Aber ernsthafter, schwieriger und dabei nicht zu umgehen ist die Frage, ob es möglich ist, von dem neuen Weltbild der Wissenschaft, vor allem der Physik und Mathematik, aber auch der Philosophie, auf der Ausstellung Kunde zu geben. Daß es möglich sein wird, dieses Weltbild sozusagen sichtbar zu machen, wie man im Deutschen Museum in München die Entwicklung des Kopernikanischen Weltsystems studieren kann, glaube ich nicht — weil es sich hierbei um Theorien handelt, deren reine Geistigkeit sich jeder Anschauung entzieht. Wohl aber müßten in diesem Jahre in Köln die Gelehrten der ganzen Welt zusammenkommen, um auf Kongressen die letzten geistigen Probleme der neuen Zeit zu behandeln und dadurch zu fördern. Vielleicht wird es bis dahin möglich sein, wenigstens einen Abglanz der Theorien der nicht wissenschaftlich durchgebildeten Menschheit zugänglich zu machen — oder doch den inneren Zusammenhang dieser Theorien mit den übrigen Fragen der Zeit, mit Technik, Kunst und Menschlichkeit anzudeuten.

Und nun ist mit keinem Worte noch von denjenigen Dingen die Rede gewesen, die noch 1914 fast den einzigen Inhalt der großen Werkbundausstellung in Köln bildeten: vom »Kunstgewerbe«. Daß dieses nicht zu den »entstehenden« Dingen gehört, nicht eigentlich für die »Neue Zeit« bezeichnend ist, steht fest. Trotzdem darf es nicht fehlen. Denn noch ist nicht überall etwas anderes, Neues an die Stelle getreten, noch ist es nicht entschieden, ob dies jemals geschehen wird, oder ob ein Luxusbedürfnis nach individuell geformten Dingen auch in der neuen Menschheit erhalten bleiben wird. Das Kunstgewerbe wird also 1932 sehr wohl zu zeigen sein, vor allem im Zusammenhang mit der Frage des neuen Luxus. Denn wenn auch in einem Maße, wie niemals zuvor, die Form der Zeit bestimmt wird durch die Bedürfnisse und Lebensmöglichkeiten der Masse, und wenn auch die Frage der Durchformung dieser Bedürfnisse für die große Ausstellung von besonderer Bedeutung ist, so wäre es ein schwerer Fehler, wollte man das Dasein eines Luxus übersehen. Wirtschaftlich sind die Bedürfnisse des Luxus wie überhaupt so auch für die Ausstellung unentbehrlich — und für die Idee der Ausstellung ist die Frage, welcher Art der Luxus des neuen Weltalters sein wird, von großer Bedeutung.

Diese Ausführungen, in die viele Gedanken und Vorschläge, die bei den Vorverhandlungen von verschiedenen Seiten geäußert wurden, aufgenommen sind, sollen nichts sein wie ein Versuch, den augenblicklichen Stand des Problems, so wie ich es sehe, zu bezeichnen. Es wird vor allem die Aufgabe dieses Jahres sein, in gemeinsamer Arbeit das Problem zu durchdenken und dadurch allmählich zur Reife zu bringen.

Heft 15/1929
Idee und Realisierung der Internationalen Werkbund-Ausstellung »Die Neue Zeit« Köln 1932
Von E. Jäckh

1. Konzentration der Kräfte

Die Internationale Ausstellung »Die Neue Zeit« in Köln 1932 soll und wird während des nächsten Jahrzehnts die einzige deutsche Ausstellung dieser oder ähnlicher Art sein. Sie muß und will zugleich das Ausstellungswesen über den bisherigen, veralteten Typus hinaus entwickeln und entscheidend verändern. Sie vereinigt die gesammelte Kraft von Wirtschaft und Industrie, Kunst und Wissenschaft in der gemeinsamen Erkenntnis und Entschlossenheit, daß die Konzentration auf diese national wie international verantwortungsvolle Aufgabe der Bewußtmachung einer neuen Zeit und einer neuen Welt einen Verzicht auf andere Ausstellungspläne bedeutet und bedeuten muß.

Aus formaler Nötigung ebenso wie aus sachlicher Notwendigkeit: Die Internationale Ausstellung »Die Neue Zeit« 1932 wird gemäß dem Pariser Abkommen über internationale Ausstellungen (vom 22. November 1928) durchgeführt werden. Die Verbindlichkeit dieser Pariser Konvention schon für die Kölner Ausstellung wurde vom Deutschen Ausstellungs- und Messeamt gewünscht (obwohl diese Ausstellung bereits drei Jahre vor der Pariser Konvention beschlossen, auch ein halbes Jahr vorher schon vom Deutschen Ausstellungs- und Messeamt gebilligt worden war und obwohl die Pariser Konvention noch nicht ratifiziert ist), und sie wurde von der verantwortlichen Ausstellungsleitung anerkannt und angenommen (weil gerade von ihr auf der ersten Jahresversammlung des Deutschen Ausstellungs- und Messeamtes 1928 die Notwendigkeit einer Planwirtschaft im Ausstellungswesen begründet und gefordert wurde; noch weitgehender sogar, als sie in der Pariser Konvention jetzt gefördert wird). Dementsprechend ist die Internationale Ausstellung »Die Neue Zeit« eine »Allgemeine Ausstellung zweiter Ordnung«, im Sinne der Abschnitte I und II der Pariser Konvention, speziell I, 2. Das heißt: daß für sie auf diplomatischem Wege eingeladen werden muß (I, 1), und zwar zwei Jahre vor der Eröffnung (II, 5), daß ihre Dauer sechs Monate betragen soll (I, 3) und daß zwischen ihr und einer nächsten »Allgemeinen Ausstellung« in Deutschland ein Zeitraum von zehn Jahren liegen muß (II, 4).

Mit dieser formalen Nötigung zu einer während eines ganzen Jahrzehntes nur einmal möglichen und nötigen planvollen Kräftesammlung verbindet sich die sachliche Notwendigkeit einer gewollten Konzentration aller zuständigen Stellen. Dafür hat von Anfang an das Deutsche Ausstellungs- und Messeamt sich einmütig ausgesprochen, das sämtliche Spitzenverbände der deutschen Wirtschaft (der Industrie und des Handels, der Landwirtschaft und des Handwerks) zusammenfaßt. Seine erste einstimmige Entschließung (vom 29. März 1928) besagt: »Das Deutsche Ausstellungs- und Messeamt hat mit großem Interesse Kenntnis genommen von dem Plan des Deutschen Werkbundes, eine Ausstellung ‚Die Neue Zeit' im Jahre 1932 am Rhein mit dem Mittelpunkt in Köln zu veranstalten und sie mit der für das gleiche Jahr von der Stadt Frankfurt (Main) anläßlich der 100. Wiederkehr von Goethes Todestag geplanten Ausstellung, sowie mit anderen Ausstellungs-Veranstaltungen rheinischer Städte in Verbindung zu setzen. Es begrüßt die Absicht, durch eine solche Ausstellung des Schaubaren und Schauenswerten aus der Kultur unserer Zeit dem friedlichen Wettbewerb unter den Völkern neuen Antrieb zu geben, und stellt dem Plan, dessen endgültige Gestaltung im Benehmen mit den zuständigen Reichs- und Preußischen Stellen, den in Frage kommenden Städten und Industrien noch festzustellen ist, seine Förderung in Aussicht.«

Die zweite regulierende Vorbereitung durch das Deutsche Ausstellungs- und Messeamt bestand darin, alle Wirtschaftsverbände zu einer Besprechung des Ausstellungsprogramms »Die Neue Zeit« zu vereinigen (in Berlin am 14. September 1928) und im Anschluß daran ein Rundschreiben herauszugeben, das gegenüber berechtigter und begreiflicher Ausstellungsmüdigkeit darauf hinwies: »daß die Durchführung einer wirklich in jeder Hinsicht qualitativ hochstehenden Ausstellung im Interesse der nationalen Ansehensförderung und im Interesse der deutschen Auslandserfolge liege und daß mit der Konzentration der wirtschaftlichen Kräfte auf dem Gebiete des Ausstellungswesens auf wenige anerkannte und in jeder Hinsicht einwandfreie Veranstaltungen, die von einer großen Idee getragen würden, sich die vielen kleineren und unwirksamen Veranstaltungen am leichtesten und wirksamsten bekämpfen ließen. Die geringe noch vorhandene Ausstellungsfreudigkeit im allgemeinen könne jetzt noch vier Jahre aufgespart werden, um in Köln, wo eine originale, zugkräftige Idee die Ausstellung beherrsche, die produktiven Kräfte auszulösen. Es sei in diesem Zusammenhange auch dem Gedanken Ausdruck zu geben, daß der Weltmarkt nicht allein durch eine rein kaufmännische Aufziehung von Ausstellungen und Messen zu erobern sei, sondern daß daneben auch die geistige Leistung eine führende Rolle spiele. In anderen Ländern sei dies seit langem erkannt, und man habe dort auch verstanden, gerade diesen Gedanken bereits kommerziell auszunutzen, während wir in Deutschland dieses Problem nunmehr zwar schon erkannt hätten, ohne es aber handelspolitisch wirksam eingesetzt zu haben.«

Der Erfolg dieses Rundschreibens und meiner eingehenden Verhandlungen mit den Wirtschaftsverbänden veranlaßte das Ausstellungs- und Messeamt zu seiner entscheidenden endgültigen, wiederum einstimmigen Beschlußfassung (am 18. Januar 1929):

»Das Deutsche Ausstellungs- und Messeamt hat von dem günstigen Ergebnis der bei den Wirtschaftsverbänden angestellten Rundfrage Kenntnis genommen; es stellt die überwiegende Zustimmung der Wirtschaft zu dem Plan der Ausstellung ‚Die Neue Zeit' fest und empfiehlt die Konzentration aller deutschen Kräfte auf die national wie international wichtige Durchführung einer fruchtbaren Idee. Das Deutsche Ausstellungs- und Messeamt erwartet, daß die von der Ausstellungsleitung gegebene Zusage hinsichtlich der Beschränkung auf ausgewählte Qualitätserzeugnisse und hinsichtlich der räumlichen Ausdehnung unter allen Umständen innegehalten wird; es geht von der Voraussetzung aus, daß die Ausstellung in Aufbau und Durchführung den in der Pariser internationalen Ausstellungs-Konvention vorgesehenen Regelungen Rechnung tragen wird.«

Eine weitere Stärkung und zugleich eine Verwirklichung solchen Konzentrationswissens bedeutet sodann der gleichfalls einmütige Beschluß des Verbandes Rheinischer Industrieller, auf die Absicht einer selbständigen Ausstellung seines Kölner Vereins in dessen 50. Jubiläumsjahr 1931 zu verzichten, diesen Ausstellungsplan auf 1932 zu verschieben und mit der Ausstellung »Die Neue Zeit« zu vereinigen. Der große und starke Verband Rheinischer Industrieller umfaßt beinahe alle Gebiete der allgemeinen deutschen Industrie, die in ihm durch 830 Firmen und Mitglieder verkörpert ist.

Mit der Gesamtheit des Deutschen Ausstellungs- und Messeamtes und der wirtschaftlichen Kräfte verbindet sich als dritter Faktor die Organisation der kulturellen Tendenzen, die im Deutschen Werkbund zusammengefaßt sind und die ein Zusammenwirken von Kunst, Industrie, Handwerk, Handel, Technik und Wissenschaft zur Qualitätssteigerung der deutschen Produktion sich zur Aufgabe machen. Der Deutsche Werkbund, in dem führende Persönlichkeiten aller Parteien tätig sind, ist davon überzeugt, daß niemals in der Geschichte der deutschen Arbeit die Qualitätssteigerung so zwingend durch die Wirklichkeit gefordert wurde wie in der neuen Zeit — »Qualität« genommen als ein ebenso technisches wie ästhetisches, wirtschaftliches und soziales, kulturelles wie nationales Problem. Die Ausstellung Köln 1932 soll die Erfüllung eines dann 25jährigen Wirkens des Werkbundes bringen, will also auch für den Werkbund die besondere Verpflichtung zu einer gesammelten Anstrengung bedeuten.

Die Vorbereitungen des Deutschen Werkbundes für diese Ausstellung gehen bis in das Jahr 1925 zurück: auf der Jahrestagung in Bremen wurde der grundlegende Beschluß einer »Internationalen Werkbund-Ausstellung — Die Neue Zeit« gefaßt, zunächst für das Jahr 1929. Verhandlungen mit verschiedenen Städten, insbesondere mit Berlin, mit der Wirtschaft und mit der Reichsregierung, veranlaßten dann eine Verschiebung ins Jahr 1932, was auf der Mannheimer Tagung (1927) in folgender Resolution beschlossen wurde:

»1. Der Deutsche Werkbund nimmt Kenntnis von den Ausstellungsplänen Berlins und des Vereins Bauausstellung für 1930 und ist bereit, sie durch Mitarbeit zu fördern.
2. Die Werkbund-Ausstellung ‚Die Neue Zeit' wird für das Jahr der 25jährigen Tätigkeit des Werkbundes 1932 festgesetzt.
3. Diese Ausstellung soll am Rhein, im westlichen Kraftzentrum Deutschlands, stattfinden; Mittelpunkt ist Köln.
4. Eine innerliche und organisatorische Verbindung mit der Frankfurter Goethe-Ausstellung des gleichen Jahres ist anzustreben.
5. Ferner soll versucht werden, auch etwa im gleichen Jahr stattfindende Ausstellungen in anderen rheinischen Städten in diesen Plan einzubeziehen.
6. Der Deutsche Werkbund spricht der Reichsregierung seinen Dank für erneute Anerkennung seines Ausstellungsgedankens aus und erwartet von ihr weitere Förderung bei Durchführung.«

Mit der Weiterführung der Verhandlungen wurde ich betraut; über das vorläufige Ergebnis berichtete ich ein Jahr später auf der Münchener Tagung (1928), worauf folgender Beschluß gefaßt wurde:
»Der Deutsche Werkbund hat den Bericht von Professor Dr. Jäckh über die bisherigen günstigen Ausstellungsverhandlungen mit den Vertretern der Reichsregierung, der Preußischen Staatsregierung und der vereinigten Reichsverbände von Industrie, Handel und Handwerk mit großer Befriedigung entgegengenommen; er spricht dem Reichskommissar für das Ausstellungswesen wie der Leitung des Ausstellungs- und Messeamts besonderen Dank für die verständnisvolle Förderung der Werkbund-Ausstellung aus. Der Deutsche Werkbund erwartet von der Konzentration der wirtschaftlichen und kulturellen Kräfte Deutschlands im Jahre 1932 in Köln und im Rheinland eine günstige Wirkung auf die deutsche Ausstellungspolitik; er erwartet ebenso von dem durch die Internationalität der Ausstellung vermittelten Vergleich der die neue Zeit gestaltenden Kräfte und Formen der verschiedenen Nationen einen konstruktiven Beitrag zum friedlichen Ausgleich unter den Völkern. Zum Generalkommissar dieser Internationalen Ausstellung ‚Die Neue Zeit' 1932 in Köln und im Rheinland wird im Einvernehmen mit der Stadt Köln, den Industrie- und Wirtschaftsorganisationen und der Reichsregierung Professor Dr. Jäckh ernannt.«

Nur solche einmalige Zusammenfassung von Wirtschaft, Kultur und (wie wir sehen werden) Politik für das Jahr 1932 kann es einer Stadt ermöglichen, an die Vorbereitung und Durchführung einer solchen internationalen Ausstellung »Die Neue Zeit« heranzugehen. Die Entscheidung ist auf Grund eingehender Prüfung aller Gesichtspunkte und aller sieben sich bewerbenden Großstädte für Köln gefallen. Die sachliche Notwendigkeit und Möglichkeit einer nur einmaligen Konzentration auf eine solche »Allgemeine Ausstellung zweiter Ordnung« (im Sinne der Pariser Konvention) gilt für Köln ebenso wie für andere Städte am Rhein und in Deutschland. Es besteht ferner die Absicht und der allseitige Wille, etwaigen Ausstellungen nur lokaler Art oder ähnlichen Veranstaltungen, die zum Thema der neuen Zeit eine innere organische Beziehung haben, einen organisierten Zusammenhang mit der Internationalen Ausstellung »Die Neue Zeit« zu sichern, für gemeinsame Werbung, für gegenseitige Förderung von Verkehr und Besuch, jedenfalls für jede mögliche ökonomische Rationalisierung. Das gilt insonderheit für das Frankfurter Programm eines Goethejahrs 1932 (anläßlich des 100. Todestags von Goethe) und ebenso für ein schwäbisches Programm der Stadt Stuttgart (die ihre 700. Jahresfeier gleichfalls ins Jahr 1932 verlegen will). Schließlich ist mit der Weltausstellung Chicago 1933, die nicht das gleiche, aber ein ähnliches Thema beabsichtigt, solche Fühlung hergestellt, daß es möglich werden wird, Köln 1932 und Chicago 1933 gemeinsam zu bedenken, um Mittel und Kräfte zu sparen und Köln zum Teil als eine Vorbereitung für Chicago zu organisieren.

2. Rationalisierung der Mittel

Der planmäßige Wille einer neuen bewußten Ausstellungspolitik, der sich durch solche allgemeine Konzentrierung auf die Internationale Werkbund-Ausstellung »Die Neue Zeit« 1932 betätigt, wird in dieser Ausstellung auch den Ausstellungstyp einer neuen Zeit schaffen müssen.
Nach der negativen wie nach der positiven Seite:
Die einschlägigen Verhandlungen haben zu der Vereinbarung geführt, daß keine neuen Ausstellungshallen gebaut werden sollen, so daß also keine Vermehrung der Ausstellungsbauten möglich wird, die wieder »fortzeugend Böses könnte gebären«. Diese gewollte Raumbeschränkung, die ihrerseits auch zur Qualitätssichtung zwingt, bedeutet praktisch, daß für die allgemeine Ausstellung »Die Neue Zeit« 1932 weniger Raum zur Verfügung steht als für die Spezialausstellung der Pressa 1928: nur 44 000 qm anstatt 62 000 qm oder in Nettozahlen: 26 000 qm statt 36 000 qm, nur der zentrale Hallenbau und das benachbarte Staatenhaus; aber nicht die frühere Kürassierkaserne, die mit der kulturhistorischen Abteilung der Pressa gefüllt war und jetzt Museum geworden ist.
Diese erstmalige Selbstbeschränkung hat ihren Grund nicht nur in der finanziellen Erwägung, die aus der Nachkriegssituation besonders Deutschlands, aber auch anderer Staaten die Verpflichtung zur Sparsamkeit ableitet, zu einer Wirt-

schaftlichkeit, die aus der Not eine Tugend macht; sondern solche Rationalisierung geht ebenso sehr von der positiven Einsicht, von der prinzipiellen Überzeugung aus, daß auch der Ausstellungstyp eine Erneuerung, eine Verlebendigung, eine »neue Zeit« verlangt. Nicht nur die alte »Weltausstellung« ist tot, sondern auch die Zeit der nur repräsentativen, nur provisorischen Schaubauten und Fassadenarchitektur ist vorüber. Gewiß konnten Ausstellungsbauten auch unmittelbare, nicht nur mittelbare Werte, ja anregende Antriebe schaffen — nämlich dann und dort, wo sie das Problem freier Überspannung großer Räume förderten (wie in Paris 1855, 1867, 1878 und 1889 und in Frankfurt wie in Breslau). Aber in unserer Zeit dringender Baubedürfnisse läßt sich der Aufwand für eine Ausstellung nur rechtfertigen, wenn diese selbst produktive Werte von bewußt unmittelbaren und bleibenden Wirkungen schafft und sichert. Dieses Prinzip hat der Deutsche Werkbund zuerst praktiziert und bereits zweimal erprobt: in Stuttgart 1927 und in Breslau 1929, wo gemeinsam mit den beiden Stadtverwaltungen durch die Werkbundausstellungen »Die neue Wohnung« und »Wohnung und Werkraum« 64 bzw. 122 Wohnungseinheiten gebaut worden sind, mit dem Erfolg z. B., daß auch Paris unter Berufung auf das erste Vorbild einen ähnlichen Plan ausarbeitet. Die Ausstellung einer neuen Zeit muß sich durch produktives Bauen und durch eine schöpferische Idee legitimieren.

3. Zustimmung der Reichsregierung

Diese besonderen Eigenschaften dieser Internationalen Werkbund-Ausstellung »Die Neue Zeit« (Konzentration der Kräfte und Rationalisierung der Mittel, und — wie ich noch auszuführen haben werde — produktiver Bauwille und die Ideologie einer »neuen Zeit«) haben es vermocht, wie die berechtigte Ausstellungsmüdigkeit der Wirtschaft so auch die begreifliche Ausstellungsskepsis der Reichsregierung zu überwinden. Von Anfang an und durch drei Kabinette hindurch hat dieses Ausstellungsziel die Zustimmung der Reichskanzler und der zuständigen Reichsminister gefunden. Reichskanzler Dr. Marx hat als Chef des dritten Kabinetts Marx (mit Reichswirtschaftsminister Dr. Curtius und Reichsinnenminister Dr. Külz) wie des vierten Kabinetts Marx (mit Reichswirtschaftsminister Dr. Curtius und Reichsinnenminister Dr. von Keudell) wiederholt in mündlichen Besprechungen seine Zustimmung erklärt, die er schließlich in einem Schreiben vom 9. Juni 1928 in folgender Form bestätigte:

»... daß er es grundsätzlich lebhaft begrüßen würde, wenn in einer Ausstellung ‚Die Neue Zeit' die mitgeteilten vorläufigen Pläne zur Ausführung gelangen könnten... Wenn er schon jetzt erkläre, daß er den Grundgedanken der Ausstellung sympathisch gegenüberstehe, so wisse er sich hierbei völlig frei von der

in der Nachkriegszeit vielfach mit Recht beklagten Tendenz weiter Kreise, sich im Ausstellungswesen zu übertrumpfen. Im Gegenteil verspreche er sich von einer sorgfältigen Durcharbeitung der vorliegenden Pläne eine starke Rationalisierung des deutschen Ausstellungswesens. Gerade von der Zustimmung der rein wirtschaftlich eingestellten Kreise und Verbände erhoffe er — bei aller Wahrung der berechtigten Interessen aller beteiligten Städte — eine kraftvolle und organische Zusammenfassung, die trotz sparsamster Wirtschaft durch die einheitliche Gestaltung ein treues Spiegelbild der Kultur unserer Zeit gewährleiste; deshalb wünsche er den weiteren Vorarbeiten besten Erfolg.«
Der Reichskommissar für das Ausstellungswesen, Geheimrat Dr. Mathies im Reichswirtschaftsministerium, wurde über jede Entwicklung informiert, er nahm wiederholt an entscheidenden Besprechungen und Entschließungen teil und förderte sie durch seinen erfahrenen Rat, vertrat unsere Interessen auch auf der Pariser Konferenz mit Erfolg.

Das Kabinett des Reichskanzlers Müller unterstrich das Werkbund-Programm der »Qualitätsleistungen« in seiner ersten Regierungserklärung. Der Reichsinnenminister Severing begrüßte in seiner offiziellen Rede anläßlich der Schlußfeier der »Pressa« die Internationale Werkbund-Ausstellung »Die Neue Zeit« und wies ihr eine ganz bestimmte Aufgabe zu, indem er sagte:
»Ich hoffe wieder dabei zu sein, wenn es gilt, die Ausstellung ‚Die Neue Zeit' zu eröffnen. Ich hoffe wieder dabei zu sein, ganz gleich in welchem Gewande, nur nicht im Gewande des Pessimisten. Sie werden, Herr Oberbürgermeister, das im Jahre 1914 zum Teil zerstörte Werk (des Deutschen Werkbundes) im neuen Glanz erstrahlen lassen. Heute schon Glückauf, Glückauf diesem Werk, Glückauf zum Namen! ‚Neue Zeit' soll die Ausstellung des Jahres 1932 heißen. Dieser Name kann ein Programm sein. Ich bin überzeugt, obgleich ich in die Geheimnisse Ihrer Pläne noch nicht eingedrungen bin: Sie werden es auch im Jahre 1932 ablehnen, nur tote Maschinen auszustellen, nur Technik, nur Ergebnisse der Wissenschaft und der Forschung den Beschauern zu präsentieren. Was ausgestellt werden muß im Jahre 1932, das ist meines Erachtens das Ergebnis der Entwicklung, die zwischen der ‚Pressa' und der ‚Neuen Zeit' liegen wird, die innige Verbindung aller Völker zum gemeinsamen Werk an der Menschheit. Wir als Deutsche wollen nicht nur in einer frohen Feierstunde, sondern auch in den schweren Pflichten des Alltags eingedenk sein, daß wir uns das Ziel im Vorspruch unserer Verfassung gesetzt haben, dem äußeren und inneren Frieden zu dienen; dem äußeren Frieden zu dienen, um eine Basis herzustellen, auf der wir in friedlichem Wettbewerb mit allen anderen Nationen am kulturellen Fortschritt der Menschheit arbeiten wollen. Dies zu bekräftigen, soll heute unsere Aufgabe sein.«
Der Reichswirtschaftsminister Dr. Curtius wie der Reichsinnenminister Severing

bestätigten in der Form von Protokollen »die Richtigkeit und Wichtigkeit« dieser Ausstellung und sagten entschlossene Förderung zu. Reichsaußenminister Dr. Stresemann und Reichsfinanzminister Hilferding nahmen vom Ausstellungsprogramm mit beifälliger Zustimmung Kenntnis. Das Reichskabinett wird im Oktober 1929 über seine Ausstellungspolitik beraten und mit dem Reichstag beschließen. Ohne eine ebenso materielle wie ideelle Zusammenarbeit auch der politischen Reichsleitung mit der Wirtschaft, dem Werkbund und der Ausstellungsstadt ist dieses Werk nicht denkbar noch durchführbar. An der Tatsache eines verständnisvollen Willens zu solcher entscheidender Zusammenarbeit kann nicht gezweifelt werden.

4. Produktives Bauen

Wie sieht es nun mit den beiden Qualitäten dieses Ausstellungsplanes aus: dem produktiven Bauen und der Ideologie einer neuen Zeit?
Die in Köln gemeinsam mit der Ausstellung zu lösenden praktischen Bauaufgaben, die zugleich vorhandene soziale und wirtschaftliche Bedürfnisse befriedigen, sind vielerlei:
1. Einige Wohnungssiedlungen von Dauerbauten, zur Behebung der Wohnungsnot; an einigen Punkten der Stadt, wahrscheinlich im Osten, also nahe dem Ausstellungsgelände, und im Norden. Diese Bauaufgabe soll in internationaler Zusammenarbeit angefaßt werden — dadurch, daß aus verschiedenen Staaten die besten Architekten zu berufen sind (wie dies in kleinerem Umfang bereits durch die Werkbundausstellung Stuttgart 1927 geschehen ist). Natürlich muß die Aufgabe sehr präzis gestellt werden, und ebenso naturgemäß wird es sein, daß eine Überprüfung der Pläne der auswärtigen Architekten für die deutsche Wirklichkeit und Brauchbarkeit, für das rheinische Klima durch einen deutschen Generalarchitekten notwendig wird. Immerhin — die Tatsache einer bereits bestehenden und sich immer mehr vollziehenden internationalen Angleichung im Siedlungsbau wird diese Aufgabe erleichtern.
2. Städtische Großbauten, die Gelegenheit zur Dokumentierung von Großkonstruktionen geben: Zentralmarkthalle, vielleicht Schlacht- und Viehhof, Schulen, Kliniken. Für diese Aufgaben ist die Berufung von deutschen Architekten geplant.
3. Der Bau der neuen Universität, einer cité universitaire, einer ganzen Universitätsstadt, mit einer großen Anzahl Bauten jeder Art, die in ihrer Anordnung die neue Bedeutung einer modernen Universität, ihre geistige und körperliche Einheitstendenz gestalten. Dieses Ausstellungsobjekt wird durch den Kölner Stadtbaudirektor Abel erstellt: sein Projekt ist eine ideale Verbindung zwi-

schen Bauten und Grünanlagen; eine »Studentenstraße« (600 m lang) verbindet das neue Gelände mit den Kliniken des Universitätskrankenhauses der Lindenburg.

4. Die Herrichtung der 180 000 qm großen Fläche jenseits des Bahndamms, der dieses Gelände von der Ausstellung trennt, zu der gärtnerischen Anlage einer Kölner Festwiese (jetzt schon mit einem 12 m breiten Baumgürtel rings zu umpflanzen), und ihre bauliche Verbindung mit dem Ausstellungsgelände, in der Achse der Mitte des Staatenhauses, entweder durch Überbrückung oder Untertunnelung des Bahndamms (welch letztere Lösung die Möglichkeit einer besonderen Licht- und Elektrizitätsaufgabe bringen würde).

Schließlich kann an einen internationalen Wettbewerb einiger weniger dazu einzuladender Städtebauer für bestimmte Situationen gedacht werden, wie Domplatzgestaltung u. a.

Jede jener Bauaufgaben bringt auch die Möglichkeit zur Einbeziehung der dazugehörigen Einrichtungen und Inhalte, also zur Heranziehung verschiedener Gewerbe von Industrie und Handwerk.

Alles dies bedeutet einen bewußten Verzicht auf die bisher üblichen bloßen Schaubauten, auf jede falsche Luxusverschwendung an baulicher »Aufmachung«, an Schauarchitektur; es bedeutet die Mobilisierung des Ausstellungsgedankens für soziale und wirtschaftliche Dauerleistungen, für die Lösung wirklicher, notwendiger Bauaufgaben durch planvolle Kooperation lokaler, deutscher Kräfte und Werte.

5. Konstruktive Idee: »Die Neue Zeit«

Wenn so das Bauen — räumlich außerhalb, aber programmatisch und praktisch in Verbindung mit der Ausstellung — im Vordergrund des Ausstellungsplanes steht, so geschieht es nicht nur aus der ausgesprochenen wirtschaftlichen und sozialen Einstellung heraus, auch nicht nur, weil die Ausstellung dadurch ein Organ städtebaulicher Politik werden kann, sondern ganz besonders, weil Bauwerke die Gesinnung einer Zeit offenbaren und dokumentieren. »Bauen heißt eine Gesinnung haben.« Oder: »Kunst ist die Objektivierung eines metaphysischen Erlebnisses.« In den Bauwerken der Gotik wie der Renaissance, des Barocks wie des Rokokos spricht sich neben der Technik jener Zeiten auch je ihr besonderes Lebensgefühl aus. Der état d'âme entspricht dem état d'art und umgekehrt. Formen und Stile, Stileinheiten sind Fixierungen des seelischen Ausdrucks von Epochen. Darf ich auch an Schinkel erinnern? — an sein Wort über die historische Bedeutung künstlerischen Schaffens: »daß ein Bauwerk der Nachwelt übermitteln solle, wie man zur Zeit, da es geschaffen wurde, dachte und empfand, ja daß ein Kunstwerk diese geschichtliche Bestimmung weit besser erfüllen könne, als die Schrift es vermag«. Für »Die Neue Zeit« ist eine neue Technik wie ein neues Lebensgefühl ebenso charakteristisch wie verantwortlich. »An dem neuen Bauen ist wie in einem Vergrößerungsglas sichtbar, was wie eine große Welle als künstlerisches Ausdruckswollen unsere heutige Zeit überhaupt durchblutet.« Die Totalität und Einheit einer solchen »Neuen Zeit« darzustellen, zum Bewußtsein zu bringen, sie bewußt machen, sie bekennerisch und gläubig zu entwickeln, ist (wie wir glauben) eine schöpferische Idee, die in die Zukunft weisende Linie der Internationalen Werkbund-Ausstellung 1932.

Was soll das heißen: »Die Neue Zeit?« Es soll nicht heißen: Novitäten oder Modisches, nicht Modernität oder nur »Neue Sachlichkeit«. Auch nicht, daß das Neue vom Alten aus durch einen plötzlichen Sprung erreicht würde; umgekehrt: die neue Zeit ist das organische Ergebnis einer Reihenfolge von Stufen und Schritten eines Jahrhunderts, das bewußte Erlebnis der Kontinuität des entscheidendsten Jahrhunderts von Entdeckungen, Erfindungen und Gestaltwandlungen.

Wenn auf dem Gebiet »einer neuen Ästhetik der Tonkunst« Busoni bereits 1922 eine »neue Klassizität« aufkommen sieht, so versteht er darunter »die Meisterung, die Sichtung und Ausbeutung aller Errungenschaften vorausgegangener Experimente, ihre Hindrängung in feste und schöne Formen. Diese Kunst wird alt und neu zugleich sein: dabei steuern wir bewußt und unbewußt, willig oder mitgerissen«.

Das alte Jahrhundert begann mit einer Wissenschaft von der Natur, erfand und entwickelte durch Dampf und Elektrizität Maschinen, gestaltete entsprechende Arten von »Rationalismus« und »Materialismus«, steigerte den Zwiespalt zwischen Naturwissenschaft und Geistwissenschaft — — — um schließlich hinüberzufinden in die Wissenschaft vom Menschen, um seelische Gesetze des Unterbewußten im menschlichen Mikrokosmos wie gesetzmäßige Geheimnisse des transzendentalen Makrokosmos zu suchen und zu fassen und aus der Tiefe eines »clair-obscure« wie aus der Weite einer neuen Schau das Überrationale und Intuitive des Schöpferischen neu zu werten — (des Goetheschen Geistes, der »sich den Körper schafft« und der schon gewarnt hat: »wenn Wissenschaft Wissenschaft wird, ist nichts mehr dran«; oder der Freudschen Seele, die die Leib-Seelen-Einheit formt); zum Menschen, der — sehr viel, aber nie alles wissend — neben rechnender Wissenschaft auch schauende Weisheit ergreift, um den Lebensvorgang als Totalität zu begreifen. Das ist der Weg von der Wissenschaft des Prinzips von der Erhaltung der Energie zur Vision der elektromagnetischen Theorie. Zu keiner Zeit ist der Mensch so beherrschend groß und zugleich so verschwindend klein geworden wie in unserer Zeit — der Mensch nicht mehr das anthropozentrische »Maß der Dinge«, sondern ein mikrobisches Quantenatom des Weltalls; nicht mehr das Individuum im Mittelpunkt (absolut und zentral), sondern ein Infusorium unter dem Mikroskop (relativ und peripherisch); minimal und maximal zugleich, Geschöpf und Schöpfer zugleich. »Der Höhepunkt menschlicher Naturbeherrschung wird für den Tieferblickenden zur erschütternden Tragödie der menschlichen Insuffizienz.« Die gleiche Zeit, die das Maschinenzeitalter im internationalen Maschinenkampf eines Weltkrieges zusammenballte wie nie zuvor, macht sich daran, ein neues Menschenzeitalter durch internationale Völkersolidarität gegen den Krieg zu organisieren: ein weltgeschichtliches »Stirb und Werde«, in dem Technik, Lebensgefühl und Weltgefühl sich zusammenfinden, zusammenwirken.

Wohl hat die Technik immer schon und immer wieder neue Zeiten bestimmt und entschieden (so die Erfindung der Buchdruckerkunst den Übergang vom »Mittelalter« zur »Neuzeit«). Aber noch nie hat Technik durch solche Vielheit von neuen Findungen und durch solche Allheit ihrer Wirkungen die ganze Menschheit, eine ganze Welt, das ganze Universum erreicht und revolutioniert, einreißend und aufbauend zugleich. Die Wissenschaft hat nicht nur neue Kompositionen schon bekannter, bestehender Elemente erfunden, sondern bisher unbekannte »Kräfte und Stoffe« gefunden, hinter einer früheren vermeintlichen »Kraft und Stoff«-Gleichheit; sie hat Atome und nochmals deren Atomisierung differenziert (in Protonen und Elektronen, in Quantenbeziehungen zwischen Energie und Materie); sie hat neue Werkstoffe und neue Legierungen mit neuen elektrischen und chemischen Wirkungen geschaffen, neue Materialien erschaffen, die neue Versuche und neue Gedanken, neue Apparate, neue Instrumente, neue Techniken ermöglichen. Ganz neue Möglichkeiten ergeben sich für seither ungekonnte Aufgaben, für vorher unbekannte Konstruktionen, für bisher ungeahnte Ausdrucksversuche von Formen und Farben. Neue Möglichkeiten von Bedürfnissen sind entstanden und zugleich neue Wirklichkeiten ihrer Befriedigung. Jahrtausendalte, vermeintlich feststehende Unmöglichkeiten werden zu alltäglichen, selbstverständlichen Möglichkeiten; solche Möglichkeiten werden sogar zu Notwendigkeiten durch ihre sozialen Folgerungen und Weiterungen. Mit einer radikalen Entkanonisierung des Formenkreises des Mittelmeergebietes geht die erstmalige Industrialisierung einer seit den Pyramiden, seit vielen Jahrtausenden handwerklichen Architektur zusammen.

Gleicht solche neue technische Vielheit dem breiten Stromeinbruch wundervoller, rätselhafter kosmischer Kräfte, so wird die Allheit ihrer Wirkungen ozeanisch weit, atlantisch und pazifisch zugleich, ozeanüberspringend, transkontinental, interkontinental, Kontinente zusammenbringend, universal durch ihre wachsende Verbindung mit der Wirtschaft, die die Massen, die Völker, die Gemeinschaft der

Völker ergreift, durch einen »Welthandel, desgleichen auf Erden niemals gewesen ist«. Aus dem starren, stummen Lichtbild der Laterna magica einiger Müßiger oder Neugieriger ist das bewegliche, sprechende Lichtspiel internationaler Filmverbände geworden, die das Wissen und den Willen von Millionen und aber Millionen erreichen, mitbilden; aus dem Telephon zwischen Einzelnen – das Mikrophon, der Rundfunk »an alle«; aus der Drahtverbindung von Individuen, Einzelmenschen – die Drahtlosigkeit von Kontinenten, Weltteilen. Zum Fernsprechen und Fernhören fügt sich das Fernsehen und Fernphotographieren »um den Globus wie um eine Litfaßsäule herum«. Neue Sinnesfähigkeiten entdecken neue Geisteswelten, erleben neue Werte. Übermittlungen, die früher Monate und Wochen, dann Tage und Stunden benötigten, brauchen heute nur Sekunden – wobei sich auch wesentlich verändert hat und charakteristisch wird, was wir uns hinüber und herüber zu sagen haben, nicht nur wie wir es uns durchsagen können. Die fünf Kontinente der fünf Erdteile schmelzen zu einem zusammenhängenden Kontinent von einer einzigen Erdeinheit, zu einem verkleinerten Erd»ball« zusammen, auf dem kein Platz mehr unbekannt ist, kein Raum und kein Volk mehr zu entdecken ist und von dem Vorstöße in die Stratosphäre berechnet werden. Das früher trennende große Wasser ist zum verbindenden Fluß zwischen der alten und der neuen Welt geworden; die früher leere Luft zum festen, spürbaren Körper, in dem der Flieger Luftlöcher vermeidet, luftleere Stellen fürchtet. Wir leben in einem veränderten, anderen Raum: wir leben in einem größeren und doch zugleich geringeren Raum als alle Weltgeschichte vor uns, leben wirklich »im Jahre 1« oder im ersten Jahrzehnt eines neuen Raummaßes, einer neuen Zeitrechnung – und tun meist noch so, als ob der alte Raum einer alten Zeit uns noch im Bann haben müßte. Es gilt, bewußt alle Konsequenzen zu ziehen, die neue Wirklichkeit in allen ihren Wirkungen zu »realisieren«, zu erfassen und zu verwirklichen.

So dringt aus aller Vielheit der technischen Erfindungen und der Allheit ihrer Wirkungen zugleich eine neue Einheit empor, eine Einheit der Wissenschaften und der Künste, des Lebens wie des Lebensgefühls. Nicht mehr bleibt die Technik eine gesonderte Fakultät nur, abseits von den Geisteswissenschaften, sondern sie wird der zusammengehörigkeitsbewußte Teil eines Ganzen, einer neuen Synthese und universitas; »sie verkörpert den Einzug des Geistes in die irdische Stoffwelt«. Das ist die Einheit, und die andere wird die eines Lebensgefühls, das die konstruktiven Tendenzen und die konstitutiven Elemente auf verschiedenen Gebieten und in mancherlei Äußerungen einer größeren »Objektivation« und einer geringeren »Emotionalität« erfaßt als eine innere Einheitlichkeit, als konstruktive Biologie, als ein Spielbild gleicher geistiger Kräfte und Funktionen – von der veränderten Tektonik an bis zur menschlichen, sozialen, wirtschaftlichen, politischen, staatlichen, ja zwischenstaatlichen Formung und

Ordnung hin. Dome der Arbeit haben die frühere Formkraft von Kathedralen der Kirche und von Palästen der Könige übernommen, profane Bauten eines kollektiven Wirtschaftsprozesses, die der sakral-hierarchischen oder prinzipalmonarchischen Mächte. Der »Sportpalast« besagt dies: der »Palast eines einzelnen, einzigen wird zum Sportplatz der Masse. Barockkapitelle und Allongeperücken gehören ebenso zusammen wie Bubikopf und Ornamentscheu und Kleidlinie — als Zeichen gleichmäßiger sogenannter Versachlichung, Neutralisierung. Menuett und Walzer und Jazz sind ebenso verschieden wie der Rhythmus ihrer Zeiten. Ein Philosophieprofessor an der Berliner Universität geht so weit, zu erklären: »Wenn man gesagt hat, daß in den statischen Konstruktionen der modernen Technik mehr von einer bildenden Kunst der Gegenwart zu spüren sei als in den Werken heutiger Künstler, so kann man eine Parallele zu diesem Gedanken in dem Verhältnis von Einzelwissenschaft und Philosophie finden: in den naturwissenschaftlichen Ausbeutungen unseres Jahrhunderts ist mehr Philosophie enthalten als in den bewußten philosophischen Produktionen ... Und wie heute schon Architektur und bildende Kunst von der reinen Sachlichkeit der Technik neue Formen übernehmen, so ist auch eine neue Philosophie im Werden, die selbst nicht mehr Naturwissenschaft ist, wenn sie auch von ihr eine Fülle von Problemen und begrifflichen Mitteln übernommen hat.« Die Einheit des historischen Geschehens wird mehr und mehr offenbar, und wir werden seiner Integration immer mehr bewußt. Die neue Physik, die neue Biologie, die Psychologie und ihre Psychoanalyse verändern den Menschen der Hormone wie die Gesellschaft der Menschen, vermehren und erweitern seine und ihre Sinne (»Kino-Auge« und »Radio-Auge«), verändern Sittlichkeit und Gesetz, verändern das Weltbild und seine Zusammenhänge. Ein neues Weltgefühl, im Verein mit dem Erlebnis weltwirtschaftlicher Abhängigkeit und weltpolitischer Verbundenheit, verändert Völker und Staaten, schafft eine Gesellschaft der Staaten, die Gesellschaft der Völker, schafft neue Bindungen und andere Freiheiten, neue Solidaritäten und andere Souveränitäten. »Das Lebens- und Weltgefühl unserer Zeit hat eine Wendung um mindestens 90° gemacht.« Solche Lebenseinheit begreift und umgreift als Emanation der gleichen Zeit ebenso technoide Baukunst wie atonale Tonkunst, die Auflösung des Raum-Zeit-Problems, Einsteins Relativität und Freuds Psychoanalyse, Jugendbewegung und Sportsinn, Weltwirtschaftskonzerne und eine (zum erstenmal in der Wirtschaftsgeschichte) Internationale Bank, einen »Völkerbund« und (ebenso zum erstenmal in der Weltgeschichte) internationale, ja interkontinentale Kriegsächtungsverträge. Nur die Reihenfolge und die Intensität der »Bewußtwerdung« sind verschieden: mit dem »Werkbundgebiet« beginnt es — oder in den Worten des Spaniers José Ortega y Gasset: »Ein Wechsel des kollektiven Weltgefühls wird zuerst an Kunst und reiner Wissenschaft sichtbar, weil diese

die freiesten menschlichen Aktivitäten und am wenigsten eng mit den sozialen Bedingungen einer Epoche verknüpft sind. Wenn der Mensch seine Grundeinstellung zum Leben ändert, so verrät sich die neue Geisteshaltung zunächst in der künstlerischen und wissenschaftlichen Schöpfung.«
Aber die Wandlung selbst ist universal: sie geht durch alle Nationen und durch alle Parteien hindurch und scheidet Mehrheiten von Minderheiten. Selbst die Gegensetzung eines kollektiv-hochkapitalistischen, standardisierenden Amerika und seiner jetzigen »Hooversierung« einerseits und des kollektiv-staatssozialistischen, rationalisierenden Rußland und seines Spätmarxismus andererseits ist mehr kontrapunktisch als konträr, eher bipolar als gegensätzlich. In der immer deutlicher werdenden Manifestation einer neuen Welt und ihres Problems der Spannung von Masse und Mensch, von Gemeinschaft und Ausgleich, ist neu das wachsende Bewußtsein der sich bildenden Gemeinschaft und des sich vollziehenden Ausgleichs. »Der Ausgleich ist unentrinnbares Schicksal einer Menschheit, die in dem Weltkriege ihr erstes wirkliches Gesamterlebnis hatte: hier erst beginnt die eine gemeinsame Geschichte der sogenannten Menschheit.«

6. Bewußtseinsentwicklung der neuen Zeit

Solche Bewußtseinsentwicklung, wachsende Bewußtseinsrealität läßt sich überall feststellen, in der Literatur aller Völker ohne Unterschied, vielleicht mit dem einen Unterschied nur, daß sie am lebendigsten und greifbarsten in Deutschland wächst, auch deshalb wohl, weil die Not des Zusammenbruchs uns mit einem neuen Blick, mit der neuen Aufgabe gesegnet hat. Es ist wahrhaftig und wirklich so, wie es der früher »unzeitgemäße«, jetzt zeitgemäße Seher sagt: »In unserer Macht steht die Zurechtlegung des Leidens zum Segen, des Giftes zur Nahrung.«
Ich greife nur einige wenige deutsche Belege heraus:
Aus der Philosophie:
Max Scheler, Der Mensch im Weltalter des Ausgleichs;
Ludwig Klages;
Hans Prinzhorn, Das Weltbild (Leib-Seele-Einheit);
Graf Keyserling, Die neuentstehende Welt;
K. Joël, Die Überwindung des 19. Jahrhunderts im Denken der Gegenwart;
Hermann Herrigel, Das neue Denken;
Kurt Hildebrandt, Staat und Rasse;
aus der Soziologie:
Alfred Weber, Kulturausdruck und Technik;
aus der Pädagogik:

Kultusminister Becker, Menschenformung als Gegenwartsproblem;
aus der Physiologie:
Willy Hellpach, Seelische Vorgeschichte der Katastrophe;
aus der Technik:
Friedrich Dessauer, Philosophie der Technik;
aus der Kunst:
Von Henry van de Veldes »Neuer Stil« an bis zu Ernst Kropps »Wandlungen der Form im 20. Jahrhundert« und zu Moholys »Vom Material zur Architektur«. Auch die deutsche Ausgabe des Spaniers José Ortega y Gasset »Die Aufgabe unserer Zeit« gehört hierher, oder der Italiener Guglielmo Ferrero »Die Einheit der Welt«, ebenso H. J. Wells »The world of William Clissold«. Und so fort. Die einschlägige ganze Literatur und ihre Bibliographie gehört naturgemäß in eine Ausstellung »Die Neue Zeit«, in eine besondere Bibliothek mit Kartei, Archiv und Lesesaal.

An dieser Stelle nur ein paar Zitate, und zwar von Max Scheler (aus seinem »Weltalter des Ausgleichs«):

»Die Größenordnung, in der jener tiefgehende Wandel der Dinge und des Menschen liegt, an dessen Beginn wir stehen, dürfte nicht leicht überschätzt werden. Unvergleichlich mit allen Einschnitten, die der Historiker im Lebenszeitraum der Geschichte der sogenannten europäischen ‚Neuzeit' zieht, scheint er mir an Tiefe und Allseitigkeit sogar noch jenen Gesamtwandel zu übertreffen, der vom sogenannten europäischen Mittelalter zur Neuzeit führt; und wir müssen uns schon bis zur Entstehung des Christentums und zum Emporkommen der germanisch-romanischen Völkerwelt zurückwenden, um ein annäherndes Gleichnis für die Tiefe der Wandlung zu haben. Es ist nicht nur eine Wandlung der Dinge, Umstände, der Institutionen, der Grundbegriffe und -formen der Künste und fast aller Wissenschaften — es ist eine Wandlung des Menschen selbst, der Artung seines inneren Aufbaues selbst aus Leib, Seele, Geist; und es ist nicht nur eine Wandlung seines tatsächlichen Seins, sondern auch eine Wandlung seiner Richtmaße...

... Über den letzten und höchsten Gegenstand des Ausgleichs des kommenden Weltzeitalters, über den inhaltlichen Ausgleich der metaphysischen Ideen selbst über Gott, Welt und Mensch, will ich an dieser Stelle schweigen. Doch wage ich zu behaupten, daß auch in dieser höchsten gegenständlichen Sphäre eine zunehmende, fast seltsame Konvergenz der Grundansichten unter den geistigen Eliten der Denker aller Völker zu beobachten ist. Und daß auch hier ein Ausgleich gewaltigen Stils in voller Fahrt ist — von wenigen bisher gekannt.«

Aus Alfred Weber:

»Ich meine, jeder, der für Gestaltung, für die Bedeutung von künstlerischem Formungswillen überhaupt als Ausdruck eines Gesamtlebens ein Empfinden hat,

muß das Gefühl haben, daß hier etwas ganz Außerordentliches, Großes geschehen ist, etwas tief Einschneidendes, das fundamentaler ist als alle bisherigen Stilwandlungen der Geschichte. Denn ein Kontinuum, das durch die Jahrtausende der Menschheit als Formensprache seelischen Ausdrucks hindurchgegangen ist — das anfangend von Ägypten bis zum Rokoko und später in unendlichen Variationen abgewandelt, stets um uns war in unserem Leben und unseren Vorstellungen —, hat sein Ende gefunden, keine Fortführung mehr, grundsätzlich keine Fortführung mehr! . . .
Jede neue Lebensaggregierung, jede wesentliche Veränderung der Daseinssubstanz in ihrem Aggregatzustand ruft zu einer neuen Produktivität auf, jede aber stellt auch die verantwortungsvolle Frage an die Produzierenden, wie sie sich denn eigentlich zur Kulturtradition, zu den Kulturformen, der Daseinssubstanz, die aus früheren Zeiten ihnen überkommen sind, stellen wollen. Das ist, wie mir scheint, die große und entscheidende Grundfrage jeder Produktivitätsperiode stärkerer Art in einer neuen Lebensaggregierung. Und das Zentrale, was ich hier behaupten will, ist dies, daß noch nie in der ganzen Geschichte die Menschheit sich in der Art, der Tiefe und Ausdehnung vor diese Frage gestellt gesehen hat wie heute . . .
Noch nie ist die Lebensaggregierung, die hereinbricht und von der ich gesagt habe, daß sie wie eine Versetzung auf einen neuen Stern wirkt, so verschieden von der alten Lebensaggregierung gewesen, in der die Menschheit sich befunden hat.«
Aus José Ortega y Gasset:
»Die ganze neue Kunst wird verständlich und fast großartig, deutet man sie als einen Versuch, Kindlichkeit in unsere greise Welt zu bringen. Andere Stile mußten mit den dramatischen Bewegungen des sozialen und politischen Lebens, mit den tiefen religiösen und philosophischen Strömungen in Zusammenhang gebracht werden. Der neue Stil dagegen will zu Sport und Spiel gestellt sein; mit ihm ist er von gleicher Herkunft, zwei triumphierende Zwillingstatsachen . . .
Es ist interessant zu beobachten, wie in der letzten Zeit Psychologie, Biologie und Erkenntnistheorie ohne gemeinsame Überlegung oder Verabredung die Grundtatsachen, von denen beide Anschauungen ausgehen, revidierten und dabei zu der gleichen neuen Art der Problemstellung gelangten . . .
Alle neuen Zielsetzungen, die es in den letzten Jahrzehnten in der Kunst der Töne gab, fußen auf dem neuen Erdreich jenseits der Erde, das Debussys Genialität erobert hat Diese Wendung vom Subjektiven zum Objektiven ist von solcher Bedeutung, daß ihr gegenüber die späteren Spaltungen verschwinden. Debussy reinigte die Musik vom Menschlichen; darum datiert von ihm an die neue musikalische Ära.«
Es gibt zweierlei Menschen: solche, die angesichts solcher und ähnlicher Sehweite

die Tatsache einer »entscheidenden Weltzeit« erkennen, begreifen, und andere, die sie erleben, erfühlen. Auch hier gilt: »wenn Ihr's nicht fühlt, Ihr werdet's nie erjagen.« Und ebenso gilt: »Die Empfängnis einer Idee ist die Schicksalsstunde des Menschen ... Dies aber ist die doppelte Seite der platonischen Idee: einmal die Einheit zu sein, die unserm Geist die Erkenntnis ermöglicht, ohne die alles nur Chaos schiene, dann aber das Bild zu sein, das wirklich real aus dem Chaos die lebendigen Gestalten hervorbringt.«

7. Enzyklopädische Darstellung durch Katalog und Kongreß

Was kann eine Ausstellung »Die Neue Zeit« von der universalen und säkularen, profunden und grandiosen Bedeutung einer solchen Weltwende und einer solchen Lebenseinheit, von solcher maximalen Spannweite zeigen, bewußtmachen? Kann sie es überhaupt, und wie kann sie es? Darüber werden wir einig sein, daß — »Die neue Zeit« so gesehen — eine solche Ausstellungsthematik, Programmatik und Ideologie noch nicht vorgezeichnet, ein solcher Ausstellungsplan noch nie gefaßt worden ist. Auch darüber werden wir uns einig sein, daß über alle Erfahrungen und über alle Maßen hinaus es schwer sein wird, die Gesamtheit und die Zusammenhänge der neuen Zeit ausstellerisch zu erfassen, zu versinnlichen, zu materialisieren, zu realisieren. Natürlich gibt es mittelbare Hilfsmittel, deren sich die Ausstellung einer Idee bedienen kann und muß: zunächst der Katalog, der für eine solche Ausstellung eine unvergleichlich größere Bedeutung hat als sonst und von einer besonderen Notwendigkeit ist. Der Katalog wird ein geistesgeschichtliches, enzyklopädisches Werk werden müssen, das alles das ganz klar und bewußt machen muß, was die Ausstellung nicht unmittelbar veranschaulichen kann. Die Ausstellung ist dann eine Illustration, eine Beispielsammlung des neuen Zeitwerks.

Neben dem Katalog werden Kongresse und andere öffentliche Veranstaltungen mancherlei Teile der Ausstellungsidee der neuen Zeit übernehmen und verdeutlichen können: Kongresse (nationale wie internationale) aller einschlägigen Wissenschaften und Künste, der Naturforscher, der Biologie, der Psychologie, der Medizin, der Juristen, der Philosophen, der Pädagogen, Ethiker und Erziehungsminister, der Techniker, Architekten, Ingenieure, der Politik und der Wirtschaft — je mit Auseinandersetzungen, die die Probleme der neuen Zeit klären und fördern. Weltwirtschaftskonferenzen des Jahres 1932 gehören in die Ausstellungszeit nach Köln, ebenso eine Tagung des Völkerbundsrats und Hochschulkurse für internationale Politik, Veranstaltungen der Jugendbewegung und des Sportes, Programme und Konzerte der neuen Musik, Aufführungen der neuen Theaterkunst, des künftigen Kinos und so fort. Kurz — alles, was die

Tatsache der Einheit einer neuen Zeit zum Ausdruck bringt: also auch innerhalb der Ausstellung selbst entsprechende Einrichtungen (etwa des Fernsehens wie des Fernhörens und andere technische Neuerungen zur Überwindung von Raum und Zeit, auch der neue mehrsprachige Hörapparat, der die Redeverdolmetschung auf internationalen Kongressen beseitigt).

8. Zyklische Ausstellung in siebenfacher Einheit

Neben dem Katalogwerk, neben solchen und ähnlichen Veranstaltungen und Einrichtungen, neben den charakteristischen Bauwerken in Siedlungen, in öffentlichen Gebäuden, in der neuen Universität und im neuen Volkspark, neben der Verkehrsorganisation der zwischen diesen Bauten und der Ausstellung, auch zwischen den beteiligten Städten, zu schaffenden Zusammenhänge: wie ist die »neue Zeit« als Ausstellung anschaulich, sinnfällig zu machen?
Gewiß ist: sie hat nicht bereits Erreichtes nur zu zeigen, »wie wir's so herrlich weitgebracht«, sondern Erstrebtes, Werdendes zu verstehen und verständlich zu machen. Sie soll nicht einfach der bequeme Querschnitt einer Gegenwart sein, sondern muß eine zielgerichtete Problematik wagen: nicht was schon gelöst ist, ist nur wichtig, auch was noch zu lösen ist. Sie darf nicht in einem nur kompilatorischen oder gar atomistischen Nebeneinander einer Gewerbeschau und Warenmesse stecken bleiben, sondern es muß ihr die aktive Vermittlung einer lebensvollen Einheit, einer konstruktiven Biologie gelingen, des Sinns, den sie materialisiert: sie muß hinter das Gesicht der Dinge sehen und weisen, sie muß hinter den ausdruckssymptomatischen Künsten auch die produktiven Kräfte fassen, hinter dem »farbigen Abglanz« auch »das Leben«, seine Totalität, eine Deutung des Seins und eine Begründung des Sollens.
Wenn die folgende Gliederung eines Programms einen solchen Versuch wagt, so gelten dafür von vornherein neben der schon berechneten räumlichen Beschränkung von nur 44 000 bzw. 26 000 qm für diese internationale und allgemeine Ausstellung sieben wesentliche Einschränkungen:
1. bewußter Verzicht auf Vollständigkeit in jeder der sieben Gruppen;
2. ebenso Verzicht auf Allseitigkeit eines jeden der ausländischen Staaten;
3. Verminderung des Inhalts mehrerer Gruppen durch die gleichzeitigen konstruktiven Bauaufgaben;
4. Auswahl nur des überzeugend und zwingend Symptomatischen und Symbolhaften der neuen Zeit;
5. Auslese nur der vollkommenen Qualität;

6. alles dies nur unter themagemäßer und zielgerichteter Fragestellung und Problemförderung; und
7. also in jeder Beziehung strengste Konzentration und stärkste Kondensierung und deshalb auch verhältnismäßige Kostenersparnis und vergleichsmäßige Billigkeit.

Solche gewollte und entscheidende Einschränkung, solche zwingende Konzisheit, die jedes Zuviel vermeidet, als notwendige Verpflichtung vorausgesetzt — so kann das zu realisierende Programm der Ausstellung »Die Neue Zeit« in einem geschlossenen Kreis sich darstellen, in einem Kreislauf, der weder Anfang noch Ende hat. Sieben Gruppen eines solchen Zyklus können die Ausstellung gliedern (in dieser oder einer andern Reihenfolge):
1. Das Weltbild;
2. Formung des Menschen;
3. Beherrschung der Stoffe und Kräfte;
4. Bauen und Wohnen;
5. Landesplanung und Städtebau;
6. Gestaltung des Staates und
7. Ordnung der Welt.

Ein solcher Ausstellungsweg (bildlich gesprochen — als Zyklus und Zirkel, und auch räumlich genommen — als Zirkulation) kann nach einer einführenden Vorbereitung durch das »Weltbild« weiterleiten — von der »Formung des Menschen« hinauf zur »Ordnung der Welt« (also anthropomorphisch) oder genauso umgekehrt von der »Ordnung der Welt« hinunter zur »Formung des Menschen« (also kosmogenetisch); er kann auch anders angetreten und gegangen werden. In jedem Fall: das Ganze ist eine biologische und morphologische Einheit, kein Nebeneinander verschiedener, sondern ein Ineinander gleicher Kategorien; kein Rad, das durch Speichen aufgeteilt wird, sondern ein Ring, der keinerlei Trennung hat. Beginnen Sie mit 2 bis 5, so haben Sie die organischen Funktionen des Menschen (seine Formung; seine von ihm geschaffene Dingwelt — die mobilia; seine Wohnwelt — die immobilia; seine nachbarliche Raumwelt — in Stadt und Land) und endigen Sie mit 6 bis 1, so haben Sie die ideologische Konstruktion seiner weiteren Welt (national, international, metaphysisch). Vergleichen Sie die drei Gruppen 2 bis 4 mit den drei Gruppen 5 bis 7, so finden Sie den Ausgleich zwischen Mensch und Menschheit: in den drei ersten Gruppen Fragen des Einzelmenschen: Persönlichkeit, Materie, Funktion; und in den drei letzten Gruppen Probleme der Menschheit: Gemeinschaft, Idee, Organisation. Oder anders ausgedrückt: die konstruktive Biologie des Kollektiven und des Individuellen. Keine Zäsur, keine Lücke trennt die einzelnen Glieder dieses Rings (sei er Weltscheibe oder Weltkugel), sie gehen alle ineinander über: ja, ihre Substanz wiederholt sich im einheitlichen nahtlosen Guß, gleich in der Legie-

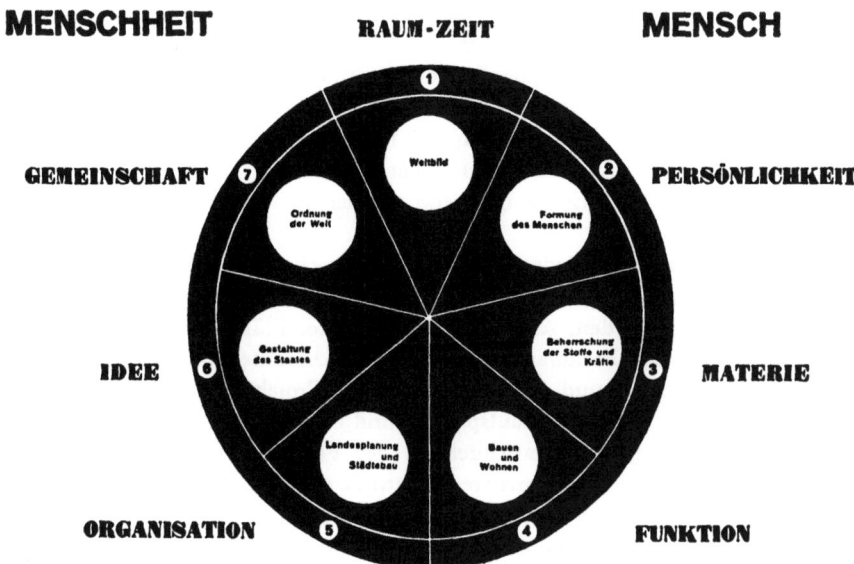

rung, im thematischen Prospekt, immer verschieden in der Prägung, im industriellen Aspekt, aber rhythmisiert durch dieselbe Relation. Ja — eine Wiederholung wird sogar Absicht und System werden können oder gar müssen, um das geistige Band sichtbar und greifbar zu knüpfen. Der Ring schließt sich, sei es, daß seine Glieder peripherisch ineinander gegossen oder konzentrisch ineinander gefügt oder als Spirale auseinandergezogen werden: so oder so oder so — solch Schauspiel »schreitet in dem engen Bretterhaus den ganzen Kreis der Schöpfung aus«.

Das ist eine erste Konzeption, eine einmalige Vision: von ihr bis zur Ausstellungskörperlichkeit wird mancherlei Veränderung hinzuwachsen und weggeschnitten werden. Immerhin: der kontrollierenden Systematik, die wir soeben vorgenommen haben und die ich noch in anderer Weise erprobt habe, hat dieser erste Versuch standgehalten. Ja — er erträgt (was im Goethejahr 1932 vielleicht Bedeutung gewinnen kann) sogar eine Überprüfung durch Goethes orphische Urworte. Gruppe 1 und 2 (Weltbild und Formung des Menschen): daimon,

Dämon: »Nach dem Gesetz, wonach du eingetreten ... geprägte Form, die lebend sich entwickelt« — Gruppe 3 (Stoffe und Kräfte): tyche, das Zufällige: »Ein Wandelndes, das mit und um uns wandelt ... es ist ein Tand und wird so durchgetandelt.« — Gruppe 4 (Bauen und Wohnen): eros: »Es widmet sich das Edelste dem Einen.« — Gruppe 5 (Landesplanung und Städtebau): ananke, Nötigung: »Vor dem Willen schweigt die Willkür still ... dem harten Muß bequemt sich Will und Grill.« — Gruppe 6 (Gestaltung des Staates): elpis, Hoffnung: »Sie stehe nur mit alter Felsen Dauer!« — Gruppe 7 und 1 (Ordnung der Welt und Weltbild): »Dich im Unendlichen wiederfinden, mußt unterscheiden und dann verbinden.«

Und nun wieder auf den Boden der Ausstellungstechnik zurück: da ist zunächst ausstellungstechnisch zu bemerken, daß alle Mittel der Veranschaulichung naturgemäß notwendig werden, schaubare und hörbare: Pläne und Modelle (auch motorische), Karten, Dioramas und Statistiken, charakteristische Beschriftung, Projektion von Schrift und Bild (auch bewegte Projektion), Plakathaftigkeit, Photos und Filme, Tonfilme, Lautsprecher und Schallplatten usw. Wie und wo und wann, bleibt späterer Entschließung der Fachleute überlassen. Aber so pädagogisch, didaktisch, popularisierend, bewußtmachend dies sein muß — auch in der Form der Antithese —, so unschulmeisterlich, so amüsant (aber ohne Mätzchen), so ingeniös, ingenieurhaft zugleich muß es auch werden. Versuche, Vorgänge, Erfahrungen sind vorhanden, seitdem das Düsseldorfer Museum für Wirtschaft und Technik und die Düsseldorfer »Gesolei« sowie die kulturhistorische Abteilung der Kölner »Pressa« nicht ohne Erfolg, teilweise sogar mit großem Erfolg vorher vermeintlich Unausstellbares zu veranschaulichen fähig gewesen sind. Auch das Reichsministerium wie die Reichszentrale für Heimatdienst haben auf diesem Gebiet der Anschaulichmachung abstrakter Probleme gut vorgearbeitet, neuerdings auch das Zentralinstitut für Erziehung und Unterricht.

Wenn ich jetzt darangehe, die einzelnen sieben Gruppen zu konkretisieren, so fülle, ja überfülle ich sie absichtlich, um die Möglichkeit einer Übersicht und die Notwendigkeit einer Auslese vorzubereiten — aus dieser zunächst bewußten Hypertrophie zu einer späteren Kondensiertheit.

Nun also das erste Glied: das Weltbild. Gewissermaßen das Entree der Weltschau der »neuen Zeit«, die Einführung. Eine Introduktion zugleich im Sinne einer Ouvertüre: der Schlüssel sowohl zum »Menschen« wie zur »Welt« — im Sinne jenes Wortes, daß das Lebens- und Weltgefühl eine Wendung von mindestens 90° gemacht hat. Eine Analyse des gewordenen und des werdenden Menschen und seiner Wissenschaft, des Machtzuwachses durch die neue Wissenschaft, aber auch eine kritische klare Bestimmung ihrer Grenzen. Nicht genau so, wie es Jakob Burckhardt einmal wünschte, wenn er sagte (unsere Ausstellung gleichsam antizipierend):»Man möchte sich eine riesige Geisteslandschaft auf der Basis einer unermeßlichen Ethnographie denken, welche Materielles und Geistiges zusammen umfassen müßte und allen Rassen, Völkern, Sitten und Religionen im Zusammenhang gerecht zu werden strebte.« Aber doch historisch (nur hier) und notwendigerweise antithetisch: das Verhältnis des Menschen zur Welt und zur Materie; Vergleiche des ptolemäischen, kopernikanischen und Einstein-Planckschen Weltbildes: die Verschiebung zuerst der Erde im Planetarium und dann des Menschen im Kosmos — aus einem unbeweglichen Mittelpunkt heraus, aus einer noch unentdeckten, unübersehbaren Welt heraus, in den durchforschten, zusammenschrumpfenden Raum hinein, vom Weltall zur Raumeinheit, von der Absolutheit zur Relativität: das Dahinschwinden, Verschwinden des Horizonts; die Auflösung des Raum-Zeit-Problems. An Stelle der früheren Entdeckung und Erschließung von Weltteilen jetzt die Entdeckung und Dienstbarmachung von Weltkräften und deren Organisierung, zum Teil Kollektiv-Organisierung. Also ein Querschnitt durch die Biologie der Kulturgeschichte; Beispiele von Entwicklungen wie Indianer-Kanu und Ozean-Imperator, Radtransportmittel und Raketenautomobil, Ikarus-Phantasie und Zeppelin-Fahrplan; oder der Mensch, der gelegentliche Blitze instinktiv fürchtet, und der Mensch, der selbstgeladene Blitze planvoll schleudert. Schließlich auch die praktische Überwindung der Raum-Zeit-Trennung, ihre Angleichung und Bindung durch den kosmischen Funken einer allgegenwärtigen Allmacht, durch technische Nutzbarmachung von Naturkräften, durch einschlägige Instrumentation (vom Mikroskop zum Teleskop, von Fernhören und Fernsehen, Draht und Drahtlosigkeit, Erdentrückbarkeit und Flugperspektive) usw. Alles dies (und anderes) Zusammenhänge, die ebenso zwingend zu einer neuen Ordnung der Welt wie zu einer neuen Formung des Menschen führen; Zusammenhänge, in denen beide sich begegnen, Geschöpf und Schöpfer zugleich, »Nur-Mensch«, aber auch »Doch-Mensch«, sich berührend wie auf Michelangelos Himmelsgewölben in der Sixtinischen Kapelle. Inhalt und Anordnung müssen so gelagert werden, daß sie organisch nach beiden Seiten weiterführen, beides aufschließen: die »Ordnung der Welt« wie die »Formung des Menschen«, aus der bisherigen Antithese (in der ersten Gruppe) zur nunmehrigen Synthese (aller andern Gruppen).

2. »Forderung des Menschen«; also Anschaulichmachung der Kräfte, die den Menschen und seine Leib-Seele-Einheit formen (als Individuum und noch mehr als zoon politikon, als Gemeinschaftswesen): etwa neue Bedeutung und Bewußtheit der Schönheit des Körpers, des corpus sanum (also Eugenik, Hygiene, Sport, Rhythmik).

Die eugenistische Bewegung in Amerika mit ihrem Willen zu einer rationalen menschlichen Zuchtwahl, mit der Wirkung eines ethnischen Gewissens, einer Fortpflanzungsmoral (wie dies nirgendwo sonst existiert) und mit einer Auswirkung bereits in der Gesetzgebung der Hälfte der amerikanischen Unionsstaaten, mit dem letzten Ziel einer aktiven Diagnosis der Kakogenie und einer staatsmedizinischen, staatsjuristischen, sozialen Prophylaxe, gegen die der Impfzwang ein Kinderspiel ist. Auch Wandlungen vom Metaphysisch-Kultischen zum Alltäglich-Profanen, wie vom Fasten zur Diätetik, Erzielung einer mens sana (also Elemente wie Jugendbewegung und Wanderwesen, verschiedene Schulformen und Führerausbildung); Arbeitserleichterung und Berufsberatung; Ausdrucksformen wie Physiognomik, Handschrift, Sprache (also die Gebiete von Kretzschmar, Klages, Prinzhorn), und Mode; geistige und seelische Beeinflussung durch Natur, Technik, Musik und deren neue Instrumente (Bereicherung der Ausdrucksmittel und Steigerung der Ausdrucksgebiete), Rundfunk und Radio (also durchs Ohr, ebenso durchs Auge), Photo, Kino und Kunst, Zeitung, Zeitschrift und Buch, Kirche und Kultus. Auch Wirkungen des Krieges.

Was immer von dieser und anderer Ausdruckskultur einer neuen Zeit gewählt werden wird, jedesmal wird eine zeit- und zukunftsbewußte Fragestellung richtunggebend sein müssen, über die aufgeschlossene urteilsfähige Fachleute sich zu einigen haben werden.

3. Vom Menschen zu seiner Umwelt, und zwar zunächst zur dringlichen Umwelt: »Beherrschung der Stoffe und Kräfte«, Bearbeitung des Materials, seine Gestaltung und Formung, schließlich auch Normung, im Gerät, in der Apparatur des Lebens, Erzeugung, Verbrauch, Verteilung. Also das Reich der Maschine und der Mechanisierung, des Handwerks, der Technik (zerstörend und befreiend) und der Materie: Eisen und Stahl, Metalle, Stein, Holz, Papier, Leder, Linoleum, Kautschuk, Glas, Keramik, Farben, Textilien usw. Auch hier keine bloße Warenschau, sondern themagemäße Aufgabestellung wie etwa: neue Materialien, organische und anorganische, und neue Möglichkeiten; größter Effekt (efficiency) mit geringstem Aufwand (no waste); Serienerzeugnis und Kollektivarbeit; Markenartikel und Massenkonsumtion; arbeitfördernde Maschinen und Geräte; Rationalisierung als Weltbewegung; Taylorisierung und Fordisierung und Hooverisierung in ihrer spezifisch-amerikanischen Verwurzelung. Dies und anderes heute nur als Stichworte, als erste Andeutung und Anregung.

4. Für die vierte Gruppe »Bauen und Wohnen« (also die Immobilien) gilt, was ich schon bei der dritten Gruppe (den Mobilen) hätte betonen können: daß sie wesentlich vereinfacht wird durch die Möglichkeit und Notwendigkeit, gelegentlich der Siedlungen und Großbauten, die als »Ausstellungsobjekte« beabsichtigt und zu werten sind, Bau- und Wohnprobleme zu sehen, zu lösen. Hierher werden Fragen gehören können wie die nach verschiedenen Baustoffen (neue Materialien der Stahlwerke oder der Leichtmetalle) und Bauformen (Einzelhaus, Etagenhaus, Hausblock, appartement house); Themata wie Architekt oder Hausfabrik; Fragen wie gemeinsame Küche, Wohnküche, Hilfsmittel der Hausfrau,

deren politische und geistige Emanzipation durch den Staat und für die Gemeinschaft ja erst durch eine Befreiung vom Haushalt, von materieller Bindung möglich wird; Fragen wie: ist das flache Dach wirklich eine ästhetische oder nur eine technische und wirtschaftliche Frage? Aufgaben auch wie das ideale Hotelzimmer (ohne Geräusch und mit Lichtschrift); Wohnformen innerhalb der verschiedenen Verkehrsraumkonstruktionen, oberirdisch wie unter- und überirdisch.
5. Das Verkehrsthema klingt unter einem andern Aspekt wieder in dieser (fünften) Gruppe an: »Landesplanung und Städtebau.« Auch hier werden modellmäßig (im doppelten Sinn) einige wenige charakteristische und komplexe Beispiele im Mittelpunkt stehen: aus Amerika etwa die milliardenreichste und zukunftsbewußteste Weltstadt Chicago, die Zentrale des mittleren Westens, inmitten von Kohle und Eisen, Getreide und Fleisch, an einem Binnenmeer gelegen, das nach des früheren Ingenieurs, jetzigen Präsidenten Hoover Projekt eine Kanalverbindung ermöglicht zwischen dem nordöstlichen Lawrence-Golf und dem südwestlichen Mexico-Golf, diagonal durch die Binnenmeere der Vereinigten Staaten hindurch und mittelbar den Atlantischen Ozean mit dem Pazifischen Ozean verbindend – geradezu grandios, fast phantastisch, wenn es nicht Amerika wäre!
Und aus Deutschland: zunächst Rhein-Ruhr, die werdende Städte-Stadt, eine industrielle Welt-Stadt, ein werdender Städte-Staat, mit einem Dutzend alter und junger Großstädte (zum Teil von amerikanischer Artung), die mehr und mehr des bisherigen Raubbaues an Material und Menschen sich bewußt werden und der Notwendigkeit eines Planbaues, ja einer gemeinsamen Gesamtplanung und einer funktionellen Verteilung – eine Entwicklung von organisierter Einsicht zum organischen Wachstum, die durch die Kölner Ausstellung gefördert werden kann. Solche Verbindung von Wirklichkeitsbedürfnissen und Zukunftsproblemen (unter dem Blickpunkt: wie wird oder soll Deutschland in etwa dreißig Jahren aussehen? – oder wie wird ein einheitliches Kräftezentrum, befreit von den Fesseln provinzialer oder auch territorialer Grenzen, auch von politischer Wahlarithmetik) kann um so fruchtbarer werden (nicht nur national, auch international), als jenseits der Grenzen in Holland und Frankreich der gleiche Lebensvorgang des Zusammenschlusses von Städtegruppen zu Wirtschaftsgebieten sich vollzieht – jeweils auf der gleichen Grundlage einer Synthese von Kohle und Rhein (in Belgien und Frankreich auch von Kohle und Maas) und auf einer Umwandlung bisheriger Kohlen- und Eisenstädte in differenzierte Industrie- und Handelsorte.
Neben Rhein-Ruhr drängen sich die Probleme Rhein-Main (preußisch-hessisch-bayrisch) oder Rhein-Neckar vor (mit der lebendigsten und aktivsten süddeutschen Stadt: Stuttgart, die mit dem gesamten Neckargebiet mehr und mehr zu einer produktiven Wirtschaftseinheit zusammenwächst, als Mittelpunkt eines

künftigen schwäbischen Reichslandes); auch die Idee der »Rhein-Genossenschaft« von Köln bis Frankfurt; die Rhein-Einheit Basel-Rotterdam; oder deutsch-französisch: der Rhein-Rhone-Zusammenhang Nordsee-Mittelmeer; ebenso die wachsende Weltstadt Berlin, die »Provinz Berlin«, ihre City-Bildung (»amerikanisch« in ihren kolonialen Voraussetzungen wie in ihrer entsprechenden Entwicklung); oder die Städtebaupolitik von Köln selbst.

Kurz: die drängenden Aufgaben der »lebendigen Stadt« (wie die neue Zeitschrift der Stadt Mannheim sich ausdrückt) sind darzustellen und zu fördern, der Wille zur organischen Stadtgestaltung und Landesplanung: Standortfragen der Wirtschaft und Bodennutzung, das Verhältnis von Wirtschaft, Natur und Kultur, von Arbeit, Erholung und Wohnung; Grünflächenpolitik; Arbeitsteilung in Theater, Museen, Schulen und Bibliotheken; Industrie und Landwirtschaft und deren Technisierung, ihre Problematik in Abhängigkeit von Kraftquellen und Verkehr; Aufgaben der Flußregulierung (also Deiche und Dämme, Häfen, Werften und Brücken) und des Kanalbaues (Grand Canal d'Alsace), Stauanlagen und Wasserwirtschaft, Schleusen und Hebewerke, Kraftgewinnung und Kraftübertragung, Energieverwertung und Hochspannungstechnik, Fernleitung von Elektrizität, Gas und Heizung, Ergänzung von Kraft und Wärme, Kohlenproblem. Das Werk selbst, die Verwaltung und die Fabrik, in der die Mehrheit der Menschen den größten Teil ihres Lebens zubringt. Dann Siedlungen (wieder durch die mit der Ausstellung verbundenen Kölner Siedlungsbauten erleichtert). Schließlich der Stadt und Land verbindende Verkehr: Straßenbahn, Eisenbahn, Untergrund- und Übergrundbahn; gleislose Verbindungen durch Räder, Autobus und Auto (das jeder 60. Deutsche jetzt besitzt; Vergleich: die amerikanische Musterstadt des Verkehrs, das kalifornische Los Angeles, mit der größten Zahl der Autos, je eines auf jede Familie); Autostraßen; Wasserstraßen-Transportmittel wie Schlepper und Schiffe. Es sind neunerlei deutsche Stellen, die an den Verkehrsfragen beteiligt sind: Reichsbahn, Reichspost, Wasserverkehr, Kraftwagenverkehr, Luftverkehr, Schnellbahn, Gaswerk, Elektrizitätszentrale und Überlandzentrale. Also fünferlei Organisationsformen: Reichsbetrieb, Staatsbetrieb, Kommunalbetrieb, gemischt-wirtschaftlicher und privater Betrieb. Wahrhaftig Fragestellungen und Richtpunktmöglichkeiten genug für Städtebau und Landesplanung, für Forderungen an die Gemeinschaft, auch an den Staat, zur Förderung der Gemeinsamkeitsformung und des Genossenschaftsgedankens, kommunaler Arbeitsgemeinschaften, auch für den wirtschaftlichen Zusammenhang mit dem Weltmarkt.

Die bisherigen fünf Gruppen (Wissenschaft des Weltbildes, Formung des Menschen, Beherrschung der Stoffe und Kräfte, Bauen und Wohnen, Landesplanung und Städtebau) sind unmittelbare Arbeitsgebiete des Werkbundes, Grundlagen und Material für eine sogenannte »Ausdruckskultur«. Tiefer noch reichen die Zusammenhänge der landschaftlichen, wirtschaftlichen, staatlichen und volklichen Struktur: ohne ihr gestaltendes Leben und ohne ihren schöpferischen Sinn wird auch das Gesicht der »Ausdruckskultur« nicht verstanden — sie ist nichts anderes als eben der Ausdruck eines dahinter schaffenden, formenden Lebensvorganges, einer cultura. Die Tatsache, daß ein Lebensvorgang nur als Totalität sinnvoll wird und wirkt, und die Alfons Paquet den Zusammenhang zwischen Städtebau und Staatsgestaltung so sehen läßt, daß er einmal sagt: »die Städte unserer Zeit werden eines Tages die Schrittmacher einer Staatsform sein, die auf barocke Zierarten verzichtet« — diese Tatsache führt, ja zwingt dazu, den Neubau auch von Staat und Welt darzustellen, dessen Sinnerfassung erst das Gesicht der neuen Zeit belebt, klärt, bestärkt — um so mehr und um so überzeugender, wenn und da es sich dabei herausstellt, daß diesseits und jenseits der Grenzen neben mancher charakteristischer Verschiedenheit der Voraussetzungen und der sich daraus ergebenden Möglichkeiten oder Notwendigkeiten eine noch bedeutungsvollere Ähnlichkeit oder Gleichheit staatlicher und volklicher Konstruktionsprobleme zu konstatieren ist.

6. Die Spannung von Gemeinschaft und Ausgleich, die bereits in den bisherigen Gruppen zu spüren ist, steigert sich in den beiden letzten Gruppen (6 und 7): »Gestaltung des Staats« und »Ordnung der Welt«. Das gilt für neue wie für alte Staaten: für das revolutionäre Rußland mit seinem Sowjet-Föderalismus, für das alte Frankreich mit seinem Zentralismus gegen Regionalismus, das junge Italien mit seinem antiken Faschismus, das britische Empire mit seinem Dominiensystem, die amerikanische Union und ihre Polyarchie wie panamerikanische Solidarität: Beispiele für verschiedene Formen des Ausgleichs, verschiedene Beispiele eines vereinigenden oder zersprengenden Föderalismus, einer Entwicklung aus dem atomistischen 19. ins organisierende, zum Teil sogar organische 20. Jahrhundert.

Das gilt ganz besonders für unser Deutschland: ein kurzer Hinweis auf das vornapoleonische Deutschland mit seinen 314 politischen Selbständigkeiten und auf das vorbismarcksche Deutschland mit seinen 35 politischen Souveränitäten, dann auf die 26 Bundesstaaten des Jahres 1871, die 23 Länder des Jahres 1919 und die 17 des jetzigen Jahres, erinnert an unser mitteleuropäisches Schicksal: ältestes Volk (im abendländischen Kulturkreis) und jüngste Staatsnation zugleich, jahrhundertelang Volk ohne Staatseinheit und jetzt Staat ohne Volkseinheit — und doch (so drückt es ein junger Historiker in den »Preußischen Jahrbüchern« aus): »Dieses Deutschland steht da wie eine jener modernen Ingenieurbauten, die, aus anorganischen Stoffen wie Eisen und Glas statt der organischen früherer Jahrhunderte errichtet, trotz scheinbar leichtester und gewagtester Konstruktion, eine unerschütterliche Festigkeit besitzen durch die geistigen Energien, die an ihnen mitschaffen.« Die konstitutiven Elemente und Tendenzen von Reich und Ländern, Unitarismus und Föderalismus, Zentralisation und Dezentralisation sind anschaulich zu machen: Reichsrecht und Landrecht, der neue Ausgleich der Finanzen (zum erstenmal so in der deutschen Geschichte, und mit der Wirkung eines Staatsumbaus), Kooperation der Minderheiten (zum erstenmal in der neuen Reichsverfassung, Artikel 113) und so fort.

Neben der Konstruktion, der Struktur des Staates die Staatsform und der Baustil (diese Beziehung hat immer bestanden und erklärt manches schon seit zwei Jahrzehnten): die Staatsidee selbst: Demokratie im Zug der Menschheitsentwicklung, als Ständestaat oder Parlamentarismus, auch als Diktatur; die neue Demokratie; neu dadurch, daß zum erstenmal die Demokratie kein Gegenüber mehr, keine Klassenjenseitigkeit mehr hat, unmittelbarer, direkter geworden ist, während alle bisherige Demokratie über die Zweiteilung noch nicht hinausgekommen war, die von den Pharaonen und Fellachen an über Aristokratismus und Analphabetismus hinaus auch die frühdemokratischen Staaten noch charakterisiert; dann der technische und geistige Widerspruch einer solchen neuen direkten Demokratie, eines neuen »L'état c'est moi« zur alten, in ihrer Art weiterbestehenden Bürokratie, als Ausdruck der Hegelschen »Vergöttlichung des Staates«. Ich höre auch hier (wie in der ersten Gruppe schon und bei der nachfolgenden letzten, siebenten Gruppe der »Ordnung der Welt«) Ihren Einwand, Ihre Frage: ob es möglich ist, solche »Neue Zeit« auszustellen, darzustellen? Meine Antwort ist die gleiche »optimistische« Erwartung, der ich schon Ausdruck gegeben habe: daß die bisherigen Erfahrungen und Erfolge die Phantasie und graphische Ausdrucksfähigkeit geeigneter Künstler weiter befruchten werden.

7. Die neue Zeit eines »Weltalters des Ausgleichs« wird besonders sinnfällig durch die neue »Ordnung der Welt« (in der 7. und letzten Gruppe): als Folge der in meiner einleitenden Begründung charakterisierten und durch die Wissenschaft des neuen Weltbildes vorbereiteten technischen und wirtschaftlichen Vereinheitlichung, als Anfang einer politischen und geistigen Vernachbarlichung, als Werk und Wirkung einer unentrinnbaren gegenseitigen Abhängigkeit und Aufeinanderangewiesenheit (wie nie zuvor, in keiner Epoche der Weltgeschichte): vor 1914 bereits latent vorhanden und immanent real, durch die Weltkatastrophe erst allseitig erlebt, zwangsläufig geworden, bewußt werdend — als neues Zeitalter nicht nur, sondern als neues Weltalter. Die Solidarität wird größer und die Souveränität ist geringer — in Wirtschaft, Politik und Kultur, in einer Welt, die ein einheitliches, einziges Kraftfeld geworden ist (»mein Feld ist die Welt«), so daß eine neue »Geo-Politik« gewachsen ist — nicht im Schulsinn der Geographie, sondern im Wortsinn einer »Erdball«-Politik, die das alte »Gleichgewicht« eines Erdteils überwindet durch ein neues Gleichgewicht des Erdganzen, weil jeder lebenswichtige Einzelpunkt von der Gesamtheit gespürt wird — gleich einem elektrischen Strom und Schlag. Letztes Beispiel: russisch-chinesische

Kriegskrisis, die sofort vier europäische und eine amerikanische Großmacht zur Intervention bringt; es gibt keine »Neutralität« mehr, es gibt nur noch ein Mit-betroffen-sein. Solche »Geo-Politik« ist der Sinn einer universalen »Gesellschaft der Nationen« (jetzt 56 an der Zahl), in Deutschland etwas mißverständlich und irreführend »Völkerbund« genannt — der erstmalige Versuch einer Ausgleichsorganisation der Welt gemäß dem Ordnungsprinzip von Konsumvereinen und Produktionsgenossenschaften: Ausschaltung gewalttätiger Konkurrenz und Ersatz durch Vereinbarung und Zusammenarbeit. Da ist die wirtschaftliche Linie: die Weltwirtschaftskonferenzen dieses Völkerbundes, und ihre Ergänzung und finanzielle Konkretisierung (nach einem Dawes-Plan und Young-Plan zum erstenmal in der Wirtschaftsgeschichte) durch eine Internationale Bank (zum Zahlungs-Ausgleich und mit weltwirtschaftlichen Funktionen und weltpolitischen Wirkungen); oder die europäischen Ausgleichspläne (von Zollverein und Wirtschaftsunion, Staatenbund oder Überstaat: verschiedene Konzeptionen und Programme). Dies und anderes ein Beweis für das »Vordringen einer weltwirtschaftlichen Gesinnung«, wie es Franz von Mendelssohn auf der Internationalen Handelskammertagung in der ersten Juliwoche feststellte. Hierher gehört auch die Soziologie des Internationalen Arbeitsamts mit internationalen sozialen Verpflichtungen für Arbeitgeber und Arbeitnehmer. Da ist die politische Linie: die regionalen Friedenssysteme des Völkerbundes und der Panamerikanischen Union, ihre Prinzipien der Schiedsgerichtsbarkeit und der Rüstungsbeschränkung, und ihre Ergänzung und Vorbereitung zugleich durch Locarno-Verträge (die einen neuen Rhein schaffen, zum erstenmal in der europäischen Geschichte), durch einen Kellogg-Pakt (der eine neue Friedensordnung sichert, zum erstenmal in der Weltgeschichte), und durch den Ausbau des Weltschiedsgerichtshofs im Haag. Da ist die kulturelle Linie des Völkerbund-Instituts für geistige Zusammenarbeit, neben der internationalen Hygiene und neben ähnlichen Organisationen des Genfer Völkerbundes alle anderen Ausdrucksformen einer Bewußtwerdung europäischer Kulturzusammenhänge. Da sind andere ökumenische und internationale Kräfte und Mächte. Da ist der geistige Ausgleich[7]: »Ausgleich der Rassenspannungen, Ausgleich der Mentalitäten, der Selbst-, Welt- und Gottesauffassungen der großen Kulturkreise, vor allem Asiens und Europas. Ausgleich von Kapitalismus und Sozialismus, und damit der Klassenlogiken und der Klassenzustände und Klassenrechte zwischen Ober- und Unterklassen. Ausgleich zwischen den politischen Machtanteilen von sogenannten Kultur-, Halbkultur- und Naturvölkern; Ausgleich auch zwischen relativ primitiver und höchst zivilisierter Mentalität; Ausgleich zwischen den nationalen ökonomischen Interessensphären und dem Beitrag, den die Nationen geistig und zivilisatorisch für die Gesamtkultur und Zivilisation der Menschheit liefern.« Das äußert sich praktisch u. a. in Afrika zum erstenmal im Mitbestimmungsrecht von Kolonialvölkern auf der

Grundlage des neuen Systems von Kolonialmandaten und in Asien im neuen Selbstbestimmungsrecht der chinesischen Hundertenmillionenvölker. Schließlich: wenn so neue technische Verbindung, neue wirtschaftliche Verflechtung, neue politische Verpflichtung, neue geistige Einstellung neue Formen von Gemeinschaft und Ausgleich prägen, so erhalten auch Grenzen eine andere, neue Bedeutung für Staat und Volk.

Wiederum wird Deutschland selbst zum Schulbeispiel, zum Laboratoriumsfall: als mitteleuropäisches Zentrum, ohne militärische Rüstungsmöglichkeit, ohne politische Bündnisfähigkeit, ohne wirtschaftliche Selbständigkeit, ohne volkliche Geschlossenheit; mit volklicher Überlappung in ein Dutzend Nachbarstaaten hinüber, mit wirtschaftlicher Verbundenheit durch die unterirdische Natur, die in nachbarlichen Eisen-, Kali- und Chemie-Kartellen fruchtbar wird; mit vertraglicher Internationalisierung aller vorher nationalen Flüsse. All dies und anderes Gründe für intuitive Führung zu und in allem Schiedsgerichts- und Friedensbürgschaftswerk (durch und seit Locarno).»Deutschland steht vor der Aufgabe, die innere Einheit Europas als Aufgabe natürlicher Arbeitsteilung sichtbar zu machen: das kann nur vom Organismusgedanken her geschehen.« Nicht für Europa nur (wie Paquet formuliert), sondern für die Welt: Europa ist aus dem Träger der Weltgeschichte jetzt Teil eines größeren welthistorischen Ganzen geworden. Deshalb fordert sogar die »Bergwerks-Zeitung« der deutschen Schwerindustrie vom 13. Januar 1929 in einem Artikel »mehr als Locarno«.

Was wäre dies anderes als die Realisierung einer Prophetie, die — daran darf gerade hier in Breslau erinnert werden — der genius loci von Breslau in der seherischen Dichtung seines »Festspiels 1813/1913« für die Breslauer Jahrhunderthalle als Mission Deutschlands zeigt.

Symptome und Symbole einer neuen »Ordnung der Welt« lassen sich konstatieren mit oder ohne Wertung, aber doch aus bekennerischer Gläubigkeit zu einem novum organum heraus. Ordnende lebendige Kräfte lassen sich neben chaotischen stagnierenden Mächten darstellen und zeigen in Modellen, die ich in England und Amerika gesehen habe. Dokumente, Schriften und Programme, Charakteristisches der schöpferischen und entscheidenden Persönlichkeiten und insbesondere auch der deutschen Geistesgeschichte, die eine solche »neue Zeit« geahnt und gewollt hat — all dies und anderes muß sich so zusammenstellen lassen, daß es ausstellungsfähig wird.

Der Kreis ist durchschritten, der Ring ist geschlossen: von wissenschaftlicher physikalischer Forschung und philosophischer metaphysischer Folgerung aus — die innere Ordnung eines Gestaltungsprinzips, die einheitliche Struktur einer Totalität im Biologischen, Technischen, Wirtschaftlichen, Sozialen und Politischen; natürlich nicht beziehungslos zusammengestellt, sondern themagemäß im Gesamtorganismus eingeordnet, national wie international.

9. Tatbestand der Internationalität

Eine solche Darstellung und Ausstellung der »Neuen Zeit« im Kreislauf von Mensch zu Menschheit, einer neuen Welt in ihrem humanistischen Wachstum, kann und muß das ganze Volk, alle Völker, ja die Gesellschaft der Völker erreichen, erfassen, geht alle Klassen und Berufe und Verbände an, vereinigt die Arbeit und die Belange von allen, nationalen wie internationalen, Organisationen. Diese Tatsache ermöglicht einen Maßstab für die Wahrscheinlichkeitsrechnung von Ausstellerzahlen, von Besuchermassen und von Kongreßinteressenten. Alles kann auf seine Kosten kommen: die Politik, sei sie staatlich oder städtisch, sozial oder wirtschaftlich orientiert; die Gewerbe von Industrie und Landwirtschaft, Handel und Handwerk; der Arbeitgeber wie der Arbeitnehmer; der Hauserbauer als Architekt, Ingenieur, Techniker, wie der Hausbewohner als Besitzer, Mieter, Siedler oder Genosse; die Hausfrau und die Hausfrauenvereine; Jugendbewegung und Jugendverbände, Sport und Gymnastik, Volksbildung und Volkshochschulwesen, Erzieher und Lehrer, Kunst und Wissenschaft; alle einschlägigen Fachverbände und so fort.

Und zwar wiederum (wie gesagt) aus allen Nationen: die »Neue Zeit« ist ja ein internationaler Tatbestand, ein Lebensvorgang, also eine Totalität, sie ist keine Angelegenheit Deutschlands nur (wenn auch aus bestimmten Gründen ein besonderes Privileg des deutschen Schicksals wie aus anderen, nicht ganz unähnlichen Gründen auch der amerikanischen Entwicklung). Auch die Tatsache, daß nach dem Vorgang und Vorbild des Deutschen Werkbundes sich Werkbünde in immer mehr Ländern bilden (der Reihe nach in Österreich, Schweiz, England, Schweden, Holland, Tschechoslowakei, Amerika) — auch diese Tatsache wirkt als Bestätigung. Die »Neue Zeit« ist die Angelegenheit der ganzen Welt, sie ist planetarisch, und ihr Ausdruckswille ist bereits anerkanntes Gemeingut der europäischen und amerikanischen Gegenwart, naturgemäß mit nationalen Nuancen der verschiedenen Völker, je nach Tradition und Temperament, auch Tempo, Klima und Kultur: so wie dies auch für jeden Weltvorgang des einheitlichen Mittelalters schon zutraf, sei es romanisch oder gotisch. Ein Ausgleich auch zwischen Okzident und Orient, zwischen Europa-Amerika und Asien-Afrika ist im Anmarsch. Die Zeitwende zu einem technisch-kollektiven Weltalter hat angehoben. Henry van de Velde (»Das Neue in Architektur und Gebrauchskunst«) faßte es kürzlich so: »Die Kultur, die Wissenschaft, die Kunst streben nach einer allgemeinen Geltung, der gewisse Völker ohne Zögern sogar ihre viele Jahrhunderte alte Kultur und nationalen Gebräuche opfern, wie Japan, China und die Türkei. Indien wird demnächst an die Reihe kommen, und zwar unter dem Einfluß der Frauenbewegung. Amerika erwacht von einem Alpdruck, nämlich dem, die Stile unseres alten Europa nachgeahmt zu haben ... Der Aus-

tausch, der heute zwischen Amerika und Europa in Fragen der Baukunst erfolgt, bereitet die endgültige Eroberung eines ‚einzigen Weltstiles' vor.«
Solch internationaler Tatbestand nötigt, zwingt zur internationalen Ausstellung — wiederum im doppelten Sinne: nicht nur einer internationalen Beteiligung der Völker, sondern auch einer übernationalen Unterordnung der Staaten unter das gemeinsame Schicksal der »Neuen Zeit«, d. h. auch einer übernationalen Dienstwilligkeit gegenüber dieser Ausstellungsidee und ihrer Realisierung. Jede »Welt-Ausstellung« hat bisher die Welt dargestellt als ein Chaos getrennter Teile, als »membra disjecta«, gegeneinander konkurrierend, gegeneinander kämpfend. Diese internationale Werkbund-Ausstellung soll einen »Werkbund« der Welt darstellen, die Kooperation eines gleichen Willens steigern, das Streben zum gleichen Ziele einer Ordnung der Welt stärken.

Heft 1/1931
»Was ist modern?«

Auszüge aus einem Vortrag von Roger Ginsburger. Gehalten bei Eröffnung einer Ausstellung französischer Typenwaren in Basel am 24. September 1930

Da ich nun aber nicht wissen konnte, wie Sie, meine Damen und Herren, über unsere Bestrebungen denken, habe ich zum Thema meines Vortrags Ausführungen genommen, welche im Juni dieses Jahres auf der Tagung des Deutschen Werkbundes von Professor Dr. J. Frank in Wien gehalten wurden.
Viele Dinge in diesem Vortrag waren richtig und trafen gewisse Strömungen der Architektur und des Kunstgewerbes, welche sich in Mitteleuropa für modern ausgeben. Anderes aber scheint mir genau das auszudrücken, was man uns zu Unrecht vorwirft und was mir, der ich diese Dinge allerdings nur nach Artikeln aus Zeitschriften beurteilen kann, wie der Ausdruck einer Reaktion erscheint, die man in Wien und Berlin und vielleicht auch hier den neuen Ideen entgegenstellt. Das Wort, das Professor Frank mehrmals verwendet und das wohl am bezeichnendsten ist für diese Reaktion, ist das Wort »niedrig-praktisch«.
Man kann eigentlich gegen dies Wort gar nicht viel sagen, denn es ist der Ausdruck einer ganzen Weltanschauung, die man kaum jemanden mit anderen Worten nehmen kann, wenn er nicht selber schon auf dem Wege ist, sie zu überwinden. Es ist die Weltanschauung, für die es zwei Arten von Dingen gibt: die körperlichen und die geistigen, die sinnlichen und die seelischen, das Niedrig-Praktische und das Hohe-Zwecklose.
Nun frage ich Sie, meine Damen und Herren, haben Sie sich schon einmal eine große Tuchschere angesehen? Haben Sie empfunden, wie aus solch einem Werkzeug die Vernunft von Generationen von Handwerkern herausspricht, welche aus einer groben Urform, vielleicht zwei Stielen, die man mit der Hand zusammendrückte, sich diese verfeinerte Form herausgebildet hat, in der jede Kurve, jede Kante, jede Materialstärke einen Sinn hat.
Ich frage Sie, wirkt nicht der Anblick dieses Werkzeugs auf Ihre Psyche? Gibt Ihnen dieser niedrig-praktische Gegenstand nicht einen Eindruck, den wir mit Gefühl der Schönheit bezeichnen? Ich frage Sie weiter, ist eine Brücke, die ohne jede künstlerische Absicht, aber mit einer vollkommenen Beherrschung der statischen Gesetze gebaut ist, nicht schön? Fühlen Sie nicht die Spannungen, die in ihr vorgehen und die nichts anderes sind als der Kampf zwischen der brutalen Kraft der Erdziehung und der siegreichen Vernunft des Menschen. Ist diese Vernunft, die doch nur im Dienste eines praktischen Zieles steht, nur niedrig-praktisch?

Doch hier antwortet mir derjenige, welcher an die Dualität der Dinge glaubt, daß eben die zweckhaften Dinge, welche in uns einen Eindruck, einen seelischen Eindruck, sagt er, auslösen, von Menschen geschaffen seien, welche den »nötigen Funken« haben, das notwendige Gottesgnadentum, oder, wenn er trotz seiner dualistischen Weltanschauung weniger religiös veranlagt ist, die Schöpfer dieser Dinge hätten eben das »Gefühl für Form«.
Doch versuchen wir zu erkennen, wo gewisse dualistische Vorurteile ihren Ursprung haben. Da ist z. B. das »Schöpferisch-Künstlerische«, welches man in Gegensatz stellt zu dem »Vernünftig-Rechnerischen«.
Die Ingenieure selber werden uns nichts darüber sagen können, wenn sie nicht zufällig ihre eigene Arbeitsweise und ihren Entwicklungsgang zu analysieren verstehen.
Wie geht der Ingenieur vor, der eine Brücke baut? Bevor er zu zeichnen und zu rechnen anfängt, nachdem er aber schon genau über die Bodengestaltung und Beschaffenheit des künftigen Bauplatzes Bescheid weiß, sieht er zuerst die ungefähre Brückenform, von der er ausgehen wird und die er nachher durch Berechnungen in den Details wenig oder stark verändert und festlegt. In diesen Augenblick, in dem ihm die allgemeine Form bewußt geworden ist, verlegt man den Geistesblitz des »Schöpferisch-Künstlerischen«.
Auf die Analyse dieses Momentes des Bewußtwerdens der Form kommt es also an, wenn man wissen will, ob es sich wirklich um einen überrationalen Vorgang handelt. Ich bin überzeugt davon, daß wir hier nichts Übernatürlicheres vor uns sehen als bei dem Vorgang, der sich in jedem von uns hier und da abspielt, wenn er sich auf einen Namen besinnt und ihn nicht finden kann und eine halbe Stunde später, wenn er gar nicht mehr daran denkt, das heißt, gar nicht mehr bewußt daran denkt, ihm der Name plötzlich einfällt.
Wir können heute diese Vorgänge in ihrem genauen Mechanismus noch nicht beschreiben, wir wissen aber doch, daß es sich um nichts Überirdisches handelt, es sei denn, daß man den Menschen und seine Vernunft schon als etwas Überirdisches ansieht.
Wenn der Ingenieur seine Terrainpläne und Schnitte durchgesehen hat, wenn er weiß, mit was für einem Material er in dem bestimmten Falle arbeiten muß, dann denkt er eben halbbewußt oder unterbewußt weiter an das Problem, und im Augenblick, in dem er eine Lösung gefunden hat, wird sie ihm bewußt. Der Unterschied zwischen demjenigen, welcher eine gangbare, aber nicht neue Lösung findet, und demjenigen, der die sogenannte geniale entdeckt, ist nicht weniger aus den Gesetzen des Verstandes heraus erklärbar. Es gibt eben Ingenieure, in denen sich die Kette der Ideenassoziationen zwischen Problemstellung und Problemlösung leichter und reibungsloser vollzieht als bei anderen. Oder sagen wir einfacher, die klüger oder hemmungsloser sind als andere.

Beim Statiker gibt es noch eine Frage der mehr oder weniger großen Verfeinerung seines Gefühles für Kräftespannungen. Und wenn ich Gefühl sage, dann meine ich wieder nicht etwas, was außerhalb des Rationalen steht, sondern ich meine damit eine so große Vertrautheit mit dem Zug und dem Druck, dem Schub und der Elastizität, die in einem Material vorkommen, daß er fast ohne Überlegung einem beanspruchten Teil die statisch richtige Form geben kann. Derjenige, der sich von jung an dafür interessiert, der sich in jeden Stock, den er bog, hineindachte, der den Zug auf die Faser des Holzes sozusagen miterlebte, der sich auch nicht aus Hochachtung vor den Formeln davon abhalten ließ, weiterhin anschaulich zu denken, der besitzt diese Instinkt gewordene Erfahrung. Dieser ist es auch, der in jeder Zeit die kleinen Verbesserungen erfindet, welche den Fortschritt ausmachen. Und mit demselben, wenn auch nicht so verfeinerten, Gefühl für das Kräftespiel in der Materie empfindet der Laie nach, was in den Werken dieser Männer vor sich geht, wenn er auch nichts von Statik versteht.

Wenn ich mich soweit auslasse über das Wesen des Ingenieurs und seiner Arbeit, so ist es, weil in den letzten fünfzig Jahren der Ingenieur sowohl in der Baukonstruktion als auch bei den Gebrauchsgegenständen die meisten neuen und wertvollen Dinge geschaffen hat, weil er eben keine ästhetischen Vorurteile hatte, weil er nicht mit unklaren, künstlerischen Absichten seine Arbeit vollbrachte, sondern immer zweckhafte Probleme zu lösen versuchte. Wenn es nun in der journalistischen Literatur über das neue Gestalten Leute gibt, die sagen, »der Künstler müsse auch Ingenieur sein«, so ist es dennoch eine nichtssagende Phrase, denn ein Ingenieur hat seine Art Arbeit, ein Komponist, ein Maler oder Dichter eine andere Art, und jede hat ihre bestimmten Ziele, welche man nicht gegeneinander vertauschen kann.

Will man damit sagen, daß alle in gleicher Weise zielbewußt arbeiten sollen, dann ist das zwar richtig, aber es wird mit diesem Schlagwort nicht umschrieben. Wenn man jedoch den Architekten oder denjenigen, der Möbel oder andere Gebrauchsgegenstände entwirft, mit dem Wort Künstler bezeichnen will, dann ist diese Forderung nicht richtiger, schon allein, weil es unsinnig ist, diese Berufe mit demselben Gattungsnamen zu bezeichnen wie diejenigen, welche psychische Narkotika oder Stimulantien schaffen.

Es ist hier nicht der Ort, darüber zu diskutieren, inwiefern diese Berufe heutzutage noch lebendig oder lebensberechtigt sind. Jedenfalls kann man nicht in einem Atem von ihnen und der Architektur sprechen. Man könnte also höchstens sagen, daß die Architekten und die Schöpfer von Gebrauchsgegenständen genauso rationell arbeiten sollen auf ihrem Gebiet wie der Ingenieur auf dem seinigen. Professor Frank greift ebenfalls diesen Satz an. Er tut es aber von einem ganz anderen Standpunkt aus, wenn er sagt:

»Der Künstler muß ein Ingenieur sein. Das wird vielfach von Leuten betont,

die von Ingenieurkunst keine Ahnung haben. Ich muß aus eigener Erfahrung sagen, daß der Ingenieur zu den phantasielosesten Menschen unserer Zeit gehört. Ein formal denkender Mensch ist eben kein Ingenieur, ebenso wie ein rechnender kein Architekt ist. Deshalb gelingen auch der Industrie manches Mal sehr gute, sehr unpersönliche Typen, mit denen sich unsere Kunstgewerbler vergeblich abmühen. Ein Zusammenarbeiten von Ingenieur und Architekt ist deshalb auch aussichtslos, denn beide denken verschieden, und der Architekt wird nie eine Form finden, die zur Typisierung geeignet ist: es gehört zu seinem Wesen, individuell zu denken. Das haben auch alle bisherigen Resultate gezeigt.«
Daß der Ingenieur keine Phantasie hat, das braucht man nicht zu widerlegen, denn wenn die Werke, die er schafft, sogar in der Form viel neuartiger sind als alle diejenigen, welche die Architekten vorbringen, dann beweist das entweder, daß sie doch Phantasie haben und mehr als die Architekten, oder daß die Disziplinierung, daß das Arbeiten nach Gesetzen der Zweckmäßigkeit und der Statik weiter führt als alle Phantasie.
Wenn ein formal denkender Mensch kein Ingenieur ist, ein rechnender kein Architekt, dann ist es wohl besser, wir Architekten bringen uns um und fangen in einer anderen Welt an, als Ingenieure Wohnhäuser zu bauen.
Sicher ist doch, daß ein Freyssinet auf seinem Gebiet, das heißt, dem Bau von Brücken, Fabrik- und Flugzeughallen etwas geleistet hat, daß die neuen Telefonapparate Dinge sind, die sowohl im Gebrauch als auch in der Form befriedigen. Sicher ist auch, daß die Dinge, die von Architekten oder Kunstgewerblern in den letzten dreißig Jahren geschaffen wurden, nur dann immer noch gut sind, wenn sie praktisch und konstruktiv gelöst waren. Das will aber gar nicht heißen, daß der Architekt durch den Ingenieur ersetzt werden kann, sondern, daß er auf seinem Gebiet, im Bau von Wohnungen, von Schulen, Versammlungssälen, Kinos, Hotels oder Krankenhäusern genauso rationalistisch vorgehen soll wie der Ingenieur, indem er versucht, in jedem Fall das Problem der Zweckmäßigkeit, im organisatorischen, hygienischen und psychologischen Sinne, und das Problem der Haltbarkeit und wirtschaftlichen Herstellungsweise durchzudenken, festzulegen und zu lösen.
Was die Zusammenarbeit des Architekten mit dem Bau-, Heizungs-, Elektround gegebenenfalls Maschineningenieur betrifft, so ist sie nicht nur möglich, sondern notwendig. Es gibt genug Fälle, in denen der Architekt diese Ingenieure als Berater braucht und ihnen gewisse Teile des Baues auszuarbeiten geben muß, wo er ihre Spezialitäten nicht weit genug kennen kann, um sie zu ersetzen. Es geht reibungslos, sobald alle klar denken und nicht in ihrem Fach Vorurteile haben. Ingenieure sind Menschen wie andere auch, und man findet in diesem Berufe wie in jedem anderen alle möglichen Abstufungen der Intelligenz.
Ich habe vorhin von der Zweckmäßigkeit im psychologischen Sinne gesprochen.

Ich weiß im voraus, daß, wenn ich das nicht erkläre, man mir vorwerfen würde, daß ich im Grunde schon gemerkt habe, daß es noch etwas anderes, Höheres gäbe als die Zweckmäßigkeit, daß ich es aber nur nicht zugeben wolle, da es nicht in meine Theorie passe, und daß ich es deswegen hinter einem neuen Ausdruck Zweckmäßigkeit in psychologischer Beziehung verstecke.
Jede Arbeitsersparnis, die wir der Hausfrau in der Küche machen, hat schon eine psychologische Rückwirkung, denn jedes oft wiederholte Umdrehen wirkt ermüdend und erweckt Unlustempfindungen. Wenn ich aber von psychologischer Zweckmäßigkeit spreche, dann denke ich an Vorgänge, die nichts mit der praktischen Organisation eines Hauses zu tun haben. Ein sehr bekanntes psychologisches Phänomen ist das Bedürfnis nach Rückendeckung, welches wir bei fast allen Menschen finden.
Für das Vorhandensein dieses Bedürfnisses gibt es zwei Erklärungsmöglichkeiten. Es kann als Atavismus aus einer primitiven Entwicklungsstufe der Menschheit stammen, in der jeden Augenblick der Mensch von einem anderen oder von einem Tier rücklings angefallen werden konnte. Andererseits kann es sich während der Kindheit als Angstkomplex ins Unterbewußtsein eingegraben haben, dadurch, daß fast jeder einmal durch ein plötzliches Geräusch hinter sich oder durch einen Schlag auf den Rücken erschreckt worden ist.
Wenn wir bei der Stellung eines Tisches, bei der Anlage eines Wohnraumes, auf dies Bedürfnis Rücksicht nehmen, so ist es also nicht aus einem unklaren, künstlerischen Formverlangen heraus, sondern aus der genauen Kenntnis der menschlichen Psyche.
Wenn wir stark betonte Vertikalen innerhalb eines Wohnraumes ausschalten, so ist es aus demselben Grunde.
In der Eisenbahn folgt unser Auge ohne Anstrengung dem leichten Auf- und Abgehen des fernen Horizontes oder des nahen Bahndammes. Es ist aber sehr ermüdend, die vorbeihuschenden Telegrafenstangen anzusehen. Die Langsamkeit unserer Sinnesorgane zwingt sie dazu, sich immer einen Augenblick lang auf etwas, was ihnen in den Weg kommt, zu konzentrieren, um es erfassen zu können. Deswegen das Zucken des Auges von einer Telegrafenstange zur anderen, das man bei jedem beobachten kann, der versucht, vom fahrenden Zug aus der Linie der Telegrafendrähte zu folgen. Dies Zucken wirkt natürlich ermüdend auf die Augenmuskeln, und diese Müdigkeit ihrerseits weckt in uns Unlustgefühle. Ein ganz analoger Vorgang spielt sich ab, wenn wir in ein Zimmer mit vertikaler Wandaufteilung treten. Um einen Raum zu übersehen, drehen wir den Kopf nach allen Seiten. Sind die Wände einfarbig, dann gleitet unser Blick über sie hinweg, ohne aufgehalten zu werden. Auch an einer Horizontalen gleitet er ohne Unterbrechungen entlang. Begegnet er jedoch einer Vertikalen, dann ist das Auge zum ruckweisen Anhalten und Auf- und Ab-

blicken gezwungen. Die Ermüdung ist um so größer, je kleiner das Zimmer ist, je kleiner also der Abstand zwischen Auge und Wand ist.
Andere, ebenso leicht erklärbare Unlustgefühle hängen von der Beleuchtungsweise eines Raumes ab. Ein Durcheinander von stark erhellten und sehr dunklen Flächen ermüdet unser Auge, weil die Pupillenöffnung sich nicht zugleich auf hell und dunkel einstellen kann. Beispiele für solche falsche Beleuchtungen sind die Zimmer mit hohen Fenstern und dunklen dazwischenliegenden Mauerkörpern.
Solche Rücksichten auf psychische Veranlagungen des Menschen gehören also zu der Arbeit des Architekten, genauso wie die Rücksichten auf seine rein physiologischen Bedürfnisse. Man kann übrigens auch hier den Trennungsstrich zwischen Geistigem und Körperlichem nicht ziehen, denn wie wir eben sahen, sind rein physiologische Ermüdungserscheinungen unserer Sinne niederdrückend für unseren Geist. Sogar die Angst vor Schmerz, wie sie beim Bedürfnis nach Rückendeckung zum Vorschein kommt, ist nichts anderes als ein Teil unseres körperlichen Selbsterhaltungstriebes.
In der Kenntnis der Wohnbedürfnisse des Menschen beruht also zu einem gewissen Teil die Eigenart des Architektenberufes neben dem des Ingenieurs. Wenn der Architekt aber darauf ausgeht, für jedes Haus sein eigenes formales Gesicht zu schaffen, so wird er vielleicht, trotzdem ich daran zweifle, die Lebensbedürfnisse befriedigen können, aber sogar ohne Ornamente, ohne Profile wird immer wieder das Haus theatralisch, aufdringlich auf den Bewohner wirken. Auf den Beschauer wird es heute vielleicht ungewohnt wirken und ihn mit einem kleinen Schauer des Erstaunens überrieseln, aber wie es dem Bewohner nach einigen Jahren schon langweilig sein wird, immer denselben gesuchten Effekt auf sich wirken lassen zu müssen, so wird es dem Beschauer eines Tages, wenn der Reiz der Neuheit verschwunden ist, als Mätzchen bewußt werden. Wenn die Architekten nicht mit der Idee, eine künstlerische Laufbahn zu ergreifen, in ihren Beruf hineintreten würden, dann wären wahrscheinlich unsere neuen Straßen und Villenviertel besser als sie es sind, dann würde die gleiche Gesetzmäßigkeit der Lebensbedingungen, der konstruktiven Möglichkeiten und der sozialen Voraussetzungen in ihren Bauten zum Vorschein kommen. Und alles Gesetzmäßige erscheint geordnet und sinnvoll, sei es ein Haus, ein Baum, ein Blatt oder ein Tier.
Denselben Fehler der Erziehung wie bei den Architekten finden wir bei den Kunstgewerblern wieder. Einen guten Handwerker nannte man früher einen Künstler in seinem Fach, und nun plötzlich hat man im letzten Jahrhundert den Kunstgewerbler erfunden, dessen Streben danach gehen sollte, nicht etwa in einem Beruf ein großer Könner zu sein, sondern die Kunst mit großem K wie etwas Heiliges in die niedrigen Gewerbe hineinzutragen. Die Herstellung von

Möbeln und von Büchern, von Tintenfässern und von Serviettenringen sollte durch sie in eine höhere Sphäre gehoben werden. Als ob es nicht genügt hätte, daß ein Buch dauerhaft und gut anzufassen ist, daß ein Möbel seinen praktischen Zweck erfüllt, ein Tintenfaß schwer umzustoßen ist und ein Serviettenring eine Serviette hält.

Wenn nun Professor Frank von dem Typus Kunstgewerbler behauptet, er könne keine Typenware entwerfen, da er individuell denke, so ist es insofern richtig, als er eben nicht genug auf das Durchdenken eines Gegenstandes ausgeht und immer wieder die künstlerisch reine, eigenartige Form sucht, weil ihn eben seine Erziehung verbildet hat. Was aber das individuelle Denken des Kunstgewerblers betrifft, das ihm Professor Frank als ein Plus anzurechnen scheint, so kann man ruhig sagen, daß es sehr wenig weit geht. Wenn man heute die Kunstgewerbezeitschriften früherer Jahrgänge durchblättert, so fällt einem unbedingt die modische Verwandtschaft zwischen den Einzelstücken auf, die in gleicher Zeit von verschiedenen Kunstgewerblern hergestellt worden sind. Wenn man also glaubt, es sei nötig, daß Gegenstände existieren, welche als Einzelstück gedacht sind, und daß ihre Eigenart und ihre Individualität ihren Reiz und ihren Wert ausmachen, dann haben auch die Kunstgewerbler dieses Ziel nicht erreicht.

Es ist sogar nicht, wie man immer glaubt, im Sinn des Handwerks, Einzelstücke, die in ihrem Wesen verschieden sind, herzustellen. Die Verschiedenheit der handwerklichen Produktion früherer Jahrhunderte war nur eine Folge der Ungenauigkeit der Handarbeit, der kleinen Verschiedenheiten der Denkart von Menschen, die derselben Zeit und Kultur angehören, und sie war so nebensächlich, äußerlich, daß sie außer acht gelassen werden kann.

Im Sinn der Maschinenarbeit ist es natürlich erst recht nicht, Einzelstücke hervorzubringen. Aber ist das ein Fehler? Ist es nicht im Gegenteil eine Garantie, daß ein Gegenstand, der durch die Maschine hergestellt werden soll, erst vollkommen durchdacht, auf seine Zweckmäßigkeit geprüft und immer wieder verbessert werden muß, ehe es sich rentiert, ihn in Tausenden von Stücken herstellen zu lassen? Diejenigen, welche immer gegen die Maschinenarbeit ankämpfen, vergessen nicht nur, daß sie es möglich macht, für alle Menschen Waren zu schaffen, welche das Leben angenehmer machen. Sie vergessen besonders, daß die industrielle Produktion heute noch immer nicht voll entwickelt ist, daß nur manche ihrer Erzeugnisse wirklich den Möglichkeiten der Maschine entsprechen.

Ich möchte auf die Entwicklung hinweisen, den ein Gegenstand wie das Telefon in wenigen Jahren gemacht hat. Bei solchen Dingen, für die es keine im voraus festgelegte handwerkliche Form gab, wo außerdem vollkommen neue Herstellungsmethoden, wie das Stanzen, Pressen und Schweißen, verwendet werden konnten, hat die Industrie wirklich etwas geleistet, was man als bezeichnend für ihre Möglichkeiten ansprechen kann. In diesen Dingen konnte auch weder der Kunstgewerbler noch irgendein anderer, außerhalb des Fachs Stehender irgendwie mithelfen. Da, wo der Kunstgewerbler mithelfen könnte, da er doch auf das Verwendungsproblem eingestellt ist, bei Möbeln, Bestecken und Bucheinbänden, da hindert ihn wieder seine Erziehung, die ihm ein falsches Ziel geschaffen hat.

Da, wo die Industrie Schund hergestellt hat, da ist es sehr oft, weil sie das Kunstgewerbe in Serie kopierte und sich ebenfalls das Ziel setzte, neue Formen zu finden.

Kürzlich hatte ich mit dem Besitzer einer der großen Baubeschlägefabriken in Frankreich eine sehr lehrreiche Unterhaltung darüber.

Als ich ihm sagte, er solle doch lieber statt seiner dreihundert verzierten Türklinken nur eine einzige gute in zwei oder drei Ausführungen und Größen herstellen, dann würde er den ganzen Vorrat von Modellen, von welchen alle paar Monate nur eines verlangt wird, los sein, er brauche viel weniger Büropersonal dafür und Klinken würde er doch verkaufen, da man sie immer braucht und da er sie, so organisiert, billiger verkaufen könne als ein anderer, erwiderte er mir mit Pathos, er sehe schon, ich gehöre auch zu den Leuten, die Frankreich amerikanisieren wollten!

Diese Angst vor dem Amerikanisiertwerden ist eine der großen Hemmideen gegen jeden Fortschritt in der wirklichen Rationalisierung der Arbeit und in der Herstellung typisierter Gebrauchsgegenstände. Diesbezüglich ist es sehr lehrreich, das Buch des französischen Arbeiters Dubreuil, der ein Jahr in Amerika gearbeitet hat, zu lesen. Durch ihn erfahren wir, daß die Mechanisierung der Arbeit, das heißt, die Erleichterung der Arbeit mit Hilfe der Maschine, sie nicht im geringsten unangenehmer macht, und er führt Beispiele an, die zeigen, daß man auch in solchen typisch amerikanischen Betrieben wie Ford sehr wohl Freude an der Arbeit seiner Maschine haben kann und gerade in Amerika derjenige vorwärts kommt, welcher auch vor seiner Maschine noch denkt, sie zu behandeln versteht und Verbesserungen ihrer Funktion und Arbeitserleichterungen für sich selber erdenkt.

Den einzigen Vorwurf, den man der Mechanisierung der Arbeit wirklich machen kann, ist der, daß sie Überproduktion und Arbeitslosigkeit schafft. Dieser Vorwurf trifft aber nicht die Maschine und diejenigen, die sie erfunden haben und sie verwenden, sondern er trifft die wirtschaftliche Organisation der Welt.

Wenn Sie mich jetzt fragen, was ist nun eigentlich modern? so müssen wir uns, bevor ich eine Antwort gebe, darüber klar sein, was man unter modern versteht. Versteht man darunter alles, was unsere Zeit enthält, alles, was ihr Gesicht ausmacht, dann kann ich Ihnen darauf keine Antwort geben, denn weder dieser Abend noch zehn andere würden dazu ausreichen. Dann müßte ich wie ein Konversationslexikon alles beschreiben, was heute lebt, das, was am Absterben ist, ebensogut wie das, was im Entstehen begriffen ist. In der Kleidung also sowohl die Tracht der Nonne und das Abendkleid mit Schleppe als auch das einfache Sport- oder Straßenkostüm und den Badeanzug. Im Bau sowohl das heimatschützlerische Steildach als auch das Terrassendach: sowohl das billige schlechte Serienfenster als auch das englische Eisenfenster.

Wenn wir aber unter modern nur das verstehen, was unsere Zeit an zukunftswichtigen Dingen schafft, dann kann man nur versuchen, darauf zu antworten, denn es kann niemanden möglich sein, heute genau zu prophezeien, was vollkommen verschwinden und was bestehenbleiben wird. Man kann nicht einmal ganz sicher behaupten, daß das Vernünftige sich sofort durchsetzen wird, obschon es sehr wahrscheinlich ist, daß es sich früher oder später doch durchsetzt. Bei der heutigen wirtschaftlichen Organisation kann durch eine mächtige und klug durchgeführte Reklamekampagne eine Ware Absatz finden, welche weniger gut ist als eine andere, die Reklame nicht benutzt oder nicht benutzen kann, da ihre Hersteller wirtschaftlich nicht stark genug sind.

In einem ganz ausgezeichneten Artikel, der im Heft 8/1930 der »Form« erschienen ist, beschreibt Lewis Mumford, wie in den Vereinigten Staaten sich die Tendenz geltend macht, neue Bedürfnisse künstlich zu schaffen, um neue Absatzmöglichkeiten zu erschließen, daß die Automobilfabrikanten neue Modelle mit zweifelhaften Verbesserungen herausbringen und dafür sorgen, daß ihre Wagen in schnellerem Tempo veralten, daß die Möbelfabrikanten, weil es ihnen schwer ist, durch qualitativ niedrige Arbeit die Abnutzung zu beschleunigen und dadurch die Absatzmöglichkeiten zu vergrößern, danach streben, möglichst oft neue Formen zur Mode zu machen. Daß sogar die Fabrikanten von Badezimmereinrichtungen und Wohnküchen, die bisher wirkliche Höchstleistungen der Industrie hervorbrachten, anfangen, ihre Erzeugnisse in einen »Stil« zu kleiden. Es ist also sehr gut möglich, daß gerade die Erzeugnisse unserer Zeit, die so vernünftig sind, so gut gearbeitet und so billig, daß man wirklich glauben sollte, daß sie sich durchsetzen müssen, künstlich zurückgedrängt werden, um das drohende Gespenst der Überproduktion und der Arbeitslosigkeit abzuwehren. Doch schafft dieser Weg sehr wahrscheinlich auf die Dauer keine Abhilfe, da man nicht verhindern kann, daß die maschinelle Produktion noch mehr vereinfacht wird und noch weniger Menschen zur Arbeit benötigen wird. Doch man kann deswegen nicht einfach die Maschinen zerstören und so leben, als ob sie nie dagewesen wäre, das heißt, ohne alles, was sie uns an Erleichterungen schafft, sondern muß durch eine andere wirtschaftliche Organisation erreichen, daß der geringere Bedarf an Arbeitskräften sich durch kleinere Arbeitszeit und nicht durch Arbeiterentlassung ausdrückt.

Wenn es auch schwer ist zu sagen, was von den heute bestehenden Dingen sich weiter entwickeln und verstärken wird, so ist es doch möglich zu sehen, welche Tendenzen heute stärker sind als früher und ganz den Anschein haben, als ob sie sich auch weiterhin verstärken würden. Da ist vor allem die Freude am Leben im Freien. Man sehe sich doch nur ein Foto von einem Badestrand um 1900 an und vergleiche ihn mit einem von heute. Man zähle doch nur nach, wie die Zahl und der Besuch von Badeanstalten und Freiluftbädern zugenommen hat. Man erinnere sich, wie die Menschen vor zwanzig Jahren ihre freie Zeit ausnutzten. Man denke an den damaligen Typus des Backfisches und noch besser lese man in Romanen der achtziger und neunziger Jahre nach, wie dieser Typus damals aussah. Und denken Sie sich nun daneben das junge Mädchen von heute, welches Sport treibt. Überlegen Sie sich doch, was früher, nicht etwa vor zweihundert Jahren, sondern vor einem Menschenalter der Arbeiter nach Feierabend tat. Man sehe sich die Statistiken über den Rückgang des Alkoholismus an. Der Grund dafür liegt nicht im Wirken der Antialkoholvereine, sondern in der Zunahme des Interesses für Sport. Wenn man abends im Herzen von Paris auf der Ile St. Louis spazierengeht, kann man fast täglich 18- oder 20jährige Burschen bei Trainierungsrennen sehen. Es handelt sich gar nicht darum zu wissen, ob es besser wäre, wenn diese selben Leute sich mehr intellektuellen Beschäftigungen hingeben würden. Es handelt sich nur darum, festzustellen, was besteht und deswegen einen Einfluß hat auf die Gebiete, die uns hier interessieren.

Und diese Tendenz nach gesundem kraftvollem Leben hat eine Rückwirkung darauf.

Ein Mensch, der Sport treibt, geht, steht und sitzt anders als einer, der sich nicht bewegt. Es ist vor allem nicht denkbar, daß ein sporttreibender Mensch sich so getragen und steif benimmt, wie fast jeder zu tun sich verpflichtet fühlte, der vor dem Kriege es zu einer, wenn auch noch so kleinen Würde gebracht hatte. Man kann sich doch nicht vorstellen, daß ein Mensch, der an jedem Wintersonntag Ski läuft, in der Woche mit den schmalen langen Schuhen herumgeht, die in meiner Kindheit noch Mode waren, oder einen hohen Stehkragen trägt, der es ihm unmöglich macht, den Kopf zu drehen. Solche Menschen, die sich weniger steif benehmen, brauchen auch andere Gegenstände um sich herum, es paßt nicht mehr zu ihrem Wesen, daß jeder Schrank ihre Macht und ihren Besitz symbolisiert.

Man sagt oft vom heutigen Menschen, er habe keine Zeit. Im Gegensatz hierzu bemerkt Professor Frank, daß er heute mehr Zeit haben müsse, weil er früher viel mehr Zeit brauchte, um von seiner Wohnung bis zu seiner Arbeitsstätte zu kommen. Das mag stimmen beim Bauern, aber es stimmt sicher nicht beim Stadtbewohner, der heute durch die größere Ausdehnung der Städte viel größere Wege zurücklegen muß.

Abgesehen von den Weglängen spart man aber doch Zeit. Das kann man feststellen, wenn man bedenkt, wieviel Zeit man früher brauchte, um eine Öllampe anzuzünden und ihr Brennen zu unterhalten, oder um Holz zu sägen und ein Kaminfeuer zu beaufsichtigen, und daß man heute Licht und Heizung durch einen einzigen Druck auf den elektrischen Schalter in Gang setzen kann. Aber unser Maßstab für Zeit hat sich inzwischen ebenfalls geändert, weil wir eben gewohnt sind, daß alle Dinge, die die Technik geschaffen hat, gut und rasch funktionieren, können wir nicht, ohne nervös zu werden, in unserem Hause uns noch mit Dingen abquälen, welche zur Zeit der Öllampe nicht komplizierter und nicht länger zu handhaben waren als alles andere auch, was es damals gab. Und es ist sicher auch bestimmend für unsere Arbeit, daß eine Hausfrau, die eine elektrische Küche benutzt, gar keine Lust hat, jeden Tag eine halbe Stunde lang zum Abstauben eines Möbels zu verwenden.

Es ist also nicht einfach, weil wir nötig haben, Zeit zu gewinnen, daß wir uns das Leben nicht der Stilgeschichte oder der Phantasie der Architekten und Kunstgewerbler zuliebe erschweren lassen wollen, sondern, weil wir sehen, daß es auch anders geht und sogar viel besser geht.

Die Tatsache aber, die am meisten Einfluß hat auf die Gestalt unseres Lebensrahmens, ist die Umwälzung in der Struktur der Gesellschaft. Was bedeutet allein schon die ungeheure Zunahme der Frauenarbeit in Berufen, die bisher dem Manne vorbehalten waren! Welche tiefe Einwirkung auf die Lebensweise des Bürgertums hat das langsame Verschwinden der Dienstbotenklasse, welches selber sehr komplexe Ursachen hat. Welche Unterschiede sehen wir innerhalb der verschiedenen sozialen Schichten. Denken wir daran, daß noch vor dem Kriege die meisten Fabriken und Handelshäuser einem Mann oder einer Familie gehörten, während heute überall die anonymen Aktiengesellschaften den individuellen Besitz verdrängen. Denken wir an die Zunahme der Trusts und Kartelle, an das Verschwinden der Mittelklasse. Und vergessen wir vor allem nicht, daß wir mitten in der Entwicklung stehen, daß die Verschlechterung der Verhältnisse sowohl in der Landwirtschaft als auch in der Industrie, die Verstärkung der Arbeitslosigkeit in fast allen Ländern, diese Umwälzung beschleunigen wird. Ob morgen ein Teller, ein Tisch und ein Haus, ein Schuh, ein Hemd und ein Anzug so oder so aussehen werden, das ist kein formales Problem, welches die Kunstgewerbler und Architekten, die Schuster und Schneider oder Sie und ich lösen können. Das hängt ab einzig und allein von der gesellschaftlichen Struktur, von der Denk- und Lebensweise der Menschen und von ihren Produktionsmitteln, das heißt, der Quantität der verfügbaren Energien und der Qualität der Werkzeuge, der Maschinen.

Die Triebkräfte in der Entwicklung von morgen werden dieselben sein, welche den Menschen den Schubkarren und das Flugzeug erfinden, Tiere als Energiequellen ausnützen und die Wucht des fallenden Wassers in Elektrizität umwandeln ließen.

Diese Kräfte sind der Urtrieb nach Selbsterhaltung, der Trieb nach leichterem Leben und der sekundäre Trieb nach Wissen. Ihr Mittel ist die Vernunft. In der Entwicklung der vergangenen Jahrhunderte und im Leben anderer Völker oder Rassen sehen wir von Zeit zu Zeit einen scheinbaren Stillstand in der Wirkung dieser Triebkräfte. Die langsame Arbeit der menschlichen Vernunft in der Richtung nach Wissen und Glück scheint unterbrochen. Sie dient dann nur noch dazu, dem Individuum oder der Familie oder dem Stamm oder Volk innerhalb einer bestehenden Ordnung ein möglichst leichtes und angenehmes Los zu erkämpfen gegen andere Individuen oder Gemeinschaften.

Wenn wir nun glauben, daß in der heutigen Entwicklung der Lebenstrieb und die Denkkraft der zivilisierten Menschheit sich nicht im Einzel-, sondern im Gesamtinteresse auswirken wird, so beweist das vielleicht ein allzu großes Vertrauen in die Menschheit.

Und doch kann es nur dies Vertrauen sein, welches uns die Freude gibt, an der Entwicklung mitzuarbeiten!

Heft 1/1932
Front 1932
Von Walter Riezler

Nun ist also das Jahr erreicht, in dem der Deutsche Werkbund die Feier seines fünfundzwanzigsten Geburtstages nicht nur vor der deutschen Öffentlichkeit, sondern vor der ganzen Welt begehen wollte. Als Manifest größten Stils war die Ausstellung »Die Neue Zeit« gedacht, nicht nur als Rechenschaftsbericht über das in schicksalsvoller Zeit Geleistete, sondern zugleich als kühner Versuch, dem Kommenden den Weg zu weisen, unternommen in dem Vertrauen auf die Sicherheit der Leistung und des Urteils derer, die im Werkbund oder von ihm berufen das Unternehmen leiten sollten. Gelingen oder Mißlingen hätte über das Schicksal des Werkbunds entschieden: er wäre anerkannt worden als eine kulturelle Macht, nach deren Urteil jeder hätte fragen müssen — oder seine Feinde hätten recht behalten, die immer schon in dem, was der Werkbund tat oder redete, nur die Anmaßung einer kleinen Gruppe, die sich allzu wichtig nahm, erblicken wollten.
Die Zeit hat anders entschieden: sie hat dem Werkbund die Feier nicht gegönnt — oder sie hat es gnädig mit ihm gemeint. In absehbarer Zeit wird weder Deutschland noch ein anderes Land — mit einziger Ausnahme Rußlands — zu einem kulturellen Manifest des geplanten Umfangs geneigt oder imstande sein. Nicht daß die Ideen, aus denen der Plan jenes Manifests — oder seine Kritik — erwuchs, an Bedeutung verloren hätten: im Gegenteil, sie sind wichtiger als je, und die Zahl derer, die um diese Ideen kämpfen, wächst immer mehr. Aber das wirtschaftliche und politische Chaos ist inzwischen so übermächtig geworden, und die Sorgen drücken so schwer, daß es schlechterdings ausgeschlossen wäre, die zur Durchführung derartiger Pläne nun einmal unentbehrlichen realen Mächte der Idee dienstbar zu machen. So wird der Werkbund wohl nur selten noch Gelegenheit haben, durch Ausstellungen und ähnliche Unternehmungen nach außen zu wirken und für seine Ideen zu werben.
Damit ist er aber ganz gewiß nicht überflüssig geworden. Wohl kann man sagen, daß er auf manchen Gebieten das Ziel, das ihm bei der Gründung Theodor Fischer steckte: sich selber überflüssig zu machen — schon beinahe erreicht hat. Niemand hätte erwartet, daß die Saat jener denkwürdigen Stuttgarter Werkbundausstellung »Die Form« des Jahres 1923 so bald schon aufgehen würde, wie zuletzt noch die ausgezeichnete Ausstellung »Das einfache Gebrauchsgerät« im Berliner Kunstgewerbemuseum bewiesen hat. Daß es neben diesem einfach und echt geformten Gerät einstweilen noch immer eine Fülle von Mißgeformtem gibt, braucht den Werkbund nicht zu kümmern — es wird von selbst

verschwinden, weil es, wie heute schon zu merken ist, »aus der Mode kommt«. Heute gibt es ja bereits eine keineswegs erfreuliche modische Einfachheit der Form, die unvermeidlich ist wie alle Mode, die aber immerhin durch Kritik und Schärfung des Formgefühls allmählich zurückzudrängen oder zu veredeln eine lohnende Aufgabe des Werkbunds ist. Neben dieser Aufgabe, »Hüter der Form« zu sein, die hoffentlich nach wie vor in erster Linie der Zeitschrift des Werkbunds übertragen bleibt, hat aber der Werkbund eine ganze Reihe wichtigster Aufgaben zu lösen, um die er sich zum Teil bisher vielleicht etwas zuwenig gekümmert hat, auf die er aber gerade jetzt, wo er nicht durch die Vorbereitung von Ausstellungen und ähnliche mehr nach außen wirkende Arbeit abgelenkt ist, alle Kräfte konzentrieren kann. Bei weitem die wichtigste dieser Aufgaben ist die Gewinnung von Einfluß auf die Behörden. Es ist eine ebenso erstaunliche wie betrübliche Tatsache, daß der Werkbund heute noch nur ganz selten einmal in Fällen, wo der Staat eine für die Gestaltung unserer Kultur höchst wichtige Entscheidung zu fällen hat, um Rat gefragt wird oder daß man seine Stimme überhaupt hört, obwohl doch dem Staate kaum verborgen sein kann, daß die im Werkbund zusammengeschlossenen Männer von den betreffenden Fragen wirklich etwas verstehen. (Das Auswärtige Amt und einige wenige Staats- und Kommunalbehörden machen dabei eine rühmliche Ausnahme.) Für diese Tatsache gibt es, soweit ich sehen kann, nur eine, allerdings nicht sehr rühmliche Erklärung: Da der Werkbund weder eine Standesvertretung noch ein Interessenverband ist, hat seine Stimme für die Behörde weder das Gewicht einer Berufsgruppe, noch steht hinter ihm die Macht einer Finanzgruppe oder einer geschlossenen Wählerschaft. So erweist sich das, was sonst immer der besondere Stolz des Werkbunds war, die Freiheit von jeder Bindung außer der an die Idee, in diesem einen Falle, der aber entscheidend ist, als eine verhängnisvolle Schwäche. Dies muß anders werden. Der Werkbund darf nach dem, was er in diesen fünfundzwanzig Jahren geleistet hat, beanspruchen, daß seine Stimme in allen den Fällen, wo es sich um Werkbundfragen handelt, gehört wird, und der Staat kann es sich, zumal in diesen Zeiten höchster Gefährdung aller geistigen und kulturellen Werte, nicht länger leisten, auf den Rat einer Gemeinschaft zu verzichten, die wahrhaftig oft genug bewiesen hat, daß sie mit dem, was sie verkündigt und vertreten hat, im Rechte war. Der Staat darf nicht länger glauben, daß der Werkbund nichts weiter sei wie ein Ausstellungsverband, für den genügend geschehe, wenn man seine Ausstellungen fördert.
So wird sich der Werkbund seine eigentliche und endgültige Position erst erobern müssen. Freilich — er wird diese Position nur halten können, wenn er sich über das Ziel seiner Arbeit wirklich ganz im klaren ist. Und zu dieser Klarheit zu gelangen, ist in einem Augenblick, da alle festen Wertungen erschüttert sind und in dem Chaos kaum die ersten Umrisse einer neuen Weltordnung sichtbar

werden, schwer genug. »Die Form«, die von Anfang an ihre Aufgabe darin sah, zu einer Klarheit über die geistigen Grundlagen der gestaltenden Arbeit zu gelangen, wird ihre Bemühung in diesem Jahr angesichts der aufs höchste gestiegenen Gefahr für alle geistigen Werte verdoppeln — wobei sie auf die tatkräftige Unterstützung aller derer rechnet, die etwas zur Klärung beizutragen haben.

Mit drei großen Fragenkomplexen wird der Werkbund sich zu befassen haben, an drei Fronten wird er kämpfen müssen. Die unmittelbarste, von jedem einzelnen am eigenen Leibe gespürte Gefahr droht der Kultur von der Seite der allgemeinen Not. Die Frage, woher die Not kommt und ob es Wege gibt, sie zu beseitigen, geht den Werkbund nichts an. Wohl aber ist es seine Sache zu untersuchen, ob wirklich, wie es heute den Anschein hat, unter dem Druck dieser Not eine ganze Reihe wichtigster kultureller Positionen, die in schwerer Nachkriegszeit gehalten, zum Teil noch weiter ausgebaut worden waren, aufgegeben werden müssen. Immer wieder wird der Öffentlichkeit von Staats wegen eingehämmert, daß in Zeiten der Not die kulturellen Ausgaben hinter den lebensnotwendigen unter allen Umständen zurückzustellen seien, und man ist gerne geneigt, dieses Argument als berechtigt anzuerkennen. Aber man sucht vergeblich nach einer etwas in die Tiefe gehenden Antwort auf die Frage, was denn nun als »lebenswichtig« zu gelten habe. Hat es nicht manchmal den Anschein, als halte man für lebenswichtig bald nur mehr, was sich direkt in Kalorien umrechnen läßt, und was Staat und Wirtschaft zur Aufrechterhaltung ihrer Organisation unbedingt nötig haben, und als bliebe daneben manches andere nur deshalb erhalten, weil dahinter Mächte stehen, gegen die der Staat nichts vermag? Vielleicht ist dieses Urteil ungerecht — aber jedenfalls ist von der Entschiedenheit, mit der sich das durch die Napoleonischen Kriege weißgeblutete Preußen um die Vertiefung und Ausbreitung der rein geistigen Bildung bemühte, heute nicht allzuviel zu merken —, obwohl man im ganzen längst verlernt hat, so sparsam und anspruchslos zu wirtschaften wie damals. Heute besteht die Gefahr, daß man nicht da spart, wo der geringste Schaden angerichtet wird, sondern an der Stelle des geringsten Widerstandes, d. h. da, wo sich dem Abbau die geringste reale Macht entgegenstemmt. Daß dabei manches Überaltete zuerst fällt, ist richtig. So wird man kaum etwas dagegen sagen dürfen, daß die Zahl der Kunstakademien verringert wird — so schmerzlich es für die davon betroffenen Städte sein mag und soviel in den letzten Jahren für eine Auffrischung der Akademien geschehen ist. Wenn aber offenbar niemand ernstlich daran denkt, bei dieser Gelegenheit die längst fällige allgemeine Reform des Kunstschulwesens zu fördern, d. h., die sinnlos gewordene Trennung der Akademien und »Kunstgewerbeschulen« (wie sie jetzt heißen) endlich allgemein aufzuheben, was sicher eine Ersparnis bedeuten würde — so ist das ein Zeichen eines bedenklichen

77

Mangels an Initiative. Und wenn es wirklich wahr sein sollte, daß in mehreren Fällen bereits der Nachweis geführt worden sei, daß durch eine Zusammenlegung der beiden Schulen mehr erspart würde als durch die Schließung der Akademie, daß aber die Zusammenlegung trotzdem unterbleiben müsse, weil die Akademien dem Kultusministerium, die Kunstgewerbeschulen dem Handelsministerium unterstehen und die beiden Ressorts sich nicht einigen können — so weiß man in der Tat nicht, was man dazu sagen soll[1]. — Anders liegt der — uns nicht direkt berührende — Fall der pädagogischen Akademien. Hier trifft der Stoß auf eine noch nicht ganz gefestigte Organisation, und so sehr man die betreffenden Städte bedauern muß, daß sie nach so kurzer Zeit ein so lebendiges geistiges Zentrum wieder verlieren, so ging es in diesem Falle vielleicht wirklich nicht anders, da man offenbar bei dieser Gründung des Guten etwas zuviel getan hat. Wie man sich überhaupt wird hüten müssen, nun in Bausch und Bogen gegen jeden Kulturabbau zu protestieren: So schmerzlich es für den Museumsmann ist, muß er zugeben, daß in Zeiten der Not auch einmal einige Jahre lang Neuerwerbungen unterbleiben können und daß auch sonst manche Einschränkung möglich ist; er wird sich aber zur Wehr setzen, wenn etwa der Plan besteht, das Museum ganz zu schließen, da gerade in Notzeiten erfahrungsgemäß der Museumsbesuch ein besonderes Bedürfnis ist[2]. In der Öffentlichkeit viel zuwenig beachtet wurde der bei manchen Schultypen sehr weitgehende Abbau des Musik- und Zeichenunterrichts, der gerade bei den wichtigsten Anstalten um ein Drittel vermindert wurde (während der Abbau bei den übrigen Fächern kaum ein Zehntel beträgt). Es ist sehr einfach, diesen Abbau damit zu begründen, daß diese Fächer doch eigentlich nur neben dem eigentlichen Lehrplan einhergehen, als eine Art Erholung, auf die man jetzt eben verzichten müsse. Damit wird man der Bedeutung dieser Fächer nicht gerecht. Auf die seelische Bereicherung, die vom Musikunterricht ausgeht, braucht man gar nicht hinzuweisen — was aber den Zeichenunterricht anlangt, so liegt seine Bedeutung keineswegs nur in der nicht zu unterschätzenden Erziehung des künstlerischen Sinnes, die für unsere gesamte Kultur von Wichtigkeit ist, sondern vor

---

[1] Wir wissen natürlich, daß die Akademien staatlich, die Kunstgewerbeschulen städtisch (unter staatlicher Aufsicht und mit zum Teil bedeutenden staatlichen Zuschüssen) sind. In einer Zeit der Notverordnungen hat eine solche Schwierigkeit keine Bedeutung. Staat und Stadt müßten sich eben in die Kosten teilen. Jetzt aber werden Staat und Städte ihre Kunstschulen abbauen, wichtige Kulturstätten werden zerstört, der künstlerische Nachwuchs liegt auf der Straße — und von beiden Seiten wird für Verpflichtungen aus Verträgen sehr viel Geld ausgegeben, ohne daß dafür eine Arbeit geleistet wird!

[2] In Stettin ist der Museumsbesuch im letzten Halbjahr fast auf das Doppelte gestiegen (im August allein über 11 000 Besucher), von anderen Städten hört man das gleiche.

allem in der Sicherung des anschaulichen Verhältnisses zur Welt, die für den Deutschen ganz besonders notwendig ist und die sich sogar, rein praktisch gesehen, »bezahlt macht«. Der »Aktionsausschuß der Kunsterzieher-Verbände Preußens« erhebt mit vollem Recht Einspruch gegen diesen Abbau, und auch der Werkbund hätte sicher vor der Maßregel gewarnt, wenn er gefragt worden wäre. – Diese Fälle ließen sich leicht vervielfachen, und wir werden im Laufe des Jahres oft Gelegenheit haben, auf drohendes Unheil hinzuweisen und immer wieder zu untersuchen, ob es nicht möglich ist, einen der Kultur drohenden Schaden abzuwenden oder einen unabwendbaren durch einen Gewinn auf einer anderen Seite zu kompensieren.

Die zweite Gefahr, die der Werkbund zu bekämpfen hat, droht von der Seite eines – mißverstandenen – Sozialismus. Kein Wort ist darüber zu verlieren, daß es heute eine fruchtbare Arbeit gegen den Sozialismus überhaupt nicht geben kann. Es ist nicht nur unsittlich, sondern auch töricht, wenn jemand glaubt, heute noch das Recht jedes einzelnen auf ein menschenwürdiges Dasein ignorieren oder bestreiten zu können. Was daraus für die gestaltende Arbeit zu folgern ist, das hat den Werkbund von Anfang an aufs lebhafteste beschäftigt. Oft genug ist ihm (und auch der »Form«) vorgeworfen worden, daß er das Problem der Massenware zu wichtig nehme und daß er sich zu entschieden auf die Seite der modernen Baukunst gestellt habe, deren Zusammenhänge mit der sozialen Entwicklung allerdings offen zutage liegen. Er hat es immer für seine Pflicht gehalten, vor der Gefahr der rückschauenden Romantik zu warnen und hat bei der Planung der großen Ausstellung von Anfang an betont, daß der »Bedarf der 99 Prozent« ebenso wichtig zu nehmen sei wie der Luxusbedarf der wenigen. Wir halten es aber anderseits für ein verhängnisvolles Mißverständnis, wenn man als eigentliches Ziel des Sozialismus die Durchsetzung jener Forderungen, die Sicherung der fälschlich sogenannten »biologischen« Existenz des Menschen ansieht und daraus die Folgerung zieht, daß sich auch die Werkbundarbeit heute danach allein orientieren müsse. Wenn man den biologischen Maßstab an den Menschen anlegt, darf man ihn nicht betrachten wie ein anderes Tier auch und darf nicht vergessen, daß zur »biologischen« Existenz des Menschen auch der ganz ungeheure Reichtum des Geistigen und Seelischen gehört. In diesem Bereich aber geht den Werkbund an vor allem das, was mit der formalen Gestaltung zusammenhängt. Wie irgendein Ding, mit dem der Mensch zu tun hat, aussieht, ist keineswegs gleichgültig, und es ist ein allerdings immer noch ein weitverbreiteter Irrtum, daß sich die Form aus der sachgemäßen Arbeit für einen Zweck von selbst ergibt. »Form« ist aber auch nicht eigentlich eine »ästhetische« Frage und eine Angelegenheit des »Luxus«, sondern Ausdruck der geistig-seelischen Spannungen des Menschen, der allein unter allen Geschöpfen fähig ist, Geformtes hervorzubringen, und ebenso allein das Bedürfnis

nach Formung hat, solange er überhaupt ein menschliches Dasein führt. Das heutige Rußland ist nur scheinbar ein Beweis dagegen: Wenn sehr vieles von dem, was heute dort entsteht, nicht nur primitiv, sondern mangelhaft durchformt ist — was übrigens auch für die neuen Städtegründungen gilt —, so liegt das daran, daß dort mit der größten Gewaltsamkeit und mit absolutem Radikalismus alles von »unten« neu aufgebaut wird. Daß man nicht glaubt, damit schon am Ziele zu sein, beweist schon die erstaunliche Sorgfalt, mit der man die Denkmäler alter Kunst pflegt, sowie die Zielbewußtheit, mit der man an die Probleme der künstlerischen Erziehung herangeht. Es ist ein Zeichen des deutschen Doktrinarismus, daß von unseren Unentwegten das, was in Rußland Vorstufe ist, zum mindesten in der Theorie als Ziel genommen wird, obwohl unsere Situation gar nicht danach ist, daß wir uns auf dieser Vorstufe aufzuhalten hätten[1]. Es hängt für unsere Sache sehr viel davon ab, ob es gelingt, diesen Doktrinarismus zu überwinden, der ja am liebsten jede Arbeit, die nicht jener eng gefaßten Idee des Sozialismus entspricht, in erster Linie alles, was dem »Luxus« dient, verbieten möchte oder doch als minderwertig und überflüssig hinstellt. Freilich gibt es einen Luxus, der höchst minderwertig ist und dessen baldiges Aussterben wir alle ersehnen. Aber es heißt das Kind mit dem Bade ausschütten, wenn man nun gleich alles, was einem verfeinerten Bedürfnis dient, ebenso verdammt, ohne zu fragen, ob nicht eine geistige Idee dahintersteckt und ob es sich dabei nicht um eine Weiterentwicklung von Tendenzen handelt, die schon sehr früh, eigentlich sofort da einsetzen, wo über das zur Erfüllung des Zweckes unbedingt Erforderliche hinausgegangen wird. Diese Art von »Luxus« ist gesund und unentbehrlich, sie ist sogar entscheidend für die Höhe einer Kultur, und wenn, wie es beim »Haus Tugendhat« der Fall war, bedauert wird, daß dieser Luxus heute noch persönlichem Reichtum dienstbar ist, so ist dagegen zu sagen, daß es weder die Aufgabe des Künstlers noch des Werkbunds ist, die soziale Ordnung umzugestalten. Einstweilen muß man jedem Reichtum dankbar sein, der dem Künstler Gelegenheit gibt, eine geistige Idee rein und ohne Einschränkungen zu verwirklichen.
Und noch an einer dritten Front hat der Werkbund zu kämpfen: Die Gefahr der kulturellen Reaktion, die eine Zeitlang kaum ernst zu nehmen war, ist seit kurzem wieder drohend geworden, seitdem die heute aktivste politische Partei ihre Kulturpolitik auf leidenschaftlichen Kampf gegen so ziemlich alles, was der Werkbund in der letzten Zeit zu fördern suchte, eingestellt hat. Der Werkbund war von Anfang an grundsätzlich unpolitisch, und wir haben nicht die Absicht,

---

[1] Wo diese »Vorstufe« auch bei uns Bedeutung hat, wie z. B. bei der in diesem Hefte angerührten Frage der »Randsiedlung«, da wird sich der Werkbund sicherlich darum annehmen.

diesen löblichen und für unsere Arbeit unentbehrlichen Grundsatz aufzugeben. Wir haben es aber auch gar nicht nötig, von der allgemeinen Politik des Nationalsozialismus zu reden — denn dessen künstlerische Überzeugungen, soweit man von ihnen aus der Presse Kenntnis erhält, haben mit seiner übrigen Politik nur sehr wenig zu tun. Seine negative Einstellung zu fast allen wahrhaft schöpferischen Kräften der Gegenwart beruht im wesentlichen auf Mißverständnissen: man bringt künstlerische Bewegungen, die aus der Tiefe der Zeit hervorbrechen, in Verbindung mit verhaßten politischen Strömungen — etwa die (in Amerika und Holland zuerst entstandene!) moderne Baukunst mit dem Bolschewismus — und bekämpft sie daher mit aller Leidenschaft. Oder man beurteilt jede neu aufkommende Bewegung nach den wenig erfreulichen, noch weniger wichtig zu nehmenden Mitläufern und den oft auch sehr unerfreulichen Allerweltsliteraten und -intellektualisten, und bekämpft die einen wie die anderen, weil man Echtes und Unechtes nicht zu unterscheiden vermag. Oder man sucht aus der Betrachtung großer alter Kunst allgemeingültige Maßstäbe zu gewinnen, an denen man die Kunst der Gegenwart mißt, und schaltet dabei den äußerst schwierigen, noch längst nicht geklärten Begriff der »Rasse« ein, von deren Bedeutung für das künstlerische Schaffen wir noch herzlich wenig wissen. Inwieweit schöpferische Begabung ein Vorrecht bestimmter Rassen (im anthropologischen Sinne) ist, wissen wir noch nicht zuverlässig, und wenn auch der Anteil der germanischen oder »nordischen« Rasse an der großen Kunst des letzten Jahrtausends leicht festzustellen ist, so ist damit noch lange nicht gesagt, daß »nordische« Kunst immer so aussehen müsse. Van Gogh, Munch, Barlach und Nolde (dieser letztere auch vom Rassestandpunkt ein rein nordischer Mensch) — das ist die »nordisch-germanische Kunst« unserer Zeit! So einfach liegt die Sache nicht, daß man gute und schlechte, wertvolle und wertlose, gesunde und kranke Kunst an Rassemerkmalen und an dem Verhältnis zu großer alter Kunst unterscheiden könnte — es gehört etwas mehr dazu, vor allem lebendiges Gefühl und künstlerischer Sinn, daneben aber auch einige »Kennerschaft«, d. h. ein durch Schulung gewonnenes Wissen um die realen Tatbestände. Wer aber den unsagbaren Kitsch von Hermann Hendrich für echte deutsche Kunst hält, nur weil es Bilder aus der Nibelungensage sind — bei dem ist die Entscheidung über Gut und Schlecht, über Deutsch und Undeutsch wahrhaftig in schlechten Händen!
So sehen wir die Lage — an diesen Fronten wollen wir kämpfen. Und in diesem Kampf rechnen wir auf die Bundesgenossenschaft aller derer, denen die Zukunft der deutschen Kultur am Herzen liegt.

Heft 10/1932
Die Gründung des Deutschen Werkbundes 6. Oktober 1907
Von Peter Bruckmann

Die Geschichte der Gründung des Deutschen Werkbundes ist bisher nirgends historisch genau festgelegt. Weder aus der einschlägigen Literatur noch aus Protokollen oder Notizen kann die Gründungsgeschichte genau ermittelt werden. Der 1. Vorsitzende des Werkbundes hat nun aus seinen persönlichen Notizen und Erinnerungen und aus denen der Mitbegründer die Geschichte der Gründung ausführlich für diese Jubiläumsnummer zusammengestellt.

Es war im Jahre 1907, als der Architekt Hermann Muthesius, Geheimer Rat im Handelsministerium in Berlin, in einer Rede in der neuen Handelshochschule in Berlin das deutsche Handwerk und die deutsche Industrie, soweit sie in das Gebiet des sogenannten Kunstgewerbes gehörten, ernstlich warnte vor der Oberflächlichkeit, mit der sie ihren Erzeugnissen eine sogenannte Stilform gaben. Er prophezeite einen starken wirtschaftlichen Rückschlag, wenn auch weiterhin aus dem Formenschatz vergangener Jahrhunderte gedanken- und skrupellos die Motive für die Gestaltung ihrer Erzeugnisse genommen werden. Er gab zu erwägen, ob nicht das moderne Leben, die neuen Gewohnheiten und Wohnbedürfnisse ganz von selbst eine neue Durchgeistigung und formale Durchdringung und Gestaltung erforderten.

Muthesius war einige Jahre der Deutschen Botschaft in London beigegeben worden, um den englischen Wohnungsbau zu studieren und die Ergebnisse seiner Studien zu veröffentlichen. Er hat dies getan in seinem bekannten Werk: »Das englische Haus«. Er sah in der immer mehr erstarrenden Formgebung gerade des Handwerks und der Industrie in Deutschland die große Gefahr einer Überflügelung, besonders durch Holland, Belgien und England.

Was Muthesius in seinen Vorlesungen öffentlich aussprach, erregte starken Widerspruch beim Handwerk und bei der Industrie, und der Verband für die wirtschaftlichen Interessen des Kunstgewerbes in Berlin bekämpfte ihn heftig und setzte auf die Tagesordnung eines Verbandstages im Juni 1907 einen Punkt: »Der Fall Muthesius«. Ich bekam eine Einladung mit der Bemerkung: »Da wir auch Gegner zu Wort kommen lassen wollen, erbitten wir Ihre Teilnahme.« Ich bin nie Mitglied des Verbandes für die wirtschaftlichen Interessen gewesen, hatte es aber immer beanstandet, daß dieser Verband auch künstlerische und formale Fragen der Gestaltung behandelte. Ich kannte auch Muthesius nicht persönlich. Aber gerade als Industrieller hatte ich die feste Überzeugung, daß er mit seinen Ausführungen auf der Hochschule recht hatte. Die Ausplünderung der alten Stile und die furchtbaren Entgleisungen des Jugendstils hatte ich im eigenen Betrieb erfahren, und ich empfand die vollständige Anarchie in der Formgebung als einen unmöglichen Zustand, der die angewandte Kunst in Deutschland zu raschem Verfall bringen mußte. Ich ahnte, daß in Düsseldorf eine Wende kommen würde, und fühlte, daß ein Vertreter der Industrie für Muthesius und seine Gedanken eintreten müsse.

Ich besann mich keinen Augenblick, fuhr nach Nikolassee, stellte mich Muthesius vor, er zeigte mir verschiedene Bauten, die er ausgeführt hatte, und ich lernte ihn in seiner ganzen klugen, logischen und künstlerischen Eigenart kennen. Ich wußte, daß ich eine gute Sache vertrat, wenn ich mich für ihn einsetzte.

Dort kam der Vorstand des Kongresses in große Verlegenheit, denn kein Mensch wußte, wer mich eingeladen hatte. Ich wurde aber doch zugelassen, und als ich dringend darum bat, zu Punkt 6 der Tagesordnung (Muthesius) zu sprechen, wurde mir nach langer Beratung auch dies gestattet. Ich kam, ganz durch Zufall, an einem Tisch mit Dr. Wolf Dohrn von den Dresdner Werkstätten und mit Jos. Aug. Lux, dem kunstgewerblichen Schriftsteller, zusammen, die ich beide noch nicht kannte. Beim Fall Muthesius entwickelte nun der Referent, Kommerzienrat Sy, die Beschwerden des Handwerks und der Industrie und verdammte Muthesius als ihren Schädiger und als Feind der deutschen Kunst. In einer Eingabe an das Ministerium wurde gebeten, Muthesius solche Reden vor den Schülern der Hochschule zu verbieten. Nirgends war zu erkennen, daß man die Schuld an der Verwilderung der Formgebung und am Sinken der Qualität der Arbeit zu einem großen Teil sich selbst zu verdanken hatte. Auch das wichtige Gebiet der gewerblichen Erziehung wurde mit durchaus unsozialen, brutalen Äußerungen abgetan, die Notwendigkeit der Zusammenarbeit von Künstlern, Handwerkern und Industriellen wurde abgelehnt, zum letzten Male trat vor der Öffentlichkeit eine Anschauung zutage, die von vielen denkenden Männern schon überwunden war, die ein neues geistiges Durcharbeiten all dieser Fragen gerade im Sinn von Muthesius und im Sinn von Friedrich Naumann, Theodor Fischer, Karl Schmidt u. a. dringend forderten.

Dohrn, Lux und ich traten den Referenten und der ganzen Versammlung entgegen. Wir bekamen zehn Minuten Redezeit. Ich darf vielleicht einen Satz aus meinen damaligen Ausführungen wiederholen:

»Künstlerische und kaufmännische Kräfte müssen sich die Hand reichen, und die Hilfsarbeiter bis zum Lehrling herab mit Freuden und innerer Anteilnahme führen, um gemeinsam gute Arbeit zu leisten. Dies letztere erstrebt auch Muthesius, und wenn sich die Fabrikanten auf die Dauer dagegen sträuben, werden sie ihre größte Konkurrenz in den modernen Betrieben bekommen, die jetzt schon solche Ziele bewußt verfolgen. Es handelt sich hier um neue Ideen, die in Deutschland schon viel Verbreitung gefunden haben. Und gegen eine

Idee, die eine selbständige, künstlerische Arbeit erstrebt, können Sie nicht dadurch kämpfen, daß Sie dem, der sie vertritt, das Wort verbieten. Wenn Sie vom Fachverband Herrn Muthesius aus seiner Stellung drängen wollen, so würde die Idee doch bleiben. Es ist, als wenn Sie mit Pfeilen gegen die Sonne schießen. (Große Heiterkeit.) Ich sage nicht, daß Herr Muthesius die Sonne ist. (Erneute Heiterkeit.) Nein, die Sonne ist das junge moderne Gewerbe, das nicht nur die Mode befriedigen, sondern ein Teil der Kulturarbeit sein will. Solche Zustände, wie Muthesius sie schildert, existieren. Es ist wahr, daß wir aus geschäftlichen Rücksichten der Mode huldigen und daß es richtiger wäre, wenn wir uns dem ernsten Streben der kulturellen Führer anschlössen.«
Dr. Dohrn von den Dresdner Werkstätten wies darauf hin, daß das taktische Vorgehen des Fachverbandes so falsch sei wie möglich, er trat für die akademische Lehrfreiheit ein. Die ganze Frage ist ein großes geistiges Problem, da kann man kein Schweigeverbot erlassen. Die neue Bewegung wird von den geistigen Führern der Nation gestützt. Durch Ihren Widerstand haben Sie sich auf das allerschwerste kompromittiert. Zum Schluß erklärte er den Austritt der Dresdner Werkstätten aus dem Fachverband und schloß mit den Worten: »Aber Sie werden sehen, die modernen Bestrebungen werden eine andere gewerbliche Fachvertretung finden, die ihnen besser und nützlicher dient und das Kunstgewerbe besser und würdiger vertritt, als das Ihrerseits möglich ist.«
Jos. Aug. Lux erklärte den Verband zur Wahrung der wirtschaftlichen Interessen des Kunstgewerbes für eine Notwendigkeit. Aber wie können wir die wirtschaftlichen Interessen besser schützen, als wenn wir die künstlerischen Interessen wahren. Wir müssen den Künstler als natürlichen Verbündeten begrüßen. Erst seit dem Jahre 1897 ist das Kunstgewerbe wieder konkurrenzfähig geworden; wir stehen auf dem Boden der Neuzeit, wir erblicken eine ethische und nationale Pflicht darin, die Kultur zu heben und den Verbrauch des Landes zu steigern, die Qualität zu fördern, und das können wir nicht anders, als wenn wir die künstlerischen Interessen wahren. Das Vorgehen gegen Muthesius hat bewiesen, daß der Fachverband nicht berufen ist, die Interessen des gesamten deutschen Kunstgewerbes zu schützen. Nach Ihren Taten haben wir die Überzeugung gewonnen, daß wir nicht zu Ihnen gehören. Lux erklärte den Austritt der Firma Karl Bertsch in München und der Königlichen Manufaktur Nymphenburg und erklärte zugleich, Mitglied eines Verbandes zu sein, der sich zum Schutze der künstlerischen Interessen bildet. »Die Öffentlichkeit wird entscheiden, wo die rückschrittlichen Tendenzen liegen. Es wird nicht hier in diesem Saale entschieden werden, was Sie und was wir wert sind, es wird sich in der Praxis zeigen, und dort werden wir uns so häufig wie möglich treffen.«
Dr. Dohrn, Lux und ich verließen unter großer Unruhe die Versammlung. Dieser Kongreß hatte im Laufe des Monats Juni stattgefunden und schon am

6. Oktober wurde in München der Deutsche Werkbund gegründet. Wie war es möglich, so rasch zum Ziele zu kommen? Da muß darauf hingewiesen werden, daß seit einiger Zeit von hervorragenden Vertretern des Handwerks, der Industrie, der Künstlerschaft die Veredelung und Durchgeistung der deutschen Arbeit zur Überwindung des Tiefstands unserer Erzeugnisse als einziges Mittel erkannt worden war. Schon im Jahre 1903 hatte Carl Schmidt, Direktor der Dresdner Werkstätten für Handwerkskunst, an den damaligen Regierungsbaumeister Muthesius geschrieben, er halte sein Buch »Stilarchitektur und Baukunst« für das erste und beste auf diesem Gebiet, aber er vermisse die Berücksichtigung der Qualitätsfrage. Er sagte, sechs Zehntel unserer Produktion seien so minderwertig, daß sie kaum die Dauer eines Jahres habe, daß man genötigt sei, Riesenmengen Rohmaterial aus dem Ausland zu kaufen, daß die soziale Frage immer schärfer sich gestalte und von Kultur überhaupt nicht mehr die Rede sei. Er forderte Muthesius auf, mit ihm die Sache zu besprechen.
In der gleichen Zeit wies Friedrich Naumann auf die Notwendigkeit der guten Qualität und der guten Form hin, und mit der ganzen Wucht seiner Persönlichkeit, mit der Macht seiner Rede und mit der hinreißenden Wärme seiner Überzeugung brach er dem Gedanken Bahn, daß Kunst, Industrie, Handwerk und Handel zusammenkommen müssen, um gemeinsam die Qualität zu steigern, um der deutschen Arbeit den Sieg in der Welt zu erkämpfen. Er sah in der großen Steigerung der deutschen Bevölkerungsziffer ein Problem, dessen Lösung nur gelingen konnte, wenn die deutsche Arbeit die beste war und die ganze Welt sie haben wollte.
Neben diesem wirtschaftlichen bewegte ihn aber ein tiefer ethischer und sozialer Gedanke. Schundarbeit befriedigt den nicht, der sie herstellen muß, ebensowenig den, der sie verkauft, und am wenigsten den, der sie erwirbt. Ein Leben mit Schundarbeit verbracht, hielt er für unwürdig, und er wies auf die Freude an der guten Arbeit und auf ihren kulturellen Einfluß auf den Menschen hin.
Mit Naumann traten Theodor Fischer und Riemerschmid in Beziehung. Ihnen schlossen sich andere an: Künstler, Volkswirtschaftler, Industrielle und Handwerker. Man sprach sich aus, und je mehr aus den Kreisen des Kunsthandwerks und der Kunstindustrie ein falscher Stolz sich breit machte auf die eigenen Erzeugnisse, je mehr ein falscher Kaufmannsgeist auch die formale Gestaltung der Arbeit zu bestimmen suchte und den banalsten Forderungen des Marktes sich anpaßte, desto stärker wurde die Überzeugung der anderen, nun an die Öffentlichkeit treten zu müssen. Sie sammelten Männer, die wie Naumann und Muthesius ein tiefes und einschneidendes Umdenken verlangten und gelernt hatten, daß diese Dinge nicht die Angelegenheiten eines einzelnen Büros waren, sondern daß sie eine Angelegenheit der Nation, des deutschen Volkes selbst bedeuteten. Soziale, wirtschaftliche und kulturelle Forderungen mußten klar-

gestellt werden, und in diesen Sommermonaten 1907 entwickelte sich die in Düsseldorf nur von drei Männern vertretene neue Gesinnung zu einem Programm von großer Werbekraft, das von begeistertem Willen getragen war. Jedem, der in den Gründungstagen in München war, wird es unvergeßlich sein, wie stark die Hoffnung und der Glaube auf einen Sieg des Werkbund-Gedankens in jedem lebte. Die Gründungsversammlung eröffnete und leitete Scharvogel, München, seitens der Künstlerschaft sprach Schumacher, Hamburg, und für Industrie und Gewerbe sprach ich selbst, der ich auf die furchtbare Geschmacksverrohung in der Kunst-Industrie aus eigener Erfahrung hinweisen konnte. Diese große und bedeutsame Kundgebung ließ die Leute aufhorchen und fand Widerhall in der ganzen Welt. Das Programm des Deutschen Werkbundes enthielt einen § 2, der heute noch die Grundlage der Werkbundarbeit bildet. Er heißt: »Der Zweck des Bundes ist die Veredelung der gewerblichen Arbeit im Zusammenwirken von Kunst, Industrie und Handwerk, durch Erziehung, Propaganda und geschlossene Stellungnahme zu einschlägigen Fragen.« Auch heute noch wird das erste Ziel sein: Die Veredelung der gewerblichen Arbeit. Diese Veredelung wird sich aber ganz von selbst auf das Einzelhaus, die öffentlichen Bauten, den Städtebau überhaupt, erstrecken. Von der Architektur wird die Behandlung der Formfragen ausgehen. Damit tritt die Arbeit des Werkbundes aus den Werkstätten hinaus unmittelbar vor die Augen des Volkes, und wer heute mit offenem Blick die Bauentwicklung der letzten drei Jahrzehnte überschaut, muß zugeben, daß eine große und starke Wandlung sich vollzogen hat. Von den Bauten der Werkbundausstellung in Köln 1914 bis zur Werkbundsiedlung Weißenhof in Stuttgart 1927 und zur Wiener Ausstellung 1932 läßt sich eine geistige, technische, künstlerische und kulturelle Durchdringung des Bau- und Wohnproblems übersehen, die ohne Beispiel ist, und seit 1927 sind auch die Aufgaben, die uns das Siedlungswesen gestellt hat, im Fortschreiten. Haben wir 1914 unter den in Köln ausgestellten Arbeiten wilde Extreme und wuchernde Schmuckmotive neben abgeklärter Formgebung erlebt und immer noch mangelnde Qualität beim größten Teil des ausgestellten Gutes festgestellt, so haben wir nach dem Krieg in der Ausstellung »Die Form« in Stuttgart 1924 den ersten Ansatz zu einer grundsätzlichen Reinigung der Begriffe außerordentlich wohltätig empfunden.
Der Fachverband für die wirtschaftlichen Interessen hat die Gründung des Deutschen Werkbundes mit unseligen Prophezeiungen begleitet. Trotzdem sind viele seiner tüchtigsten Mitglieder zum Eintritt in den Werkbund aufgefordert worden und auch eingetreten. Heute gibt es keinen Kampf zwischen dem Fachverband und dem Werkbund mehr. Der hohe Ernst der Ziele des Werkbundes und seine starken Erfolge, seine Lebenskraft, die die Kriegsjahre und die Nachkriegsjahre überstanden hat, und das Bewußtsein, daß der Bund heute wichtiger

ist als je, lassen kleinliche Diskussionen über künstlerische Richtungen und über Nuancen ästhetischer Auffassungen nicht zu. Männer mit starker künstlerischer Kraft, beste Techniker und Wirtschaftler und Kaufleute, beste Unternehmer und Handwerker, aber auch die weitsichtigsten Vertreter der Arbeiterschaft selbst müssen die Notwendigkeit eines Zusammenarbeitens auch für die Zukunft bejahen und ohne Rücksicht auf persönliche Vorteile und persönlichen Ruhm sich dem großen wichtigen Dienst an der deutschen Kultur zur Verfügung stellen, der als Werkbundarbeit seither so vieles erreichen konnte.
Heute liegt manches ähnlich wie in jenen Gründungstagen. Wie damals die Angriffe gegen Muthesius überwunden werden mußten durch die Gründung des Bundes selbst, so kommen heute Ansichten zu Wort, die der Tätigkeit des Werkbundes bolschewistische Ziele vorwerfen. Rassengegensätze sollen schuld sein an dem Fehlen einer deutschen nationalen Kunst, und diese deutsche nationale Kunst sieht man in altgermanischen Vorbildern, in Motiven, die angeblich nationale Stoffe aus der Vergangenheit holen, im Ankämpfen gegen viele lebenswichtige, aber durch ihre Notwendigkeit international gewordene Errungenschaften der Technik, der Hygiene, der Verbindung des Sports mit dem Haus und in einer Ablehnung der neuen Baustoffe. Eine deutsche nationale Kunst soll sich von neuem einkapseln in Formen, wie sie die Biedermeierzeit und die Renaissance gebracht haben.
In diesem Geist wurde auch das Bauhaus in Dessau bekämpft und abgebaut. Das System, das in dieser Bekämpfung der deutschen Werkbundarbeit zutage tritt, ruft uns auf zu frischem Kampf. Das Junge und Hoffnungsvolle, das Nationale und das Deutsche, scheint mir gerade in dem jungen Geist der neuen Baukunst und der neuen gewerblichen Arbeit zu liegen. Das kühne Experiment jungen deutschen Geistes bei der theoretischen und praktischen Bearbeitung der großen Forderungen des Lebens der Jetztzeit ist viel jünger und viel deutscher als die resignierende Rückkehr zu einer Formenwelt und zu einer geistigen Einstellung, die schon einmal das Ergebnis einer Destillierung gewesen ist.
Schlägt man den Mut zum Experimentieren, zum Aufdecken der tiefen Zusammenhänge von Kunst und Arbeit, von Geist und Wirtschaft in Parteifesseln, überträgt man nationalistische Forderungen auf das Gebiet tiefer innerer Hingabe an die höchsten Ziele wahrhaft deutschen Geistes, dann zerstört man das deutsche Wesen in einer seiner schönsten Erscheinungen. Denn das, was von der ganzen Arbeit das Deutscheste ist und sein wird, die Unabhängigkeit des Geistes und die ahnende Erfassung der Zukunft, wird nur bestehen, wenn, losgelöst von der politischen Tagesmeinung und unbekümmert um politische Machtbildung, verantwortungsvolle Männer im Werkbund den Weg weiterschreiten, der ihnen schon von den Gründern gewiesen wurde und immer wieder hineinführen wird in den Kampf um Geist und Form einer neuen Zeit.

Heft 10/1932
Der Kampf um die deutsche Kultur
Von Walter Riezler

Mit seltsamen Gefühlen denkt man heute an jenes schöne und selbstlose Wort zurück, das Theodor Fischer 1908 gesprochen hat: das Ziel des Werkbundes sei, sich überflüssig zu machen. Die damals gestellte Frist von zehn Jahren ist längst vorüber, und wenn jemand heute den Werkbund für überflüssig hält, so tut er es — von den Feinden abgesehen, die uns heute wie damals mit Haß und Verachtung verfolgen — höchstens in dem kleinmütigen Gedanken, daß alle diese Arbeit doch umsonst, der Kampf für den Werkbundgedanken doch aussichtslos sei. Diesen Kleinmut wollen wir uns gewiß nicht zu eigen machen, — wenn auch keiner von uns, die wir damals den Kampf aufgenommen haben, gedacht hat, daß der Weg so weit, der Erfolg so bescheiden sein würde. Wir haben alle geglaubt, daß der Gedanke der »Veredlung der gewerblichen Arbeit« sich mit sieghafter Gewalt sehr bald selbst durchsetzen würde, und daß es ein leichtes sein müsse, den historischen Formalismus, der doch nur ein Krankheitssymptom des sterbenden neunzehnten Jahrhunderts war, zu überwinden. Dieses letztere ist allerdings inzwischen gelungen, und die ersten Umrisse einer völlig neuen, sehr charaktervollen und innerlich begründeten Baukunst und darüber hinaus einer allgemeinen neuen Formenwelt sind nicht mehr zu übersehen. Aber mit Entsetzen muß man sehen, wie leicht heute schon wieder diese kaum gefundene neue Form in einen üblen Formalismus entartet, wie weit wir noch von der Sicherheit entfernt sind, die es auch dem kleinen Talente gestattet, etwas echt Geformtes hervorzubringen. Noch immer ist der Zustand nicht überwunden, daß jede Form sofort modischem Mißbrauch zum Opfer fällt. (Welche Mißformen sehen wir etwa beim neuen Möbel da, wo die Industrie die neue Form im Dienste der Mode auswertet!) Und was die »Veredelung der Arbeit« anlangt, so sind sicher viele der Forderungen, die der Werkbund aufgestellt und immer wieder mit Nachdruck vertreten hat, inzwischen verwirklicht worden. Im einzelnen braucht das an dieser Stelle nicht ausgeführt zu werden. Aber man braucht nur an die großen Messen zu denken, um sich darüber klar zu sein, daß immer noch der Schund wahre Orgien feiert. Und wenn auch die Erschütterung des Wirtschaftslebens durch den Krieg sicherlich der Durchsetzung der »Qualitätsarbeit« hemmend im Wege stand, so kann man diesem Umstand nicht die ganze Schuld geben: immer noch ist die Gesinnung weiter Kreise allem Echten und Soliden abgeneigt. Und gegen die Macht dieser Gesinnung vermag der Werkbund offenbar nichts oder doch nur herzlich wenig.
Hier stehen wir allerdings vor einer Mauer, deren Festigkeit die meisten von uns

unterschätzt haben. Wir haben zuwenig bedacht, daß die Entwicklung, in die wir eingreifen wollten, in einer Tiefe vor sich geht, in der der bewußte Wille nichts vermag. Wenn die große Mehrzahl der Zeitgenossen den Schein dem Sein, das Unechte und Modische dem Echten und Bleibenden vorzieht und wenn auch viele von denen, die besten Willens sind, immer wieder auf Irrwege geraten, so ist das Symptom einer Erschütterung der Grundlagen, auf denen unser ganzes Dasein ruht. Diese Erschütterung braucht nicht, wie Spengler meint, zu bedeuten, daß es mit unserer Kultur zu Ende geht: sie kann ebensogut anzeigen, daß sich ein Neues vorbereitet, das sich noch nicht zu echter Struktur verfestigt hat. Ob es ein Mittel gibt, diese Festigung zu sichern oder zu beschleunigen, ist zweifelhaft — wenn überhaupt, dann sicherlich nur am Rande des Arbeits- und Machtbereichs des Werkbunds: Vorbedingung ist die Vertiefung unserer ganzen Weltanschauung durch eine Revision der Rangordnung der Werte, wie sie nur im Zusammenhang mit einer Neubegründung unserer Gesellschaftsordnung erreicht werden kann. Nur auf einem so gefestigten Grunde kann die »gestaltende Arbeit« so gedeihen, wie es dem Werkbund als Ziel vorschwebt.
Und doch — nichts wäre falscher und verhängnisvoller, wollte der Werkbund deshalb resignieren und alles der Zeit überlassen. Er ist als Kampfbund gegründet worden und weiß genau, daß es immer seine Aufgabe bleiben wird zu kämpfen. Freilich ist sein Kampf immer von besonderer Art gewesen: es war weniger ein Kampf gegen einen Feind als für eine Sache. Den Feind hat er nur angegriffen, wo sich dieser den Bestrebungen des Werkbundes aktiv entgegenstellte — in kluger Beschränkung, denn er wußte wohl, daß seine Kraft nicht dazu reichte, um alles das zu vernichten, was anderen und wie er sagen durfte niedrigeren Sinnes war. Wo er im einzelnen diesen Kampf doch wagte, da hat er sich Niederlagen geholt. Aber er hat viel da erreicht, wo er mit dem Mittel der Ausstellungen, der sonstigen Propaganda und der persönlichen Überredung für seine Ideen eintrat und so den Kräften, die in seinem Sinne wirken, zur Geltung verhalf. Und niemand wird sagen dürfen, daß die Möglichkeiten dieses Kampfes heute schon erschöpft sind
Im Gegenteil — der Kampf ist heute wieder nötiger als je, und er muß aktiver geführt werden als seit langem. Die Vernichtung des Dessauer Bauhauses[1] zeigt die Größe der Gefahr: wenn auf diesen ersten Schlag weitere folgen so kann es geschehen, daß ein großer Teil des bereits Erreichten wieder aufgegeben werden muß und die wertvollsten und stärksten schöpferischen Kräfte, die Deutschland auf dem Gebiete der Werkbundarbeit besitzt, lahmgelegt werden. Um das zu verhindern, muß der Werkbund allerdings alle Kraft zusammennehmen.

---

[1] — das ja nun allerdings, wie man sich freut zu hören, als unabhängiges Unternehmen in Berlin wiederersteht.

Wer hat den Schlag geführt und gegen wen ist er gerichtet? — Es sieht so aus, als seien die Beweggründe rein politische gewesen. In Wirklichkeit haben alle bürgerlichen Parteien im Dessauer Stadtparlament für die Vernichtung des Bauhauses gestimmt, und was die Begründung anlangt, so arbeitet sie mit Argumenten, die sämtlich älter sind als die Partei, die sich ihrer allerdings mit einer Leidenschaft und propagandistischen Gewalt bedient, die früher in Deutschland unbekannt war und diesen sonst etwas abgegriffenen, in ihrer bürgerlich-reaktionären Gesinnung veralteten Argumenten eine ungeahnte neue Schlagkraft verliehen hat. So müssen wir uns wohl oder übel mit diesen Argumenten, die man längst erledigt glaubte, noch einmal auseinandersetzen.

Dies ist nicht leicht — nicht etwa weil die Argumente so stark, sondern weil sie schon so oft widerlegt sind. Ist es wirklich notwendig, zum hundertsten Male zu versichern, daß die moderne Baukunst nichts mit dem Bolschewismus zu tun hat? Der Nachweis ist schon oft geführt worden, daß diese Baukunst älter ist als die russische Revolution und entstanden in hochkapitalistischen Ländern — dort allerdings als Ausdruck nicht nur einer neuen künstlerischen, sondern auch einer neuen sozialen Gesinnung, dadurch geschichtlich von größter Bedeutung, weil noch niemals in der Geschichte der Baukunst ein Stil so stark von sozialen Gedanken her bestimmt gewesen ist. Man mag dies als einen Beweis dafür nehmen, daß der soziale Gedanke gestaltende Kraft schon in einer Zeit zeigte, in der er nach außen eben erst zu wirken anfing — aber darin ein Zeichen einer gefährlichen umstürzlerischen Gesinnung zu sehen, zeugt doch von einer etwas merkwürdigen Geistesverfassung. Und wer durch die Tatsache beunruhigt wird, daß die neue Baukunst »internationalen« Ursprungs ist, der vergißt, daß nicht nur jener soziale Gedanke an den verschiedensten Orten gleichzeitig, wenn auch in ganz verschiedener Form, emporkam, sondern auch die technischen Grundlagen des Bauens heute überall ungefähr die gleichen sind, so daß naturgemäß die Bindung an den Boden geringer ist als früher. Diese Tatsache läßt sich nicht aus der Welt schaffen, und jeder Versuch, durch künstliche Mittel der Angleichung die Kluft, die die Gegenwart von der Vergangenheit trennt, zu verbergen, ist vom Übel. Auch frühere Zeiten haben sich nicht darum gekümmert, wie das Neue sich an das Alte anschloß, sondern sie haben genau so gebaut, wie es ihre Gegenwart von ihnen verlangte. Und wie früher wird auch heute wieder der Boden, ohne daß wir davon wissen, seine geheimnisvolle Macht bewähren — wie ja auch bereits die ersten Anzeichen einer nationalen Differenzierung für den geschulten Blick deutlich zu bemerken sind. (Dies wird jedem klar, der die sehr verdienstliche Zusammenstellung moderner Bauten aus 26 Ländern betrachtet, die Alberto Sartoris unter dem Titel »Gli Elementi dell' Architettura Funzionale« bei Ulrico Hoepli in Mailand herausgegeben hat.)

Man muß bedenken, daß das, was bisher an Bauten dieser Art entstanden ist, die ersten Anfänge des neuen Stils darstellt — immerhin aber lassen Bauten wie das vielbeachtete »Haus Tugendhat« deutlich genug erkennen, welche Möglichkeiten geistigen Ausdrucks schon heute bestehen. Diese Möglichkeiten zu entwickeln, das ist die Aufgabe, deren sich der Werkbund anzunehmen hat. Denn es bleibt keine Wahl mehr: die Frage, ob dieses Bauen nicht nur eine vorübergehende »Mode« bedeutet, ist längst entschieden. Daran kann auch Herr Schultze-Naumburg nichts mehr ändern.

Man muß diesen Namen, der einst auch bei ernsten Menschen einen guten Klang hatte, hier nennen, nicht nur deshalb, weil sein Träger bei der Vernichtung des Bauhauses entscheidend mitgewirkt hat, sondern auch, weil er aktiver als irgendein anderer in den Kampf gegen all das, was den Werkbund angeht, eingegriffen hat. Sein Buch »Kunst und Rasse« ist schon vor sieben Jahren erschienen, und wenn auch der Vortrag »Kampf um die Kunst«, den er vor einigen Jahren in vielen Städten gehalten hat, auf allen Seiten mehr Ablehnung als Zustimmung erfahren hat, bis weit in sehr »konservative« Kreise hinein, so wird er doch heute noch als Broschüre verkauft, so daß er wohl als Zeugnis einer heute sehr mächtigen Anschauung anzusehen ist. Die Oberflächlichkeit, mit der hier sehr populäre Anschauungen »begründet« werden, erschwert eine sachliche Auseinandersetzung um so mehr, als die Frage, um die es geht, heute zu einem Objekt wüsten politischen Kampfes oder doch zu einem Glaubenssatz geworden ist, dessen Begründung man dem Gefühl oder einer dilettantischen »Forschung« überläßt. Aber es läßt sich nicht vermeiden — man muß von der »Rasse« reden. Denn von der Entscheidung der Rassenfrage soll ja angeblich das Schicksal Deutschlands abhängen, und man kann auf den Hinweis, daß auch das faschistische Italien sich in der letzten Zeit für die angeblich »internationale« und »bolschewistische« moderne Baukunst entschieden habe, wohl die Antwort hören: in Deutschland sei die Lage anders, denn Italien kenne die Rassenfrage nicht.

Es ist ganz richtig: die Frage der »Rasse« ist überall da entscheidend, wo es auf Leistung ankommt — sie geht also sehr wohl auch den Werkbund an. Nur ist es leider sehr schwer, zu einer Einigkeit darüber zu kommen, was denn nun mit dem Worte »Rasse« gemeint ist. Selbstverständlich gibt es nicht nur verschiedene Rassen, sondern auch »gute« und »schlechte«, »starke« und »schwache«, so oder so geartete Rasse, im Leben wie in der Kunst. Vielleicht gibt es sogar da und dort heute noch eine relativ »reine« Rasse, die durch Schönheit und Wohlgeratenheit das Auge erfreut. Aber hier beginnt bereits die Schwierigkeit: Die Angehörigen dieser reinen und schönen Rasse zeichnen sich vor den rassischen »Minderwertigen« keineswegs immer durch höhere Leistung aus. Unter den deutschen Stämmen sind, im großen gesehen, die nicht rein germanischen des Südwestens zweifellos reicher an großen Begabungen als die rassisch reiner erhaltenen des Nordwestens. Und unter den größten Geistern Deutschlands zeigen nicht wenige die Merkmale angeblich »minderer« Rasse, und andere sind recht mäßige Exemplare ihrer an sich »guten« Rasse. Die Leistung scheint von anderen Faktoren als von der Rasse abhängig zu sein — von Faktoren, die wahrscheinlich niemals mit der Exaktheit festzustellen sein werden, wie sie die Rassetheoretiker sehr unberechtigter Weise für sich in Anspruch nehmen. Vor allem verbürgt die »Rasse« nicht das, was man im weitesten und wesentlichsten Sinne den »Charakter« nennt: unter den deutschen Künstlern der neueren Zeit, die ungebrochenen Bauerngeschlechtern angehören und noch dazu sehr viel Talent hatten, haben auffallend viele künstlerisch nicht »durchgehalten«, sei es, daß ihnen eine Entwicklung versagt blieb oder daß sie, was noch trauriger ist, den Verlockungen des Mammons erlagen. Wohingegen der Halbjude Marées das leuchtende Vorbild einer wahrhaft heroischen Hingabe an die Idee ist — und der Jude Liebermann soviel echte »Rasse« hat, daß er noch mit fünfundachtzig Jahren ein Werk wie das Bildnis Sauerbruchs zu schaffen vermag.

Dieser letztere Begriff der Rasse nun ist der einzige, der da brauchbar ist, wo es sich um kulturelle Arbeit handelt: diese kann nur dann wirklich gedeihen, wenn man die stärksten schöpferischen Kräfte dahin stellt, wo ihre Begabung zur Entfaltung kommt. Und da stimmt es allerdings bedenklich, wenn man Schultze-Naumburg, diesen Epigonen von ausgesprochen schwacher Rasse, gegen Mies van der Rohe, diesen Menschen stärkster Rasse, in allem, was er schafft oder sagt, auszuspielen wagt. Und ebenso bedenklich ist die Liste derjenigen Künstler, die von jener Seite als »echt deutsch« anerkannt werden: Edmund Steppes ist sicherlich ein fein empfindender Landschafter, aber das Gegenteil eines Künstlers von starker Rasse — und was soll man gar zu Erscheinungen wie Fidus, Stassen und Hendrich sagen! Wahrhaftig, ein Haus von Schultze-Naumburg, geschmückt mit Bildern dieser Künstler — das ist ein etwas blutleeres Symbol des Deutschlands von heute, und wir dürfen von Glück sagen, daß es daneben noch ein anderes Deutschland gibt, dessen Künstler freilich von jener Seite als »undeutsch« aus den Museen verwiesen und an den Pranger gestellt werden. Hat es doch Schultze-Naumburg fertiggebracht, eine der erschütternden Figuren von Barlach abzubilden mit der Bemerkung, sie sei die Darstellung des »leiblich und seelisch schwer entarteten Menschen mongoloiden Blutes«!

Freilich, eine solche Figur von Barlach ist ja »häßlich«, und diese Häßlichkeit darf nur in sehr vorsichtiger Dosierung dem Trank der Schönheit beigemischt werden, den uns nach Schultze-Naumburg jede echte deutsche Kunst kredenzt. Daß dieses Schönheitsideal niemals deutschen, sondern stets südlich-klassischen Ursprungs war, stört weiter nicht — noch weniger, daß die Form, in der sich dieses Ideal heute bei den dort anerkannten Künstlern verwirklicht, deutliche Merkmale schwerster Entartung zeigt. Auch das ist kein Zufall: es beweist, daß eben unserer

Zeit dieses Ideal nicht oder doch nur in ganz seltenen Augenblicken zugänglich ist. Es steht ja nicht in der Macht einer Zeit, welche Art von Kunst sie hervorbringt. Es gibt Epochen, die das Furchtbare, von dem jede Zeit erfüllt ist, hinter einem Schleier von Schönheit verhüllen, wie es die doch wahrhaftig an Abgründen reiche Renaissance im Gegensatz zur Gotik getan hat. Andere Zeiten haben das Bedürfnis, sich von allen Alpträumen dadurch zu befreien, daß sie sie künstlerisch gestalten. Wahrscheinlich ist dieser Trieb noch nie so stark gewesen wie heute. Daß es ein echter Trieb, ein zwingendes Bedürfnis ist, beweist die Fülle der »Talente«, die in diesem Sinne schaffen — weil sie nicht anders können. Es zeugt von Mangel an historischem Sinn, wenn man darin etwas Vermeidbares sieht. Freilich kann ein sehr mächtiger Staat all dies verbieten. Damit aber ist noch lange nicht der Weg für eine Kunst der »Schönheit« freigemacht, denn eine solche Kunst kann nur da gedeihen, wo die »Talente« dafür vorhanden sind.

Dies gilt nun nicht nur für die Kunst, sondern für alle möglichen anderen Äußerungen geistigen Lebens, gegen die sich in gleicher Weise Kampf und Empörung jener Kreise richten. Es ist heute ein leichtes, aus Büchern, Zeitschriften und Zeitungen eine ungeheure Fülle von Aussprüchen zusammenzustellen, die an Dummheit und zersetzender Gemeinheit ihresgleichen suchen. Mit ihrer Hilfe ist es gelungen, eine große Zahl ernster und geistig lebendiger Menschen zum Kampf für die deutsche Kultur aufzurufen, die durch jene Gesinnung schwer bedroht sein soll. Nun hat es Verfallserscheinungen dieser Art zu allen Zeiten, wenn auch in verschiedener Färbung, gegeben, wie ja überhaupt der »Verfall« nur für eine sehr primitive geschichtliche Betrachtung Kennzeichen einiger weniger Perioden ist: ununterbrochen sondert das kulturelle Leben Verfallsprodukte aus, die sich unter Umständen im Augenblick sehr fatal bemerkbar machen, die aber dann sehr bald wieder verschwinden und später nur durch den Kulturforscher wieder ausfindig gemacht werden können. (Ohne Schwierigkeit kann man aus der heute vergessenen, einst sehr angesehenen und verbreiteten Romanliteratur der Goethezeit das Bild einer höchst minderwertigen hoffnungslos versumpften Gesellschaft ableiten!) Es ist nur schädlich, sich mit diesen Erscheinungen allzuviel zu beschäftigen, da sie dadurch mehr beachtet werden als sie verdienen. Ernster zu nehmen ist der Kampf gegen jene bekannten und vielbesprochenen Äußerungen einer überscharfen, nicht nur lieblosen, sondern oft an Verachtung grenzenden Kritik am deutschen Wesen selbst. Man sieht darin fälschlicherweise ein Anzeichen der drohenden Vernichtung des deutschen Ansehens in der Welt — während in Wirklichkeit festzustellen ist, daß das Ausland seit dem Kriege sich mehr als vorher um ein Verständnis des deutschen Wesens bemüht. Und was die Wirkung dieser Kritik auf die Deutschen selbst anlangt, so muß man sagen, daß Kritik dem Deutschen noch niemals geschadet hat, auch wenn die Form überscharf war, und daß umgekehrt die Unterdrückung der Selbstkritik dem Deutschen ganz besonders schlecht bekommt. Der Kampf, den der größte Teil des Bürgertums heute gegen die neuen Gestaltungstendenzen und alles, was damit zusammenhängt, führt, ist kein Ruhmestitel für Deutschland. Denn er ist aus der Furcht geboren. Man traut sich nicht mehr die Kraft zu, mit dem, was an Gefährlichem in diesen Tendenzen enthalten ist, aus eigener Kraft fertig zu werden, und ruft daher nach der Polizei. Man hat Angst vor der tiefen Beunruhigung, die nun heute einmal durch die Welt geht, und zieht sich vor ihr in das Schneckenhaus einer geistigen Autarkie zurück. »Autarkie« heißt »Selbstgenügsamkeit«, und das ist schon beinahe geistiger Tod — heute mehr als je, da die ganze geistige Entwicklung nach »Weltoffenheit« verlangt. Diese Weltoffenheit war immer ein Vorzug der Deutschen — auch die Baumeister der deutschen Dome und die Bildhauer von Bamberg und Naumburg waren weltoffen! — und wenn es heute überhaupt noch eine Arbeit im Dienste der Kultur gibt, so kann sie fruchtbar nur sein im Kampf gegen die einengenden Tendenzen, die sich heute auf allen Seiten vordrängen. Diesen Kampf hat auch der Deutsche Werkbund zu führen — nicht zugunsten einer Internationale, sondern ganz allein mit dem Ziele, den schöpferischen Kräften Deutschlands zur freiesten Entfaltung zu verhelfen. Nicht nach irgendeinem Wunschbild, und sei dieses noch so schön, an einer noch so großen Vergangenheit orientiert, können wir die deutsche Kultur gestalten, sondern nur gemäß den Kräften, die vorhanden sind. Wir müssen sie so wachsen lassen, wie es ihre Natur verlangt — mehr ist dem Menschen nicht gegeben!

Heft 4 und 6/1933
Mitteilungen des neuen Werkbundes

Von der Berliner Zentrale

Der Vorsitzende des Deutschen Werkbunds hat mit dem Reichskanzler Adolf Hitler eine eingehende Besprechung über den Deutschen Werkbund gehabt, ebenso durch des Reichskanzlers Empfehlung mit dem geistigen Leiter des Kampfbundes für deutsche Kultur, dem Reichstagsabgeordneten Alfred Rosenberg (Autor u. a. des »Mythos des 20. Jahrhunderts«). Über Inhalt und Ergebnis dieser Besprechung wird der Vorsitzende in der bevorstehenden Vorstands- und Ausschuß-Sitzung berichten. — Der Besprechung mit dem Reichskanzler Hitler ist eine mehrstündige Beratung von Vorstandsmitgliedern vorausgegangen, an der teilnahmen: Baur, Bruckmann, Gropius, Hellwag, Heuß, Hilberseimer, Jäckh, Lotz, Pechmann, Poelzig, Rading, Renner, Riemerschmid, Steinbüchel, Wagner. Die bisherigen Verhandlungen des Vorsitzenden fanden einmütigen Beifall. Vorstand: eingetreten Roselius, ausgetreten Riezler. — Den Vorsitz im Ausschuß für Erziehungswesen hat Rading übernommen.

Die neue Werkbundleitung

Die aus allen Teilen des Reiches gut besuchte gemeinsame Vorstands- und Ausschußsitzung am 10. Juni in Berlin hat den ausführlichen Bericht von Prof. Dr. Jäckh über seine Werkbund-Besprechungen mit dem Reichskanzler Hitler und dem Reichsleiter des Kampfbundes für Deutsche Kultur, mit der Reichsregierung und der Preußischen Regierung entgegengenommen und dem von Jäckh gemeinsam mit Prof. Hans Poelzig begründeten Vorschlag folgender Zusammensetzung des geschäftsführenden Vorstands zugestimmt: Vorsitzender Dipl.-Ing. Arch. C. Ch. Lörcher-Berlin (aus Würtemberg, Städtebauer und Siedlungsorganisator, Vertrauensmann der NSDAP); Beisitzer: Jäckh, Riemerschmid, Schmitthenner und Architekt Wendland (Kunstreferent im Preußischen Kultusministerium, für die Mailänder Werkbundausstellung tätig, ebenso wie für die deutsche Kirchenkunst-Abteilung auf der Chicagoer Weltausstellung). Jäckh und Poelzig hatten bereits im März d. J. ihre Ämter zur Verfügung gestellt. Die eingehende dreistündige Aussprache schloß mit dem Antrag Sauermann-Kiel, der für den Erfolg der Verhandlungen Dank und Anerkennung aussprach und ihn zum Beschluß erhob, mit 27 Stimmen (Baur, Borst-Stuttgart, Borst-Berlin, Döring Fischer-Essen, Groß, Haesler, Heise, Hellwag, Heuß-Berlin, Hilberseimer, Hoff, Jäckh,

Lauterbach, Lotz, Mewes, Paul, v. Pechmann, Poelzig, Reich, Rupflin, Säume, Sauermann, Schmidt-Hellerau, Schulz, v. Steinbüchel, Stotz) gegen 3 Stimmen (Gropius, Wagenfeld und Wagner). Außerdem hatten dieser Neuregelung telefonisch auch die Münchener Vorstandsmitglieder (Renner, Riemerschmid, Schmidt und Vorhoelzer) zugestimmt. Der Ehrenvorsitz von Peter Bruckmann bleibt, ebenso wie der Geschäftsführer Otto Baur; ebenso bleibt der übrige Vorstand und Ausschuß bis zu der im Herbst satzungsmäßig stattfindenden Jahresversammlung, die die seit der vorjährigen Mitgliederversammlung schon vorbereitete Satzungsänderung und Neuwahlen vornehmen wird.

Heft 9/1933
Der deutsche Werkbund im neuen Reich
Von Winfried Wendland, Berlin

Als der Deutsche Werkbund im Jahre 1907 gegründet wurde, gab man ihm die Aufgabe: »Der Zweck des Bundes ist die Veredelung der gewerblichen Arbeit im Zusammenwirken der Kunst mit Industrie, Handwerk und Handel durch Erziehung, Propaganda und geschlossene Stellungnahme zu einschlägigen Fragen.« Dieser Leitsatz kennzeichnet das, was der Deutsche Werkbund ursprünglich als seine Aufgabe ansah, und kennzeichnet auch die Lage, aus der er entstand. Der Werkbund schuf als erster den Begriff der deutschen Wertarbeit und stand damals vorn in der Front der Entwicklung.

Nach dem Kriege begann auch für den Werkbund eine neue Zeit, eine Zeit, die vielleicht von vielen als seine größte empfunden wurde, die aber doch vom nationalsozialistischen Standpunkt nicht in jeder Hinsicht das war, was der Nationalsozialismus unter den Begriff der Leistung zusammenfaßt. Der Werkbund kämpfte schließlich vor allen Dingen in der Zeit von 1927 in der Werkbund-Siedlung Weißenhof für die neue Form und glaubte damit seiner Bestimmung zu dienen. Jedoch scheint es uns heute so, daß dieser Kampf um die neue Form ein Irrtum war, denn vom Begriff der Leistung her ist das formale Problem ein durchaus zweitrangiges. Der Nationalsozialismus hat 14 Jahre lang auf politischem Gebiet für eine neue Idee gekämpft, ja, er stellte überhaupt die eigentlich revolutionäre Idee des Jahrhunderts dar. Alle bisher als revolutionär auftretenden Erscheinungen des geistigen und politischen Lebens, wie der Marxismus und letzten Endes der Kommunismus, waren doch nichts anderes als ein letztes Aufflackern einer eigennützigen Staatsidee, die 1797 in der französischen Revolution geboren wurde. Die deutsche Revolution, die am 1. August 1914 beginnt, setzt an die Stelle des Ich das Wir, an die Stelle der hochgeschraubten künstlerischen Einzelarbeit die Leistung, die bewußt in die Gesamtheit des Volkes hineingestellt wird, also nicht die Form an sich, ein Formproblem, irgendeine Frage technischer Natur, sondern die Leistung, gesehen unter dem Gesichtswinkel der Gesamtheit des Volkes, des Staates, gibt erst einem Maßstab auch für die künstlerische Frage. Es ist für das Volk völlig belanglos, ob ein Becher gut oder schlecht ist, wenn dieser Becher nur für irgendeinen hochstehenden Mäzen erschwinglich ist. Es ist auch völlig belanglos, ob mit der Arbeit dieses Bechers der Künstler für sich und seinen größeren Ruhm eine entscheidende Tat vollbringt. Es ist auch belanglos, ob in einer Siedlung eine Reihe Architekten neuere Materialien zusammensetzen, um zu einem neuen Raumgebilde zu kommen, wenn diese neuen Raumgebilde nicht ihrem eigentlichen Zweck, dem der Umhüllung einer Gemeinschaft, dem Raumgeben für eine Familie, für Menschen des Volkes, zugeführt werden können oder sich als unbrauchbar erweisen. Nicht das neue Wohnen, nicht ein neues Lebensgefühl, was, nebenbei gesagt, Schwärmereien von Großstadtidealisten waren, sondern das Verhältnis des Menschen zum Boden, zum Volk, kurzum eine neue Gesinnung mußte in erster Linie in Betracht gezogen werden, ehe man glaubte, neue Formen finden zu müssen. Wir wollen nicht verkennen und wollen auch ehrlich einsehen, daß der Weg zur Weißenhofsiedlung in Stuttgart, der Weg zur Dammerstock-Siedlung, zur »Wuwa«, kurzum der Weg zum Modernismus, ein Irrtum des Werkbundes war. Wir wollen es heute eingestehen, daß dieser Irrtum entstanden ist aus einer grundsätzlich liberalen Weltanschauung, die glaubte, losgelöst von dem Leben der Nation allein Formprobleme lösen zu müssen.

Die neue Werkbundleitung ist sich dieses fundamentalen Irrtums der bisherigen Werkbundentwicklung durchaus bewußt, und es hat keinen Zweck, diese Dinge verschleiert bestehen zu lassen. Wer diese Ehrlichkeit nicht vertragen will und vertragen kann, soll so ehrlich sein, die Konsequenzen daraus zu ziehen. Die neue Werkbundleitung hat den Bund übernommen in dem unerschütterlichen Willen, den Bund einzubauen in den Aufbau der Nation und in das künstlerische Leben, weil sie auf dem Standpunkt steht, daß das Leistungsprinzip, das Adolf Hitler aufstellte, sich mit dem Wertungsprinzip des ursprünglichen Werkbundes weitgehend deckt bzw. daß das Qualitätsprinzip des Werkbundes einen Teil des Leistungsprinzips des Nationalsozialismus darstellt, nämlich die Leistung auf schöpferischem Gebiet. Es ist sicher für viele alte Werkbundmitglieder bitter, wenn heute ein derartiges Fazit gezogen wird, aber wir sind nicht in einer Gesinnungsgemeinschaft, um bitteren Einsichten aus dem Wege zu gehen, sondern um ihnen ins Auge zu sehen, und, wenn wir das Richtige erkannt haben, einen neuen Weg zu gehen. Auch der Zusammenbruch des alten Staates hat vielen Menschen bittere Enttäuschung gebracht, auf die der Weg des Volkes nicht Rücksicht nehmen kann. So gilt es denn, neu aufzubauen. Das erste, was im Werkbund geschehen muß, ist nicht nur ein äußerliches Bekenntnis zum Nationalsozialismus, sondern die tiefe Durchdringung aller Mitglieder mit der Idee Adolf Hitlers, die, wie seine große Rede jetzt in Nürnberg bezeugte, weitaus mehr kulturschöpferisch ist, als es der gesamte Liberalismus seit 1789 gewesen ist. Es kommt heute um die weltumspannende Idee des Nationalsozialismus kein denkender Mensch mehr herum. Es hat auch keinen Zweck, wenn sich einzelne dagegen absperren möchten. Allein das tiefe Eindringen in das Wesen und das seelische Gefüge des Nationalsozialismus kann dem Werkbund neue Kraft und neues Leben geben. Aufgabe des Deutschen Werkbundes wird es dann sein, auf allen schöpferischen Gebieten, von der industriellen Herstellung guter Massenware hinüber über die Spitzenleistungen in Architektur, Malerei und Plastik bis zur Volkskunst der Gegenwart immer wieder die Arbeit des schöpferischen Menschen zu proklamieren und sich dafür einzusetzen, daß dieser schöpferische Mensch auch im Staatsleben da eingesetzt wird, wo er für den Staat wirklich etwas bedeutet. Die kulturelle Überlegenheit des deutschen Menschen, der eiserne Pflug sowohl als die Baumeister des Mittelalters haben diese deutsche Kolonisation geschaffen, oder besser, sie haben das gefestigt, was das Schwert der Ritter errang. So muß es auch heute sein! Der Künstler hat das mit seiner schöpferischen Kraft zu erobern und zu erfüllen, was der Staatsmann schafft.

Wenn der Werkbund und seine Mitglieder an dieser Stelle sich ihrer Aufgabe bewußt sind, wird er eine Zukunft haben. Gelingt diese »Gleichschaltung« bei den Mitgliedern nicht, so wird er zugrunde gehen, auch wenn er sämtliche staatlichen Anerkennungen hat. So steht jeder einzelne vor der inneren Entscheidung, tätig mitzuwirken, und wenn es an der kleinsten Stelle ist, die Eigennützigkeit des kleinen »Ich« gegenüber der Nation zu überwinden und einzusetzen in den Lebensgang des deutschen Volkes. Wie das geschehen soll, ist Sache der praktischen Organisation, die nunmehr auch mit erheblichen Opfern und Arbeit an den einzelnen herantreten wird.

Die Werkbundleitung muß erwarten, daß kein Mitglied sich dieser Verpflichtung entzieht, weder was die reine Organisation, noch was die Mitarbeit anbetrifft. Sie muß aber ebenso das vollste Vertrauen aller Mitglieder besitzen oder die Ehrlichkeit von den Mitgliedern fordern, die das Vertrauen nicht haben, daß sie die Folgerung ziehen. Jeder einzelne wird vor eine Gewissensentscheidung gestellt, die sicherlich nicht leicht ist. Wir wollen auch den, der heute noch abseits steht und durch seine Leistung etwas bedeutet, für die Idee Adolf Hitlers gewinnen. Auch dazu ist der Werkbund da, und wir reichen jedem die Hand, der sie uns entgegenstreckt, so wie der Führer immer wieder bekundet hat.

Die Verantwortung, die auf unserem Geschlecht lastet, ist groß, weil wir das Fundament schaffen müssen für den schöpferischen Lebensraum unseres Volkes, den wir Kultur nennen. Aber gerade diese große Verantwortung gibt uns die freudige Gewißheit, daß unsere Zeit zu Großem berufen ist und das wir dankbar sein dürfen, dieses Große mit unseren kleinen Mitteln mitgestalten zu helfen. Es ist eine Gnade des Himmels, daß dieser Ruf an unser Geschlecht ergangen ist. Wir müssen es halten und bewahren und uns stets von neuem dieser Aufgabe würdig erweisen. In diesem Sinne ist auch die Rede des Führers über Kulturpolitik auf dem Reichsparteitag in Nürnberg für den Deutschen Werkbund bindend und verpflichtend. Sie ist für unsere Arbeit zielweisend, weil sie weit in die Zukunft greift. Sie weist uns über die Grenzen unseres Vaterlandes hinaus auch an andere Völker, aber der Ruf an die anderen Völker ergeht nur durch uns, wenn wir das deutsche Prinzip in der Welt recht vertreten.

Jahresversammlung des Deutschen Werkbundes in Würzburg

Vorstandssitzung

Die Bedeutung der Tagung lag, wie der stellvertretende Führer Wendland vor dem Vorstand ausführte, in der Entscheidung, ob der Werkbund wirklich als Deutscher Werkbund in den neuen Aufbau des Staates eingegliedert werden soll, oder ob er als kleiner Privatverein weiter bestehen will. Er verlangte einen Beschluß, ob der von dem früheren Vorsitzenden Jäckh eingeschlagene Weg, der zur Einsetzung eines vorläufigen Vorstandes mit dem Architekten Lörcher an der Spitze geführt habe, als richtig anerkannt werde oder ob der Werkbund glaube, daß dieser Weg falsch sei. Wendland beschrieb eingehend die einzelnen Möglichkeiten, von denen die Annahme der neuen Satzung zu Kampf, zu strengster Geschlossenheit, zu unermüdlicher Arbeit und zu großen Opfern führe, die Ablehnung dagegen in ein beschauliches, vielleicht sehr schönes und ruhiges Vereinsdasein.

An der großen Bewegung des Nationalsozialismus könne ja auch der Werkbund nicht vorbeigehen, vor allen Dingen deshalb nicht, weil der eigentliche Sinn des Werkbundes in der Richtung geht, in der Adolf Hitler als der Führer der Bewegung das Leistungsprinzip als das deutsche Prinzip aufgestellt hat. Wir alle wüßten, was künstlerische Leistung bedeutet, wir alle wüßten, was künstlerische Leistung für ein Volk bedeuten kann, und der Werkbund müßte jetzt entscheiden, ob er diesen alten Sinn des Werkbundes dem neuen Reich zu Dienst stellen und diesen alten Sinn des Werkbundes mit der neuen Tatkraft der neuen Bewegung erfüllen und somit zu einem Instrument des neuen Reiches machen wolle. Es gelte heute die vom Kultusministerium und dem Kampfbund für Deutsche Kultur mit Herrn Jäckh im Namen des früheren Vorstandes vereinbarte Lösung, die zunächst den bisher amtierenden Fünferausschuß einsetzte, für das Bürgerliche Gesetzbuch zu bestätigen und die Folgerung daraus zu ziehen, die in einer grundsätzlichen Änderung der Verfassung bestehen und zum Ziel haben, daß der Werkbund als Glied der nationalsozialistischen Bewegung gewertet und eingesetzt wird.

Sowohl der bisherige Vorstand wie die Mitgliedversammlung am nächsten Tag entschieden sich durch die Annahme der neu aufgestellten Satzungen für die Eingliederung des Werkbundes in den nationalsozialistischen Staat. Seiner großen und verpflichteten Vergangenheit und Idee getreu will der Werkbund mitarbeiten an den großen Kulturaufgaben unseres Volkes. Der alte Vorstand trat zurück, die Satzungen, nach dem Führerprinzip aufgestellt, sehen einen Vorstand vor, der aus dem Werkbundführer, seinem Stellvertreter und weiteren Mitgliedern, die der Werkbundführer ernennt, besteht. Sämtliche Beschlüsse wurden einstimmig gefaßt. Es ist nicht zu verkennen, daß hier im Werkbund viel mehr als eine einfache Gleichschaltung erfolgte, es war ein Indienststellen in vollem freudigem Bewußtsein. Die Verankerung der Werkbundidee und der Werkbundarbeit im Volksganzen stand jedem klar vor Augen. Der Werkbund ist dem Kampfbund für Deutsche Kultur angegliedert, um an dieser Stelle die gestaltende Arbeit in unserem heutigen Staate im Sinne des Leistungsprinzips im Bilde der deutschen Kultur zu betreuen. Wir geben im folgenden die vom alten Vorstand und der Mitgliederversammlung einstimmig angenommenen Satzungen wieder:

Die neuen Satzungen

§ 1 Der Verein führt den Namen Deutscher Werkbund und hat seinen Sitz in Berlin. Er hat Rechtsfähigkeit durch Eintragung in das Vereinsregister erlangt.

§ 2 Der Zweck des Bundes ist die Schaffung und Pflege einer deutschen Werkgesinnung im Sinne der deutschen Kulturüberlieferung auf allen Gebieten der Gestaltung im Zusammenwirken aller auf diesem Gebiet Tätigen durch Erziehung und Werbung in der deutschen Öffentlichkeit.

§ 3 Der Bund besteht aus Einzelmitgliedern und Firmenmitgliedern.

§ 4 Das Gebiet des Bundes ist in Landesbezirke eingeteilt, die durch den Führer abgegrenzt werden. Jedem Landesbezirk gehören die Mitglieder an, die innerhalb seiner Grenzen ihren Hauptgeschäftssitz haben.

§ 5 Organe des Bundes sind:
1. Der Werkbundführer.
2. Der Bundesvorstand.
3. Der Bundesbeirat.
4. Die Mitgliederversammlung.

§ 6 Der Werkbundführer vertritt den Bund gerichtlich und außergerichtlich. Er ist Vorstand der Bundes im Sinne des § 26 BGB. Er beruft und leitet die Sitzungen und Versammlungen des Bundes und übernimmt die Leitung des Bundes im Sinne autoritärer Führung.
Der Werkbundführer wird, sofern seine Ernennung nicht durch den zuständigen Reichsminister oder die zuständige parteiamtliche Stelle der NSDAP erfolgt, durch den Bundesbeirat für die Dauer von 3 Jahren ernannt.
Der Werkbundführer wird in seinen Aufgaben von dem Bundesvorstand unter-

stützt. Er richtet zur Führung der Bundesgeschäfte die Geschäftsstelle mit dem Sitz in Berlin ein und beruft den Geschäftsführer.

§ 7 Der Bundesvorstand besteht aus dem Werkbundführer und weiteren Vorstandsmitgliedern, die der Führer beruft.

§ 8 Der Bundesbeirat besteht aus dem Bundesvorstand und den Vorsitzenden der Landesbezirke. Diese Vorsitzenden werden vom Werkbundführer auf die Dauer von einem Jahre ernannt.
Der Beirat unterstützt den Bundesvorstand in der Führung des Bundes und erledigt alle Angelegenheiten, die ihm vom Werkbundführer oder vom Bundesvorstand zur Beschlußfassung vorgelegt werden.

§ 9 Die Mitgliederversammlung ist die ordentliche Versammlung der Bundesmitglieder. Sie tagt einmal im Jahr und beschließt über die Genehmigung des Geschäftsberichtes und die Entlastung des Bundesvorstandes, die Festsetzung des Bundeshaushaltes und der Bundesbeiträge, Änderungen der Satzung und die Abgrenzung der Landesbezirke.
Eine außerordentliche Mitgliederversammlung wird einberufen, wenn dringende außerordentliche Entscheidungen zu treffen sind und der Werkbundführer die Einberufung der Versammlung für notwendig hält.

§ 10 Die Mitgliedschaft setzt sich zusammen aus
tragenden Mitgliedern,
fördernden Mitgliedern und
Ehrenmitgliedern.

§ 11 Tragende Mitglieder können werden Künstler, Handwerker, Gewerbetreibende und sonstige gestaltende Persönlichkeiten, die die Bundeszwecke zu verfolgen bereit sind.
Fördernde Mitglieder können werden Einzelpersonen, die nicht schaffend sind, aber die Ziele des Bundes verfolgen, sowie Vereine, Verbände und sonstige Personalvereinigungen.
Die Ehrenmitgliedschaft wird vom Vorstand verliehen. Alle Mitglieder haben gleiche Rechte und Pflichten. Die Mitgliedschaft ist abhängig von dem Nachweis arischer Abstammung.

§ 12 Die Aufnahme der tragenden Mitglieder erfolgt nach Vorschlag des Vorsitzenden des Landesbezirks, in dessen Gebiet der Vorgeschlagene seinen Hauptgeschäftssitz hat, mit der Ernennung durch den Bundesführer.
Bei der Aufnahme erfolgt eine Prüfung der persönlichen Eignung und der künstlerischen Leistung des Vorgeschlagenen. Vom Vorgeschlagenen sind eigene Arbeiten einzureichen, die über sein Schaffen ausreichenden Überblick gewähren. Die fördernden Mitglieder unterliegen einer Prüfung der persönlichen Eignung.

§ 13 Die Mitgliedschaft erlischt mit der Löschung in der Bundesliste, entweder durch Kündigung, Ausschluß oder Tod.
Die Kündigung ist nur zum Schluß eines Kalenderjahres zulässig und mit dreimonatiger Frist an die Geschäftsstelle einzureichen. Der Ausschluß erfolgt, wenn ein Mitglied gegen das Bundesinteresse handelt. Der Ausschluß wird durch den Werkbundführer ausgesprochen, auf Antrag des Ehrenrates, den der Werkbundführer für diesen Zweck oder auch als allgemeine Ehreninstanz beruft. Der Ausschluß kann ferner erfolgen, wenn das Mitglied trotz schriftlicher Mahnung mit mehr als einem Jahresbeitrag in Rückstand ist. Wechselt der Inhaber oder der Vorstand einer als Mitglied aufgenommenen Firma oder ändert eine solche Firma ihre Rechtsform, dann erlischt die Mitgliedschaft der Firma ohne weiteres. Der Vorstand kann die Mitgliedschaft von sich aus auf die neue Firma übertragen.

§ 14 Die Auflösung des Bundes kann nur von einer Mitgliederversammlung mit einer Mehrheit von drei Viertel aller abgegebenen Stimmen beschlossen werden. Die Auflösungsversammlung hat über das Vermögen des Bundes zu beschließen.

Die Mitgliederversammlung

In der Mitgliederversammlung gab Lörcher den von ihm ernannten Vorstand bekannt. Außer dem Werkbundführer Lörcher und seinem Stellvertreter Prof. Wendland gehören ihm noch an: Prof. Schmitthenner aus Stuttgart, Reg.-Baumeister BDA Fischer aus München und als Schatzmeister Karl Borst aus Berlin. Über die bisherige Arbeit der Werkbundführung berichtete Wendland, daß es die erste Aufgabe des neuen Vorstandes war, sich über die Kassenlage und den Mitgliederbestand Klarheit zu verschaffen. Die Fragebogen sollten klarstellen, wer dem Bunde angehört und wie sich der Mitgliederbestand zusammensetzt. Um den Bund in die nationalsozialistische Bewegung einzubauen, sind Verhandlungen mit mehreren Stellen geführt worden. Der Werkbund ist als korporatives Mitglied dem Kampfbund für Deutsche Kultur und seinem Führer Adolf Rosenberg unterstellt worden. Ferner wurden für die weitere praktische Arbeit mit dem Bund für Volkstum und Heimat Verhandlungen aufgenommen, der unter der Führung von Rudolf Heß steht. Auch mit dem Propagandaministerium wurde verhandelt. Schon jetzt sind verschiedene Berliner Mitglieder beim Aufbau neuerer großer Ausstellungen miteingeschaltet.
Mit besonderem Interesse wurden von den Mitgliedern die Ausführungen Wendlands über die zukünftige Werkbundarbeit aufgenommen. Der lebhafte jugend-

liche Schwung des Vortragenden mußte allgemeine Zustimmung in einem Kreise finden, der schon immer die stärkere Beteiligung der Jugend an den Aufgaben des Werkbundes gefordert hatte. Wendland ließ keinen Zweifel darüber, daß die neue Werkbundführung von jedem einzelnen Opfer verlange. »Das große Ziel, das der neuen Werkbundleitung vorschwebt, ist nichts anderes, als eine SA auf dem Gebiete aller schöpferischen Lebenskräfte.« Als notwendig zur Erreichung des Ziels bezeichnete er eine Organisation, die bis ins Kleinste hinein funktioniert. Wichtig für die neue Organisation ist die Einteilung der Landesgruppen. Alle bisherigen Arbeitsgemeinschaften sind aufgelöst. Vorläufig sind zwölf Landesbezirke aufgestellt, an deren Spitze Bezirksleiter stehen, deren nächste Aufgabe eine Sichtung der Mitglieder ist.

Charakteristisch für die Einstellung der neuen Führung waren Wendlands Ausführungen über die geplante Mitarbeit des Werkbundes an einer großen Propaganda für die deutsche Heimarbeit. Erzeugnisse der Heimarbeit sollen in dem großen Rahmen eines Volksparkes und im Zusammenhang mit Volksfesten in Berlin und in Wanderschauen gezeigt werden. Das soll zu einer Schau landschaftlich und volksmäßig gebundenen Kunstgewerbes dann erweitert werden. Als einen weiteren Punkt bezeichnete er die Mitarbeit des Bundes bei der Schulung des bäuerlichen Nachwuchses in den Siedlerschulen. Hier soll die zukünftige Siedlerfrau und der zukünftige Siedler auch in der Erkennung des Wertes des guten bäuerlichen Hausrats geschult werden. An diese Ausführungen schlossen sich die aus eigenster Arbeit erwachsenen Forderungen Lörchers an die Werkbündler an, die hier in ihren wesentlichen Teilen im Wortlaut folgen mögen.

»Wenn wir Arbeit haben wollen, ist es doch selbstverständlich, daß wir sagen müssen, auf welches Ziel wir lossteuern, was wir überhaupt machen wollen. Da können wir sofort feststellen: Wir haben gar kein Ziel. Wir wollen Arbeit haben, machen uns aber gar nicht klar, in welcher Weise wir uns mit unserer Arbeit in den Rahmen des neuen Staatsaufbaues einbauen wollen. Es hat keinen Sinn, Aufträge haben zu wollen, wenn man der Staatsführung nicht den Nachweis erbringen kann, an welchen Stellen man gebraucht wird.

Wenn Sie einen Blick tun wollen in den heutigen Aufbau, in die heutige Gliederung unseres Volkes, wie wir sie übernommen haben, geteilt in einige Berufs- oder Arbeitstätigkeiten, dann sehen Sie folgendes Bild:

Wir haben heute noch etwa 22% in der Landwirtschaft Tätige, wir haben 30% in der Industrie Tätige, und

wir haben 40% und etwas mehr sogenannte Naherwerbstätige, das sind diejenigen, die die an der Urproduktion Schaffenden versorgen. Dazu gehören auch wir. Man kann auch sagen, daß wir die Übergelagerten sind, die von den Ergebnissen der Urproduktion ihr Dasein fristen durch Verteilung von künstlerischen

Erzeugnissen, von Möbeln, von Zeichnungen und dergleichen Sachen. Dann haben wir 10% Rentner.
Diese Gliederung unseres Volkes ist einfach nicht mehr tragbar. Wir haben wirtschaftliche Erhebungen über das schlagendste Beispiel in Deutschland, das ist der Freistaat Sachsen. Im Freistaat Sachsen ist das Elend der Arbeiter nicht allein darum so groß, weil der Export so sehr eingeschrumpft ist, sondern weil gerade in Sachsen diese sogenannten Übergelagerten den größten Anteil haben und weil die unterste Schicht der Erzeugenden diesen Wasserkopf der Übergelagerten nicht zu ernähren vermag.
Nun kommt als weiteres hinzu: Der arbeitslose Arbeiter muß sich in seiner Lebenshaltung einschränken, und ausgerechnet die Übergelagerten wollen nicht von ihrem Lebensstandard herunter, im Gegenteil, sie wollen ihn mindestens aufrechterhalten. Diese Struktur der Wirtschaft ist einfach nicht möglich. Darum steuern wir auf eine Verbreiterung der Schaffenden und auf eine Verschmälerung oder Verkleinerung der Schicht der Übergelagerten hin, so daß der zukünftige Aufbau so aussehen muß:
35% in der Landwirtschaft Tätige,
30% in der Industrie Tätige,
etwa 25 bis 28% — es müssen da gewisse Schwankungen gelassen werden — der sogenannten Übergelagerten und
weiter 10% Rentner.
Um dieses Ziel zu erreichen, muß man sich klar darüber sein, was zuerst nötig ist. Wenn ich die unterste Schicht, wenn ich das so nennen darf, verbreitere, dann wird sich sofort zeigen, daß ich die Schicht des Bauerntums verbreitern muß, nicht allein aus wirtschaftlichen Gründen, sondern in erster Linie aus erbbiologischen Folgerungen, denn diese Schicht ist zu schmal geworden. Der Bauer ist letzten Endes derjenige, der uns den Nachwuchs gibt, und zwar so, wie wir ihn haben wollen. Jede Familie geht in der Stadt nach einigen Generationen ein; wenn auch nicht biologisch, so wird sie doch für uns in den allermeisten Fällen in ihrer geistigen Haltung verlorengehen. Eine Verbreiterung des Bauernstandes brauchen wir auch darum, weil, wie Ihnen bekannt ist, der Weltmarkt ein Phantom geworden ist, weil wir uns einen Binnenmarkt schaffen müssen. Diesen Binnenmarkt als teilweisen Ersatz für den verlorengegangenen Exportmarkt können wir nur schaffen, wenn wir eine Neugliederung und Verbreiterung unseres Bauernstandes erreichen.
Wenn ich diese Gedanken anschneide, dann ergibt sich für den Werkbund sofort eine Folgerung. Wer hat sich bisher um die Gestaltung des Bauerntums gekümmert? Niemand. Wenn wir im nächsten Jahr 15 000 neue Bauernhöfe und im Jahr 1935 20 000 und im Jahre 1936 25 000 und im Jahr 1937 30 000, dann werden Sie mir zugeben, daß wir damit das Gesicht der Siedlungsgebiete grund-

legend beeinflussen und daß wir die Verantwortung für die nächsten hundert Jahre zu tragen haben, wie diese Gestaltung werden soll. Ich sehe bis jetzt niemand, der sich darum gekümmert hat. Ich habe mich darum gekümmert und fühle mich darum berechtigt, darüber zu sprechen und diesen Vorwurf zu erheben.
Unsere Landschaft sieht grauenhaft aus. Nehmen Sie einen Wagen und fahren Sie durch die Ostgebiete — was für einen verheerenden Eindruck werden Sie mit nach Hause nehmen! Wenn Sie nur gar in diese neuen Bauernhöfe — ich bezeichne sie als »Bleiben der Fouragehändler« — hineinkommen und wenn Sie diese Anhäufung von minderwertigstem Kitsch sehen, diese Möbel mit Querfurnieren und sonstigen Kram, und wenn Sie sich die Frage vorlegen, wie angesichts dieser Dinge ein gesunder Nachwuchs heranwachsen soll, der handwerklich ein Urteil hat, der innerlich zu einem handwerklichen Erzeugnisse stehen soll, dann werden Sie zugeben, daß diese Dinge unmöglich sind und daß da das allergrößte Arbeitsgebiet für den Werkbund gegeben ist, sofern er auch die handwerkliche Wertarbeit fördern will.
Ich komme noch einmal zum Bauernhaus. Im Bauernhaus entsteht das Gesicht der neuen Generation, derjenigen, die zukünftig auch der geistige Träger unseres Volkes sein wird, die teilweise in die Stadt kommen und unsern Staat führen wird.
Wenn wir das Bauernhaus nur nach »rationellen Gesichtspunkten« gestalten wollen und wenn wir dabei das Kulturelle, von dem wir doch immer mit großen Schlagworten und großen Gesten reden, nicht gestalten wollen, dann werden wir einmal das Gesicht der Landschaft nicht so gestaltet haben, wie wir Wert darauf legen müssen, es zu gestalten, und zum Zweiten werden wir dieser nachwachsenden Generation niemals diese innere Geistigkeit und niemals diese kulturelle Haltung vermittelt haben, die wir verlangen müssen, wenn wir als führendes oder als mitführendes Kulturvolk an der Spitze stehen wollen.
Dasselbe gilt in verstärktem Maße für das Möbel und für alle die Dinge, die den Menschen in seinem häuslichen Leben umgeben. Diese Aufgabe zu erfüllen, bedingt, daß der Werkbund mit Träger des Gedankens ist, daß alle Kunst handwerklich fundiert sein muß; daß ein Künstler, im luftleeren Raum, entwurzelt, heimatlos, von Stadt zu Stadt ziehend, nicht der Träger der Kunst sein kann und nicht der Schöpfer und Erzeugende dieser Kunst, wie wir sie als Volkskunst betrachten.
Der Werkbund muß und kann sich einstellen auf diese Aufgabe. Ich behaupte nicht, daß das, was ich eben ausgeführt habe, nun das gesamte Arbeitsgebiet umschließt, ich möchte nur diese eine Sparte herausgreifen, um zu zeigen, wie die Linie verlaufen kann und verlaufen wird und verlaufen muß, wenn wir unsere Daseinsberechtigung überhaupt erweisen wollen. Wenn der Große Kur-

fürst sagte: Bedenke, daß du ein Deutscher bist, dann fügen wir hinzu: Bedenke, daß du ein Nationalsozialist bist, Anhänger einer Weltanschauung, die deiner Art entspringt und dich deinem Volk verpflichtet und verhaftet mit allem, was du bist!
Wir wollen mit unserer Werkbundarbeit nicht etwas grundsätzlich Neues suchen, nur um originell zu sein, um aufzufallen, um mit diesem Auffallen an der Spitze zu marschieren und mit diesem An-der-Spitze-Marschieren die günstigsten Aufträge zu erzielen und damit geschäftliche Möglichkeiten zu entwickeln, sondern wir wollen auf unserer Überlieferung weiter bauen, so, wie es unser Führer Adolf Hitler in Nürnberg ganz klar herausgestellt hat.
Der Werkbund hat in seinen Grundanfängen behauptet und herausgestellt, daß sein Streben nach Wertigkeit ginge. Von diesem Streben ist im letzten Jahrzehnt erheblich abgewichen worden. Ich möchte darum vorschlagen, daß wir darauf hinstreben, daß der Werkbund an erster Stelle setzt die Handwerksehre. Fahren Sie durch die deutschen Lande und sehen Sie sich nur an den Straßen oder an den Geschäften die Schilder an. Da können Sie sehen: Maurer- und Zimmermeister, Architekt — Tischlermeister sehen Sie schon ganz selten: Möbelfabrikanten! Schmied oder Schlosser und alle derartigen selbstverständlichen Bezeichnungen, die die Handwerksehre auch am Schild zum Ausdruck bringen, finden Sie fast überhaupt nicht mehr. Jeder einzelne Handwerker schämt sich, daß er ein Handwerker ist, weil wir ihm vorgemacht haben, wir von der Stadt aus, daß man täuschen muß, um Geschäfte zu machen. Diese Grundgesinnung und Grundeinstellung zu der Leistung, die ein Mensch gelernt hat und die er vollbringen muß und ausübt, fasse ich zusammen als Handwerksehre. Wenn wir diese Handwerksehre nicht ganz scharf wieder herausstellen und damit alle wieder ehrlich werden auch in dieser Hinsicht, werden wir nie zu einer anderen Kunstanschauung und Kunstübung kommen.
Es geht um die geistige Grundhaltung, und wenn ein Tischlermeister oder Maurermeister an sich schon unehrlich ist, indem er eine andere erschwindelte Bezeichnung und Deckung für sein Tun braucht — wie wollen Sie von dem Abnehmer seiner Erzeugnisse noch eine Ehrlichkeit erwarten, wenn der Anbietende schon nicht mehr ehrlich ist.
Wir sind untergegangen in einem Schaffen und Streben für die oberen Zehntausend. Sehen Sie der Reihe nach Ihre Ausstellungen durch, das sind keine Dinge, die für das Volk irgend etwas zu bedeuten haben, das sind Dinge für einen ganz kleinen Kreis Auserwählter, mit dem Volk sehe ich keine Verbindung. Ich muß ausdrücklich betonen: das lag selbstverständlich nicht am Werkbund an sich. Der Werkbund ist eine menschliche Form des Zusammenschlusses vieler, und es ist ein Irrtum zu sagen: Der Werkbund trägt die Verantwortung. Die Verantwortung tragen im Leben immer einzelne, und diese einzelnen, die andere

Dinge auf ihre Fahnen geschrieben hatten, als der Werkbund es ursprünglich getan hat, diese tragen die Verantwortung für das, was geschehen ist. Ich mußte dieses ausdrücklich herausstellen: Das Geltungsbedürfnis dieser einzelnen und das Geschäftemacherbedürfnis dieser einzelnen waren die inneren Triebfedern. Noch ein Wort muß ich sagen von dem sogenannten »Machen« Prominenter. Das stammt, glaube ich, aus dem Amerikanischen, und »prominent« ist etwas, was ich nicht kenne. Aber es soll das geben. Die Größen wurden gemacht von einer gewissen Presse, sie wurden gemacht auf dem Asphalt am Kurfürstendamm und im Romanischen Kaffee. Dieses »Machen« lehnen wir ab. Eine verdiente Handwerkerehre auf Grund der Leistung wird für uns die Anerkennung sein des einzelnen. Dazu werden wir beobachten den Mann, den Menschen. Es gibt keine Leistung ohne einen ganzen Menschen! Ein sogenannter Prominenter mit irgendeiner Spitzenleistung — die mag da sein —, das ist für mich kein Mann, das ist irgendein Spezialist, aber keine Persönlichkeit. Es gibt keine Trennung zwischen Persönlichkeit und Erzeugnis dieser Persönlichkeit. Wenn Sie nicht alle willens sind, sich zu Trägern dieser handwerklichen Grundehrlichkeit und zu dieser Grundehrlichkeit eines Menschen durchzuringen und dieses Bestreben mitzutragen, dann wird der Werkbund seine Aufgabe nicht erfüllen können, und der Werkbund wird dann den Verlauf nehmen, den er verdient hat.
Ich habe bereits eingangs gesagt: Es ist nicht möglich, ich lehne es auch ab, ein Arbeitsprogramm zu geben. Das Arbeitsbeschaffungsprogramm für meinen Teil, wie ich es übersehen kann und wie ich es vorwärts treiben kann für den Werkbund, habe ich gegeben.
Jeder einzelne von ihnen hat ein besonderes Gebiet, das er besonders beherrscht. Er möge dieses Gebiet an uns herantragen.
Vor 14 Tagen sprach ich vor einer Tagung der Reichsbauernführer und trug diese Gedanken vor bezüglich des Bauernhauses und bezüglich der inneren Haltung des Bauern, auch unserer Haltung bezüglich der inneren Gestaltung. Da wurde mir die Frage gestellt: Wie wollen Sie das anfangen? Da habe ich geantwortet: Als Führer des Werkbundes glaube ich, den Werkbund für diese Gedanken hundertprozentig einspannen zu können, nicht, weil ich es will, sondern weil wir müssen. Wenn wir nicht wollen, gut, dann wollen wir nicht. Der einzelne, der nicht will, mag dahingehen: Die Mehrzahl wird wollen, weil sie muß. Wir müssen uns dieser Dinge annehmen, weil wir nicht im luftleeren Raum irgendwo herumvagabundieren können, sondern weil wir uns angliedern müssen an das, was Notwendigkeit ist.
Ich glaube, in Ihrem Sinne konnte ich die Erklärung abgeben, daß es mir gelingen wird, daß der Werkbund sich hundertprozentig dafür einsetzen wird, daß wir diese Gedanken des neuen Anfanges und der neuen Gestaltung des Bauernhauses und der Bauernmöbel als Gebrauchsmöbel annehmen und zur Verfügung

stehen werden. Der Reichsminister Darré horchte sofort auf: Wie kommt ein Architekt, der doch in der Stadt sitzt, auf diese Ideen und zu diesem gedanklichen Ausdruck, daß er sagt: Das Bauernhaus ist das zukünftige Gesicht des Bauern und die zukünftige charakterliche Prägung des Bauern. Ich sagte ihm: Herr Reichsminister, Sie werden keinen neuen Bauern bilden ohne ein neues Bauernhaus und ohne neue Bauernmöbel, und da brauchen Sie uns. Daher erreichte ich die Möglichkeit, über diese Dinge so scharfe Forderungen zu stellen. An allen Stellen werden Sie Gehör finden, wenn Sie in der Lage sind, Ihre Forderung zu formulieren. Nicht etwa kommen und sagen: Ich will Aufträge haben. Aus diesem Grunde kann ich auch nicht sagen: Hier liegen die Arbeitsbeschaffungsmöglichkeiten bis in einzelne für den Werkbund. Das ist unsere Aufgabe und Ihre Aufgabe. Ein Führer kann nur führen, wenn er getragen ist von dem, was da ist, von denen, die er führen soll. Sonst ist es keine Führung, sonst ist es das, was die Römer mit Diktator bezeichnen. Adolf Hitler verlangt ausdrücklich und macht ausdrücklich zur Bedingung: Die Entwicklung kommt von unten und wir leiten sie, nur in den großen Linien dirigieren wir die Entwicklung, alles andere Tragende und Schaffende kommt von unten.«

»Ehrung der Arbeit«. Rein symbolische Darstellung (Gestalter Gies, 1. Preis)

Heft 12/1933
Wird die Kultur diktiert?
Von Wilhelm Lotz

Peter Meyer, der ausgezeichnete Leiter der schweizerischen Werkbundzeitschrift »Das Werk«, dessen Beiträge zu den Fragen der neuen Gestaltung und dessen treffende und maßvolle Kritik auch in Deutschland stets Anerkennung gefunden haben, hat in Nummer 10 des »Werk« einen Auszug aus einer Rede Wendlands auf der nationalsozialistischen Kulturwoche in Löwenberg gebracht.
In dieser Rede Wendlands findet sich folgender Satz: »Mit dem Siege des Nationalsozialismus hat dieses kulturelle Prinzip des deutschen Menschen wieder die Führung in der Welt übernommen, der französische Liberalismus steht allenthalben auf der Verteidigungslinie und überall regen sich in den Völkern die durch das deutsche Prinzip angeregten Bestrebungen zum Kampf um die völkische Eigenart. Zum ersten Mal seit 150 Jahren wird die Kultur nicht mehr von Paris aus diktiert, sondern die kulturelle Entwicklung geht von der deutschen Erhebung aus und strahlt von dort aus über die Völker.«
Hieran scheint vor allem Peter Meyer anzuknüpfen, wenn er sich zu folgender Schlußbemerkung verleiten läßt: »Wie man sich das im Dritten Reich so vorstellt — die Kultur, die bisher von Paris „diktiert" wurde, und die jetzt der Welt von Berlin aus kommandiert wird! Daß es hier überhaupt nichts zu diktieren gibt, daß hier auf die Dauer das instinktive Wertgefühl, die freiwillige Anerkennung der besseren Leistung allein den Ausschlag gibt — inappellabel und aller Gegenpropaganda zum Trotz —, das können sich diese Kultur-Feldwebel gar nicht vorstellen.«
Wenn man aufmerksam Wendlands Rede durchliest, so kann man wirklich nicht verstehen, wie Meyer von »kommandieren« und »Kultur«-Feldwebel sprechen kann. Wenn es in der gleichfalls im »Werk« zitierten Einladung des deutschen Werkbundes zu seiner Würzburger Tagung heißt, daß die Mitglieder die neuen Ziele des Bundes dort »ohne viel Rede und Gegenrede« kennenlernen sollten, so besagt das nur, daß die neue Werkbundleitung sich ein Ziel gesetzt hat, das sie entweder hundertprozentig durchsetzen will und von dem sie sich nicht abbringen läßt, oder sie betrachtet den Werkbund nicht als das Instrument, mit dem sich dieses Ziel verwirklichen läßt.
Wenn Wendland davon sprach, daß die Kultur bisher von Paris aus diktiert wurde, so wollte er damit nur auf eine uns allen bekannte Tatsache hinweisen. Dieses Diktat wurde als solches natürlich nie ausgesprochen. Aber ein wirklich sehr veralterter Heiligenschein übte immer noch seinen Einfluß aus. Man konnte jeden Einwurf, den man wagte, durch einen Hinweis, daß man das in Paris tue

oder in Paris zuerst getan habe, entkräftet bekommen. Wenn man sich heute in Deutschland erlaubt, diese Kultur in Anführungsstriche zu setzen, dann geschieht es vor allem deshalb, weil das, was von Paris aus Schule machte, eine sensationelle Hochzüchtung einzelner Künstlerfiguren war, die man in völkischem, in nationalem Sinn als vagabundierende Elemente ansprechen muß. Wir alle zweifeln nicht daran, daß es noch ein anderes Paris gibt, eine echte gewachsene Kultur, deren Stärke es ist, daß sie typisch französisch, also bodenständig ist. Wir Deutsche haben davor eine hohe Achtung, Leitstern kann sie für uns freilich ebensowenig sein wie die »Kultur«, die dort als Exportartikel von allerlei Leuten fabriziert wurde.

Für jede dieser vagabundierenden Künstlerfiguren wurden von Bewunderern und beruflichen Züchtern neue Maßstäbe aufgestellt, die wieder für andere nicht zu gelten brauchten. Im »Schaufenster der Welt«, wie Paris sehr treffend bezeichnet wurde, wurden diese Figuren hergestellt, und man vertraute rückhaltslos der Arbeit dieser Schaufensterdekorateure. »Vagabundierend« soll hier eine Feststellung sein. Eine negative Bewertung soll nicht in der Nebenbedeutung des Wortes liegen, aber in der Feststellung, daß nur der in seiner wahren Volksgemeinschaft verwurzelte Künstler der Kultur seines Volkes und seiner Zeit eine Prägung geben kann.

Und wenn nun Wendland als Nationalsozialist dem Glauben Ausdruck gegeben hat, daß unsere kulturelle Entwicklung ausstrahlen wird über alle Völker, so hat er dieses Ausstrahlen anders aufgefaßt, als es Peter Meyer darstellt. Gerade nicht als ein Diktat. Auch nicht als ein Diktat der Mode, wie es mit jener Pariser »Kultur« der Fall war. Eher als ein Beispiel. Die Führer des nationalsozialistischen Deutschland haben wiederholt betont, daß sie tiefe Achtung vor dem Wert anderer Staaten und Völker und ihrer Kultur haben. Aber wir alle hoffen, daß überall dort durch das Beispiel Deutschlands »auf die Dauer das instinktive Wertgefühl, die freiwillige Anerkennung der besseren Leistung allein den Ausschlag gibt, inappellabel und aller Gegenpropaganda zum Trotz«.

Die Einstellung des neuen Deutschland zur Frage des Diktats in der Kultur geht eindeutig aus der Rede von Dr. Goebbels bei Eröffnung der Reichskulturkammer hervor, aus der wir folgende Stelle wiedergeben: »Vielleicht wird die Kunst sich früher oder später der Stoffe und Probleme bemächtigen, die wir aufgeworfen haben. Es würde ihr und uns zum Nutzen gereichen. Wir haben nicht die Absicht, das zu kommandieren. Aber es steht uns das Recht zu, darüber zu wachen, daß, wo sie aufgegriffen wird, sie auch gemeistert werden. Niemand befiehlt, daß die neue Gesinnung über die Bühne oder Leinwand marschiere. Wo sie aber darüber marschiert, da müssen wir eifersüchtig dafür sorgen, daß sie auch in ihrer künstlerischen Formung der Größe des historischen Prozesses entspricht, den wir in der deutschen Revolution durchgeführt haben.«

Heft 2-3/1934
Was bedeutet der Deutsche Werkbund heute?

Mitten im Kulturverfall der letzten Jahrzehnte entstand die Idee, eine Truppe zu schaffen, die sich zum Kampf für wertvolle Arbeit zusammenschließt. So entstand 1908 der Deutsche Werkbund. Trotz besten Wollens und bedeutender Einzelleistungen geriet der Bund durch die Zersplitterung der Auffassungen in immer stärkeren Zwiespalt. Erst der Nationalsozialismus schuf die weltanschauliche Einheit, aus der allein eine Gemeinschaftsarbeit mit starken Ausdrucksformen erwachsen kann. Damit steht der Werkbund vor seiner entscheidenden Wende. Er besitzt heute die seltene Möglichkeit, zu verwirklichen, was bei seiner Gründung geplant war.
In Erkenntnis dieser Lage übernahm Pg. Dipl.-Ing. Lörcher im Auftrage von Staatskommissar Hinkel die Führung des Bundes mit dem Zweck, alle verantwortungsbewußten tüchtigen gestaltenden Kräfte auf weltanschaulicher Grundlage aufs engste zusammenzuschließen, um sie der Hebung der Volkskultur dienstbar zu machen. Durch straffe nationalsozialistische Führung wird der Bund, von dem die nichtarischen und die zersetzenden Elemente entfernt wurden, planmäßig zu einem brauchbaren Kulturinstrument des Dritten Reiches ausgebaut. Im Rahmen der Kulturkammer arbeitet der Werkbund für die Mehrung deutscher Wertarbeit auf allen Gebieten des schöpferischen Lebens durch Mitarbeit am Wiederaufbau des Handwerks, durch Veredelung der industriellen Herstellung und durch Beeinflussung des Volkes.
Nur eine Bewegung, ein freier Zusammenschluß opferbereiter Männer und Frauen aus allen Berufen, kann in seiner Lebendigkeit, seinem Idealismus die gesunden gestaltenden Kräfte wecken, durch zielbewußte Werbung und Erziehung und tätige Hilfe dem Kulturverfall in der Welt der schaubaren Dinge leidenschaftlich entgegenarbeiten und sich zum Träger großer Ideen entwickeln, die nur in einer starken Kampfgemeinschaft geboren werden.
Aus der Kampfgemeinschaft des Frontheeres entstand die Idee des Nationalsozialismus. So sollen sich durch die Werkbundbewegung jene künstlerischen Ideen und Kräfte entfalten, die unserem Vaterlande das seinem Aufschwunge würdige äußere Gesicht geben. Das ist der tiefere Sinn unseres Bemühens, die gestalterisch Befähigten zu einer engeren Gemeinschaft zusammenzuschließen, um durch sie, dem Ruf des Führers folgend, die stolzeste Verteidigung des Vaterlandes zu übernehmen durch die deutsche Kunst.

STÄDTEBAU, WOHNUNGSBAU BAUWIRTSCHAFT

Schlaglichter

1924	Haus Schroeder, Utrecht (Rietveld) Gut Garkau (Häring) Wolkenbügel, Projekt (Lissitzky)
1925	Ville Radieuse, Projekt (Le Corbusier)
1926	Goetheanum Dornach, zweiter Bau (Steiner) Bauhaus Dessau (Gropius) Totaltheater, Projekt (Gropius/Piscator)
1927	Villa Garches (Le Corbusier) Werkbundsiedlung Weißenhof, Stuttgart (Leitung Mies van der Rohe) Bibliothek Viipuri (Aalto) George-Washington-Brücke, New York (Ammann)
1928	Siedlung Kiefhoek, Rotterdam (Oud) Siedlung Britz, Berlin (B. Taut/Wagner) Sanatorium Zonnestraal, Hilversum (Duiker) Verwaltungsgebäude I. G. Farben, Frankfurt (Poelzig)
1929	Fabrik van Nelle, Rotterdam (Brinkman/van der Vlugt) Siedlung Dammerstock, Karlsruhe (Gropius/Haesler) Deutscher Pavillon, Barcelona (Mies van der Rohe) Sanatorium Paimio (Aalto) Werkbundsiedlung Breslau
1930	Haus Müller, Prag (Loos) Freiluftschule Amsterdam (Duiker) Ausstellung Stockholm (Asplund)
1931	Villa Savoie, Poissy (Le Corbusier) Stahl-Glas-Haus, Paris (Chareau) Haus Tugendhat, Brünn (Mies van der Rohe) Werkbundsiedlung Neubühl, Zürich Großsiedlung Siemensstadt, Berlin (Lageplan von Scharoun) Empire State Building, New York (381 m)
1932	Schwandbachbrücke, Hinterfultingen/Bern (Maillart) Immeuble Clarté, Genf (Le Corbusier) Boot's Factory (Sir Owen Williams) Internationale Werkbundsiedlung Wien
1933	Schwandbachbrücke fertig
1934	Wohnhaus Bergpolder, Rotterdam (Brinkman/van der Vlugt) Bürogebäude der Alterspension, Prag (Havlíček/Honzik)

Heft 1/1925
Stadt, Form, Architekt
Von Adolf Rading, Breslau

»Städtebau« und »Landesplanung« haben sich allmählich durch unsere Behandlung dieser Materie zu reichlich peinlichen Schlagworten entwickelt. Unser Ansehen im Urteil der kommenden Generation muß darunter leiden. Hoffentlich nicht langhin mehr wird man feststellen dürfen, wie lächerliche Streitobjekte endloses Hin und Her der Meinungen entfesselt haben, wie klein unsere Auffassung, wie doktrinär und kurzsichtig unsere Anschauung: »Zertrümmerung der Großstadt«, »Dezentralisation«, »Trabantenstadt« und ihr Gegenpol »Zentralisation«, »gesunde Bodenwirtschaft« und Ähnliches. Wie lange glaubt man im Ernst wird das alles leben und — Verzeihung — hat es je gelebt? Diese Sintflut von Papier, diese Fülle von Gedankenarbeit, was wird davon übrig bleiben? Heute vielleicht wird vielfach noch ernsthaft geglaubt durch Niederlegung von Plänen für Idealstädte und Idealaufteilungen die Entwicklung zu zwingen, aber was wird morgen daraus werden?
Es ist so außerordentlich verwirrend, und es führt zu so sinnloser Kraftvergeudung zu glauben, »Städtebau«, »Landesplanung« seien selbständige und eigenlebendige Bildungen. Nur wer völlig klar ist, daß sie nichts als Ergebnis von Kultur und Wirtschaft sein können, wird die Möglichkeit haben, mit Erfolg an diesen Dingen zu arbeiten und sie zu lenken.
Was in Stein, Holz, Eisen und Asphalt entsteht, kann nur aus dem Leben selbst, dem Geschehen, dem Vorgang, dem Unsichtbaren Gestalt werden. Das Sichtbare also ergibt sich aus dem Unsichtbaren, der Zustand aus dem Vorgang. Diese Bedingungen für Sichtbares und Zustand, nicht diese selbst, sind das eigentlich Wichtige und Lebendige, das körperlich Sichtbare muß sich ändern, sobald Unsichtbares und Vorgang sich ändern.
Vorgang, Änderung des Lebens, muß zwangsläufig mit Zustand, formerstarrtem alten Leben zusammenstoßen, zwangsläufig müssen die alten Formen schließlich unter dem Ansturm der neuen Lebensanschauung zerbrechen, zwangsläufig müssen die Stufen menschlicher Entwicklung mit Konfliktzeiten verbunden sein. Selbst stumpfen Geistern dürfte klar sein, daß wir heute im Beginn solcher Zeit stehen. Wieder, wie so oft schon und überall in der Welt kämpft eine sozialkommunistische Weltanschauung gegen eine persönlich-kapitalistische, die das gegenwärtige Leben und seine Formen erfüllt. Es ist fraglich, ob man berechtigt ist, jemals ein Ende dieses Kampfes anzunehmen, der seit Jahrtausenden immer wieder irgendwo aufflammt, aber selbst wenn man, mit kurzen Zeiträumen rechnend, ein Ende unterstellt, das zu einer Formbildung führt, wird es doch

äußerst schwierig sein zu sagen, wie schließlich beide aussehen werden. Was vielleicht wichtiger sein würde, als über Stadtbauformen und Maßregeln zu diskutieren und diesen oder jenen kleinen Erfolg zu buchen, wäre, einmal den Gesetzen nachzugehen, nach denen unser Leben sich vollzieht.
Der deutschen Mentalität würde naheliegen, dem Städtebauer zwei Wege vorzuschreiben. Entweder als Realist, heutiges Leben und heutige Wirtschaft als gegeben voraussetzend, die feste Form für beide, weitestgehend ihnen entsprechend, so vernünftig wie möglich zu machen oder als Idealist, unter Hintansetzung des Menschen als Einzelpersönlichkeit, die Form für ein neues Gemeinschaftsleben zu suchen. Diese deutsche Einstellung des Entweder-Oder verspricht Gefolgschaft nur für das Beschreiten des Weges hier oder dort. Der Erfolg der Arbeit wird damit außerordentlich eingeschränkt, denn das wirkliche Lebens- und Kampfergebnis wird auf diesen beiden Wegen nicht erreicht werden. Es wird schwer möglich sein, unsere alte Lebensform von heute auf morgen zu zertrümmern, sie wird aber ebensowenig unverändert weiter bestehen können. Die Veränderung wird sicherlich in Richtung der neuen Gedanken erfolgen, und aus Wechselwirkung von alter und neuer Anschauung und Zeit als drei Dimensionen wird eine neue Welt sich aufbauen.
Zweierlei ist für uns zu fürchten und zu meiden. Stumpfer Realismus, d. h. die Anschauung, als sei die Stadt von heute gewachsenes, unvermeidliches, unbeeinflußbares Produkt der Wirtschaft, Fanfare, Schlagwort: alles ist gut und schön, wie es ist oder noch mehr, wie es vor dem großen Kriege war. Ändert nichts, baut weiter, wie es schön begonnen wurde. Scheuklappengeblendeter Idealismus, d. h. die Anschauung, jedes Ergebnis der Vergangenheit wäre durchaus schlecht und unhaltbar, nur in der absoluten Zertrümmerung der alten Formen könne das Heil liegen, Schlagwort: Zertrümmerung der Stadt, die Stadt ein Übel, zurück zur Natur, aus dem Dunkel muffiger Straßenschluchten in die helle Sonne des grünen Landes.
Ich neige nicht zu den Gewohnheiten gewisser Organisationen, die gegensätzliche Anschauungen aus eigennützigen Erwägungen erklären. Für die Vertreter beider hier gekennzeichneter Wesensverschiedenheiten halte ich das »Nil humani« als Beweggrund für selbstverständlich und den Eiferern der einen Seite, die im Hochgefühl ihrer Blickweite der anderen vorwerfen, daß das von ihnen als Folge der vergangenen Wirtschaft nicht gesehene Elend für sie auch nicht existiere, könnte man mit Recht denselben Vorwurf für die angestrebte neue Wirtschaft machen, die trotz allen guten Willens auch wohl kein absolutes Glück jedes einzelnen bedeutet.
Denn so verfährt das Leben nicht. Es gibt sowenig ewiges Glück wie ewiges Unglück, beides wäre menschlicher Struktur, die nun einmal auf natürlichen Bedingungen beruht, nicht tragbar.

Das seltsam Göttliche im Menschen sind Zwiespalt und Zweifel, auf ihnen gründet sich sein fortgesetzter Versuch, die Natur zu überwinden.
Für den naturgebundenen Menschen ergibt sich merkwürdig die Natur als Gegner. Er wird in diesem Kampfe nur dann Aussicht auf Erfolg haben, wenn er ganz sie zu erkennen sucht. Die ideale Forderung ist tief menschlich begründet, wird sie aber ohne Rücksicht auf die Gesetze des Lebens erhoben, muß unmittelbar die Folge ein Zusammenstoß mit dem Leben sein. Es kann nicht übersehen werden, daß alles Geschehen, alle Wirkung an das Leben gebunden ist. Deshalb ist hier Kräftevergeudung nur soweit sinnvoll, als sie Anstoß zur gesunden Lebensentwicklung geben kann.
Wer dagegen aus Furcht vor dem Unbekannten Erworbenes erhalten will und preist, kann zu Wirkungen ebensowenig, eher noch weniger gelangen, ihm muß das Leben sich mit Notwendigkeiten entreißen, denn es stürzt ewig ins Unbekannte, enteilend, Entwicklung schaffend.
Wir sollten nicht glauben, über angelsächsische Empirie erhaben zu sein. Hier weiß man vom Menschen als dem Maß zum mindesten der Dinge, die seinem Leben dienen. Wir Deutschen aber bringen es fertig, eine Sache mehr zu lieben als den Menschen, und könnten den Menschen über der Sache zugrunde gehen lassen. Wir können Zeit und Arbeit an Theorien oder unfruchtbares praktisches Bemühen verwirken, bis das Leben uns zwangsweise in den Arm fällt und unsere Handlungen berichtigt.
Nicht jeder Angelsachse ist Lebenspraktiker, nicht jeder Deutsche Theoretiker, aber im ganzen gehen Neigung und Veranlagung dahin. Kein Schade, sobald wir nur wissen, was wir tun; kein Schade, sobald wir eine gewollte Entwicklung auch wirklich durchsetzen. Ein Mann, der seine Gedanken in Taten sich niederschlagen sieht, ein Narr, dem sie in Luftgebilden entweichen. Wer das Leben beachtet, dem wird es sich erschließen, wer es mißachtet, über den wird es zur Tagesordnung übergehen.
Städte sind Ergebnisse, Niederschläge von Lebensvorgängen. Stadterweiterungen müssen den Ablauf von Lebensvorgängen voraussehen.
Man wollte Städtebau besonders in den letzten Jahrzehnten als etwas »Künstlerisches« ansehen und ihn ebenso aus dem gewöhnlichen Leben herausstellen wie die sogenannte Kunst selbst. Daß diese Isolierung und Abschnürung von Lebensluft zur völligen Auflösung geführt hat, sehen heute immerhin einige; daß es für den Städtebau kaum anders liegt, sollte ebenso klar sein. Für beide liegt Rettung nur in schleunigster Verknüpfung mit dem Leben. Es gibt keine Kunst, keine Industrie, keinen Handel, keinen Städtebau, keine Funktion des Lebens als Sonderexistenz hinter chinesischen Mauern, sie alle können nur lebendig sein durch ihre Verknüpfung und Wechselwirkung.
Praktisches Ergebnis: Es ist zwecklos, Pläne aufzustellen, wenn nicht gleichzeitig

die Struktur der Wirtschaft ihnen angepaßt wird. Wer auf sozialer Grundlage unter Ausschaltung des Gewinnmomentes, auf dem die Wirtschaft von heute beruht, Stadtentwicklung planmäßig festlegen will, muß die entsprechende allgemeine Wirtschaftsumstellung fordern, das heißt, einen der Grundpfeiler gegenwärtiger Wirtschaft, das Privateigentum, antasten und die Überführung der Stadterweiterungsgebiete in die öffentliche Hand verlangen.
Solange dies nicht durchzusetzen ist, müssen derartige Pläne, so gut sie gemeint sein mögen, in den Plankammern verschimmeln. Man soll sich klar sein, daß hier auch der Schrei nach dem Gesetz nichts nützt. Gesetze können nicht beliebig gemacht werden, auch sie können nicht außerhalb des Lebens stehen, nicht Gesetze schaffen das Leben, sondern umgekehrt, das Leben schafft die Gesetze.
Unser Problem ist nicht einfach. Die Forderung nach Auflösung der großen Stadt in kleine Einheiten scheint einleuchtend, Ansiedlung im Flachbau, Seßhaftmachung, Rückführung zur Natur scheint Förderung des Lebensglückes. Näherer Betrachtung jedoch weicht solche Eindeutigkeit.
Die scheinbar zusammenballende große Stadt isoliert in Wahrheit den Menschen. Der einzelne führt unbeachtet seine Sonderexistenz. Da sich niemand um ihn kümmert und er sich selbst helfen muß, entsteht unmittelbar durch diese Menschenansammlung und die Art des Zusammenlebens ein neuer, wacher und selbständiger Menschentyp, der, historisch gesehen, am besten in die Reihe der Nomadenvölker einzuordnen ist.
Es kann nicht übersehen werden, daß im Gegensatz zu den seßhaften Hirtenvölkern immer die Nomadenvölker den Anstoß zur Entwicklung des Lebens gegeben haben. Wenn der Städtebauer von heute solche Entwicklung mit gut oder böse wertet, ist das kurzsichtig und — zwecklos.
Das Leben erweist die Richtigkeit dieses Exempels. Seit 1917 ist wiederum ein Nomadenvolk dabei, der Welt ein anderes Gesicht zu geben. Den Amerikanern ist das alte Gesetz, daß Bewegung Leben sei, Wesensbestandteil geworden. Das ist das Geheimnis ihrer Wirkung, das läßt sie durch das Automobil eine ganz neue Stadt-Landkultur ungeahnten Umfanges schaffen. Ein kurzes Wort über ihre Stadtentwicklung beleuchtet die Situation.
Sie kamen mit festen europäischen Formen, aber ihre Entwicklung lief anders und mußte anders laufen, denn sie waren auf sich selbst angewiesene Menschen ohne traditionellen Halt. Einflüsse außerhalb des Ichs — für den Europäer vielfach bestimmend — kannten sie nicht. Ihre ältesten Stadtanlagen lassen überall den europäischen Mittelpunkt erkennen. Nur kurze Zeit hatte er Bedeutung, dann machte das neue Leben seinen Einfluß geltend und schuf sich neue Formen. Sie drücken sich aus in dem üblichen Schachbrettmuster der amerikanischen Stadtanlage, das die Unterlage für die freie, unbeeinflußte Entfaltung

des Individuums gibt. Diese Anlage, die bei uns nur in der bürgerlich-selbstbewußten Stadt des Mittelalters eine Parallele findet, ist für Leben und Wirtschaft dort charakteristisch. Nicht ohne Interesse zu beobachten, wie das Leben mit dieser Ausdrucksform demokratischer Vorstellung von Gleichheit und Nivellierung verfahren ist. Noch heute sieht man in Philadelphia und Baltimore endlose Reihen von Straßenzügen mit sich völlig gleichenden Einfamilienhäuschen. Sie passen sich völlig dem ursprünglichen Gedanken der Stadtplanung an, aber sie konnten sich den entfesselten Kräften der Wirtschaft gegenüber nicht behaupten. Das einmal festgelegte Schachbrettmuster zwar ist geblieben, aber es wird nicht mehr empfunden, und der Wanderer von heute wird nicht im geringsten an seine Grundgedanken erinnert. Diese Straßen haben, ohne doch völlig auseinander zu fallen, geschlossene Fronten überhaupt nicht mehr, und das Interessanteste ist vielleicht, daß überhaupt der barocke, zweidimensionale Begriff »Straßenfront«, der erst in seiner Ergänzung »Fürstensitz« als Mittelpunkt und dritte Dimension zur Wirklichkeit sich bilden konnte, hier überhaupt nicht mehr auftritt, sondern aus der Dreidimensionalität des Begriffs »Block« die neue Welt sich formt. Das Nichts hinter der Fläche ist verschwunden, der Raum entdeckt, geformt, erfüllt und lebendig.

Bei uns sind Gedanken an Repräsentation, an dekorativ ausgestattete Straßen noch nicht ganz überwunden, auch drüben ist manche Vorstellung davon noch übrig, immerhin ist die Gesamtform der Stadt weit mehr durch den täglichen Lebensablauf und die Wohnung bestimmt. Die Forderung, die Gesamtbebauung in ein Abhängigkeitsverhältnis von der Wohnung als Einzelzelle zu bringen, habe ich an anderem Ort schon öfter erhoben. Es ist in Amerika nicht so, daß die Stadtform bewußt aus der Wohnung entwickelt würde, zum Beispiel also die Größe der Wohnung mit dem Ausmaß der Grünfläche verknüpft wäre. Vorläufig herrscht auch dort noch die der gegenwärtigen Wirtschaft entsprechende Anschauung vollkommen und verhindert die Durchführung solcher Gedankengänge, aber das Verhältnis ist im großen und ganzen vernünftiger als bei uns, weil die natürlichere Einschätzung des Menschen doch eine größere Berücksichtigung der Forderungen des täglichen Lebens praktisch wirksam werden läßt. Damit hängt zunächst die prinzipielle Teilung in Wohn- und Geschäftsstadt zusammen, um Zeit und Wege zu sparen, und die Auflockerung der Wohngebiete, in denen wenigstens, soweit sie aus der Gegenwart stammen, eine Zusammendrängung wie bei uns unbekannt ist. An europäische Verhältnisse erinnern dort nur die Viertel der frisch Eingewanderten. Alle Furchtbarkeit europäischer Wohnverhältnisse scheint dort ins Maßlose gesteigert. Die außerordentlich schnelle wirtschaftliche Entwicklung hat es mit sich gebracht, daß heute noch, und ganz besonders in New York, weite Viertel mehr oder minder europäischen Gesichts bewohnt werden. Es wäre durchaus falsch, daraus einen Schluß auf

moderne amerikanische Wohnverhältnisse zu ziehen. Der Durchschnittsbürger des Mittelstandes ist in den neueren Quartieren weit besser untergebracht als der entsprechende Großstadteuropäer.
Der vollständige Mangel an Repräsentationsvorstellungen in diesen Vierteln der letzten Jahre ist gezennzeichnet durch den Fortfall aller geschlossenen Höfe. Europa hat sich trotz aller Angriffe noch nicht entschließen können, von dieser absurden Anlage abzugehen, die ihren Ursprung wenigstens für den geschlossenen Block als Fläche ohne Ende, auf den sie bei uns sich gründet, einzig und allein im fürstlichen Repräsentationsbedürfnis des 18. Jahrhunderts hat. (Nicht anders als für die Abgrenzung der Verwaltungsbereiche noch immer die gefallenen dynastischen Grundlagen maßgebend sind.)
Die Folge ist für Amerika, daß die Straßenanlage, und damit die Stadtform, wenigstens für die Flachbauwohnbezirke durch die Wohnungen oder Häuser bestimmt ist, die sich alle unmittelbar an der Straße aufreihen. Die Mäander- und Flügelbebauung der großen Cityblocks nimmt wohl oder übel die durch europäische Tradition gegebene Blockform hin, aber auch sie löst sich durch Verlegung der Freifläche nach außen, nach der Straße bewußt von dieser Tradition.
Was einige von uns seit Jahren theoretisch vertreten haben, das beweist Amerika praktisch: daß es auch innerhalb der heutigen kapitalistischen und Profitwirtschaft durchaus möglich ist, zu gesunderen und vernünftigeren Wohnformen dadurch zu kommen, daß die Einzelwohnung in ihrer massenhaften Zusammenfassung durch ihr restloses Sichtbarmachen bestimmend für die Stadtanlage wird, daß nicht länger mehr ein ganz großer Teil der Stadt im Verborgenen eine Sonderexistenz zu führen hat, die hinter dem sichtbaren Ablauf des Lebens einen dunklen, unkontrollierbaren Unterstrom des Elends bedeutet.
Es liegt mir fern, Resignation zu predigen oder theoretische Arbeit verächtlich zu machen. Ich wende mich aber gegen die Auffassung, die die verwickelten Probleme des Städtebaues durch monomanes Verfolgen einer bestimmten kleinen Idee glaubt lösen zu können, die unbedenklich alles Glück menschlichen Lebens durch die Verwirklichung irgendeines schlagwortgekennzeichneten Gedankens verspricht, die bewußt oder unbewußt der großen Menge die feinen und vielfältigen Verknüpfungen verschweigt, die alle diese Gedanken und die daraus folgenden Taten dem Strom des wirkenden Lebens zuführen. Ich wende mich gegen die Vielen, die heute, noch immer, der großen Menge die Arbeit des Denkens ersparen wollen, die Leben und Menschen dazu mißbrauchen, daß sie ihnen eine Einfachheit und Eindeutigkeit des Geschehens vortäuschen, die das Leben nicht kennt, und die durch solche Täuschung Dummheit und Urteilslosigkeit zu unverständlichem menschlichen Erbteil machen.
Der Gebrauch von Schlagworten auf allen Lebensgebieten hat so überhand

genommen, und so wenig ist man bemüht, tatsächliches Geschehen zu klären und zu deuten, daß von einer ernsten Gefahr für die lebende Gesamtheit gesprochen werden darf. Propaganda, wofür immer, mit solchen Mitteln betrieben, ist verderblich und verantwortungslos. Es bedeutet für ein Volk mühevolle Kleinarbeit, aus diesem Sumpf wieder herauszukommen, in den es Schlagwort und Erziehung zur Verantwortungslosigkeit gestürzt haben, und durch Stärkung des persönlichen Verantwortungsgefühls, durch gesundes Selbstbewußtsein wieder zum Herrscher und Lenker seines Lebens zu werden.

Zwar Verantwortungslosigkeit hockt überall, sie wird nicht aus der Welt geschafft, wohl aber durch Erziehung wirksam bekämpft werden können. Was uns nötig ist — es ist der Zweck dieser Zeilen, das zu sagen und zu begründen —, ist die Einsicht, verantwortliche Einzelmenschen frei handeln zu lassen, so wie es schon einmal schön von den Amerikanern gesagt worden ist[1]: »Die Amerikaner leben. Einer anderen Richtung bedürfen wir nicht. Geistesleben ist all das Gerede, das Bedauernswürdige führen um uns und über und unter und neben dem, was wir tun... Alle Ästhetik ist nur eine Krankheit im Wirklichkeitssinne...«

Der dem Leben unmittelbar verbundene und verpflichtete, handelnde und verantwortungsfreudige Einzelmensch wird alle Eigenschaften des Lebens auf sein Werk übertragen und es dadurch allein lebendig machen. Er soll nicht die Hände in den Schoß legen, sondern Wege weisen. Er soll planvoll die Ungewißheit des Künftigen klären, er wird niemals in Gefahr kommen, einen Weg abseits des Lebens zu beschreiten, er wird wissen, daß alles Menschenwerk nur Lebensergebnis sein kann und nur aus diesem unsichtbaren Strom Gestalt, Form werden kann. Ihm und dem Volke, das ihn und seinesgleichen sucht, ihn frei, aber auch verantwortlich handeln läßt, gehört die Zukunft.

---

[1] Johannes V. Jensen »Das Rad«.

Heft 7/1925-26
Vom Weg der Bautypen
Von Gustav Wolf, Münster i. Westf. (Auszug)

... Man kann aus der Geschichte folgern, daß bei dem derzeitigen Riesenbedarf an Kleinwohnungen eine Typisierung selbsttätig und zwangsläufig eintreten muß und wird, eben auch wie früher. Aber diese Art der Typenbildung ist sehr langwierig, für unsere Ungeduld kaum erträglich. Für uns erhebt sich die große Frage: Kann man der alten unwillkürlichen und unbewußten Typenbildung nicht auch eine neue willkürliche und bewußte, dem alten Wachstum eine neue Pflanzung zur Seite stellen? ...
Heute steht der Typenbildung ein großes Hemmnis im Wege: die falsche Meinung, das bißchen Ausdruck persönlicher Auffassung, dem der Kleinwohnungsbau Raum gibt, sei das wichtigste daran. Das krampfhafte Bemühen um diese eine Seite der Sache entzieht den eigentlich wichtigen Aufgaben der Kleinwohnung ganz ungebührlich die besten Kräfte. Heizung, Lüftung und Dienst an der Haushaltung fordern unendlich viel mehr zur Erfindung und Verbesserung heraus, ihnen gegenüber ist die durch den Zwang der wirtschaftlich zulässigen Maße eingeengte Formgebung nur die kleine, freilich entscheidende Schlußszene des letzten Aktes. Erst wenn man das erkennt, wenn die aufgeblasenen Ansprüche der künstlerischen, der »individuellen« Leistung schrumpfen, wird der Blick für die sachliche Leistung, wird der Weg zum Typus frei!
Die deutsche Architektenschaft ist leider in ihrer gegenwärtigen Standesvertretung einseitig und fast ausschließlich mit der unmittelbaren Wahrnehmung wirtschaftlicher Berufsinteressen beschäftigt. So hat sie sich die Aufgabe entgehen lassen, die Typisierung des Kleinwohnungsbaues zunftmäßig, und zwar mit geradezu wissenschaftlichen Methoden zu bearbeiten. Es wäre durchaus möglich, die Werteigenschaften von Grundrissen nach festgeregeltem System zu untersuchen und zu bemessen. Je mehr heute schon gewisse Bauteile, vor allem aber die Möbel in ihren Abmessungen von der Normierung erfaßt werden oder ihr zuneigen, desto mehr werden — um nur ein Beispiel herauszugreifen — gewisse Breiten- und Tiefenmaße, abgeleitet von den Möglichkeiten der Bettenstellung bei gewissen Matratzenmaßen, als Mindestabmessungen von Schlafräumen gelten müssen.
Aber noch sind diese Aufgaben wenig erkannt und kaum planmäßig behandelt worden. Nur ganz unwillkürlich sind einzelne Privatarchitekten, die mit Erfolg und mit klarer Sachlichkeit größere Siedlungen gestalteten, auf diesen Weg gewiesen worden. Noch eingehender sind aber heute die Wohnungsfürsorgegesellschaften mit den Anfängen einer neuen Typenbildung beschäftigt. Der schroffe

Wechsel der wirtschaftlichen Möglichkeiten in den letzten Jahren hat freilich ein stetes, zielbewußtes Planen sehr erschwert. Schon in den nächsten Jahren aber müssen sich praktische Beispiele größeren Ausmaßes als Ergebnisse solcher Arbeit herausschälen.

Güte und Schnelligkeit des Bauens nach Typen
Hochzüchtung einer in den Grundlagen guten Lösung bis zur durchaus geklärten und gereiften Vollendung ist das Ziel der Typisierung. Das ist also eine Wertfrage. Daneben aber erhebt sich die bedeutende Frage der Herstellungszeit. Wie erreicht man die Abkürzung, die beschleunigte Zurücklegung des Weges von der bloßen Bau-Absicht bis zur Bau-Ausführung? Heute gibt es zwei Möglichkeiten: entweder wird sorgfältig geplant — dann ist eine lange Vorbereitungszeit erforderlich, ehe der erste Spatenstich getan wird; oder es geht sehr rasch ans Bauen, dann wird nach leichtfertig hingeworfenen Unterlagen gebaut. Eine Vereinigung sorgfältiger Vorarbeit mit größter Schlagfertigkeit, von Güte und Schnelligkeit der Leistung ist nur durch die richtige Verbindung wandlungsfähiger Typen mit Lagervorräten von Normen zu erreichen. Das gilt sowohl für die Vorbereitung im Plan- und Finanzbüro, als für die auf der Baustelle. Mit größter Folgerichtigkeit muß ein Bau vorbereitet sein, wenn alle Teile im Entstehungsvorgang reibungslos und ohne grobe Fehler ineinandergreifen sollen. Entwurf, Baugenehmigung, Ausführungsplan, Werkzeichnungen, Vor- und Massenberechnung, Baubeschreibung, Kostenanschlag, Ausschreibung und Verdingung — das sind Stufen, die nicht übersprungen, sondern nur eine nach der anderen genommen werden können. Dieses umfangreiche Postament brauchte nun nicht jedesmal von neuem aufgebaut, sondern gleichsam nur fertig herangeschoben zu werden, sobald erst einmal eine klare Typisierung wiederholte Verwendung ermöglichen würde. Der streng folgerichtige Aufbau dieser neuzeitlichen Arbeitsmittel beschränkt nun allerdings die große Wandlungsfähigkeit, die wir an den zwanglos erwachsenen alten Bautypen feststellen. Jede Änderung in irgendeiner Stufe jenes Postamentes muß folgerecht eine Änderung auch in allen übrigen Stufen herbeiführen. Eine wahrhaft wirtschaftliche Massenherstellung von Kleinwohnungen muß daher die Typisierung noch übersteigern und zur Normierung vordringen. Man ist bisher gewohnt, das Gesamtgefüge eines Hauses als nur der Typenbildung zugänglich zu betrachten und bei Normung nur an einzelne Bauteile, den Ziegelstein, die Betonstufe, Tür und Fenster, Ofenkachel und Beschlag zu denken. Aber es besteht sehr oft nicht nur die Möglichkeit, sondern auch der Anlaß, unter Umständen sogar der Zwang, mit festem Entschluß eine gewisse Abart des Typus zur Norm zu erheben. Um nicht dem Schematismus zu verfallen, wird man diesen Schritt räumlich oder zeitlich begrenzen. Man wird etwa einen Typ, der für ein ganzes Land Geltung hat, in der einen

Provinz anders normieren als in der nächsten, weil andere Baustoffe verfügbar sind, oder man wird seine Normierung nicht über zwei Baujahre hinaus gelten lassen, um veränderte Erfahrungen zu nutzen. Wie schwierig es ist, das richtige Verhältnis zwischen Stetigkeit und Anpassungsfähigkeit zu finden, zeigt die bisher wenig erfreuliche und nur mäßig erfolgreiche Geschichte der Fensternormung.

Typus als Grenze und Baustein der Gestaltung

Wie aber wirken sich Typ und Norm vom Wohnungsbau her auf den Umkreis des baulichen und baukünstlerischen Gestaltens aus? Typenbildung kann den inneren Organismus der Wohnung zu hoher Vollendung durchzüchten, Normierung kann die Schlagfertigkeit der Bauwirtschaft erhöhen. Beide können aber auch dazu dienen, die verschiedenen Kreise baulichen Schaffens richtig gegeneinander abzugrenzen. Zur durchgreifenden Gesundung unserer vollständig kranken Schulung der Baubeflissenen muß die Vorstellung ausgerottet werden, die alltäglich landauf und landab gebrauchten Profanbauten seien in jedem Falle und vor allem anderen der geeignete Gegenstand individuellen künstlerischen Schaffens. Darüber, wie einfache Nutzbauten sachlich und anständig zu gestalten sind, können sich Fachleute, die keine Fanatiker sind, bis zu recht umfassenden Grenzen einigen, ohne in das Kampffeld des persönlichen Geschmackes eintreten zu müssen. Diese Einigung bildet Bautypen heraus. Die Anwendung dieser Typen und, erst recht, ein vernünftiger Gebrauch festgesetzter Normen ist gar nicht Aufgabe künstlerischer Erfindung sondern gut geschulter Nutzanwendung, man kann sie mit gesundem Menschenverstand erlernen und lehren. Nicht lehrbar und nicht erlernbar ist erst das, was außerhalb des Typus liegt, was nicht gewählt, sondern nur neu geschaffen werden kann. Für den größten Teil der Baubeflissenen würde es genügen, einzelne bestimmte Bau-Typen zu beherrschen und sie in allen inneren Einzelheiten trefflich durchzubilden. Ein anderer Teil der Baubeflissenen darf seine Herrschaft gleichsam nicht innerhalb, sondern oberhalb der Typen suchen, um über ihre Summe zu verfügen. Es gilt ja heute nicht mehr, nur vergnügte Einzelhäuschen anmutig zwischen Bäume einzureihen, sondern oft auch, ganze Baublöcke und Stadtviertel einheitlich aufzufassen und zusammenhängend zu gestalten. Da ist es nicht Raum noch Zeit dafür, daß der leitende Kopf seine Gedanken um Heizkörper und Aufschlagen der Türen, um Fenstersohlbank und Dachrinne kreisen ließe. Man hat die Arbeitsteilung so gestaltet, daß eine Hand Bebauungspläne fertigt, die andere Häuser plant. Und diese beiden Gruppen von Bauleuten waren bisher nicht so scharf voneinander geschieden, daß nicht in beiden das Verständnis für die Arbeit des anderen wachgeblieben wäre. Der Städtebauer macht sich von den Häusern, durch welche die

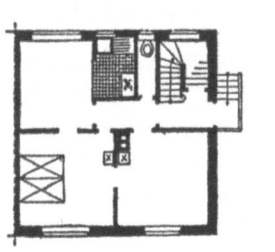 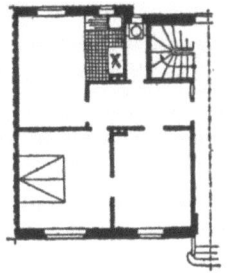 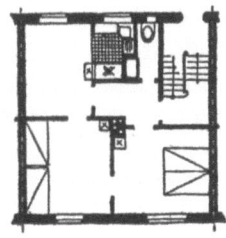

Typengrundrisse für Kleinhäuser

Siedlung Oltaschin. Arch. Ernst May

Linien einer flächenhaften Planung erst in Raum und Körper verwandelt werden, eine gewisse Vorstellung. Diese Vorstellung hat aber nur sehr unsichere Aussichten auf Verwirklichung. Die Wahrscheinlichkeit, daß die Annahmen des Städtebauers mit den Maßnahmen der kommenden Haus-Erbauer übereinstimmen, müßte vergrößert werden. Man müßte wieder von Bauformen wissen, die wie Fertigfabrikate, wie Bausteine, völlig geklärte und bekannte Größen bedeuten, mit denen man nach Belieben so rechnen und schalten kann, wie ein Kind mit den Häusern seiner Spielzeug-Stadt. Diese Bausteine kann dem Städtebauer nur die wiedererwachende Typenbildung geben. Das Haus wird zum Element eines Baublockes, der Baublock zur Einheit, aus der man Stadtviertel fügt. Und wenn man dem Gedanken einiges Schweifen gestatten will, so ist schon zu erkennen, wie die Landesplanung einst mit wohl durchgebildeten Siedlungs-Typen eines Bauerndorfs, einer Arbeitersiedlung, einer Kleinstadt rechnen dürfte. Je länger die Menschheit in zivilisierter Verfassung lebt, desto weniger wird sie das planmäßige Gestalten auf die enge Zelle für eine Familie beschränken. Das Wachstum der größeren Einheiten Dorf und Stadt konnte zwanglos vor sich gehen, solange alle Wirtschaft vorwiegend agrarisch war, denn dann war es mit Natur und Boden verbunden und vollzog sich organisch. Sobald aber die Wirtschaftsentwicklung industriell bestimmt war, geschah statt des organischen Wachsens oft eine zufällige, höchst schädliche Zusammenballung chaotischer Massen, weil das Vorstellungsvermögen sich zögernd an die kleinsten Teile haftete und größere Verbindungen noch nicht zu umspannen wußte. Allmählich wird ein Plangedanke immer häufiger die größere Behausung einer ganzen Gemeinde umfassen müssen und können. Die Arbeitsverteilung unter den gestaltenden Kräften wird dadurch mitverändert. Zu Handwerkern und Baumeistern, die sich mit Haus und Hof befassen, gesellen sich Meister der Siedlung und Landgestaltung.

Vor dem Kriege sah es in unserm Bauwesen so aus, als wäre die höchste Aufgabe, dem reichsten Manne auf individuellste Art das geschmackvollste Haus zu bauen. Jetzt aber wollen wir versuchen, für jedermann das beste Wohnen, das Wohnen im Gipfel-Typ von Haus und Siedlung zu ermöglichen.

Heft 7/1927
Organisation eines Baugedankens
Von Henry de Fries

Die neue Siedlung Georgsgarten des Architekten Haesler in Celle, erbaut im Auftrage der Volkshilfe-Gesellschaft Celle, gilt in organisatorischer, technischer und wirtschaftlicher Hinsicht als eine Standardleistung der gegenwärtigen Kleinwohnungsarbeit. Was hier im wesentlichen doch nur eine einzelne Persönlichkeit ohne papierne Programmatik, ohne propagandistischen Lärm, ohne egozentrischen Ehrgeiz und ohne Benutzung unterstützender Fachgruppen in zäher und konsequenter Arbeit geschaffen hat, in einer fast isolierten deutschen Mittelstadt, abseits der großen Heerstraße, verdient größte Anerkennung. Der Raum dieser Zeitschrift gestattet nicht, einen Abriß jener Entwicklung zu zeigen, die von der ländlichen Einfamilienhaus-Reihensiedlung über die erste Großblockanlage, den Italienischen Garten in Celle, hinweg zum Ergebnis der Siedlung Georgsgarten geführt hat, das hier näher erörtert werden soll. »Die Baugilde« der Jahre 1924/ 1925 und mein Buch »Junge Baukunst in Deutschland« (Frühjahr 1926) geben über des Architekten Haesler Entwicklung Aufschluß. Daß er im neueren Stadium seiner Arbeit ohne die überzeugte Mithilfe der Volkshilfe-Gesellschaft und ihres Gründers, zugleich Vorsitzenden, des Kaufmannes Jäger, Mitglied des Landtages, seine Ideen kaum in so großzügiger und beispielgebender Form hätte durchführen können, sei auch an dieser Stelle kurz betont. Das entscheidende Moment bei der Siedlung Georgsgarten ist die straffe und konsequent durchgeführte Organisation eines Baugedankens. Das Programm mußte relativ groß konzipiert werden, um Gegenstand wirkungsvoller Organisation überhaupt sein zu können, um wirklich auf diesem Wege wesentliche Ersparnisse und Verbesserungen erreichen zu können. Dieser Grundgedanke bestimmt die ganze Anlage bis in letzte Einzelheiten, Beheizung, Nachtbeleuchtung usw., bestimmt vor allem das Bild der Gesamtanlage, wie es hier aus Lageplan, Grundrissen und Photographien der eben beendeten Bauanlagen sich zusammensetzt.
Wesentlich und entscheidend ist zunächst das Prinzip der Blockgestaltung. Endlich einmal liegen größere Körper dreigeschossiger Bauten nicht parallel der irgendwie geführten Verkehrsstraßen, sondern sie stoßen mit einer Schmalseite auf die Zugangsstraßen, an der entlang sich nur eingeschossige Randbebauung hinzieht, Läden und andere gewerbliche Räume enthaltend, deren Straßenfront nach Norden gerichtet ist. Die Wohnanlagen haben also keinerlei direkte Kommunikation mit der Straße, deren Trasse lediglich durch jene gewerblichen Räume ausgenutzt wird, sondern sie sind absichtlich und konsequent von ihr getrennt, indem die einzelnen, nordsüdlich verlaufenden Baukörper in einem

Abstand von 40 Metern senkrecht auf diesem plastischen Straßenrand stehen und nach Süden und den Gärten zu völlig geöffnete Parkhöfe bilden. Ähnliche Anordnungen habe ich bereits im Frühjahr 1919 in meiner Schrift »Wohnstädte der Zukunft« vorgeschlagen, freilich in Verbindung mit besonderen Formen der Wohnungsgestaltung, die bei der Celler Anlage nicht tunlich waren. Es ist immerhin erfreulich, daß, unabhängig von meinen Vorschlägen, ihre Prinzipien sich nicht nur bei diesem Beispiel in zunehmendem Maße Bahn brechen. Ein Gegenbeispiel von geradezu imponierender städtebaulicher und wohntechnischer Torheit kann man u. a. neuerdings bei der Randbebauung der großen südlichen Berliner Ausfallstraße nach Tempelhof beobachten. Da nämlich sind die Bewohner konsequent mit dem bei Tag und Nacht fast ununterbrochenen Lärm und mit dem Staub und allen sonstigen Unzuträglichkeiten des Städtebaues von gestern in engsten Zusammenhang gebracht. Solcher Hinweis erscheint wichtig, um die Unterschiedlichkeit der städtebaulichen Methoden in Hinsicht auf den Wohnwert festzustellen.

Vorbedingung des konsequenten Blockaufbaues der Siedlung Georgsgarten war die Beseitigung der einzelnen Feuerstellen, der Hofbildung und ihrer nachteiligen Nebenerscheinungen. Und so konnte das Prinzip der Reihung und Typisierung klar durchgeführt und u. a. volle Freiheit für die Sonnenorientierung der Erker und Fenster, ebenso für die Nutzgärten und Innenparks erreicht werden. Sinnentsprechend sind die Nordwände der Treppenhäuser und der Erker geschlossen. Obwohl die Wohnerker nur 8 Meter voneinander entfernt sind, ist so zugleich jede Störung durch den Nachbar ausgeschlossen. Sämtliche Kammern und Küchen sind nach Osten orientiert, sämtliche Wohnräume und Treppenhäuser nach Westen. Die erwähnte Ausschaltung der einzelnen Feuerstellen führte zur Anlage einer zentralen Warmwasserpumpenheizung für alle Wohnungen. Die Küchen haben nur die völlig ausreichende Gasversorgung, die kleinen Wohnungen werden für einen durchschnittlichen Unkostensatz von etwa fünf Mark im Monat beheizt. So sieht man auf den ganzen Wohnbauten keinerlei Kamine. Und dieser Fortfall der Kamine macht Höherführung von Rauchabzügen über die letzte Zwischendecke überflüssig, erfordert in konsequenter Ausführung der grundlegenden Bauidee das flache Dach. Für den Fortfall an Abstellräumen im Dachboden werden die Bewohner durch Zugabe zweier Kellerräume zu jeder Wohnung reichlich entschädigt. Die so zusammenliegenden Abstellräume sind für die Nutzung weit bequemer.

Zu diesem flachen Dach noch einige Worte. Es ist nicht begehbar; denn zu jeder Etagenwohnung gehört ein Garten, und irgendwelche Dachterrassen werden daher nicht benötigt. Anlage von begehbaren Dächern bei derartigen Etagenwohnungen oder gar bei Einfamilienhäusern mit Gärten ist ein lediglich verteuernder Umstand. Die Dächer sind massiv aus Hohlsteinplatten hergestellt, durch

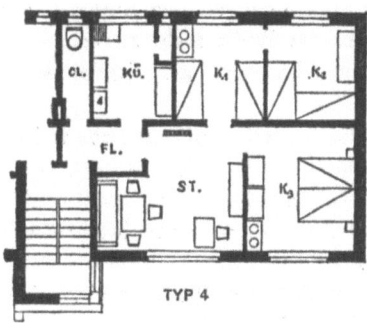

Siedlung Georgsgarten, Celle. Arch. Haesler

Torfplatten isoliert und mit einer wetterfesten Dachhaut überzogen. Ebenso ist bei den ganzen Bauten jedes Stück Bauholz völlig ausgeschaltet. Alle Bauteile und Baustoffe sind massiv und völlig feuersicher.
Dieser Konsequenz des technischen Aufbaues entspricht die innere Ausstattung. Jede Wohnung hat Kanalisation, Wasser, Gas, elektrisches Licht. Es gibt nur einen Einheitsfußboden, das Tafelparkett, für sämtliche Räume, eiserne Türzargen, aus Mannstädteisen gezogen, für sämtliche Türen. Diese hohe Qualität der Bauausführung ist mit ein entscheidender Bestandteil der Bauidee im Sinne des Werkbundgedankens, sie ist wirtschaftlich von großer Bedeutung für die Unkostensenkung, auch der fast allgemein schon nach wenigen Jahren festzustellenden Verwahrlosung neuerer Siedlungsanlagen ist damit vorgebeugt. Irgendwelche Abhängigkeit von der Reichsnormung besteht nicht.
In weiterer Konsequenz des Organisationsgedankens ist die zentrale Beheizungsanlage mit ausgenutzt durch andere gemeinschaftliche Anlagen, in erster Linie

die Wäscherei, die über Gasheizung, Trockenkulissen und zur Entlastung bei gutem Wetter über eine hinreichend große Rasenbleiche verfügt. Im Gegensatz zu ähnlichen Anlagen in Amsterdam und Wien steht jeder Familie eine Einzelbox zur Verfügung, nur die großen Maschinen werden gemeinschaftlich benutzt. Die Kosten des einmaligen Waschvorganges sind von 4,50 Mark und mehr auf ca. 3 Mark herabgedrückt. Zur Heiz- und Waschanlage fügt sich die zentrale Badeeinrichtung. Die Kosten für Wannen- und Brausebäder sind erheblich niedriger als in der städtischen Badeanstalt, sie müßten aber noch gedrückt werden, um wirklich gern und intensiv ausgenutzt zu werden. Diese gemeinschaftlichen Anlagen, deren Vorkriegsspuren nach England weisen, werden sinngemäß ergänzt durch die gewerblichen Einrichtungen; da gibt es Friseur, Bäckerei, Konditorei und Café, Kaufladen, Schlächter usw. Ferner, gleichfalls in den eingeschossigen Randbauten, Werkstätten für Schuster, Schneider, Plätterei und Uhrmacher, dazu Garagen für Motorräder und Autos. Von den besonders wertvollen Sozialeinrichtungen der Blockgemeinschaft finden wir den Kindergarten mit Spielrasen, Planschbecken und Sandhaufen, das Radio nicht zu vergessen, ferner die Bücherei, die Lesehalle und für die schulpflichtigen Kinder einen Turn- und Spielplatz.

So ist der Gedanke der organisierten Lebensgemeinschaft einer städtebaulichen Blockeinheit bis in ihre beinahe letzten Konsequenzen durchgeführt, auch Kleinigkeiten wie die gemeinsame Lichtschaltung sämtlicher Treppenhäuser, die Nachtbeleuchtung der Läden und Eingangstore, ebenso wie ihre Beschriftung sind nicht vergessen. Immer wieder fesselnd ist der Licht-Rhythmus der erleuchteten Treppenhäuser in der Nacht, die zugleich den Innenpark erhellen. Die Dauergärten von je 300 qm Fläche sind ein fester Bestandteil des organisatorischen Grundgedankens. Bei der Erstellung der Trennwände sind Einbauten für Kleinvieh, Bienenzucht usw. mit vorgesehen. Diese Nutzgärten, die jeweils zu einer bestimmten Wohnung gehören, verfügen über Regenanlagen, Kompostierung, Fruchtwende usw. Zur Durchführung der gartentechnischen Details ist Leberecht Migge mit herangezogen worden. Der Mietpreis der Wohnungen ergibt sich aus der Verzinsung der Selbstkosten, Überschüsse aus den gewerblichen Räumen dienen zur Senkung der allgemeinen Erhaltungs- und Verwaltungskosten. Die Mieten selbst betragen für Wohnküche, Stube und Kammer zuzüglich WC und zweier Kellerräume 30 Mark im Monat, für Küche, Stube und zwei Kammern 35 Mark, für Küche, zwei Stuben und zwei Kammern 40 Mark.

Diese Mieten sind als billig zu bezeichnen, besonders im Vergleich zu neueren Kleinwohnungs-Großanlagen im Norden wie im Südosten Berlins. Sie bedeuten also einen sehr wichtigen Fortschritt in der Gesamtentwicklung des Kleinwohnungswesens. Wer ernsthaft Kleinwohnungen bauen will, muß sich endlich

entschließen, vom Wochen- und Monatseinkommen des Heeres der Industriearbeiter und ihrer Familien, ebenso der niederen Beamtenschaft auszugehen, nicht aber von der Romantik der »Sachlichkeit« der Blockanlage und von Finessen des inneren Ausbaues. Zweckvoll in Wahrheit ist nur eine wirklich gut erschwingliche Wohnung. Und unter diesem Werturteil sind bisher Millionen von Baugeldern sagen wir ruhig verpulvert worden, verausgabt in der lässigen, wenn auch etwas modernisierten Weiterführung eines Wohnsystems, das in erster Linie grundsätzlicher Abänderung bedurft hätte. Über die Schuld an diesem Unheil soll in der letzten Stunde einer noch möglichen Abkehr nicht gestritten werden. Personen sind immer Exponenten, niemals Ursachen.
Solche notwendige kritische Einschränkung gilt am wenigsten bei der Volkshilfe-Gesellschaft in Celle. Die hat mit der Leistung des Architekten Haesler sich in zielklaren Etappen an die Lösung dieses noch immer offenstehenden, riesigsten Problems des ganzen Städte- und Wohnungsbaues in Deutschland herangearbeitet. Ihre Mieten stellen heute angesichts der Qualität des Mietobjektes schlechthin eine Standardleistung dar. Aber schon sind Vorbereitungen getroffen zu einer weiteren, noch bedeutungsvolleren Tat: Neue Typen sollen errichtet werden, deren billigster 12 Mark, deren teuerster für eine sechs- bis achtköpfige Familie 20 Mark Monatsmiete nicht überschreiten wird . . .

Heft 9/1927

Vorbemerkung zum ersten Sonderheft »Werkbundausstellung die Wohnung Stuttgart 1927«
Von Mies van der Rohe

Im Sommer 1925 wurde auf der Tagung des Deutschen Werkbundes in Bremen der von der Württembergischen Arbeitsgemeinschaft des D. W. B. gestellte Antrag, auf einer Ausstellung in Stuttgart das Wohnproblem zu behandeln, angenommen und mir die Durchführung dieser Aufgabe übertragen. Am 29. Juli 1926 wurde durch den Gemeinderat der Stadt Stuttgart dieser Vorschlag angenommen und der von uns aufgestellte Bebauungsplan genehmigt. Mitte November 1926 wurde der »Verein Werkbund-Ausstellung die Wohnung« gegründet und am 1. März 1927 der erste Spatenstich für den Erdaushub auf dem Gelände am Weißenhof getan.
Bei Übernahme dieser Arbeit war ich mir klar, daß wir sie im Gegensatz zu der landläufigen Auffassung zur Durchführung bringen müßten, da jedem, der sich ernsthaft mit dem Problem des Wohnungsbaus auseinandergesetzt hat, der komplexive Charakter desselben sichtbar wurde. Das Feldgeschrei »Rationalisierung und Typisierung« und auch der Ruf nach der Wirtschaftlichkeit des Wohnbetriebes trifft nur Teilprobleme, die zwar sehr wichtig sind, aber nur dann eine wirkliche Bedeutung erlangen, wenn sie in der richtigen Proportion stehen. Neben oder besser über diesen steht das räumliche Problem, die Schaffung einer neuen Wohnung. Das ist ein geistiges Problem, das nur mit schöpferischer Kraft, nicht aber mit rechnerischen oder organischen Mitteln zu lösen ist. Ich habe darum darauf verzichtet, irgendwelche Richtlinien aufzustellen, sondern mich darauf beschränkt, solche Persönlichkeiten für die Mitarbeit auszusuchen, deren Arbeit interessante Beiträge zu der Frage der neuen Wohnung erwarten ließ. Die Ausstellung war von vornherein als Experiment gedacht und hat als solches ganz unabhängig von den erreichten Resultaten ihren Wert.
Von jedem der beteiligten Architekten sind die auf dem Markt befindlichen neuen Materialien auf ihre Verwendbarkeit untersucht worden, und jeder hat nach dem Grad seiner Verantwortlichkeit die Wahl für seinen Bau getroffen. Jedenfalls zog der Stand der Bautechnik unseren Bestrebungen nach dieser Seite eine Grenze.
Das organisatorische Problem ist ohne Mitarbeit der Bauwirtschaft nicht zu lösen. Das schaltete für uns in Stuttgart vollständig aus, da wir auf die Vergebung der Arbeiten keinerlei Einfluß hatten. Damit war uns gleichzeitig eine Einwirkung auf die Qualität der Ausführung genommen. Wirklich frei waren wir nur in dem räumlichen Problem, also der eigentlich baukünstlerischen Frage.

Werkbundausstellung die Wohnung Stuttgart 1927
Grundriß des Blockes von Mies van der Rohe

Rückansicht des Hauses von Mies van der Rohe

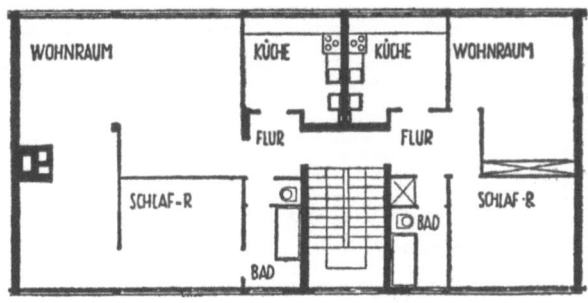

Heft 3/1928
Form der Kleingärten
Von Leberecht Migge (Auszug)

Neue Wohn- und Gartensysteme
Die kollektive Abhängigkeit des modernen Kleingartens bringt es mit sich, daß er in Reinkultur eigentlich nur genossenschaftlich erscheint und erscheinen kann. So münden denn auch alle Bestrebungen, den Kleingarten im Stadtbild zu verankern, unwillkürlich darin, ihm sowohl Masse als Dauer zu gewährleisten. Es schälen sich charakteristisch Systeme von Kleingartenkolonien heraus, die mehr oder minder an die Wohn- und Arbeitsweisen ihrer Benützer gebunden sind. Auch die Rechtsform, ob Miete oder Eigenheim, ist entscheidend von der Wohn- und Arbeitsweise der Klein-Gartenmenschen bestimmt. Wir unterscheiden demnach heute Systeme von Klein- und Pachtgärten (Schrebergärten), solche von Wohnsiedlungen und schließlich Kleingärten als Produktivstätten (Gärtnereien, Plantagen usw.). Lage, Gruppierung und spezifische Einrichtung dieser drei Haupttypen von Kleingärten ist zugleich mehr oder minder einwirkend auf die formale Erscheinung dieser Gärten.
Von diesen Hauptgruppen hat die Pachtgartenkolonie bis heute am wenigsten eine entsprechende Form gefunden. Die Ursache liegt in der mangelnden Seßhaftigkeit und in der wirtschaftlich-technisch ungeklärten Situation dieser Gartenbewohner. Trotzdem schälen sich infolge des ungeheuer intensiven Lebens innerhalb dieser Gartenquartiere deutlich erkennbar gewisse Bildungselemente wie Schutzanlagen, Lauben, Gartennutzung, spezieller Blumenschmuck usw. heraus, auf Grund deren sich schon synthetische Vorbilder aufstellen lassen. Klarer ist die Formabsicht und auch der bildsame Erfolg in den Siedlungsgärten erkennbar, die an feste Wohnsysteme angeschlossen sind. Hier kann man schon von einer zum Typus gereiften Formvorstellung sprechen, die je nach dem vorliegenden Bedürfnis mehr nach der nützlichen Seite oder mehr nach der genießerischen abgewandelt sind.
Am ausgeprägtesten ist die Kleingartenform naturgemäß bei denjenigen Einheiten, die vorzugsweise oder ausschließlich auf Produktion eingestellt sind, also bei den Wirtschaftsheimstätten und Gärtnereien. Hier bewirken die vordringenden neuartigen Bodenbearbeitungsgeräte und Methoden von sich aus eine zwar allmähliche, aber doch entscheidende Umgestaltung der alten, gewohnten Gartenvorstellung: Gärtnerei. Ja, es ist geradezu zu erwarten, daß von diesem Vorkämpfer des Nutzgartens durch die Entschiedenheit seiner Einrichtung und Funktionen die stärkste Einwirkung auch auf die Form des modernen Kleingartens und damit des zeitgemäßen Gartens überhaupt ausgeht.

Nutzanwendung auf Gartenform

In den kollektiven Kleingartensystemen unserer Zeit hat sich offenbar die Summe der zeitlichen Gartenfunktionen zu einer gewissen charakteristischen Erscheinung verdichtet. Das tritt besonders im modernen Stadtbau zutage. Es wäre natürlich gewagt, zu sagen, daß diese ersten Erscheinungen schon die echte Form des heutigen Kleingartens, geschweige denn des Zeitgartens überhaupt, bedeuten. Aber sie haben einige Wahrscheinlichkeit für sich, Gartenform zu werden. Jedenfalls sind diese Merkmale da, werden täglich variiert und vermehrt. Damit aber sind sie schon ein Teil einer Form — Gartenform als Entwicklung genommen.

Tritt hier also in dem Kleingarten der Neuzeit nach langer Zeit wieder reine Gartenform in Erscheinung, so kann das gar nicht hoch genug gewertet werden für die Entwicklung einer neuen Gartenkultur überhaupt. Wir dürfen nicht vergessen: eine solche Urform hat unser Gartenleben der letzten Generation weder erlebt, noch auch nur übersehen. Denn weit über den Barockgarten hinaus hat die sogenannte fürstliche und adelige Gartenkunst nur mit (aus Orient und Renaissance) geliehenen Gartenemblemen gearbeitet. Wir müssen schon bis in die mittelalterlichen, rustikalen Kloster- und Bürgergärten zurück- (und im gewissen Sinne abseits-) gehen, um auf echte, formbegründende Gartenelemente zu stoßen. Der bürgerliche Garten der Neuzeit war nicht original. Seine wohlverstandene Aufgabe als Typus wäre heute, mit reicheren Mitteln diejenigen Fragen zu lösen, die dem wirtschaftlich bedrängten Kleingarten von Natur verschlossen sind.

Auch der öffentliche Garten oder Park der Neuzeit hat als verschwommene Gartenform begonnen und ist erst neuerdings im Begriff, in die reine Zweckform eines flächenmäßig begrenzten, inhaltlich stark rationalisierten Sport- oder Spielparks zu münden. Auch hier wird sein eigentliches Gartenleben erst durch die Verbindung mit den halb öffentlichen Kleingartenformen in Erscheinung treten. Hoffnungsvolle Anzeichen solcher weitgehend auf Selbsthilfe und aktiver Bodenarbeit aufgebauten, öffentlichen Parksysteme sind vorhanden.

Als Ergebnis solcherlei Überlegungen könnte abschließend gebucht werden:
1. Gartenform entsteht und wächst (wie jede Form) zu jeder Zeit. Wir selbst können nur wenig dazu tun, außer, daß wir schaffen. Den Dingen Bewegung verschaffen heißt, sie befreien und damit zur neuen Form reif machen. Keine alte Form wollen bedeutet also vielleicht schon: neue Form hervorbringen.
2. Neue Gartenformen liegen zweifellos in den sich immer klarer herausschälenden Kleingartentypen unserer Zeit, in ihren neuen Materialien, Geräten und Gebrauchsweisen verborgen. Der rein dekorative Charakter der Bürgergärten (vor dem Kriege) ist hier einer neuen funktionellen Betonung des Garten-

lebens gewichen. Die Funktion ist aber entscheidend für die Bildung von Leben, von Charakter, von Stil. Die gartenmäßige Erscheinung dieser Kleingartentypen ist um so ausgeprägter, je mehr produktiv ihre Herkunft, d. h. je nutzmäßiger der Inhalt ist. Gemeinsam ist diesen Typen die räumliche und zahlenmäßige Abhängigkeit von der Gruppe.

3. Dementsprechend dürfte der Gartentyp unserer Zeit, wo er in Reinkultur erscheint, einen starken, nützlichen, ja, rationellen Zuschnitt haben, als ein zeitbedingtes Äquivalent für den reinen Gartengenuß. Und erst dieses gemeinsame tätige Auskosten des individuellen Gartenlebens in seiner ganzen Weite und Tiefe wird dann jene Gartenform zeigten, die über unsere zeitgebundene Zweckform hinaus in Gartenform und Gartenfarbe umgesetzten Zeitgeist bedeutet.

Für das gemeinschaftliche Dasein in den Städten (Städtebau) hat die systematische Auflockerung der Kerne und die intensive Besiedlung der Ränder mit Kleingartenformen bereits heute neue gartenstadtmäßige Erscheinungen zur Folge.

Heft 9/1929
Zur Tagung der Reichsforschungsgesellschaft
Von Alexander Schwab

Das beherrschende Ereignis des Monats April war die Berliner Technische Tagung der Reichsforschungsgesellschaft. Für die Berichterstattung im engeren Sinne darf wohl auf die Tages- und eigentliche Fachpresse, für Einzelheiten auf die ausführlichen Drucksachen der Rfg. selbst verwiesen werden. In diesem Rahmen kann es sich nur um Grundsätzliches und um einige besonders wichtige Punkte handeln. Der Deutsche Werkbund und manche seiner bekanntesten Mitglieder waren selbst an der Veranstaltung beteiligt. Trotzdem darf wohl ausgesprochen werden, daß die Tagung bei vielen Teilnehmern ein Gefühl des Unbefriedigtseins hinterlassen hat, und daß dieses Gefühl recht gut zu begreifen ist. Das lag nicht an der Organisation der Tagung selbst, die vielmehr im ganzen recht gut funktionierte. Auch kann man nicht sagen, daß zu wenig, sondern eher daß zu viel geboten wurde an sachlichem, meist sehr gründlich vorbereitetem Stoff. Übrig blieb dennoch ein Gefühl, wie es etwa der unbefangene Besucher nach dem Anhören einer Reichstagssitzung hat. Der Mangel liegt sicher tiefer, liegt weiter zurück, nämlich wahrscheinlich schon in den Anfängen des organisatorischen Ausbaus der Gesellschaft vor zwei bis drei Jahren.
Was hätte die Rfg. werden können, werden sollen? Sie ist geboren aus der Not, aus der Wohnungsnot, genauer gesagt, aus der Differenz zwischen dem Lohnniveau, das die deutsche Volkswirtschaft der Nachkriegszeit tragen kann, und dem Niveau der Mietspreise, das sich aus der Verteuerung des Bauens durch Kapitalmangel und gestiegenen Bauindex an sich, bei freier Wirtschaft, ergeben müßte. Die Errichtung der Rfg. galt dem Willen, von der Seite der Baukosten her diese verhängnisvolle Differenz zu verringern und zu diesem Zweck sachlich und wissenschaftlich alle Mittel und Wege zu prüfen, die zum gewollten Ergebnis beitragen konnten.
Von diesem Programm des Ursprungs war auch auf der vergangenen Tagung vielfach die Rede, am klarsten vielleicht in dem Gropiusschen Referat am ersten Abend. Aber was man vermißte, war die klare, souveräne und im Notfall rücksichtslos einseitige Führung des Ganzen, die auf ein solches Ziel unbeirrt hinsteuert. Anstatt des Willens zur Tat spürte man überall den Willen zur Detailforschung, und es ist sehr bezeichnend, daß Frau M. E. Lüders in einem Presse-Artikel zur Tagung die Aufgabe nicht anders glaubte zusammenfassen zu können als in dem Rufe nach der Schaffung einer Bauwissenschaft. Nein, eben darum konnte es sich nicht handeln, alle die spezialwissenschaftlichen Studien,

die hier in den Gruppen zusammengefaßt wurden, sind da, mehr oder weniger gut, aber meist mit deutscher Gründlichkeit bearbeitet. Worauf es ankam, war vielmehr, der an sich uninteressierten Forschung einen starken volkswirtschaftlichen und sozialen Willen aufzuzwingen, sie — entgegen aller akademischen Psychologie — einem Zweck dienstbar, sie aus einem Selbstzweck zum Mittel zu machen.
Diese straffe, bewußt einseitige Führung hat gefehlt. Wäre die Tagung nun einfach ein wissenschaftlicher Kongreß gewesen, wie es ihrer viele gibt, so könnte man sich mit den typischen Mängeln einer solchen Veranstaltung abfinden. Es kam aber ein zweites hinzu, was noch weiter von dem ursprünglichen Sinn und Entstehungsgrund der Rfg. abführt. Der Grundsatz der Zusammenarbeit mit allen Interessentengruppen ist in der Entwicklung der Rfg. von vornherein in einer Form angewandt worden, die ihrer Aufgabe schließlich zum Verhängnis werden mußte. Die Rfg. konnte sich darüber klar sein, daß von ihrer Arbeit die künftige Entwicklung großer und wichtiger wirtschaftlicher Interessen abhängig werden mußte, und sie konnte gewiß die Verantwortung, die damit gegeben war, nicht leicht nehmen. Ob z. B. die Bodenvorratspolitik der Gemeinden begünstigt wird, ob der Stahlhausbau vordringt, zu welchen Umstellungen die Ziegelindustrie gezwungen wird, wie der Arbeitsmarkt von den verhängnisvollen Saisonschwankungen des Baugewerbes entlastet wird, dies und noch vieles andere mußte gewiß sorgfältig abgewogen werden, und dazu war die Mitwirkung der wirtschaftlich interessierten Kreise nicht zu entbehren.
Anstatt nun aber, wie es einer Forschungsgesellschaft zugekommen wäre, eine strikte Scheidung zwischen den forschenden und den erforschten Elementen, zwischen den Subjekten und den Objekten der Arbeit durchzuführen, hat man in der bekannten Weise »die breitesten Kreise zur Mitarbeit herangezogen«, d. h. man hat, wie es in Deutschland seit dem Kriege beliebt geworden ist, den Interessenten zum Regenten gemacht. Und da man hierbei — mit alleiniger Ausnahme der Gewerkschaften der Bauarbeiter, die man in der Liste der Tagungsteilnehmer vergebens sucht — grundsätzlich niemanden übergangen hat, so wurde ein Zustand herbeigeführt, bei dem sich alle Kräfte gegenseitig aufheben.
Zu der irrigen wissenschaftlichen Ideologie gesellt sich so eine unfruchtbare parlamentarische Praxis, beide irrig und unfruchtbar gegenüber der gestellten Aufgabe, bei der sie nicht am Platze sind. Dabei gab es Beispiele genug, an denen man sich hätte orientieren können; man denke etwa an eine Institution wie das Staatliche Materialprüfungsamt oder an die englische Praxis der großen Enqueten mit kontradiktorischem Verfahren unter neutraler Leitung. Auch hat es an warnenden Stimmen zur rechten Zeit nicht gefehlt.
Einige Einzelheiten mögen das Bild immerhin noch ergänzen.

In einer Pressebesprechung vor der Tagung wurde festgestellt, daß allein im Wohnungsbau in Deutschland jährlich etwa 3,5 Milliarden Mark investiert werden. Erziele die Arbeit der Rfg. nur eine Ersparnis von 1 v. H., was gewiß bescheiden gerechnet sei, so sei damit der Fonds von 10 Millionen Mark schon dreieinhalbfach wieder eingebracht. Man glaube aber doch mit sehr viel höheren Ersparnissen rechnen zu können; die Zahlen schwankten zwischen 4 und 20 v. H. Ein Vertreter des Handwerks wehrte sich allerdings deutlich gegen übertriebene Rechnungen in dieser Richtung; aber leider wurde sowohl hier wie in der Haupttagung versäumt, deutlich die Kernfrage zu stellen, nämlich auf welchen Teilgebieten der Produktion das Handwerk bis auf weiteres von selbst, auf Grund technischer und wirtschaftlicher Tatsachen, lebensfähig bleibt, und wo es sich auf eine Zurückdrängung durch die Großindustrie wird einrichten müssen.
Eine der wichtigsten Erfindungen auf dem Gebiet der Baustoffe könnte ein Mauerstein werden, der nach einem Geheimverfahren der I. G. Farben hergestellt wird, nur $^1/_7$ des alten Vollziegels wiegt und damit die bisher üblichen porösen Ziegelformen weit übertrifft. Freilich bleibt abzuwarten, wie sich das Erzeugnis in der Praxis bewährt, und unter welchen Voraussetzungen und zu welchen Kosten dieser bisher nur als Laboratoriumsprodukt zu bewertende Stein auch im großindustriellen Maßstabe hergestellt werden kann.
Von den Saisonschwankungen im Baugewerbe, die gerade in diesem Winter so katastrophal in Erscheinung getreten sind, war verhältnismäßig wenig die Rede. Dabei übersieht man, daß die Folgen dieses Zustandes sich auf verschiedenen Wegen — durch Zinsverlust, hohe Löhne, unrationelle Disposition der Baustoffindustrien, Unterstützungszahlungen — in recht erheblichen volkswirtschaftlichen Verlusten auswirken, denen gegenüber die Ersparnisse, die man aus anderen Quellen erhofft, zu einer Milchmädchenrechnung zu werden drohen.
In seinem Schlußwort betonte Prof. Bartning, die Rfg. befinde sich am Wendepunkt von der sammelnden und ordnenden Analyse zur schöpferischen Synthese. Hierzu sei der gegebene Konzentrationspunkt die Reichsforschungs-Siedlung in Spandau-Haselhorst, zu der als unentbehrliches Korrelat ein Reichsforschungsinstitut kommen müsse. Damit ist an hervorragender Stelle der Tagung selbst, freilich mit aller Vorsicht und mit positiver Betonung, ebenfalls eine grundsätzliche Kritik an der bisher geübten Arbeitsmethode ausgesprochen. Dennoch kann man wohl dem, was da weiter geplant wird, nicht ohne ein gutes Maß von Skepsis entgegensehen.
Diese Randbemerkungen können nur einen verschwindend geringen Bruchteil von dem andeuten, was kritisch zu dem enorm umfangreichen Material der Tagung gesagt zu werden verdiente. Diese Anhäufung eines gesichteten Materials ist zweifellos die verdienstlichste Leistung der Rfg. Vielleicht bietet sich später noch ab und zu die Möglichkeit, darauf zurückzukommen.

Heft 11/1929
Städtebau und Wohnungsbau
auf der Technischen Tagung der Reichsforschungsgesellschaft (Auszug)
Von Ludwig Hilberseimer

Die Voraussetzungen des Wohnungs- und Städtebaus haben sich völlig verändert; namentlich durch ein verstärktes soziales Verantwortungsgefühl, die Forderungen der Hygieniker und die Wünsche der Hausfrauen. Was wenige Einsichtige seit Jahren erstrebt haben und was bis vor kürzester Zeit noch aufs äußerste bekämpft wurde, ist heute gewissermaßen Voraussetzung aller Verhandlungen. Es ist das Verdienst der Reichsforschungsgesellschaft, durch die Technische Tagung Gelegenheit zu einer prinzipiellen Auseinandersetzung gegeben zu haben, wenn auch gesagt werden muß, daß zur Lösung der Probleme selbst durch die Reichsforschungsgesellschaft nicht viel geschehen ist. Im Gegenteil: die von ihr geförderte Gagfah-Siedlung im Fischtalgrund in Zehlendorf muß geradezu als ein Protest gegen die neuen Forderungen des Wohnungsbaus bezeichnet werden.
Auf der Technischen Tagung der Reichsforschungsgesellschaft wurde u. a. zum erstenmal der Versuch gemacht, in breitester Öffentlichkeit die allgemein interessierenden Fragen des Wohnungs- und Städtebaus zu diskutieren. Eine gemeinsame Aussprache aller Interessenten ist notwendige Vorbedingung zur produktiven Leistung. Leider kam man zu keiner allgemeinen Klärung, aber das beweist nur, daß endlich mit positiver Arbeit begonnen werden muß.
In städtebaulicher Hinsicht wurde in bewußter Begrenzung auf das Technisch-Hygienische die weitgehendste Einmütigkeit erzielt. Während man noch bis in die neueste Zeit Siedlungspläne unter dem Gesichtspunkt, malerische Platz- und Straßenbilder zu erreichen, bearbeitete, tritt heute auch im Städtebau das funktionelle Moment in den Vordergrund. Die städtebauliche Planung erfolgt unter den Gesichtspunkten der Wohnlage zur Sonne und des Herausverlegens der Hauptverkehrsstraßen aus den Wohnquartieren. Statt der Blockbebauung findet der Zeilenbau allgemeine Anwendung, wenn auch Oberbaurat Serini, Nürnberg, die Blockbebauung nicht aufgegeben wissen will. Der Zeilenbau ist aber in hygienischer, wirtschaftlicher und wohnungstechnischer Hinsicht dem Blockbau durchaus vorzuziehen, besonders dann, wenn, was unbedingt erstrebt werden sollte, hinsichtlich des Abstandes kein Unterschied zwischen den beiden Hausfronten gemacht wird. Von großem Interesse ist die Feststellung Serinis, daß die sogenannte offene Bauweise außerordentlich überschätzt wurde. Die seitlichen Abstände verbrauchen Freiflächen, ohne zur Belichtung der Wohnung wesentlich beizutragen. Diese Freiflächen werden zweckmäßiger der zwischen den Häusern

liegenden Fläche zugeschlagen, um die Abstände zwischen den Hauszeilen zu vergrößern. Die offene Bauweise sollte daher bei Stockwerkswohnungen überhaupt nicht angewandt werden und bei Einfamilienhäusern nur dann, wenn die Zuteilung großer Gartenflächen sie verlangt und rechtfertigt.
Als das wichtigste Ergebnis in städtebaulicher Hinsicht muß die Feststellung von Oberbaurat Heiligenthal, Karlsruhe, bezüglich der Beziehung zwischen Hausabstand und Besonnung bezeichnet werden. »Unter deutschen Verhältnissen (50 Grad nördlicher Breite) ist bei Anlage von Nord-Süd-Straßen eine Straßenbreite (zwischen den Baufluchten) gleich der eineinhalbfachen Gebäudehöhe (gemessen bis zur Trauflinie) notwendig, um am 21. Dezember noch eine zweistündige Besonnung der Hauswände zu erzielen. Bei Anlage von Diagonalstraßen zu den Himmelsrichtungen wächst das notwendige Maß der Straßenbreite auf das Zweifache und bei Anlage von Ost-West-Straßen auf zweieinhalbfache Gebäudehöhe.« Diese Abstände stimmen allerdings nur, wenn das Dach keine stärkere Neigung als 12° erhält. Eine bessere Bestätigung für die Richtigkeit des flachen Daches läßt sich wohl nicht erbringen, da das Steildach, ohne der Besonnung der Wohnung zu nützen, größere Abstände erfordert.
Wichtig ist es auch, bei den Baublocks möglichst Vorsprünge zu vermeiden, deren Schatten die Besonnung der Räume verhindern. Es ist ein Irrtum zu glauben, daß einfache Balkone die darunter liegenden Räume nicht verdunkeln, wohingegen eine Loggia in einem Wohnungsgrundriß so angeordnet werden kann, daß sie eigentliche Wohnräume nicht verschattet.
Ob Hoch- oder Flachbau, ist eine der umstrittensten Fragen des Wohnungsbaus. Es ist falsch, diese Frage als ein Entweder-Oder zu stellen. Sowohl der Hoch- als auch der Flachbau haben ihre Berechtigung. Das Ziel muß sein, nach Möglichkeit jedem die Wahl seiner Wohnform freizustellen. Eine dahingehende Rundfrage brachte das bei der heute üblichen Propagierung des Flachbaus überraschende Ergebnis, daß nur 35 v. H. der Befragten den Wunsch nach einem Einzelhaus haben, 65 v. H. der Befragten dagegen die gut eingerichtete Stockwerkswohnung bevorzugen. Diese Ablehnung des Einfamilienhauses hängt aber wesentlich mit seiner heutigen schlechten Form zusammen, die die Räume einer Kleinwohnung auf drei bis vier Stockwerke verteilt. Hier muß auf die Vorschläge von Hugo Häring hingewiesen werden, der sich seit Jahren um eine diese Mängel beseitigende eingeschossige Form des Kleinhauses bemüht. Aber auch das heute noch unvollkommene Mietshaus läßt sich hygienisch und wohntechnisch so verbessern, daß es zu einer durchaus brauchbaren Wohnform wird.
Die Forderungen der Sozialhygieniker an ein gesundes und menschenwürdiges Wohnen und die Forderungen der Hausfrauen an eine vorteilhafte Haushaltsführung müssen für den Architekten zur selbstverständlichen Grundlage seiner Arbeit werden. Es ist seine Aufgabe, sich diese Forderungen zu eigen zu machen

und aus ihnen beim Bau des Hauses und der Anlage der Siedlung die Konsequenzen zu ziehen. Leider aber sind diese Forderungen bisher weder eindeutig noch einheitlich genug. Bei den Hygienikern wird trotz mancherlei Divergenzen am ehesten diese eindeutige Klarheit zu erreichen sein. Die Methoden der wissenschaftlichen Arbeit sind von subjektiven Forderungen im allgemeinen unabhängig und verbürgen ein Höchstmaß von Objektivität. Erfreulich ist bei dieser Gelegenheit festzustellen, daß die Architekten, soweit sie sich mit den hygienischen Problemen der Wohnung beschäftigen, in vielen Fällen zu gleichen Erkenntnissen wie die Hygieniker gekommen sind. Stadtmedizinalrat von Drigalski weist auf die unentbehrlichen von Geburt an die Entwicklung stark beeinflussenden Lebensreize hin: das Licht, die Luft mit Kälte- und Wärmewechsel, den Arbeitsreiz und im Zusammenhang hiermit auf die deutlich eintretende körperliche Beeinträchtigung durch eine licht- und luftlose überbelegte Wohnung. Interessant ist seine Feststellung, daß die Erfüllung dieser Forderungen nicht von der Weiträumigkeit einer Wohnung abhängt. Im Gegenteil kann unter Umständen eine weiträumige Wohnung, in der diese Reize nicht zur Auswirkung kommen können, einer Kleinwohnung unterlegen sein.
Bei der großen biologischen Bedeutung des Sonnenlichts ist die Forderung der Hygieniker nach großen, breitgelagerten Fenstern selbstverständlich. »Dieses Licht, sofern es biologisch wirksam sein soll, darf nicht bunt, sondern muß weiß sein. Praktisch enthält nur das weiße, ungebrochene Licht die biologische Wirksamkeit, nämlich die kurzwelligen Strahlen. Von bunter Farbe reflektiertes Licht ist dieser kostbaren Wirkung beraubt.« Neben dem Licht spielt also die das Licht im Raum reflektierende Farbe eine große Rolle. »Nicht die sogenannte Gemütlichkeit, sondern lichte und luftige Beschaffenheit der Wohnung sind Vorbedingung der Gesundheit und damit wahrer Lebensfreude ... Nicht nur für Kranken- und Schulräume, sondern auch für die Kleinwohnung soll es nicht in erster Linie heißen: mehr Farbe, sondern mehr Licht.«
Weniger klar und eindeutig sind die Wünsche der Hausfrauen, die nicht objektiv begründet sind, sondern von subjektiven Anschauungen ausgehen, vor allem deshalb, weil die Frauen sich erst seit kurzer Zeit mit den für sie einschneidenden Fragen zu beschäftigen beginnen. Sie haben heute erkannt, daß für sie die Pflicht zur Mitarbeit am Wohnungsbau vorliegt und bringen, wie Marie Jecker, die Vorsitzende des Reichsverbandes Deutscher Hausfrauenvereine, sagt, zu dieser Mitarbeit etwas mit, was keine Kunst der Architekten zu ersetzen vermag: »die aus langer Erfahrung gewonnene Kenntnis einer vernünftigen Wohnweise.« Trotz dieser »langen Erfahrung« haben aber die Frauen ihre Ziele bisher weder klar erkannt noch bewußt verfolgt, und Bruno Tauts Anschauung von der Frau als Schöpferin, die als Hausfrau lenkt, während der Architekt denkt, ist einstweilen mehr Wunsch als Wirklichkeit.

So ist es zum Beispiel nicht möglich, eine der wichtigsten Haushaltsfragen, die Gestaltung der Küche, eindeutig zu klären. Während etwa Stadtmedizinalrat von Drigalski selbst eine sehr kleine, nur zum Kochen dienende Küche für hygienisch besser als die Wohnküche hält, sind die Frauen nicht in der Lage, eine so eindeutige Entscheidung herbeizuführen. Um spielende Kinder beaufsichtigen zu können, braucht die Küche nicht Wohnküche zu sein. Durch eine entsprechende Lage der Küche zum Wohnraum und Trennung beider durch eine Glaswand wird diese Frage weit besser gelöst als durch die Wohnküche. Wie ursprünglich die Frauenbewegung, so ist auch die Hausfrauenbewegung wesentlich bürgerlicher Herkunft und wird von Persönlichkeiten getragen, die den proletarischen Großstadthaushalt nicht aus eigener Erfahrung kennen und daher geneigt sind, ihre Wünsche mit den Forderungen einer ganz anderen Gesellschaftsschicht zu verwechseln. Gelegentlich einer Besprechung neuer Haushaltsliteratur schreibt Alice Simmel in der Arbeiterwohlfahrt Jahrgang 1928, Seite 351/2: »Die Hausarbeit galt in der allgemeinen Anschauung vor noch nicht allzu langer Zeit als eine Tätigkeit, die nicht erlernt zu werden brauchte, die jedermann konnte und die darum auch entsprechend gering eingeschätzt wurde. Es scheint fast, daß man jetzt in das andere Extrem verfällt und daß eine ganze Literatur über rationelle Haushaltsführung im Entstehen ist... So interessant und lehrreich die Haushaltsliteratur ist, besteht die Gefahr, daß über den vielen Einzelfragen Wesentliches zu kurz kommt. Einmal: Ist die Einzelküche und die damit zusammenhängenden Fragen überhaupt das für unsere Zeit Gegebene, oder ist sie durch eine für große, zusammenhängende Wohnblocks zu errichtende Zentralküche zu ersetzen? Zweitens: Soll die Küche der Kleinwohnung nach wie vor auch Aufenthaltsraum oder wirklich nur Kochraum sein? Die Beantwortung dieser Frage hängt mit der ganzen Ausgestaltung der Kleinwohnung und den Änderungen der Lebensgewohnheiten ihrer Bewohner zusammen. Zu diesen wichtigen Problemen wird nicht entscheidend Stellung genommen. Gerade die Hausfrauenbewegung kann ihre bürgerliche Herkunft nicht verleugnen. Sie übersieht Wesentliches und begnügt sich oft mit dem Entdecken zwar angenehmer, aber doch verhältnismäßig unwesentlicher Neuerungen.«
Mit Maria Elisabeth Lüders sind viele Frauen sehr geneigt, die Architekten für die schlechten Wohnungen verantwortlich zu machen. Sie vergessen, daß der Wohnungsbau vor dem Kriege eine Spekulationsangelegenheit war, mit der der Architekt nichts zu tun hatte. Außerdem lebten die Hausfrauen ja auch schon vor dem Kriege, ohne daß sie es damals für nötig fanden, sich um die mit dem Spekulationswohnungsbau zusammenhängenden Schäden zu kümmern. Auch hier haben sich neben Hygienikern und dem Verein für Wohnungsreform nur Architekten mit den für die Volksgesundheit wichtigen Fragen beschäftigt, ohne allerdings bei den bestehenden Verhältnissen ihre Forderungen durchsetzen zu

können. Man baute eben damals, was verlangt wurde, und für den Proletarier war das Schlechteste gerade gut genug. Erst in der Nachkriegszeit wurden die Architekten zum Wohnungsbau herangezogen. Leider kamen die wenigen, die sich wirklich ernsthaft mit dem Problem der Wohnung, vor allem von der sozialen Seite her, beschäftigen und die zuerst die heute allgemein diskutierten Fragen aufwarfen, kaum dazu, ihre wichtige Arbeit der Allgemeinheit nutzbar zu machen. Das ist einer der Punkte, wo die Reichsforschungsgesellschaft vollkommen versagt hat. Man begnügte sich mit dem Bestehenden und scheute eine Auseinandersetzung mit neuen Forderungen und Möglichkeiten.
Sehr zum Schaden des Wohnungsbaus ist auch seine heute übliche Art der Durchführung. Paul A. B. Frank, Hamburg, sagt sehr richtig (Arbeitsvorbereitung beim Architekten), daß ein modernes Architekturbüro zwangsläufig in gewisser Art ebenfalls zu einer Großunternehmung wird. Von einem Architekten wird heute verlangt, daß er alle die mit dem Wohnungsbau zusammenhängenden geschäftlichen und finanziellen Aufgaben zu erfüllen versteht, wobei die eigentlich schöpferische Arbeit des Architekten notwendig unter dieser ganz anders gearteten Tätigkeit leiden muß. Es ist daher kein Zufall, daß gerade die geschäftliche Tüchtigkeit des Architekten sehr häufig zum Nachteil des zu schaffenden Objekts im Vordergrund steht. Das Prinzip der Arbeitsteilung kann es im Interesse der Leistung nicht zulassen, vollkommen zu trennende Disziplinen in einer Hand zu vereinigen. Im Gegenteil ist zur Erreichung des Ziels planmäßige Trennung der verschiedenen Arbeitsgebiete durchaus notwendig, um einen unfruchtbaren Dilettantismus zu vermeiden, der der eigentlichen Aufgabe, gute Wohnungen zu schaffen, hinderlich ist.
Aber ist das Arbeitsgebiet der Reichsforschungsgesellschaft nicht ähnlich überlastet? Beschäftigt man sich bei ihr nicht auch mit Arbeiten, die zweckmäßiger von der Industrie übernommen, von den eigentlichen Betrieben durchgeführt oder von einem wirklichen Forschungsinstitut geleistet würden? Statt noch mehr Arbeitsgebiete an sich zu ziehen, sollte man sich mehr ins einzelne vertiefen. Vor allem sich mehr der eigentlichen Wohnung zuwenden, wo noch unendlich viel zu erforschen ist. Aber diese Forschung hängt wesentlich mit der Erfahrung zusammen. Um diese aber zu sammeln, müßten Versuchsbauten durchgeführt und ausgeprobt werden. Nicht große Siedlungen, wie die in Spandau-Haselhorst geplante, sondern ähnliche Versuchssiedlungen wie in Stuttgart. Es ist nicht Aufgabe der Reichsforschungsgesellschaft, in großem Ausmaß Wohnungen zu bauen, ihre Aufgabe ist vielmehr neben konstruktiven, wärmetechnischen, hygienischen und raumwirtschaftlichen Problemen neue Wohnungsgrundrisse auf ihre Brauchbarkeit hin auszuprobieren, wobei die Erfahrungen der Bewohner dieser Wohnungen eine wichtige Grundlage für die Weiterarbeit bilden. Für diese Versuche ist es praktischer, jährlich weniger, aber dafür möglichst verschiedenartige Wohnungen bauen zu lassen...

Heft 11/1929
Ist die Genossenschaftsstadt möglich?
Von Alexander Schwab

Der in der Öffentlichkeit bereits vielfach besprochene Gropiussche Plan einer Genossenschaftsstadt ist in der Idee so großartig, daß er von allen Seiten beleuchtet werden muß. Wir eröffnen hiermit die Aussprache und hoffen, in den nächsten Heften noch andere Äußerungen bringen zu können. Die Schriftleitung

Die Architekten Gropius, Fischer und Paulsen haben vor einiger Zeit der Öffentlichkeit einen Plan zu einer neuen Berliner Vorstadt unterbreitet, der eine grundsätzliche Kritik erfordert.

Es handelt sich darum, eine Groß-Siedlung für 5400 Familien mit etwa 24000 Köpfen zu errichten, in der der Quadratmeter Wohnfläche im billigsten Falle zu einer Jahresmiete von 7,50 RM abgegeben werden kann. Das würde für die kleinste Wohnung für eine vierköpfige Familie bei 61 qm jährlich nur 460,— RM ausmachen. Dabei soll für die Finanzierung zu zwei Dritteln ausländisches Kapital herangezogen, öffentliche Beihilfe jedoch nicht beansprucht werden.

Das Kunststück soll darin liegen, daß die ganze Siedlung — von einer Groß-Siedlung kann man übrigens nicht sprechen, da dieser Begriff von der Städtebauwissenschaft für Massensiedlungen von mehreren hunderttausend Einwohnern in Anspruch genommen ist — eine Konsumtionsgemeinschaft darstellt, die mit eigenem Kraftwerk für Strom, Warmwasser und Heizung, mit gemeinsamer Wäscherei und mit genossenschaftlicher Deckung des täglichen Lebensbedarfes eine wirtschaftliche Einheit bilden soll, die durch diese Rationalisierung der Lebenshaltung sich nachträglich den billigen Mietspreis ermöglicht.

Denn die jährliche Gesamtmiete wird nur auf 1,7 Millionen, der Aufwand für Verzinsung und Tilgung des Anlagekapitals sowie für Verwaltungskosten dagegen auf 4,5 Millionen Reichsmark berechnet. Die Differenz von jährlich 2,8 Millionen Reichsmark soll daher die Siedlung sozusagen an sich selbst verdienen.

Dem wirtschaftlich denkenden Kritiker muß, um es von vornherein offen zu sagen, dieser Plan als unausführbar, als ein echtes Kind des alten utopischen Sozialismus erscheinen. Was zunächst die eigene Energieversorgung betrifft, so widerspricht sie allen Erfahrungen und wohlüberlegten Gedankengängen der modernen Energiewirtschaft. Es ist doch schließlich nicht Spielerei und ebensowenig blinder Machttrieb, wenn die Elektrizitätsindustrie heute zu immer größeren Einheiten übergeht; vielmehr sind es sehr gut begründete Überlegungen rein ökonomischer Art, die den Zusammenschluß der Stromversorgungsnetze im größten Maßstabe vorwärtstreiben. Der tages- und jahreszeitliche Spitzenausgleich allein, ganz abgesehen von der Wirtschaftlichkeit größerer Maschinenaggregate und von den Fragen der Rohstoffbasis, würde die Herstellung der elektrizitätswirtschaftlichen Einheit von Holland bis zu den Alpen rechtfertigen, die sich heute mit Riesenschritten vorbereitet. Was inmitten einer solchen Entwicklung die Anlage eines Werkes für 24 000 Menschen für Vorteile bieten soll, ist schlechterdings nicht erkennbar.

Und was den genossenschaftlich verbilligten Konsum anlangt, so ist auch hier das Projekt nicht stichhaltiger. Jeder Unbefangene wird zugeben, daß sich in der heutigen Wirtschaft zu viele Zwischenglieder zwischen die meisten Produktionszweige und den Konsumenten einschieben. Aber auch wenn man weiterhin zugibt — was durchaus Gegenstand der Diskussion sein kann —, daß die Form der Konsumgenossenschaft berufen sei, hier Wandel zu schaffen, so ist damit noch nicht das Geringste für das Projekt einer Genossenschaftsstadt gesagt. Denn auch hier ist die Zusammenballung zur übergreifenden Großorganisation das Kennzeichen der heutigen Lage, und zwar nicht nur rein-faktisch, äußerlich und zufällig, sondern mit innerer, aus der wirtschaftlichen und sozialen Gesamtlage erwachsender Zwangsläufigkeit. Ganz davon abgesehen, daß die Genossenschaftssiedler doch wohl kaum gezwungen werden können, den Einkauf in Berliner Geschäften zu unterlassen, daß also die eigenen Einrichtungen der Siedlung immer konkurrenzfähig bleiben müssen: man kann als wahr unterstellen, daß ein solches Geschäft zur Bedarfsdeckung von 24 000 Menschen sich konkurrenz- und tragfähig halten wird, und kommt dabei doch nicht über den Eindruck hinaus, daß hier eine Insel gemacht werden soll, eine Insel Utopia mit genossenschaftlicher Verfassung inmitten einer kapitalistischen Welt. Und man mag nun von Überzeugung Anhänger einer kapitalistischen oder einer sozialistischen Gesellschafts- und Wirtschaftsordnung sein, jedenfalls aber weiß man doch schließlich seit Owen und Fourier, daß solche Inseln weder eine dauernde Lebensmöglichkeit noch mit ihrem Schicksal irgendwelche Beweiskraft für oder gegen das eine oder das andere System haben.

Die Verbilligung des Wohnungsbaues auf alle Weise, durch Herabdrückung der Kapitalzinsen, durch Verwendung billiger Baustoffe, durch rationelle Organisation der Arbeit, durch planmäßige Bodenpolitik, durch Kostenersparnis in der Siedlungsanlage, durch Normalisierung von Bauteilen, durch Typisierung von Grundrissen, durch industrielle Methoden usw. — das ist gewiß eine der größten und dringlichsten Aufgaben der Zeit, und gerade die Verfasser des Projektes haben dafür auch schon Wichtiges geleistet. Um so mehr darf ihnen, mit allem Respekt, die Bitte nahegelegt werden, von dem Irrweg, auf den sie sich vorübergehend begeben haben, bald wieder zurückzukommen. Zumal dieser Weg ja dem eigentlichen Problem, nämlich der echten Verbilligung des Bauens durch eine Koordinierung aller Mittel, nur ausweicht.

Heft 14/1929
400000 Wohnungen pro Jahr!
(Auszug)

Der Wohnungsausschuß des Reichtages hat dem Plenum einen Bericht vorgelegt, der in der kommenden Herbstsession auf die Tagesordnung kommen soll, inzwischen aber schon in der breitesten Öffentlichkeit diskutiert zu werden verdient. Es handelt sich um die sogenannten Reichsrichtlinien für den Wohnungsbau; von einem Teil des Berichts war schon in Heft 13 die Rede. Inzwischen liegen in der Reichstagsdrucksache 1171 unter anderen die Zahlen des deutschen Wohnungsbedarfs vor, und diese Zahlen wirken schlechthin alarmierend. Sie besagen in Kürze folgendes:
1. Alter Fehlbedarf: 500 000 Wohnungen, stammt aus lokaler Wohnungsnot der Vorkriegszeit, aus mangelnder Bautätigkeit seit Kriegsbeginn (diese eine Zahl stammt nur von der Regierung, der Ausschuß hat sie offengelassen);
2. Ersatzbedarf: 300 000, dazu jedes Jahr weitere 30 000 Wohnungen, entsteht aus der Notwendigkeit, abbruchreife Wohnungen, schlecht gebaute Not- und Behelfswohnungen zu ersetzen, der Ausschuß hält Beschleunigung für dringlich;
3. Sanierungsbedarf: Zu erschließen aus der Feststellung, daß 800 000—900 000 Wohnungen mit 5,5 Millionen Bewohnern (also 8,5 v. H. der Bevölkerung!) überbelegt sind: der Schluß — den der Ausschuß nicht zieht — ist, daß etwa 300 000 Wohnungen nötig sind, um menschenwürdige Verhältnisse zu schaffen;
4. Umsiedlungsbedarf: 160 000 Wohnungen jährlich aus Anlaß von Industrie-Umsiedlungen, 15 000 für landwirtschaftliche Ansiedlung; schätzt man, daß hiervon nur 25 v. H. Neubedarf ist, während im übrigen andere Wohnungen frei werden, so bleiben noch jährlich 43—44 000 Wohnungen zu bauen;
5. Neubedarf, auf Grund der Bevölkerungsbewegung, bis 1930 je 225 000, 1931 bis 1935 je 250 000, 1936 bis 1940 je 190 000 Wohnungen.
Das ganze Programm ist auf diese Zeit bis einschließlich 1940 eingestellt. Jeder kann sich aus den angegebenen Zahlen ausrechnen, daß für die nächsten 12 Jahre ein Bedarf von mindestens 4,6 Millionen Wohnungen herauskommt. Das heißt, daß pro Jahr im Durchschnitt etwa 400 000 Wohnungen errichtet werden müßten. Wohlgemerkt, Kleinwohnungen für die breiten Massen.
Um die Größe des Problems zu beleuchten, noch zwei andere Zahlen: in den Jahren 1927 und 1928 wurden tatsächlich errichtet je rund 290 000 Wohnungen — also je 100 000 zuwenig! —, und dazu wurden an öffentlichen Mitteln je etwa 1,5 Milliarden Mark aufgewandt.

A. Schwab

Heft 24/1929
Die Wohnung für das Existenzminimum
Von Ferdinand Kramer

Schon vor dem Kriege und seit der Gründerzeit war das Problem der Massenwohnung nicht gelöst. Die unter spekulativen Gesichtspunkten gebauten Massenquartiere, sogenannte Slums, sind ja bekannt; die Statistiken der Großstädte zeigen deutlich die sozialen Folgen dieser Wohnweise. In Berlin gibt es z. B. in der Königgrätzer Straße 169 Wohnungen mit 360 Personen pro Haus, in der Ackerstraße 216 Wohnungen mit 688 Personen pro Haus, in der Hussitenstraße 241 Wohnungen mit 972 Personen pro Haus. Die katastrophale Zuspitzung des Wohnproblems wäre auch ohne den Krieg kaum zu verhindern gewesen, zumal es in einer reinen individuellen Wirtschaftsepoche, die nur mit dem Unternehmer rechnete, schwer war, durch die Gesetzgebung Abhilfe zu schaffen. Der Zeitpunkt einer Katastrophe war damals schon in der Nähe. Durch den Krieg und seine verheerenden Folgen wurde zunächst überhaupt jede Bautätigkeit abgeschnitten. Die Zwangswirtschaft des Wohnungsmarktes hatte aber zur Folge, daß der Gedanke einer unter rationellen und kollektiven Gesichtspunkten durchgeführten Wohnungswirtschaft der Allgemeinheit vertraut wurde. Staat und Kommunen haben die Besiedlung großer Baukomplexe in die Hand genommen. Über die richtigen Methoden einer solchen Siedlungspolitik wird viel debattiert, ohne daß sich heute eine klare und einheitliche Richtung dabei herauskristallisiert hätte. Vor allem ist noch unentschieden, ob für diese Wohnbauten das Etagenhaus oder das Einfamilienhaus aus wirtschaftspolitischen Gründen vorzuziehen ist. Fast jede Kommune steht vor dem Problem, die Versäumnisse der Kriegs- und Inflationszeit nachzuholen und dem jährlichen Bevölkerungszuwachs entsprechende Ergänzungen vorzunehmen. Dazu kommen noch Sanierungsarbeiten für die Altstadtgebiete, die bisher durch die ästhetische, sentimental verlogene Einstellung der Heimatschutzbünde und ähnlicher Vereinigungen, fälschlicherweise entgegen allen vernünftigen Überlegungen konserviert wurden. Die Finanzierung dieser riesigen Bauvorhaben erfolgt heute zum großen Teil durch die Hauszinssteuer, deren Verwendung für die öffentliche Wohnungswirtschaft in vollem Umfange gesichert werden müßte. Nur so kommt auch der soziale Gedanke, der dieser Steuer zugrunde lag, zur Geltung: sie schafft einen Ausgleich zwischen den immobilen Geldwerten, die von der Inflation verschont blieben, und den übrigen Vermögenswerten.
Die politische Macht der proletarischen Schichten ist derartig gewachsen, daß sich heute auch das Kapital selbst das sozialistische Wohnungsprogramm angeeignet hat und zu seiner Verwirklichung beizutragen gezwungen ist.

Welche Mittel gibt es heute nun, die Wohnungsnot zu beheben? Diese Frage hat durch den in Frankfurt (Main) s. Z. tagenden internationalen Kongreß für Neues Bauen eine besonders aktuelle Note erhalten. Bei allen Lösungen ist zu berücksichtigen, daß die Bedürfnisse der Bevölkerung heute größere und andere geworden sind. Man ist anspruchsvoller geworden, Licht, Luft und Hygiene sind selbstverständliche Forderungen. Soweit wir die Situation überblicken können, sind drei markante Gesichtspunkte vorhanden, die der kommunale Wohnungsbau berücksichtigen müßte, wenn er den wirtschaftlichen, sozialen und bevölkerungspolitischen Bedingungen genügen will:

1. Normierung des Materials und der Konstruktion.
2. Anwendung verbilligter Arbeitsmethoden auf den Wohnungsbau.
3. Zentralisierung der wichtigsten Haushaltsfunktionen.

Die konstruktiven Elemente müssen soweit reduziert werden, daß ihre Anpassung an die konkreten Bedürfnisse je nach der Situation möglich bleibt. Diese Situation wird durch den Zweck, die Lage, den Zeitpunkt und die vorhandenen technischen Berechnungen bestimmt. Man ist bestrebt, diese Vereinfachungen sowohl der Konstruktion wie der Auswahl der Materialien zugute kommen zu lassen. Die technischen Elemente müssen also so funktional gehalten sein, daß sie den verschiedensten Zwecken in gleicher Weise entsprechen, ohne daß ihre Veränderung zu andern Bauzwecken nötig ist. Nur dann besteht die für ein wirtschaftliches Bauen unumgängliche Möglichkeit, diese technischen Grundelemente in großen Massen fabrikatorisch herzustellen. Die erste Folge der Rationalisierung ist also Normierung und Standardisierung der konstruktiven Bauelemente. Positiv bedeutet diese Beschränkung auf solche vielseitig brauchbaren konstruktiven Elemente eine Auflösung all derjenigen alten Bauteile, die in das Baugefüge unnötige Starrheit bringen. Die Grundrißgestaltung darf logischerweise also nicht starr und festgelegt sein. Im Rahmen moderner Grundrisse bleibt es dem zukünftigen Bewohner freigestellt, beliebig über die Anzahl und die einzelnen Raumgrößen zu disponieren. Der Architekt oder der betreffende Bewohner vermag, ohne daß die Kostenfrage wesentlich tangiert wird, sich in weitaus höherem Maße als früher den individuellen Bedürfnissen der Nutznießer anzupassen. Der spätere Bewohner ist in der Lage, an die Ausgestaltung des von ihm gemieteten Wohnkomplexes Forderungen, die seinen Bedürfnissen entsprechen, zu stellen. Diese Vielfältigkeit der Verwendung und Umdisponierung ist heute ohne wesentliche Schwierigkeit zu erreichen.

Es darf also als erwiesen angesehen werden, daß eine rationelle Bauweise ebenso sehr auf eine Herausarbeitung und endgültige Festlegung der eigentlichen Konstruktionselemente wie auf eine Ausschaltung überflüssiger Spielereien bedacht sein muß. Nur so sind die zwei scheinbar entgegengesetzten Erfordernisse größtmöglicher Typisierung und der Bewahrung einer weitgehenden Dispositionsmöglichkeit zu vereinen. Der tragende Gedanke, der dem modernen Bauen zugrunde liegt und der bei den verschiedenen Versuchen, neue Lösungen zu finden, zunehmend stärker betont wird, läßt sich durch das Schlagwort der Rationalisierung am besten zusammenfassen. Das Grundverhältnis, das den eigentlichen Maßstab für die Beurteilung einer rationellen Bauweise abgibt, ist durch die Beziehung zwischen dem gewollten Zweck und den aufgewandten Mitteln bestimmt. Die Kosten können nur von diesem Zweck aus beurteilt werden. Zur Rationalität gehören nicht nur momentane Unkosten. Die Dauer der Beanspruchung, die von einem Baukomplex erwartet wird, bestimmt wesentlich dieses Grundverhältnis. Konsequenterweise wird sich daher für eine wirklich rationale Bauweise der Gedanke immer mehr durchsetzen, ein Haus zunächst nur für eine Generation zu bauen, man wird damit die Möglichkeit einer dauernden Weiterbildung und natürlichen Entwicklung, deren Richtung uns heute ja ungefähr bekannt ist, offenhalten. Die bewußte Verringerung der Lebensdauer eines Hauses ist nötig. Vielleicht bereitet ein Haus, das uns heute noch komfortabel erscheint, bereits der nächsten Generation eine Belastung.

Eine wesentliche Voraussetzung für die klare Durchführung der dargelegten Bauprinzipien und ihrer Rationalität sind allerdings die auf ein Gebiet konzentrierten Baukomplexe. Nur so wird eine rationelle Bewirtschaftung mit Warmwasser, Licht und Heizung durchführbar sein. Der Einwand, daß eine derartige Konzentration eine Kasernierung ganzer Bevölkerungsschichten bedeutet, ist hinfällig, da nur durch eine solche Bauweise die Initiative für eine individuelle innere Ausgestaltung offengelassen wird. Die Festlegung auf einen bestimmten Grundrißtyp, der für diese Wohnungen allgemein gelten soll, ist daher nicht möglich. Der Lebensstandard, Einkommen, Rasse, Landschaft, Beruf und Gewohnheiten lassen nur relative Lösungen zu, die sich nur generell fixieren lassen. Die Vorteile des Etagenhausbaues liegen auf der Hand. Sie lassen sich unter Umständen in der Form des Appartementhauses, das eine zentralisierte Küche vorsieht, noch vervollkommnen. Die radikalere Form des Wohnens ist der entscheidende Punkt, der die Lösung der Wohnungsnot beeinflussen sollte, auch wenn es noch großer Erziehungsarbeit bedarf, die traditionellen Hemmungen zu beseitigen. Die Zentralisierung der Bedienung, der Verpflegung, der Wäsche, der Kindererziehung kann nur Vorteile bieten gegenüber den unwirtschaftlichen Einzelhaushaltungen. Unsere heutige Küche, die nur noch Appendix ist, kann keinesfalls so großzügig und sparsam arbeiten wie die Gemeinschaftsküche. Keine Einzelküche kann sich den Luxus elektrischer Kühlschränke, mechanischer Hilfsmotoren usw. erlauben, die beim zentralisierten Küchenbetrieb selbstverständlich sind und Verbilligung und Steigerung der Qualität bedeuten.

Für die werktätige Frau wird diese Entlastung vom Haushalt, der nur durch diese Maßnahmen auf ein Minimum an Arbeit reduziert werden kann, zu einer sozialen Notwendigkeit. Die Entlastung bedeutet Selbständigkeit, Verfügung über freie Zeit, also erhöhtes Einkommen für die auf ein Existenzminimum beschränkten Familien. Der Ablauf des täglichen Lebens wird so in einer Weise organisiert, daß in ihm außerdem ein großer erzieherischer Wert liegt. Die kollektive Lebenskameradschaft zwingt zu einer gegenseitigen Hilfsbereitschaft und Disziplin. Der moderne Großstädter, der vom wirtschaftlichen Leben aufgerieben wird, kann wenigstens in seinem häuslichen Dasein entlastet werden, für das von ihm nur noch ein geringer Zeitaufwand gefordert wird.
Die Verwirklichung dieser Rationalisierung des Bauwesens bedeutet also eine wesentliche Lebensbereicherung.

Heft 24/1929
Das Städtebaugesetz — eine Gefahr
Von Alexander Schwab

Das preußische Städtebaugesetz ist in der öffentlichen Erörterung und ebenso — bisher — in der parlamentarischen Behandlung fast nur von verwaltungsrechtlichen und wirtschaftlichen Gesichtspunkten aus kritisiert worden. Man hat darüber vergessen, daß der Entwurf auch einen kulturpolitischen Inhalt hat, der — um es gleich vorweg zu sagen — eine Gefahr ist. Er übernimmt die wesentlichen Bestimmungen der Verunstaltungsgesetze von 1902 und 1907, die damit formell außer Kraft gesetzt, inhaltlich jedoch in einem größeren Zusammenhang gesetzgeberisch neu und fester verankert werden sollen, und sanktioniert zugleich erneut die Vorschriften und Ortsstatute, die auf Grund der alten Gesetze geschaffen wurden.

Der Abschnitt B, »Bauvorschriften für die äußere Gestaltung des Straßen-, Platz-, Orts- und Landschaftsbildes« (§ 48 bis 59) geht davon aus, daß »die Baugenehmigung zur Ausführung von baulichen Anlagen und baulichen Änderungen zu versagen ist« — also eine Muß-Vorschrift! —, »wenn dadurch (!) Straßen oder Plätze der Ortschaft oder das Orts- oder Landschaftsbild gröblich verunstaltet werden würden«. Darüber hinaus ermöglicht § 49 sogar Vorschriften »mit dem Ziele, das Entstehen städtebaulich befriedigender Straßen-, Platz- und Ortsbilder zu fördern ...«, und diese Vorschriften sollen u. a. sogar »die Ausgestaltung der Außenflächen, insbesondere über Verputz, Anstrich, Ausfugung, Verkleidung, Dachausbildung und -eindeckung« erfassen können.

Abschließend bestimmt ein monumentaler Paragraph 59: »Die Berechtigung der ästhetischen und geschichtlichen Gesichtspunkte in der Entscheidung der Baupolizeibehörde unterliegt nicht der Nachprüfung durch die Gerichte.«

Die ästhetische Diktatur der Baupolizei, die damit aufgerichtet wird, bedeutet eine unerträgliche Knebelung des freien baukünstlerischen Schaffens, die durch rechtzeitigen Protest der Betroffenen verhindert werden muß. Jedem Architekten, der sich nicht der Imitation historischer Stile oder dem faulen Kompromiß ausgeliefert hat, sondern neue Aufgaben selbständig zu lösen versucht, ist der vielfältige Mißbrauch bekannt, der mit dem Verunstaltungsgesetz getrieben worden ist. Künstlerischer Befehlsdünkel lokaler Größen, kostspielige sinnlose Verhandlungen, Verballhornung vieler guter Entwürfe, Förderung eines leeren Konventionalismus, ein ständiger Druck auf die freie gestalterische Arbeit — das ist das Schuldkonto des Verunstaltungsgesetzes. Ganz zu schweigen von jenen auch nicht ganz seltenen Fällen, wo sich lokale Interessen materieller Art hinter »ästhetischen« Bedenken verstecken.

Nur dem Wohlfahrtsministerium scheint von alledem nichts bekannt zu sein. Sonst würde es die Gelegenheit nicht versäumt haben, in dem neuen Gesetz die Verunstaltungsvorschriften auf das vielleicht notwendige Mindestmaß einzuschränken und sie mit allen Garantien einer freien, von lokalen Interessen und Rücksichten nicht gebundenen sachverständigen Begutachtung zu umgeben. Um so mehr ist es jetzt nötig, bei den Beratungen des Landtagsausschusses die Forderungen der freien gestaltenden Kräfte mit allem Nachdruck zur Geltung zu bringen.

Randbemerkung: Es ist ganz interessant, einmal der geistigen Einstellung nachzuspüren, aus der diese Haltung des Gesetzentwurfes entstanden ist. Es ist die Haltung des vorigen Jahrhunderts. Es ist, als ob Adolf Loos nie gelebt hätte. All die mühsame Arbeit der neueren Generation versinkt ins Nichts, und triumphierend steht der Attrappenarchitekt vor uns. Er hat für die »Schönheit« zu sorgen, die Planung geht ihn nichts an. Die Planung ist Sache der Gemeinde, oder des Kreises, oder des Planungsausschusses, der sich (nach § 14, 2) in der Regel zusammensetzt aus »Vertretern der Gemeinden und der Kreise ... und einem Vertreter des Regierungspräsidenten«. Darunter kann wohl ein Architekt sein, aber dann eben als Baubeamter; daß es auch außerhalb der Ämter Architekten gibt, die Anspruch erheben können, als Sachverständige für die Flächenaufteilungspläne gehört zu werden, davon ahnt der Entwurf nichts. Die Idee, daß etwa gar von vorneherein städtebaulich erfahrene Architekten bei der Planung vorschriftsmäßig gehört werden müßten, ist dem Verfasser des Entwurfs nicht einmal im Traume eingefallen. Ist der Plan aber gemacht, so hat der Architekt gefälligst für »städtebaulich befriedigende Straßen-, Platz- und Ortsbilder« zu sorgen, und er darf sich ja nicht einfallen lassen, »in Straßen und an Plätzen von geschichtlicher oder künstlerischer Bedeutung« – diese Bedeutung stellt infallibel die Baupolizei zusammen mit dem Landeskonservator fest (§ 16) – Dinge zu machen, die das Bild beeinträchtigen könnten.

Aus dem ganzen Entwurf spricht unverkennbar jene rein formalistische Einstellung, jene Scheidung zwischen dem ernsten Leben, das der Verwaltungsbeamte und der Kaufmann besorgen, und der heiteren Kunst des immer heiteren Künstlervölkchens, jenes Ideal der Gasanstalt mit aufgepappten Burgzinnen, kurz jene längst totgeglaubte Welt unter dem Motto: Hier herrschen Schönheit und Geschmack – hier riecht es angenehm nach Lack. – Vermutlich werden die Verfasser des Entwurfs das nicht wahrhaben wollen, und werden damit nur beweisen, daß sie noch viel zu lernen haben.

Heft 3/1930
Zur Abteilung Städtebau und Landesplanung
Von Alexander Schwab

1.

Zuvörderst: Zwar gab es Städtebau als bewußte Kunst immer; er entsteht zusammen mit der Stadt selbst. Auch gibt es Landesplanung von jeher, sobald irgendwo die nomadische Lebensform einer seßhaften weicht. Seehafen, Strom Furt, Gebirgspaß, Oase, weiterhin Straße, befestigtes Lager, Vorratshäuser, Markt sind Elemente und Mittel solcher Landesplanung in aller Geschichte. Könige, Priesterkasten, Aristokratien der Geburt, des Landbesitzes oder des Geldes waren es, die diese Planmäßigkeit der Siedlung als Werkzeug handhabten zur Organisation ihrer Macht, zur Ausnutzung des Landes und seiner wirtschaftlichen Kräfte, zur Beherrschung unterworfener und zur Abwehr feindlicher Völker.

Die Neue Zeit ist dies, daß Städtebau und Landesplanung aus einer Angelegenheit der Könige, der Adels- und Priesterkasten zu einer Sache des Volkes werden. Dies gab es bisher noch niemals.

2.

Man könnte sagen: das gibt es auch heute noch nicht. Richtig. Aber es ist im Werden. Und das muß so sein. Denn Könige vom alten Schlage gibt es nicht mehr, sie kommen nicht wieder, und wir könnten sie auch nicht brauchen. Auch eine regierende Priesterkaste, die die weltlichen Dinge ordnet, wie im alten Ägypten, gibt es nicht mehr, und die internationale Plutokratie unserer Tage hat mit dem Problem so wenig zu tun wie mit irgendeiner anderen konstruktiven Aufgabe.

Auch der Fachmann, den wir gestern noch angebetet haben, hat heute begonnen, von seinem Thron zu steigen, und morgen wird er unter uns in Reih und Glied stehen.

Könige, Priesterkasten und Aristokratien hatten Ziele, für oder gegen das Volk, oder über seine Köpfe hinweg. Sie setzten Ziele und konnten darum eine Richtung angeben. Der Fachmann hat niemals Ziele gewußt. Daß wir uns abgewöhnen, ihn nach Zielen zu fragen: das ist ein Stück Neue Zeit. (Außer, er wäre etwa — abgesehen vom Fach — ein Führer. Ein Kopf. Wie selten ist das.)

Schlußfolgerung: für Köln 1932, Abteilung »Städtebau und Landesplanung« — Fachleute heran! Aber nur für Mittel und Wege. Und nur, wenn sie sich in diese Beschränkung fügen. Wenn sie sich strikte der Oberleitung fügen, die das Ziel formuliert.

3.

Der Versuch einer neuen Zielsetzung (bescheidener: einer neuen Zielweisung) ist vielleicht überhaupt die zentrale Aufgabe der Kölner Ausstellung. Wenn irgendwo, so ist das in der Abteilung »Städtebau und Landesplanung« nötig und aktuell.

Denn daß etwas zur Sache des Volkes wird (zu werden beginnt!), das bedeutet ja doch bei weitem nicht, daß jeder nun gleich weiß, was zu geschehen hat, bedeutet nicht im geringsten, daß Führung und Zielsetzung nun überflüssig sei. Im Gegenteil: gerade hier beginnt erst das historische Problem. In der Politik nennt man es: Führerproblem. — Genug davon, vorläufig.

4.

Versuchen wir, den gegenwärtigen materiellen und geistigen Standort des Städtebaues zu bestimmen. Aus dem hiermit umrissenen Bezirk wäre für eine Schau im Rahmen der Ausstellung »Die Neue Zeit« der Stoff zu gewinnen, und in diesen Bezirk hinein müßte zugleich die Linie treffen, die diesen Stoff mit dem — anderwärts gewonnenen — Ziel verbindet und dadurch ordnet.

Konkret gesprochen: woran muß ein Stadtbaurat denken, wenn er sich anschickt, das Programm seiner Amtstätigkeit für die nächsten 10 Jahre aufzustellen? Er muß denken an ein ausgedehntes und ungeheuer kompliziertes Feld von Realitäten, das — in fließenden Grenzen — übergeht in die Gebiete Geologie, Klima, Politik, Wirtschaftsstruktur, Arbeitsmarkt, Bevölkerungsbewegung, Kulturtradition, Sozialpsychologie —

— und zweitens muß er wissen, was er will. (Oder auch: was er soll. Das ist kein Unterschied.)

5.

Es mag auffallen, daß in dieser Überschau das Wort »Kunst« völlig fehlt. Es ist mit Bewußtsein fortgelassen. Nicht etwa mit dem Bewußtsein einer Überlegenheit, die einzig dem Nutzen das Recht auf Existenz zuspricht; vielmehr aus dem bewußten Gefühl dafür, wie im tiefsten kritisch und krisenhaft die Lage aller Kunst in unsrem Übergang zur »neuen Zeit« ist. Bei den »reinen« Künsten jedenfalls ist weder das seelische »Woher« ihrer Manifestationen, noch das soziale »Wofür« irgendwie klar oder durch consensus omnium gesichert. Um wieviel fragwürdiger noch ist daher eine vorgebliche Städtebau-»Kunst«, wenn man das Wort als verwandt mit Dichtkunst, Malkunst, ja sogar mit Baukunst auffaßt — wo doch im Städtebau weit mehr, ja ganz anders, mit gebieterischen gesellschaftlichen Kräften, der Zweck sein Recht verlangt und durchsetzt. Von der doppelten Krisis des Städtebaus als »Kunst« haben freilich die keine Ahnung, die etwa in den neuen Entwurf eines preußischen Städtebaugesetzes so groteske Bestimmungen hineinschreiben wie die, daß »städtebaulich befriedigende Bilder« zu schaffen seien, oder daß Baupolizei und Landeskonservator gemeinsam die »künstlerische oder geschichtliche Bedeutung« bestehender Straßen, Plätze, Ortsbilder usw. zu beurteilen hätten. Und ebenso ahnungslos gegenüber dem wirklichen Problem sind die Versuche, städtebauliche Entwürfe, die für das Repräsentationsbedürfnis von Übergangsdiktaturen wie der Kemal Paschas geschaffen werden, als Realisationen »moderner Städtebaukunst« auszugeben, wo sie doch nur (historisch begreifliche) letzte Ausläufer des dekorativen Städtebaus aus der für Europa-Amerika verschwundenen absolutistischen Epoche darstellen. Gewiß bleibt dem Städtebau eine künstlerische Aufgabe übrig. Aber man kann heute kaum den Versuch wagen, sie auszusprechen. Nur der kann hoffen, dieser Aufgabe gestalterisch näherzukommen, der die Spannungen der gesellschaftlichen Kräfte unserer Zeit erlebt hat und ein Bild der neuen Beziehungen zwischen Individuum und Masse, zwischen Mensch und Natur, zwischen Person und Wirtschaftsapparat in sich trägt. Wer heute Städtebaukunst treiben will, ohne durch diese Entwicklung durchgegangen zu sein, wird unaufhaltsam ins Dekorative abgleiten.

Angesichts dieser Lage wird man vielleicht gut tun, in Köln überhaupt nicht von Kunst im Städtebau zu sprechen. Will man sich zu dieser Beschränkung nicht entschließen, so währe wohl nötig, die krisenhafte Lage und die Gefahr des Dekorativen aufzuzeigen, daneben aber nach den wenigen Arbeiten zu suchen, die als positive Beispiele für künftige Möglichkeiten gelten können; einiges aus den Arbeiten zur Erweiterung des Reichtags und aus der Behandlung Berliner Probleme in der großen Berliner Kunstausstellung 1927 käme hier in Frage.

6.

Nach der Kunst noch rasch ein zweites Negativum: die Wissenschaft. Wie von allen Dingen so gibt es natürlich auch eine Wissenschaft vom Städtebau; aber man sollte sie nicht, wie in Deutschland so sehr üblich, mit der Sache selbst verwechseln. Und: wie zu allen Dingen des gesellschaftlichen Lebens ist auch zum Städtebau vielfache Wissenschaft ein nützliches ja nötiges Hilfsmittel; aber die konkreten Entscheidungen vorschreiben kann die Wissenschaft nicht. Hierin sind Städtebau und Landesplanung eng verwandt mit der Politik, auch ist ja Landesplanung nichts andres als die höchste Disziplin der Baupolitik. Insofern man mit Recht von der Politik behauptet, sie sei eine Kunst – in diesem Sinne kann man gewiß auch vom Städtebau sagen, daß er eine Kunst ist. Nun hat freilich – mit größerer Gewißheit als die Kunst – die Wissenschaft ihren gesicherten Platz in der Städtebauabteilung der Kölner Ausstellung. Aber eben nur in diesen zwei Formen: einmal als eine Nebengruppe, der Praxis nachgeordnet: die Versuche zur wissenschaftlichen Aufzeichnung, Sammlung,

Klärung der Praxis — sodann als dienendes Glied im Unterbau der Praxis: Bereitstellung des Materials aus vielfachen Wissenschaftszweigen, Unterlagen für die Entschließungen des Praktikers.

7.

Nach diesen Andeutungen einer notwendigen Grenzberechtigung — zurück zur städtebaulichen Tätigkeit selbst. Sie ist äußerst komplexer Natur, und wenn man versucht sie zu definieren — beispielshalber als zusammenfassende und vorausschauende Ordnung der baulichen Produktion unter den Gesichtspunkten der politischen, kulturellen, wirtschaftlichen und sozialen Leistungsaufgabe —, so ist damit nicht viel getan. Aber vielleicht ist gerade ausstellungstechnisch in recht glücklicher Form ein Gefühl dieser Vielfältigkeit zu vermitteln, indem die historischen (und auch noch gegenwärtigen) Versuche einer abstrakten allgemeingültigen Theorie, d. h. also die Leistungen des geometrischen Städtebaus deutlich ins Licht gesetzt werden — mit ihren Vorzügen, aber auch mit ihren Mängeln. Der geometrische Städtebau, vorgebildet etwa in den castra der römischen Legionen, nach Blütezeiten in Barock und später, heute doch immerhin noch von einer Kraft wie Le Corbusier vertreten, abstrahiert von zahlreichen konkreten Merkmalen, nämlich von den individuell-verschiedenen der einzelnen Städte, um das Idealbild »der« Stadt, heute also: »der« modernen Großstadt, zu zeichnen, um »die beste Stadt« zu konstruieren.

Dabei passiert es freilich, daß gerade Le Corbusier zwar in seiner Argumentation sich rationaler Gedankengänge bedient, in der Zielrichtung aber durchaus bestimmt wird von einem ästhetischen Prinzip, von der »Schönheit der Geometrie«. Damit eben erweist sich der abstrakte Charakter des geometrischen Städtebaus, d. h. seine Unzulänglichkeit gegenüber den städtebaulichen Aufgaben der Neuen Zeit, die nur verstanden werden können aus ihrer Wesensverwandtschaft mit der Form des organischen Lebens. Denn dem organischen Leben sind gerade auch die sozialen und wirtschaftlichen Aufgaben verwandt, die nicht einem geometrischen Schema, sondern nur einer höheren »Rationalität« sich erschließen.

Vielleicht wäre nichts dagegen einzuwenden, daß in Köln der geometrische Städtebau seinen Platz als historische Vor- und Übergangsform und vielleicht auch als gedankliche Hilfskonstruktion findet. Ästhetisch betrachtet kann er nur als eine Gattung des dekorativen Formalismus gelten.

8.

Wenn gegenüber der abstrahierenden Methode des geometrischen Städtebaues hier das konkrete Verfahren, das jede Stadt als gegebenes historisches Individuum sieht, den positiven Werkakzent bekommt, so ist ein Vorbehalt wohl angebracht: man kann hoffen, daß die Kölner Ausstellung sich nicht darauf einlassen wird, die gewisse muffige Atmosphäre verbreiten zu helfen, die überall aus dem stillen, aber wirksamen Bündnis von lokalen Kunstgrößen und Stammtisch-Kommunalpolitikern, von Heimatkunst und Bodenspekulation aufsteigt. Dieses vorbehalten, sollte jedoch Köln versuchen, Städteindividuen in typischen Beispielen zu zeigen. Etwa in Reihen unter verschiedenen Gesichtspunkten geordnet: reine Typen (Essen, Bremen, Wiesbaden), gemischte Typen (Berlin, Frankfurt a. M., Breslau), Seestadt, Flußstadt, reine Binnenstadt — Stadt im Flachland und in den Bergen — alte Großstadt, Stadt mit kleinem alten Kern, junge Stadt — Grenz- und Binnenstadt — Stadt mit stabiler oder fluktuierender Bevölkerung, Ab- und Zuwanderung usw.

Dies zuerst einmal, um die Gegebenheiten klarzumachen, mit denen der Städtebau zu arbeiten hat. Um zu zeigen, wie man heute, in verbindender — und nicht mehr wie früher in isolierender — Betrachtung diese Dinge sieht. Will man dann zeigen, wie an dies gegebene Material die entwickelnde Forderung herantritt, so wird man drei Gruppen solcher Forderungen unterscheiden müssen: die allgemeinen — die individuelle Leistungsaufgabe im engeren Sinne — die abgeleiteten, technischen und gesetzgeberischen Notwendigkeiten.

Die allgemeinen Forderungen sind freilich aus dem Individuum Stadt nicht zu begreifen. Sie treten vielmehr diesem Individuum gegenüber als Konsequenzen aus dem größeren Zusammenhang, in den jede Stadt eingebettet ist, d. h. sie sind Ausfluß des umfassenderen Vorganges der Landesplanung — über den noch zu sprechen sein wird.

Die individuelle Leistungsaufgabe sollte an einzelnen Beispielen gezeigt werden, an ein paar (relativ!) einfachen wie etwa Stuttgart, Bremen, Königsberg, und an einem komplexen Beispiel, am besten Berlin.

Alles andere erscheint hier in abgeleiteter und dienender Position, so die ganzen technischen Fragen des Verkehrs, der Kraftversorgung, der Güterzufuhr, der Bauzonenordnung, der Verwaltungsgrenzen, des Bodenrechts, der Grünflächenpolitik, des Ausstellungswesens usw.

9.

Diese letzten Andeutungen lassen schon genugsam erkennen, daß sie über das eigentliche Problem hinweggleiten. Nun: hinweggleiten über das eigentliche Problem — das ist heute eine typische Bewegung fast überall, wo jemand mit diesen letzten Fragen des Städtebaus zu tun bekommt. D. h. also mit den Fragen der Zielsetzung und der organisierten Willensbildung. Die Ausstellung in Köln kann Entscheidendes leisten, wenn sie dieser Bequemlichkeit eine Grube gräbt, in der sie unerbittlich alles Halbe und Unklare verschwinden läßt.

Auch der Entwurf eines preußischen Städtebaugesetzes, falls es nicht wesentlich besser ausfällt, wird sicher in dieser großen Versenkung verschwinden.

Denn der Entwurf ist zwar eine fleißige Arbeit — das versteht sich von selbst; auch ist er als ein erster Versuch, an dem sich manches lernen läßt, begrüßenswert. Aber die grundlegenden Paragraphen sind Schulbeispiele dafür, wie die bürokratische Umgehung eines Problems an die Stelle staatsmännischer Bewältigung tritt. Nicht zu polemischen Zwecken, sondern zur sachlichen Klärung im Rahmen der Programmdiskussion sei dieses Schulbeispiel hier kurz erörtert, da es nun einmal aktuell und bequem zur Hand ist.

10.

Lehrreich ist schon der erste Satz in § 1 des Entwurfes. Er versucht die grundlegende Zielsetzung zu umschreiben und lautet: »Die städtebauliche Entwicklung der Gemeinden soll durch Aufstellung von Flächenaufteilungsplänen vorausschauend geordnet werden.« Eine nähere Bestimmung bringt der § 3: »Bei der Gestaltung des Flächenaufteilungsplanes sind das Wohnbedürfnis, die Bedürfnisse der Wirtschaft, des Verkehrs, der Landeskultur, der öffentlichen Gesundheitspflege und der Natur-, Denkmal- und Heimatpflege zu beachten.« Dazu gibt es zwar eine ausführliche Begründung, die viel schöne Worte enthält, doch können wir uns sparen, sie hier abzudrucken, denn sie gewinnt ja keine Gesetzeskraft.

Die städtebauliche Entwicklung soll vorausschauend geordnet werden. Dieser Satz läßt nur zwei Deutungen zu. Entweder ist gemeint, das »Vorausschauen« ergibt ein zweifelfreies Bild der Zukunft, und man braucht also nur noch zu »ordnen«, damit das Werdende, das man »vorausschaut« auch glatt geht. Aber mit dieser Deutung wäre der Bürokratie, die das Gesetz durchführen soll, eine Prophetengabe zugemutet, die sie wohl selbst nicht für sich in Anspruch nehmen wird. Auch wäre ein solches Maß von geschichtsphilosophischem Determinismus, ja Fatalismus, wohl überhaupt kaum vereinbar mit so aktiven Tätigkeiten wie Gesetze geben und Verwalten. Diese Deutung scheidet also praktisch aus.

Die zweite Deutung ist, daß der Gesetzgeber, falls er dem Entwurf zustimmt, sich absichtlich bescheidet, daß es zwar ein gewisses Maß rechtzeitiger Voraussicht kommender wirtschaftlicher und sozialer Entwicklungen verlangt, daß er ferner eine Handhabe geben will, um die städtebaulichen Auswirkungen dieser Entwicklungen zu regeln, daß er aber mit Bewußtsein darauf verzichtet, irgendeine Richtlinie für den Gebrauch dieser Handhabe aufzustellen. Die Lektüre der Begründung zeigt, daß diese zweite Deutung zutrifft.

Natürlich waren die Verfasser des Entwurfs klug genug, zu wissen, daß die »vorausschauende Ordnung« der städtebaulichen Entwicklung letzten Endes immer eine Frage politischen Entschlusses bleibt, daß ein Willensakt dazu gehört, dessen Wirkungen in der vorausgeschauten Zukunft wiederum mitenthalten und mitzuberechnen sind. Aber sie fanden nicht den Mut, im Gesetz selbst eine geistige Grundlage für solche Entschlüsse zu formulieren, einen positiven Gedanken als Richtpunkt aufzustellen.

Als Ersatz dafür ist dann der oben zitierte § 3 geschaffen worden, der unverbunden und ohne Rangordnung eine Reihe von Bedürfnissen aufzählt, die »zu beachten« sind.
Wenn so der Gesetzgeber abdankt, was pflegt dann im heutigen Deutschland zu geschehen? Dann gleitet seine Macht in die Hände der Verwaltung.

11.
Und damit sind wir bei dem zweiten Problem: dem der Willensbildung, konkret gesprochen, der Frage nach dem Bauherrn.
Bauherren waren einmal die Könige und die Priesterkasten. Es wurde schon gesagt, daß dies vorbei ist. Aber die neue Lösung ist noch nicht gefunden. Denn die Bürokratie als Bauherr: das ist keine Lösung, sondern ein Verlegenheits-Provisorium.
Hier ist § 6 des Entwurfs des Städtebau-Gesetzes lehrreich. Er sagt: »Bei den Vorarbeiten für Flächenaufteilungspläne und Ortssatzungen sind die Reichsbahngesellschaft, die Kunststraßen- und Kleinbahnverwaltungen, die Landeskultur-, Forst-, Wasser- und Bergbehörden sowie die für das Gebiet zuständigen amtlichen Vertretungen der Wirtschaft und Arbeit, und solange amtliche Vertretungen der Arbeit nicht bestehen, die Vertreter der tariffähigen Gewerkschaften der Arbeiter und Angestellten zu hören.« Sehen wir einmal davon ab, daß die meisten dieser Stellen wiederum Behörden und Verwaltungen sind, untersuchen wir nicht, wieweit die »amtlichen Vertretungen der Wirtschaft«, d. h. die Handelskammern und Handwerkskammern, hier richtig am Platz sind, und verschlucken wir vollends das Wort »Gewerkschaftsbürokratie« — hier kommt es auf eins an: alle Stellen sind »zu hören«. Nichts weiter.
Man weiß, was das in der Praxis heißt. In der Mitte der Regierungspräsident, er verschickt seine Entwürfe an die einzelnen Stellen, verhandelt mit ihnen einzeln, bekommt seine Gegenäußerungen — und macht zum Schluß, was er für richtig hält. Er kann die Beteiligten nach Belieben gegeneinander ausspielen, braucht keine gemeinsame Aussprache zu veranlassen, ist an nichts gebunden.
Wagt schon der Gesetzgeber keine Richtlinie der allgemeinen Landesplanung und (aus ihr folgend) des Städtebaus aufzustellen — und man kann ja auch zweifeln, ob er dazu imstande wäre —, so ließen sich immerhin Versuche vorstellen, um einem völligen Abdanken in die Hände einer unproduktiven und willkürlichen Bürokratie vorzubeugen. Man könnte z. B. an die Einschaltung besonderer Organe denken, zusammengesetzt aus sach- und lebenskundigen, unabhängigen Menschen aus allen an der Landesplanung und an den Siedlungsfragen der einzelnen Stadt beteiligten Kreisen — eine Art von sehr »plato-

nischer« Akademie. Als Parallele, wenngleich mangelhaft konstruiert, bietet sich der Reichswirtschaftsrat. Ob ein solcher organisatorischer Gedanke inmitten der heutigen bürokratischen Gesellschaft sich verwirklichen ließe, ohne daß dieses Organ binnen kurzem auch wieder zur Bürokratie (oder aber zur Dekoration) wird, ist freilich zweifelhaft.

Jedenfalls aber sollte die Kölner Ausstellung auch diese Frage aufwerfen und nach Lösungsmöglichkeiten suchen. Schon allein deshalb, weil heute doch auch die Stadtbauräte, wenigstens die besten unter ihnen, erkennen, daß ihre Position im Grunde kaum mehr möglich ist. Sie selbst fühlen zum Teil schon, daß sie, überlastet mit Tagesaufgaben, für weitreichende Entscheidungen sich auf ein größeres und nicht zur Stadtverwaltung gehöriges Gremium stützen müßten.

Es käme also, um es noch einmal zusammenzufassen, bei diesem Problem der Willensbildung (der Bauherrnfrage), darauf an, Wege zu zeigen zu einer Lockerung und Anreicherung des Minerals »Bürokratie«, das heute ein wenig starr und klotzig auf allen unsern Feldern liegt. Man würde damit wahrscheinlich einen Sonderfall der Problematik behandeln, die in der Abteilung »Ordnung des Staates« unter einem Stichwort wie etwa »lebendige Selbstverwaltung« breiter dargestellt würde. Was in einer einzelnen Stadt auf städtebaulichem Gebiet unamtlich und dennoch wirksam durch ein solches zwischen Verwaltung und Leben eingeschaltetes Organ geleistet werden kann, hat der Berliner Cityausschuß schon in manchen Ansätzen bewiesen.

12.

Es wurde schon gesagt: daß die Stadt eingebettet ist in einen größeren Zusammenhang, und daß daher an die Gegebenheiten der Stadt die Forderungen der Landesplanung herantreten. Das ist nun freilich durchaus dialektisch zu verstehen: sowenig eine Stadt losgelöst von »ihrem« Land leben kann, sowenig auch ein Land ohne seine Städte. Und weiter genügt ein Blick auf Hamburg, Berlin, Köln (auf Paris, London, New York), um zu zeigen, wie sehr auch die Fäden von Land zu Land, wirtschaftliche, politische, kulturelle Fäden, in Wahrheit zwischen den großen städtischen Konzentrationspunkten schwingen.

Will man aber in Köln zeigen, was Landesplanung in Wahrheit ist, so wird man nicht bei jener schematischen Aufteilungsmethode stecken bleiben dürfen, die heute dort vorkommt, wo die Technik an Stelle der Sache selbst unterschoben wird. Man wird sich vielmehr bewußt bleiben müssen, daß Landesplanung immer so etwas wie eine »königliche Kunst« bleibt, d. h. eine staatspolitische Kunst im höchsten umfassenden Sinne des Wortes. (Eine schlechte Politik, die die kulturellen Kräfte vergißt!)

Was kann man hier ausstellen? Sicherlich auch die technischen Details wie Ruhrsiedlungsverband, Mitteldeutschland u. dgl. Aber wenn der gute Vor-

satz der Konzentration auf das Wesentliche in Köln Einschränkungen erfordert, so werden am ehesten diese technischen Details zu opfern sein. Das Wesentliche ist auch hier: die Zielweisung.
Man könnte sich denken, daß es dabei ohne einen gewissen Relativismus nicht abgehen wird. Denn in staatspolitischen Fragen, wie es die Landesplanung ist, besteht in Deutschland nun einmal keine Einmütigkeit. Es wäre gut denkbar, daß die verschiedenen Auffassungen der siedlungspolitischen Zusammenhänge, wie sie in den bestehenden großen staatspolitischen Strömungen (ja nicht etwa den Parteien!) entsprechen, dargestellt werden. Und zwar, im Interesse der Klärung, möglichst in scharfer, zugespitzter Formulierung. Man könnte etwa sich vorstellen: ein auf nationale Autarkie gestelltes, demgemäß stark landwirtschaftlich betontes Programm, auf Unterbringung der Landflucht und möglichste Abschnürung der Großstädte berechnet — ein rein industrielles Programm, gerichtet allein auf höchste Rationalisierung der Güterproduktion — ein sozialpolitisches Programm mit Verwertung der Arbeiten der Gartenstadt- und Kleingartenbewegung — ein rein sozialistisches Programm, orientiert an der fundamentalen Wertschätzung der menschlichen Arbeitskraft und an dem Willen zur Beseitigung der Klassenscheidung.

13.

Vielleicht aber, wie wäre es, sind wir nicht rettungslos einem unbegrenzten Relativismus ausgeliefert? Vielleicht bietet uns die neue Zeit selbst, wenn wir ihre Ansätze nur aufmerksam ansehen, eine Richtungslinie an? Oder ist es zu verwegen, als Ziel den Ausgleich zwischen Stadt und Land ins Auge zu fassen? Man kann sich solchen Ausgleich sehr verschieden vorstellen. Und den Weg bis dahin sollte sich niemand irgendwie kurz oder bequem denken. Aber sehen wir nicht Anfänge dieses Weges in den Gartenstädten, den Schrebergärten, der Wanderbewegung, der Freiluftbewegung, in der Industrialisierung des flachen Landes, der Technisierung der landwirtschaftlichen Arbeit, in den Erleichterungen des Güter- und Personentransports und der geistigen Übermittlung? Das wäre schon »Neue Zeit« genug, eine solche populäre Gegenüberstellung letzter staatspolitischer und gesellschaftlicher Ziele in ihren Auswirkungen auf die städtebauliche Programmatik an Wunschbildern anschaulich zu machen und diese Überschau auszurichten auf den Blickpunkt: »Stadt und Land«. Es wäre die Eröffnung einer breiten Diskussion über Dinge, die bisher der Weisheit weniger — oder der Ratlosigkeit angeblicher Fachleute vorbehalten blieben.
Also ein Atlas der möglichen Landschaften des Reiches Utopia? Und warum nicht! Geben wir es doch zu: das Reich Utopia hat, heute noch, eine zauberhafte Anziehungskraft, es hat noch immer den größten Fremdenverkehr, und die Reiseerinnerungen daran üben magische Gewalt über die Dinge »dieser Welt«.

Heft 5/1930
Beiträge zur Frage des Hochhauses
Von Marcel Breuer

In folgenden Projekten sind drei verschiedene Fälle aus der Vielfalt der Bauaufgaben herausgegriffen:
Siedlungsanlage,
Krankenhausanlage,
Fabrikanlage.
Die Tendenz zum Hochbau ist darin offensichtlich. Jedoch: »Hochhäuser um jeden Preis« war hier nicht das Prinzip, sondern: Durch Parallellösungen in Flachbauten und durch kombinierte Vorschläge die jeweilige spezielle Anwendung des Hochhauses klarzustellen.

Versuchssiedlung Spandau-Haselhorst
Bei der Analyse des heutigen Wohnbedürfnisses sind die beiden extremen Formen die aktuellsten:
1. Ein »eigenes Heim« zu besitzen, örtlich und praktisch mit der »Scholle«, mit Pflanzen und Tieren verbunden zu sein; die Frau wirtschaftet zu Hause, der Mann und die Kinder verbringen ihre freie Zeit mit Gartenarbeit und erleichtern durch diese gesunde Tätigkeit ihre wirtschaftliche Existenz: Das Einfamilien-Siedlungshaus.
2. Eine Wohnung, in der die Haushaltarbeit durch gemeinschaftliche, großzügig organisierte Anlagen auf das Minimum reduziert ist, so daß die Arbeitskraft der Frau zur selbständigen Existenz (Berufsarbeit) frei wird; ebenfalls gemeinschaftlich organisierte Sportgelegenheiten sollen systematisch für den Ausgleich der täglichen Arbeit sorgen: Das Hochhaus.
Vorliegender Vorschlag berücksichtigt beide Tendenzen, den zweiten jedoch in vorwiegendem Maße, um den Forderungen der veränderten sozialen Verhältnisse, namentlich der Stellung der Frau, Rechnung zu tragen.
Die Hochhauswohnungen sind von durchgehenden Außenfluren zugänglich. An den Haupttreppen liegen je ein Paternoster und ein Personen-Lastaufzug. Die Anzahl der Geschosse entspricht der Transportfähigkeit der Aufzüge (18 Wohnetagen). In den beiden untersten Etagen sind die Gemeinschaftsanlagen untergebracht: Restaurants, Kinderheime, Konsume, Garagen (auch für Kinderwagen), Wäscherei, Anlagen für Körperpflege usw.
Die Abstände der Hochhauszeilen (110 m) betragen das Doppelte der Gebäudehöhen, um auch die untersten Etagen einwandfrei zu besonnen. Neben den reichlich vorgesehenen Park-, Spiel- und Erholungsflächen (Promenaden) bleibt

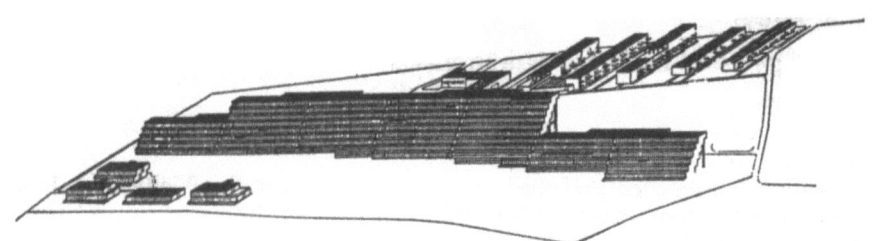

Krankenhaus für 1100 Betten. Arch. Marcel Breuer, Mitarbeiter Hassenpflug. Vogelschau

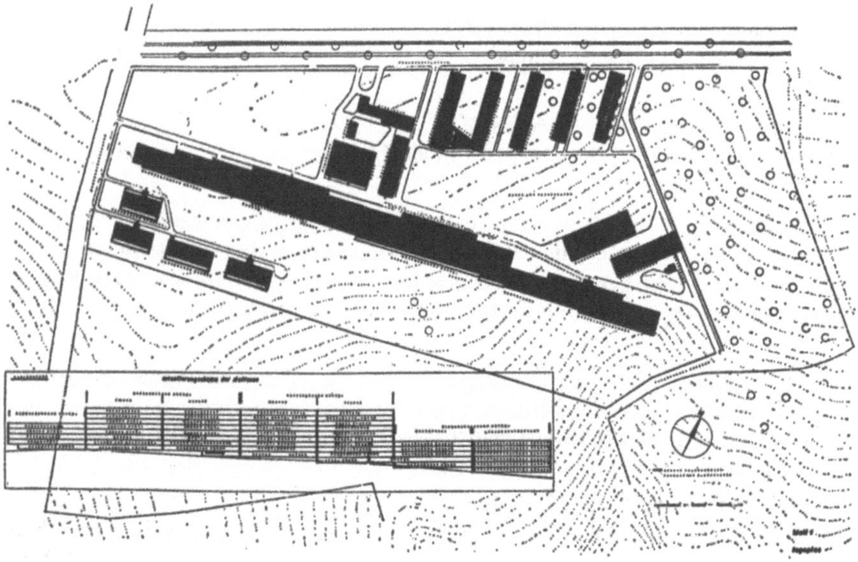

Lageplan des Krankenhochhauses

ca. 50 v. H. der Bodenfläche zwischen den Hochhausreihen zur produktiven Bodenbewirtschaftung irgendeiner Art frei.

Krankenhaus 2- bis 3geschossig
Die Gesamtlage gliedert sich in folgende zwei Gebäudegruppen:
1. An der Hauptstraße liegen unter Berücksichtigung der herrschenden SW-Windrichtung mit direkten Zufahrten versehen:
a) Wirtschaftsgebäude und Kraftanlagen,

Perspektive von rückwärts gesehen

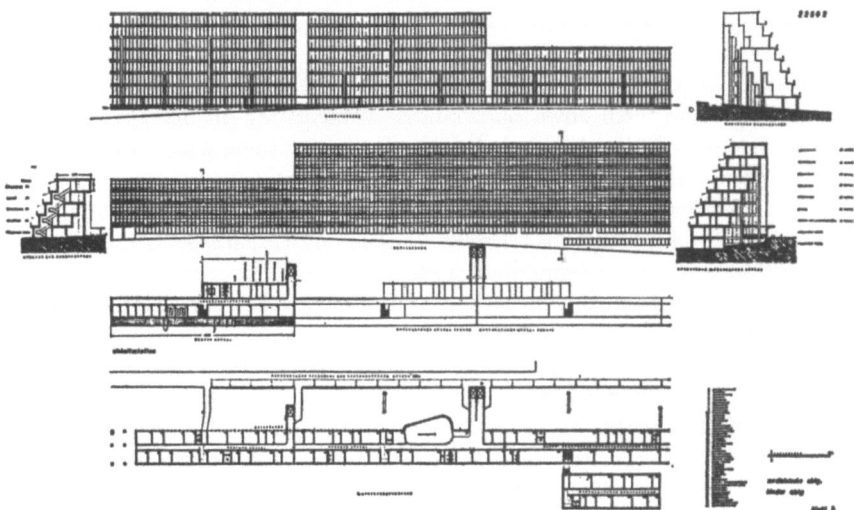

Krankenhaus-Hochbau, Risse

b) Sektionen und Laboratorien,
c) in einem gesonderten Wohngebiet die hotelmäßigen Schwesternhäuser und Wohngebäude der Ärzte und des Personals,
d) Verwaltung und Aufnahme.
2. Von der Hauptstraße abgerückt liegen die eigentlichen Krankentrakte. Deren Rückgrat ist ein glasüberdeckter Verbindungsgang, der der geringsten **Geländeneigung** folgt. Er ist mit horizontalen Galeriefluren versehen, die zu den **allgemeinen** Räumen der Krankenabteilungen führen.

Alle Krankenräume sind nach Süden durch Vertikalschiebefenster in der ganzen Breite zu öffnen. Der Forderung entsprechend, daß die Krankenräume in ihrer ganzen Länge 2,6 m breite Terrassen erhalten sollen, springen die oberen Etagen je 2 m zurück. Die entstandenen Terrassen beschatten die darunter liegenden Fenster nicht und geben die Möglichkeit, die Krankenbetten ganz ins Freie schieben zu können. Als Wetter- und Sonnenschutz dienen aufrollbare Markisen. In einigen Fällen dienen die seitlich anschließenden Dächer der unteren Etagen als Terrassen.

Krankenhaus-Hochbau

Wohngebäude, Nebenanlagen und die Absonderungsgebäude für Infektiöse sind die gleichen wie im vorhergehenden Parallelobjekt.
Die Grundzelle des Krankengebäudes ist die Einheitsstation. Die notwendige Anzahl der übereinander angeordneten Stationen bilden die einzelnen Krankenabteilungen und bestimmen die Gebäudehöhen.
Der Verkehr innerhalb einer jeden Abteilung geschieht durch vertikale Aufzüge, die untereinander durch einen horizontalen Verkehrsweg an der Nordseite des Krankengebäudes verbunden sind. Infolge der Geländeneigung ist der horizontale Hauptverkehrsweg zum Teil brückenartig gestaltet.
Bei der Gegenüberstellung des Krankenhochhauses mit dem gleichen Flachbau ergaben sich für das Hochhaus folgende Vorteile und Ersparnisse:
1. bedeutend geringerer Geländeverbrauch,
2. geringste Erdbewegung (im vorliegenden Fall beträgt die Geländeneigung durchschnittlich 12 v. H.),
3. Ersparnis an Fundamenten,
4. Ersparnis an Außenwänden,
5. Geringere Wegebaukosten, ebenso kürzere Leitungen und Installationen,
6. höchste Form der ökonomischen Bewirtschaftung in bezug auf Kraft-, Wärme- und Speiseversorgung sowie Personalwege.
Das durch die Terrassen bedingte Zurückspringen der Etagen erfordert eine nicht unerhebliche freistehende Stützkonstruktion. Jedoch betragen die dazu notwendigen Baukosten noch nicht 50 v. H. der oben erwähnten Ersparnisse.

Fabrikanlage

Grundlegend für die Anordnung der Gebäude ist der Fabrikationsgang, der im Flachbau vom Rohlager bis zur Expedition (die beide das Anschlußgeleise berühren) eine U-förmig fortlaufende Schleife beschreibt, deren Hauptträger die gangartig und zentral angelegte Revisions- und Zählkontrolle ist. Die gesamte Produktion passiert in ihrer laufenden Fortbewegung sowie nach jeder Abteilung die Kontrollstelle.

Im Programm ist ein Hochbau gefordert, der zur Zeit einen gesonderten Produktionszweig enthält. In welche Beziehung stellt man dieses Hochhaus zum Flachbau? Veränderungen in der Fabrikationsmethode und spätere Erweiterungen bedingen eine Umgruppierung der einzelnen Abteilungen vom Flachbau in den Hochbau. Hierdurch ergibt sich die dringende Notwendigkeit einer vielseitig variablen Verbindung beider Gebäudearten. Diese Überlegung führte zu der konzentrischen Lage des Hochbaues über dem Hauptbetriebsgang des Flachbaues, wo man an beliebigen Stellen direkte vertikale Verbindungen (Transportanlagen usw.) auch noch nachträglich schaffen kann.

Der Hochbau liegt mit 7 m Zwischenraum über dem Flachbau, so daß der Tageslichteinfall unter der Basis des Hochhauses nahezu unbeeinträchtigt bleibt. Die Zugänge der Arbeiter, ebenso Garderobe, Bäder und Kantine schließen sich ringartig um die zentralgelegene Fabrikation, so daß der Personalverkehr nirgendwo den Betriebsgang der Produktion oder deren Transportwege kreuzt.

Durch die konzentrische, abstandslose Anordnung der Gebäude ergibt sich eine Geländeersparnis, die eine Absonderung und sozial einwandfreie Ausbildung eines Wohn- und Wohlfahrttraktes ermöglicht (Kantine mit davorliegenden Freiflächen, Wohnhäusern).

Heft 6/1930
Dammerstock
Von Adolf Behne

An der Siedlung Dammerstock-Karlsruhe ist manche feindselige und gehässige Kritik geübt worden. Es bedarf wohl keiner Versicherung, daß solche Kritik hier nicht unterstützt wird. Keinen Augenblick sollen hier Bedeutung und Wert der Leistung verkannt werden, die auch ihre Urheber nur für eine Etappe auf dem Wege zum besten Wohnbau halten. Wenn wir nach einem Besuche in Dammerstock einige kritische Bemerkungen vorbringen, geschieht es im gemeinsamen Interesse der Weiterarbeit an den Problemen.
Der Dammerstock ist heute das konsequenteste Beispiel einer Siedlung im Zeilenbau. Ermutigt, berechtigt dieses Beispiel, am Prinzip starr festzuhalten?
Die erheblichen Vorteile des Systems werden nicht geleugnet, aber sie können gewahrt werden auch bei einer weniger dogmatischen Anwendung.
Man wird uns fragen, welche Nachteile denn die konsequente Anwendung des Zeilenbaues in Dammerstock aufweise?
Es sind das, um es vorweg zu sagen, keine praktisch-technischen Nachteile, wenigstens behaupten wir solche, von Einzelheiten abgesehen, nicht.
Es sind also ästhetische Einwendungen, die wir erheben?
Es kommt darauf an, was wir unter Ästhetik verstehen wollen.
Aber bezeichnen wir zunächst einmal die fraglichen Punkte.
Schon in seinem jetzigen Umfang, der sich ja noch erheblich ausdehnen soll, wirkt die Ausschließlichkeit der Nord-Süd-Zeilen »unrichtig«.
Die Ausschließlichkeit der Nord-Süd-Zeilen kommt bekanntlich aus dem Bestreben des Siedlungsbauers, allen Wohnungen eine Ost- und eine Westseite zu geben, allen Räumen also eine Sonnenseite.
Muß dieser Rücksicht nicht wirklich jede andere Rücksicht weichen? Oder bitte: welche andere, welche höhere Rücksicht könnte ein Abweichen von diesem Prinzip rechtfertigen? Sollen wir, wird der Siedlungsbauer gleich hinzufügen, für romantische Spielereien einen Teil der Bewohner, sollen wir etwa für ästhetische Mätzchen lebendige Menschen von Licht und Luft ausschalten?
Bauen und erst recht Siedlungsbauen ist ein sehr komplexer Begriff. Sehr vielen Ansprüchen muß der Bauende gerecht werden. Daß der Bauende allen erdenkbaren Ansprüchen gleicherweise gerecht werde, ist selbst bei einem freien Luxusbau unmöglich. Der Architekt wägt alle Ansprüche ab und darf Verantwortung nicht scheuen, wenn er zu einer Balance, zu einem Ausgleich kommen will. Wenn der ihm gelungen ist, verrät sich die Kunst der sicheren Steuerführung in der allseitigen Bestimmtheit des Baues, in seiner »Richtigkeit«.

Dort aber, wo der Bauende vor der Schwere des Ausgleichs zurückweicht, wo ihm die Hingabe an ein Extrem kompromißlos und damit männlicher erscheint, kann das Produkt sehr interessant sein, wird aber für das Empfinden stets einer Ergänzung zur Totalität bedürfen.

Es darf ganz gewiß als ein enormer Gewinn gegen früher bezeichnet werden, daß der Architekt nicht mehr der Formenlieferant für jeden beliebigen Besteller ist, sondern sich in die Disziplinen der Hygiene, des Verkehrswesens, der Volkswirtschaft und der Soziologie einarbeiten mußte. Aber in manchen Fällen war das Ergebnis nicht eine allseitige Erweiterung des Horizontes, sondern nur eine Interessenverschiebung, eine neue Einseitigkeit. Das Resultat einer solchen ist es, wenn gelegentlich das ganze vielfältige Tun des Architekten auf eine Karte gesetzt wird, wenn einer der vielen Faktoren zum Allheilmittel genommen wird. Selbstverständlich sind wir heute so wenig wie früher bereit, wesentliche Lebensansprüche der Bewohner irgendeinem Formalismus zu opfern. Wir behaupten vielmehr, daß dies gerade von jenen noch immer getan wird, die vielleicht glauben, solche Tendenzen in unserer Kritik abweisen zu müssen. Der Formalismus liegt freilich heute nicht mehr so offen im unmittelbar Sichtbaren, als im Geistigen, im Denkprozeß, kann sich aber dann auch im Raume nicht verleugnen.

Wenn es in Dammerstock heißt: es müssen alle Räume entweder nach Osten oder nach Westen liegen, so gibt uns die letzte Gewähr für die Wahrheit dieses Satzes noch nicht die Berufung auf diese oder jene hygienische Kapazität, sondern erst die Prüfung des Gesamtresultates, in diesem Falle der gebauten Siedlung im Zeilenbau.

Und da sagen wir uns: Dammerstock wäre richtig, wenn unsere Windrose nur Ost und West hätte, wenn die Sonne zwischen Ost und West auf kürzestem Wege hin- und herverkehrte, ohne Nord und Süd zu berühren. Aber da die Sonne, vom Menschen aus gesehen, einen Kreis um die Erde beschreibt und vier Himmelsrichtungen markiert, die unerhört tief in unser Bewußtsein eingegangen sind, so wirkt Dammerstock wie ein Torso.

Also soll der Architekt einer kosmischen Spielerei zuliebe Wohnungen und Menschen nach Norden verbannen?

Er braucht nicht Wohnungen nach Norden zu legen. Aber muß er den Süden boykottieren? Wenn er in den Kleinwohnungen von geringer Tiefe die Wohnräume nach Süden legt, mögen Küche, Bad und WC getrost nach Norden orientiert sein. Die Besonnung von Süden her ist intensiv genug – viel intensiver als die von Ost und West –, daß sie auch die Wirtschaftsräume in diesen kleinen Wohnungen desinfiziert und gesund erhält.

In Dammerstock sind über der Morgensonne zu viele andere Faktoren vergessen worden. Sicherlich ist es wertvoll, wenn die Morgensonne in das Schlafstuben-

fenster hereinkommt ... aber ist die frühe Morgensonne die einzige Gelegenheit, mit der Sonne in Berührung zu kommen? Wenn die Sonne ihren guten Tag hat, so scheint sie ja noch einige weitere Stunden auf dem Weg zur Arbeitsstätte, zur Schule und aus der Schule, und auch bei der Gartenarbeit kommen die Familienmitglieder in Berührung mit der Sonne. Denn schließlich ist ja der Mensch beweglich und wohnt nicht 24 Stunden lang im Hause.
Der Zeilenbau will möglichst alles von der Wohnung her lösen und heilen, sicherlich in ernstem Bemühen um den Menschen. Aber faktisch wird der Mensch gerade hier zum Begriff, zur Figur. Der Mensch hat zu wohnen und durch das Wohnen gesund zu werden, und die genaue Wohndiät wird ihm bis ins einzelne vorgeschrieben. Er hat, wenigstens bei den konsequentesten Architekten, gegen Osten zu Bett zu gehen, gegen Westen zu essen und Mutterns Brief zu beantworten, und die Wohnung wird so organisiert, daß er es faktisch gar nicht anders machen kann.
Schließlich ist das Wohnen eine zwar sehr wichtige, aber nicht die einzige Funktion unseres Daseins. Hier in Dammerstock wird der Mensch zum abstrakten Wohnwesen, und über allen den so gut gemeinten Vorschriften der Architekten mag er am Ende stöhnen: »Hilfe ... ich muß wohnen!«
Es wäre sehr unrecht, zu verkennen, daß gerade Haesler für das unerhört schwierige Problem der Kleinwohnung äußerst wertvolle Anregungen gegeben hat. Aber es droht hier eine Sackgasse. Die allzu spezialisierte Wohnung gewinnt nicht an Wohnwert, sondern verliert; Haeslers Wohnung ist überhaupt nur noch Schlafgelegenheit, denn sein Wohnraum wird zum Korridor für die einzelnen Schlafkojen, die ja in einer Arbeiterfamilie zu sehr verschiedenen Tageszeiten benutzt werden können.
Kann man per Diktatur soziologisch sein?
Die Fälle, in denen eine Familie die Räume so benutzt, wie es der Architekt sich gedacht hat, sind in allen Siedlungen der Welt sehr selten. Nehmen wir an, daß wirklich in allen Fällen die Vorschläge des Architekten richtiger waren ..., welches Mittel hat er, seinen Willen durchzusetzen? Keines; manche freilich glauben, das Mittel gefunden zu haben, wenn sie die Räume so klein machen, daß faktisch in ihnen nur gewohnt, nur geschlafen, nur gekocht werden kann. Aber das ist nur möglich auf Kosten anderer Wohnwerte.
Der Architekt ist heute leicht hygienischer als der Hygieniker und soziologischer als der Soziologe, statistischer als der Statistiker und biologischer als der Biologe. Aber er vergißt zu oft, daß Hygiene, Statistik, Biologie und Soziologie nur von Wert sind, wenn sie nicht den Wohnraum auffressen.
»vom biologischen standpunkt aus benötigt der gesunde mensch für seine wohnung«, so schreibt Gropius, »in erster linie luft und licht, dagegen nur eine geringe menge an raum. also ist es unrichtig, das heil in einer vergrößerung der

170

räume zu erblicken, vielmehr lautet das gebot: vergrößert die fenster, spart an wohnraum.«

Ist dann nicht die Bank im Tiergarten oder der Baumstumpf im Grunewald die ideale Wohnung? Es ist sehr nützlich, wenn sich der Architekt mit Hygiene und Soziologie beschäftigt, aber nur, wenn er dabei Architekt bleibt, das heißt die ausgleichende Instanz.

Kein Geringerer als der Sozialhygieniker Grotjahn hat kürzlich ausgesprochen, daß den notwendigen Ansprüchen an Licht, Luft und Sonne in den neuen Blöcken der Randbebauung mit weiten Abständen Genüge geschehen sei, und daß der Hygieniker an einer Weitertreibung dieser Forderungen heute weniger interessiert sei als an manchen anderen Forderungen, wie der radikalen Durchführung des Flachbaues mit unmittelbar am Hause gelegener Auslauffläche für die Kinder.

Gleichgültig, wie man zu dieser Meinung Grotjahns steht, so ist sie doch ein Beweis, daß auch die hygienischen Rücksichten nicht eindeutig klar und sicher offenliegen. Auch in der Hygiene, wie in allen biologischen Disziplinen, kommt es — ebenso wie in der Architektur — auf den Ausgleich mannigfacher Faktoren an. Wenn der Architekt sich blindlings auf die Hygiene stützt, so wird er gezwungen sein, alle Wandlungen innerhalb der Hygiene — und diese Wandlungen sind nicht gering — mitzumachen.

Es können nicht alle Fragen, nicht einmal alle hygienischen Fragen, von der Wohnung aus gelöst werden. Der Mensch ist beweglich, und seine Beweglichkeit erlaubt ihm, sich hygienische Ergänzungen zu verschaffen — im Sport, im Wandern, in der Gartenpflege, im Spiel, beim Angeln usw. Auch haben medizinalstatistische Untersuchungen gezeigt, daß Bewohner von Häusern, die man für sehr viel unhygienischer halten müßte, dennoch unter Umständen gesunder sind als die Bewohner von an sich hygienischeren Häusern, wenn sie in ihrer persönlichen Körperkultur, Sauberkeit usw. aufgeklärter und anspruchsvoller sind.

Für den radikalen Zeilenbau ist Hygiene ausschließlich Sonnenlage. Und wiederum Sonnenlage ist ihm ausschließlich Morgensonne für die Schlafräume, Abendsonne für die Wohnräume. Die Wohnung zerfällt so in ein Hüben und Drüben. Hüben nur dies, drüben nur das, und dieses Auseinanderfallen in zwei Fächer ist für den ganzen Zeilenbau charakteristisch. Glatte Aufteilung wie auf einer Skala, diesseits von Nullpunkt und jenseits vom Nullpunkt. Die Richtung bleibt gleich, nur das Vorzeichen wechselt, der Übergang ist ja ein Nullpunkt. Die Zeilen laufen von Nord nach Süd. Es gibt nur ein Rechts vom Wege und ein Links vom Wege. Die Nullpunkthaftigkeit der Markierung ist stark unterstrichen durch die blinden Schnittflächen der Giebel rechts und links vom Wege. Die Gegenbewegung, die Tiefenerstreckung, scheint für illegitim zu gelten. Die

Hauszeilen weichen notgedrungen ein paar Meter auseinander, und man denkt beim Hindurchgehen, daß sie sich gleich hinter einem mit den nackten Schnittflächen wieder zusammenschließen werden. ... wie Eisenbahnwaggons schnell auseinander- und schnell wieder zusammengekoppelt werden. Auch hier, wie im Ganzen des Dammerstock, sagt uns das Gefühl, daß etwas nicht richtig ist. Denn auch diese Lösung entbehrt der Totalität. Sie ist betont »sachlich«... und in Wirklichkeit, aus Furcht, formal zu werden, gerade formal und ausgesprochen unsachlich. Es gibt ja kein gröberes Mißverständnis als zu meinen, sachlich sei eine Lösung nur, wenn sie nach dem laufenden Band schmecke und rieche, billig, lieblos und möglichst mechanisch sei. Jedes Ding dahin, wohin es gehört. Für Eisenbahnwaggons ist das laufende Band ausgezeichnet und richtig, aber die »Sache« Wohnsiedlung ist eine andere. In ihre Sachlichkeit gehört durchaus, was Martin Wagner jüngst in einem Aufsatze die »neue Herzlichkeit« nannte und was Schwagenscheidt einmal so formulierte: »Blumen und Bäume, Hecken, Sträucher, Wiesen, Luft, Sonne und der Sternenhimmel, Wolken, Vögel und Schmetterlinge und vieles, was in Zahlen und Diagrammen nicht auszudrücken ist, gehören zur modernen Sachlichkeit.«
Es meldet sich beim Durchschreiten der hohen Randzeilen in Dammerstock die Erinnerung an die alten Brandgiebel der Großstädte. Man glaubt fast, es sei eine Berliner Mietskaserne auseinandergeschnitten. Seitenflügel und Quergebäude seien herausgelöst und in die Straßenflucht umgebogen worden. Das soll nichts anderes besagen, als daß auch hier die Empfindung des »Richtigen« ausbleibt.
Die Methode des Dammerstock ist die diktatorische Methode, die Methode des Entweder-Oder. Diktatur schneidet auseinander, ist unentwegt geradlinig, kennt zwei Flügel, aber keine Mitte.
Indem er Leben zum Wohnen spezialistisch verengt, verfehlt dieser Siedlungsbau auch das Wohnen. Dies ist kein Miteinander, sondern ein Auseinander. Die ganze Siedlung scheint auf Schienen zu stehen. Sie kann auf ihrem Meridian um die ganze Erde fahren, und immer gehen die Bewohner gegen Osten zu Bett und wohnen gegen Westen.
Es liegt in jeder Sache ein Begriff von Richtigkeit, der auf die Dauer nicht übersehen werden kann. Eine Siedlung ohne Bindung ist nicht in Ordnung. Ist die Ebene nur groß genug, so kann der Zeilenbau nach Norden und nach Süden kilometerweit auseinanderlaufen. Das heißt Menschen im laufenden Band verpacken, nicht aber Städtebau.
Die Ausgangspunkte des Zeilenbaues sind ausgezeichnet und sollen weiterhin nutzbar gemacht werden. Aber er kann Städtebau nur sein, wenn er ein Mittel des Städtebaues wird, nicht aber, wenn er an die Stelle des Städtebaues treten will.

Die diktatorische Methode denkt: Entweder-Oder. Der Bewohner aber denkt: Und. In Dammerstock besteht das Auseinander auch im Verhältnis zwischen Architekt und Bewohner. Man braucht nur die Gardinen hinter den modernen Fenstern zu sehen, die Gegenstände in den Loggien, um zu erkennen, daß die Form des Architekten sehr weit und sehr lose über dem Leben des Bewohners schwimmt.

Immer wieder dieses auf den entgegengesetzten Enden zweier Flügel Sichgegenüberstehen.

In meinem Büchlein »Neues Wohnen, neues Bauen« habe ich vor Jahren schon auf die Bedenklichkeit der diktatorischen Methode des modernen Architekten hingewiesen, und heute muß man dieses Übel mehr denn je kennzeichnen.

Es ist ganz gewiß richtig, daß die Schuld an dem Nichtzusammenkommen genauso auf seiten des Mieters liegt wie auf der Seite des Architekten. Es muß auch unterstrichen werden, daß gerade ein Architekt wie Haesler sich bemüht, den Bewohnern nahezukommen. Aber die Tatsache bleibt bestehen, daß der Architekt noch immer viel zu hoch hinaus will. Im Grunde denkt er noch immer: die Siedlung, das ist mein Werk, meine Idee, mein Produkt, und ich werde dieses Produkt zur größten künstlerischen Vollkommenheit treiben... die Menschen müssen sich dann einpassen.

Aber die Siedlung ist erst mit den Menschen komplett, und wenn in einer Siedlung außen der letzte Stahl-, Glas- und Flachdach-Schick herrscht, und innen stehen Plüschmöbel mit Muscheln, und gegen Morgen- und Abendsonne sind schön mit Schleifen in der Mitte geraffte Gardinen und auch Lambrequins und Stores, dann ist wieder etwas Wesentliches nicht richtig. Denn nie werden die eleganten blanken Fronten jemanden erziehen, dazu sind sie viel zu weit ab am äußersten Ende des anderen Flügels.

Hier Kunst... hier Kitsch! der Schlachtruf reißt die Parteien auseinander.

Immer wieder dieses Gefühl: die Flügel klaffen weit auseinander, der Rumpf, die Mitte, die Verbindung, der Ausgleich fehlt.

Sind diese blanken Frontwände hier überhaupt am Platze? Diese Kleinwohnungen liegen in Gärten, aber die Front erlaubt eigentlich nur, daß man vor ihr im stilvollen Jumper sitze, vielleicht lese. Auch hier überrennt das Leben der Bewohner, die im Garten regelrecht arbeiten und basteln, den Stil, der einfach zu hoch gegriffen ist. Eine Einzelheit: überall hängt Wäsche auf der Leine und stört ästhetisch sehr. Aber müßte es nicht anders sein? Müßte eine gesunde, nahe Form nicht dieses alles aufnehmen und vertragen?

Die Sockel der Hauszeilen waren grau gestrichen. Ohne Frage war das sehr geschmackvoll und sah nobel aus. Aber man war, als ich durch Dammerstock ging, eben dabei, das Grau mit Rot zu überstreichen. Rot ist viel weniger »gut« als Grau. Aber nicht vielleicht doch richtiger?

Es mag willkürlich scheinen, wenn ich in diesem Zusammenhange von der Plastik-Ausstellung der Sezession spreche, aber es ist notwendig, weil lehrreich. Denn sie bietet das genaue Gegenstück zu Dammerstock. In der Sezession ist es ganz auffallend, wie das Motiv des Torso zum ersten Thema geworden ist. Nicht der Mensch wird dargestellt, sondern sein Rumpf. Wozu er Arme und Beine hat, wird hier nicht gefragt. Auch Dammerstock ist ein Torso. Aber hier fehlt der Rumpf, und zum Thema wurden die Arme und Beine, die Extremitäten. Beide sind Torso, beiden fehlt die Totalität.

Die Sezession arbeitet für den Verkauf. Wer kauft heute Kunst? Doch nur die »Gesellschaft«, die, gemessen am Totalen der Volksgemeinschaft, ein Torso ist. Die Architekten arbeiten für die Masse, und die Masse ist zerteilt in Extreme. Dort nur Statik, hier nur Dynamik. Sollte ein Kompromiß nicht von Nutzen sein?

Es sei noch einmal betont, daß diese prinzipielle Erörterung die Leistung der Architekten in Dammerstock nicht herabsetzen soll. Wir sehen nur diese Leistung im allgemeinen Schicksal unseres Bildens. Man würde uns ganz falsch verstehen, wenn man in unseren Ausführungen ein Rückzugssignal sehen wollte. Mit den reaktionären Kritikern des Dammerstock haben wir nichts zu tun. Wir möchten vielmehr anregen zu einem weiteren Fortschritt, denn für einen Fortschritt möchten wir die Absage an das Dogma immer halten.

Heft 9/1930
Diskussion über den Zeilenbau

Problematik des Städtebaues
Von Walter Schwagenscheidt

Zu den Aufsätzen von Adolf Behne in Heft 6 und von H. de Fries in Heft 7 der »Form« möchte ich mir einige Bemerkungen erlauben.
Mit den größten Erwartungen bin ich nach Karlsruhe und Kassel gefahren, um die letzte Errungenschaft auf dem Gebiete der Baukunst, den Zeilenbau, zu erleben.
So wie ich haben mir bekannte Fachleute und Laien, deren Urteil mir wichtig ist, ein Gefühl der Leere mit nach Hause gebracht, alle hatten die Überzeugung, daß wohl etwas bei diesem Zeilenbau nicht richtig sein könne.
Wir wollen mal annehmen, die Wohnungen würden noch besser gemacht als sie sind — ich halte die Haeslerschen Wohnungen in wohntechnischer, hygienischer, wirtschaftlicher Hinsicht nicht für Standardlösungen, wie Haesler sie selbst in seiner Schrift »Zum Problem des Wohnungsbaues«, Verlag Hermann Reckendorf G. m. b. H., Berlin, auf Seite 3 bezeichnet, für mich sind sie keine Ausgangsbasis für bessere Lösungen —, aber das sei hier nicht weiter erörtert, sondern vorausgesetzt, die Wohnungen seien vollkommen und alle Fachleute und Laien seien mit diesen Wohnungen einverstanden — das Gefühl der Leere würde deshalb doch da sein.
Von allergrößter Bedeutung erscheint mir die Beziehung der Zeilen zueinander, und zwar nicht nur in bezug auf deren Abstand, sondern auch in bezug auf ihre Längenausdehnung, d. h. der zwischen den Zeilen liegende Abstand ist mit Höhe und Länge der Zeilen als Raum zu werten. Die Zeilen in Karlsruhe und Kassel sind Plastikkörper, und der zwischen ihnen liegende »Abstand« ist ein zufälliges Etwas. Wie wäre es sonst möglich, bei denselben Abständen die Länge der Zeilen ganz außerordentlich unterschiedlich zu machen. Es ist wohl doch nicht richtig, eine Fläche wie ein Cuthosenmuster aufzuteilen, und zu sagen, das sei Städtebau. Ich kann ein einzelnes Haus als Plastikkörper hineinstellen in die Natur — obwohl auch hier sofort Beziehungen zu einem Zaun, Baum auftreten, denn irgend etwas ist doch immer nebenan —, sobald aber ein zweites Haus dazukommt, erhält der Luftraum zwischen beiden Bedeutung. (Ich weiß nicht, ob man sagen kann, es werden zwischen beiden Häusern Spannungen ausgelöst, unsichtbare Wellen und Energien springen hin und her.)
Bei der Weißenhofsiedlung in Stuttgart ist diese Beziehungnahme zwischen den einzelnen Häusern, den individuellen Einzelleistungen, nicht vorhanden, ich sehe sie aber z. B. bei Corbusiers Siedlung in Pessac. Die Siedlungen in Dammer-

stock und Kassel machen den Eindruck, als ob ihre Verfasser stolz darauf seien, den Raum überwunden zu haben. Wie jede Kunst ihre eigene Ausdrucksform hat — die Malerei hat die Fläche, die Plastik den Körper, so ist wohl nur der Raum die richtige Ausdrucksform für die Baukunst. Im Jahre 1920 habe ich das in meiner »Raum- und Naturstadt«, die aus mit Zeilen gebildeten Räumen besteht, dargelegt und komme nach immer erneuten Überprüfungen darauf zurück.

Daß unter Raum kein langweiliger viereckiger Kasernenhof zu verstehen ist, das ist wohl selbstverständlich — (grauenhaft der Gedanke); der Raum kann wie ein moderner Innenraum aufgelockert und aufgerissen und mit dem Draußen, dem All, auf wundervolle Weise verbunden sein, es wird je nach Können des Architekten und nach den besonderen Umständen gute und weniger gute Räume geben. Ich denke vor allem nicht daran, mit von außen hineingetragenen Raummotiven den Städtebau zu beglücken. Aber so wie es mir nicht gleichgültig ist, ob ich in einem Flur oder in einem bei noch so freier Gestaltung immer noch als Raum anzusprechenden Gebilde lebe, so kann es mir auch nicht gleichgültig sein, ob der Zwischenraum zwischen den Zeilen ein zufälliges Etwas oder ein Raum ist, denn der Außenraum kann innigste Beziehungen mit der Wohnung, dem Menschen haben. In welcher Weise ich mit Vernunft den Raum gestalte (es ist sicher oft sehr einfach möglich), darüber entscheidet wie bei der Wirtschaftlichkeit, der Hygiene, den soziologischen und psychologischen Forderungen der persönliche Takt. Denn was heißt Wirtschaftlichkeit? Je enger ich die Zeilen stelle, um so billigere Mieten bekomme ich heraus; was heißt beste Besonnung? Das kommt auf die Ansprüche an, die ich stelle; die tatsächlich beste Besonnung erreiche ich erst, wenn überhaupt kein Haus vor dem meinen steht. Alles relativ und alles vom Menschen zu bestimmen?

Aber sicher ist, man kann es in Dammerstock und Kassel erleben, daß dem Menschen ein zufälliges Etwas unangenehm ist, so sehr wie der normale Mensch die freie nicht von Menschenhand geformte Natur liebt; aber wenn der Architekt schon mit seinen hohen Mietblöcken ankommt, dann muß er so freundlich sein, auch die nächste Umgebung noch miteinzubeziehen in seine Formung und für den richtigen Übergang von seinem Werk zum Werk des lieben Gottes zu sorgen. Die Meterzahl des Zeilenabstandes ist nicht entscheidend. Wenn die Baupolizei festlegen will, daß der Abstand das Zwei- und Zweieinhalbfache der Haushöhe betragen muß — solche Absichten bestehen wohl für die Reichsbauordnung (sicher ohne Rücksicht auf die Zeilenlänge), dann sind wir wieder da angelangt, daß der Geometer und Städtebaubeamte und nicht der schöpferische und gestaltende Baukünstler den Städtebau macht. Der Stumpfsinn ist nicht auszudenken. Der Architekt trägt dann in die vom Städtebaubeamten vorgezeichneten Zeilen die Grundrißtypen ein, wie es in der Fachsprache heißt.

Gerade auch bei eingehender Beschäftigung mit der Besonnung kommt man zum dreidimensionalen Raum, der nicht nur eine Funktion von Haushöhe und Zeilenabstand ist, sondern dessen Tiefe eine ausschlaggebende Rolle spielt. Vielleicht ist es gar nicht nötig, den Plastikkörper in Flächen zu zerlegen, um mit ihm Räume zu bilden, gerade das Spiel der Körper zueinander wird lebendige Raumbildungen schaffen.

Zu den Menschenwohnungen gehört die Natur, das ist selbstverständlich und ja auch allgemein anerkannt; aber ich meine, ein Bleichplatz und eine Gemüsefläche genügen noch nicht; zur Gestaltung des Raumbodens wären Fülle und Üppigkeit zu wünschen.

Daß man der Natur mit ihren wechselvollen Schönheiten nicht genügend Bedeutung beimißt, ist daraus zu ersehen, daß die Bauten meistens ohne Natur in Fotos der Öffentlichkeit übergeben werden, als sei mit dem Verputz der Häuser das Notwendige geschehen; die Natur ist nur eine kleine bescheidene mehr oder weniger zufällige Beigabe. — Da die weiche Natur gegen die hohen harten Hauswände aufkommen muß, muß man der Natur Zeit zur Entfaltung lassen, und der Raum kann erst nach Jahren fertig sein. Eine starke Natur ist dann die Vermittlerin zwischen der Architektur und dem Menschen mit seinen mannigfachen Spezialwünschen und Geschmacksauffassungen.

Die Häuser technisch sauber und korrekt und vollkommen funktionierend wie vom laufenden Band, wie aus der Kanone geschossen, eingebettet in üppige Natur, der Himmel die Raumdecke! Es wird eine Lust und Freude sein, ein solches Paradies zu bewohnen und anzusehen.

Ich will keine pathetische Prophetie loslassen, aber ich glaube, wir müssen über den Zeilenbau, auch Einzelreihenbau genannt — das Wort charakterisiert die Situation sehr gut (dessen Vorzüge wir selbstverständlich nicht aufgeben) —, zum »Raumbau« gelangen. Ich kann mich nicht so gewandt ausdrücken wie Behne und De Fries, aber vielleicht versteht man doch und kann zwischen den Zeilen (ich meine jetzt diese Schriftzeilen) lesen, was gemeint ist.

Zum Zeilenbau der Dammerstock-Siedlung
Von Hans Schmidt

Vor etwa einem Jahr rief mich mein Buchhändler an, ob es wahr sei, was man sich gerüchtweise erzähle — nämlich der Architekt Le Corbusier habe »alles widerrufen«! Damals hatte Le Corbusier irgendwo einen Artikel gegen die kunstfeindlichen Tendenzen verschiedener jüngerer Architekten geschrieben, und schon ging ein Aufatmen durch die kleine Welt: es ist also doch nicht so schlimm. Wenn ich den Artikel von Behne in Nr. 6 der »Form« so lese, wie ihn jene

kleine Welt liest, so bin ich bloß froh, daß Adolf Behne nicht so berühmt ist wie Le Corbusier. Sonst könnten wir heute schon in allen Käseblättern lesen, mit dem Zeilenbau und dem Flachdach sei es nichts — der gute alte Block, die Dachwohnung und die Villenkolonie seien viel menschlicher und überhaupt: vergeßt nicht die Vögel und Schmetterlinge und die »neue Herzlichkeit«.
Der Anlaß zu Behnes Kritik ist uns verständlich, und wir werden versuchen, diesem Anlaß auf den Grund zu gehen. Nicht verständlich ist aber, daß er seine Kritik gegen das System des Zeilenbaus überhaupt und gegen die Ideen der modernen Architektur als Ganzes richtet.
Die Architekten, Hygieniker usw. sind sich heute nicht einig, welche Besonnung und damit welche Lage der Wohnungen die richtigste ist und welche andern Faktoren ebenso wichtig oder noch wichtiger sein können — Fragen, die nur durch lange Beobachtung und Erfahrung geklärt und auch dann mit andern Vor- und Nachteilen abgewogen werden müssen. Liegt darin ein Grund, den Zeilenbau oder, allgemeiner gesagt, die Notwendigkeit der Systematik im Bebauungsplan abzulehnen? Soll man die Erkenntnis, daß der heutige Städtebau weitergehen muß als das übliche Umbauen irgendwelcher Straßenzüge, wieder verlassen, weil man noch nicht einig ist und Fehler macht?
Behne lehnt allerdings weniger den Zeilenbau an und für sich ab als die Architekten und ihre Systematik — weil »das Leben« ja doch ganz anders sei! Nehmen wir einmal an, geben wir sogar zu, die Systematisierung so isolierter Dinge wie die Form der Wohnung, die Gestalt der Gardinen usw. habe keinen Einfluß auf die individuelle Mentalität der Bewohner, so ist damit noch lange nicht gesagt, daß der Architekt nach der Mentalität der Bewohner bauen solle. Wenn der Sockel im Dammerstock einheitlich grau gestrichen wird, so ist das eine systematische Überlegung — wenn nachher einige Bewohner das teurere Rot hübscher finden, so ist das eine individuelle Überlegung. Der Architekt, der nicht gerade eine Villa baut, wird immer systematisch überlegen müssen. Wir sind sogar der Meinung, daß er heute noch viel zu wenig systematisch überlegt, ganz einfach, weil es ihm an der nötigen Schulung und Erfahrung fehlt.
Ist der Dammerstock zu sehr systematisch? Adolf Behne schließt aus einem von ihm empfundenen ästhetischen Unbehagen, daß dies der Fall ist. Suchen wir dieses Unbehagen an einigen Punkten zu erklären:
1. Der Dammerstock teilt das Schicksal unserer meisten Siedlungsunternehmungen, daß wir nämlich Städtebau fast immer auf irgendeinem zufällig ausgewählten Terrain der möglichen Stadterweiterung treiben müssen. Wir fühlen beim hintersten Stumpengeleise eines Rangierbahnhofs: das ist notwendig mit einem ganzen Organismus verbunden. Diese Verbundenheit mit einer zwingenden Stadtentwicklung fehlt beim Dammerstock sehr stark. Seine Systematik wird äußerlich und scheint in der Luft zu stehen.

2. Wir gelangen zum Dammerstock auf einer stark betonten Ausfallstraße. Unser elementarstes Bedürfnis wäre, von dieser Straße aus das Ganze zu übersehen, genau über Ausdehnung und räumliche Gestalt der Anlage unterrichtet zu werden. Statt dessen müssen wir die Siedlung hinter einer Wand von Miethäusern suchen. Vielleicht hat bei dieser Anordnung die üble Theorie nachgewirkt, nach der Verkehrsstraßen der Anliegerkosten wegen mit hohen Häusern als »Randbebauung« ausgenutzt werden müssen. Rein räumlich wäre es richtiger gewesen, andersherum zu verfahren, wie dies, mitbestimmt durch wirtschaftliche Überlegungen, bei der Hellerhofsiedlung in Frankfurt (Main) (Architekt Mart Stam) durchgeführt wurde.

3. Die straffen Zeilen der Dammerstocksiedlung sind von neun verschiedenen Architekten mit 23 verschiedenen Haustypen ausgefüllt worden. Die Folge ist, daß der Rhythmus der Öffnungen usw. von Reihe zu Reihe wechselt, daß plötzlich ein Riß klafft zwischen der Systematik des Ganzen und dem Wesen des Einzelnen, daß ein Kompromiß entsteht zwischen einer typisierten Bebauung und einer nicht typisierten Hausform. Ist das notwendig? Entsprechen die 23 Haustypen tatsächlich ebenso vielen Bedürfnissen der Bewohner — oder ist es nicht vielmehr so, daß die neun Architekten noch nicht so weit sind, oder nicht so weit sein können, auf Grund ihrer Erfahrung diese Bedürfnisse rationell zu formulieren und zu befriedigen?

Wir möchten mit diesen Punkten nicht die Kritiker des Dammerstocks vermehren — es ist uns darum zu tun, die falsche Richtung der Behneschen Kritik zu zeigen. Wenn etwas versagt hat, so ist es nicht die Konsequenz der modernen Ideen, sondern der Kompromiß zwischen scheinbarem System und tatsächlicher Systemlosigkeit. Ist das erstaunlich? Innerhalb weniger Jahre wird die ganze Architektur modern aufgebügelt — unsere Kritiker sollten zuerst erkennen, daß mit dieser Bügelfalte noch lange nicht alles getan ist.

Menschenwirtschaft und Raumwirtschaft in Deutschland
Von Alexander Schwab

Im Südosten Europas — verzichten wir auf eine nähere Bestimmung dieses vagen Begriffs — kommt es noch vor, daß eine achtköpfige Bauernfamilie mit Klein- und Federvieh zusammen unter einem Dach, ja fast in einem Raum lebt. Dem englischen Industriearbeiter ist es selbstverständlich, daß er sein eigenes Häuschen hat. In den deutschen Wohnungsgesetzen seit dem Kriege gilt als Grundsatz, daß für jeden Erwachsenen ein Zimmer, und dazu noch ein gemeinsames für die Familie, zur Wohnung gehören sollte. (Die Wirklichkeit freilich ist noch weit hinter diesem gesetzgeberischen Wunschtraum zurück.)

Müßten wir uns wundern, wenn eines Tages irgendeine Stimme jenseits der deutschen Grenzen sich erheben würde, um uns vorzuwerfen, wir seien zu anspruchsvoll? Wir sollten uns keineswegs; hat man nicht ähnliches schon sogar innerhalb der deutschen Grenzen gehört? Aber freilich sollten wir uns mit sanfter Entschiedenheit wehren, und es mag vielleicht zur klareren Erkenntnis unserer Situation beitragen, wenn solchem hypothetischen Vorwurf schon immer fürsorglich begegnet wird.

Nein, wir sind in unseren Wohnbedürfnissen keineswegs zu anspruchsvoll, und in unserer Baupolitik, die der Befriedigung des berechtigten Wohnungsbedarfs dienen soll, sogar eher zu anspruchslos. Es ist nämlich folgendes zu bedenken: Deutschland ist ein industrielles Land. Deutschland ist ein rohstoffarmes Land. Deutschland ist ein Land der Städte.

Aus diesen Dingen — und aus unserem Klima, über das wohl nichts weiter gesagt zu werden braucht — resultieren Art und Gewicht unserer Ansprüche an die Wohnung.

Denn, weil wir zu wenig eigene Rohstoffe und Nahrungsmittel haben, und außerdem, weil wir ein stark industrialisiertes Land sind, müssen wir Menschenwirtschaft treiben, und zwar Menschenwirtschaft einer ganz bestimmten Art. Und wiederum: weil wir ein Land mit überwiegend industrieller Tätigkeit sind, sodann aber auch, weil wir zum größten Teil in Städten wohnen, müssen wir Raumwirtschaft treiben, und zwar so, daß diese Raumwirtschaft Genüge leistet sowohl den menschenwirtschaftlichen Notwendigkeiten als auch den Erfordernissen unserer Industriewirtschaft.

Nun aber sind alle diese Dinge noch dazu in einem völligen Umbau begriffen. Der Krieg selbst, sein Ausgang und alle Ereignisse seither haben unaufhörlich mit ungeheurer Geschwindigkeit alle Voraussetzungen unserer Menschenwirtschaft und unserer Raumwirtschaft umgewälzt und immer wieder umgewälzt. Und diese Umwälzungen sind noch lange nicht am Ende. Wir haben den

Umbau, den wir brauchen, um den Anforderungen der Lage gerecht zu werden, noch bei weitem nicht beendet, ja, wir haben ihn kaum eben erst begonnen. Das heißt: unsere Menschenwirtschaft und unsere Raumwirtschaft (mithin auch unsere Baupolitik) dürfen nicht statisch, sie müssen vielmehr dynamisch sein. Das ist aber wohl die schwerste Anforderung, die an Baupolitik und Bauwirtschaft gestellt werden kann. Ja, man kann sagen: der Gedanke einer dynamischen Baupolitik ist geradezu paradox. Denn von allen menschlichen Tätigkeiten ist neben dem Ackerbau der Hausbau diejenige, die am meisten zum Festen, Stabilen, Bleibenden drängt: ein Haus, wenn es erst fertig gebaut ist, steht nun eben einmal da, so wie es ist; eine Stadt, eine Siedlung ist eben an ihrem Fleck und bewegt sich nicht. Dennoch müssen wir dies Paradoxe einer dynamischen Baupolitik zu realisieren suchen.

Neben dieser Aufgabe scheint die der Menschenwirtschaft, die ja ein Teil davon ist, verhältnismäßig einfach zu sein. Man hat die Wahrheit, daß die menschliche Arbeitskraft der eigentliche Reichtum Deutschlands sei, seit dem unvergeßlichen Friedrich Naumann in Ministerreden schon ein wenig kreuzlahm geritten; wahr bleibt sie dennoch. Aber man muß auch recht verstehen, was sie besagt: nämlich, daß der deutsche Mensch mehr arbeiten muß und besser arbeiten muß — vor allem besser arbeiten! — als alle anderen europäischen Völker, wenn er Schritt halten will. Wir können weder aus Rohstoffmonopolen und reichen Kolonien reichen Gewinn haben, noch uns genügsam von eigener Scholle nähren: wir müssen industrielle Qualitätsproduktion aufs höchste entwickeln.

Und die hochqualifizierte Arbeitskraft, die hierzu nötig ist, braucht schon zu ihrer physischen und psychischen Reproduktion eine Wohnung, die ein Gegengewicht zu Lärm, Staub, Hast, Einordnungszwang, Nervenbelastung der Fabrik sichert. Dann aber erfordert der Anspruch auf Qualitätsleistung in der Produktion auch einen gewissen Standard des täglichen Lebens außerhalb der Produktion. Armselige Nomaden mögen herrliche Teppiche weben — Telefonapparate, Motoren oder chemische Gläser können sie nicht herstellen, und wenn sie es lernen, werden sie nicht mehr wie Nomaden hausen können.

Aber freilich: etwas vom Nomaden haben auch die modernen Industriearbeiter an sich. Seit Jahrzehnten wandern sie ständig vom Lande in die Stadt: die Städte mit mehr als 100 000 Einwohnern beherbergten 1871 erst 5,6 v. H., 1925 schon 26,8 v. H. der deutschen Bevölkerung. In den eigentlichen Industriegebieten leben heute zwei Drittel der deutschen Menschen. Und neben diesem Wanderzug der Jahre und Jahrzehnte gibt es die beiden täglichen Wanderungen der Millionen: von der Wohnung in die Fabrik, von der Fabrik in die Wohnung, täglich viele Milionen von Wegstunden, bewältigt zu Fuß, mit der elektrischen oder der Dampf-Bahn.

Hier beginnt die Problematik der Raumwirtschaft. Denn wer möchte behaupten, daß die ungeheuren volkswirtschaftlichen Kosten dieses Verkehrs durchweg produktive Kosten seien, unerläßlich zur Sicherung der Volksgesundheit? Die einen wollen Wohnviertel und Fabrikviertel völlig voneinander trennen, eben im Interesse der Volksgesundheit — aber in der Praxis sind die Viertel meist noch gemischt; die andern behaupten, der Elektromotor ermögliche für viele Industrien die bauliche Zusammenlegung von Fabrik und Arbeitersiedlung, durch die man Verkehrskosten (einschl. Zeit) spare — aber auch das ist bis jetzt nur Programm. Und welches der beiden Prinzipien ist richtig? Man könnte diese Frage — vielleicht — theoretisch lösen innerhalb eines Beharrungszustandes. Aber die Raumwirtschaft, die Siedlungspolitik, die Baupolitik, die Deutschland treiben muß, ist kein statisches, sondern, wie schon gesagt wurde, ein dynamisches Problem.

Der Strom der Geschichte fließt nicht zu allen Zeiten gleich rasch. Selten war sein Tempo so reißend wie heute. In Deutschland ist es besonders die Umlagerung der wirtschaftlichen Kräfte, die die Aufmerksamkeit auf sich zieht. In den letzten vier Jahren ein Anwachsen der Arbeitnehmer um 2,8 Millionen Köpfe, 1,8 Millionen mehr als die Bevölkerungsbewegung hätte erwarten lassen. Welche Riesenzusammenschlüsse der Industrie, welcher unaufhördliche Prozeß technischer und organisatorischer Rationalisierung, welche Not großer Teile der getreidebauenden Landwirtschaft! Große Industriezweige, teils in wenigen Jahren aufgebaut, teils von alters her blühend, werden unter Schlägen von den Auslandsmärkten her fast zerbrochen. Weite Grenzbezirke drohen zu veröden, wenn ihnen nicht die Umstellung auf die neuen Verhältnisse gelingt.

Wer weiß in dieser erst begonnenen Umordnung, die doch vielfach auch eine räumliche Umstellung bedeutet, wer weiß zuverlässig, wo neue Industrien und neue Arbeitersiedlungen richtig, d. h. mit Aussicht auf Gedeihen und Bestand, angelegt werden können?

Vielleicht ist — wer weiß es? — der zehnte oder achte Teil unserer Industrien mit einer Millionenzahl von Arbeitnehmern heute am falschen Standort, bedarf einer Umsiedlung — aber wie und wohin? Vielleicht, ja wahrscheinlich, muß man die großen Städte weitgehend auflockern, sicherlich muß man den Millionen, die an der Maschine arbeiten, die Möglichkeit eröffnen, in ihren freien Stunden ein Stück Land zu bearbeiten — muß es diesen Millionen möglich werden, ihre Kinder in gesunder und natürlicher Umgebung aufwachsen zu lassen. Denn auch das gehört zu der Menschenwirtschaft, die wir nötig haben. Das deutsche Industrievolk hat nicht mehr Lust, eine Überzahl von Kindern in eine Welt voll Ruß und Lärm zu setzen. Es will für seinen Nachwuchs, der an Zahl abnimmt, Licht und Luft und alle Bedingungen gesunden Wachstums. Und dieser Wille ist eine wirtschaftliche Existenznotwendigkeit: unsere Kinder müssen einst Qualitätsarbeiter von Rang werden, wenn sie leben wollen.

Daß die moderne Großstadt an einem Punkt ihrer Entwicklung angelangt ist, an dem eine entscheidende Wendung gemacht werden muß, das weiß man in Paris oder etwa in Lille so gut wie in Berlin oder Breslau. Man weiß es — aber man fühlt es dort kaum so lebhaft, wie es in Deutschland auch der einfache Mann fühlt, einfach deshalb, weil in Frankreich die ländliche Bevölkerung im Verhältnis zur städtischen noch viel stärker ist als in Deutschland.
Wie es in Deutschland ist, kann jeder sehen, der mit dem Zug in eine der deutschen Großstädte einfährt. Fast an jeder Bahnstrecke sieht er, weit vor den Vorstädten draußen und sich fortsetzend bis an der Stadt heran, eingeschoben in jede Lücke zwischen Fabriken und Mietskasernen, die weiten Flächen der Laubengelände. Blumen (der Deutsche ist ein Blumennarr), Gemüse, Hühner, Kaninchen, aufgehängte Wäsche, dazwischen all die kleinen Häuschen, Buden, Barakken, aus Holz, aus Kistenbrettern, aus Wellblech, viele mit roten oder schwarzrotgoldenen Fahnen. Gewiß kein Ideal, aber in der enormen Ausdehnung ein lautes, nicht zu überhörendes Zeugnis für die Sehnsucht der Industriearbeitermassen. Sie wollen nicht etwa zurück aufs Land; aber sie wollen die Arbeit in der Industrie und die Freuden und Bildungsmöglichkeiten der Stadt verbinden mit den gesunden Lebensfaktoren, die in einem kleinen Stückchen Erde, unter Sonne und freiem Himmel, ruhen.
Aber in der Zivilisation hat die Erde überall Grenzen. Und darum ist das Problem der deutschen Siedlungs- und Baupolitik noch in anderem Sinne ein dynamisches Problem, als es oben gezeigt wurde. Nicht nur die Dynamik der wirtschaftlichen Verschiebungen wirkt mit, sondern auch die politische Dynamik. Eine Grenze auf der Erdoberfläche ist immer eine politische Tatsache, ob es nun die Grenze eines Landes, einer Stadt oder einer Bauparzelle ist.
Deshalb stößt die Raumwirtschaft bei Verfolgung ihrer Aufgaben immer und überall auf Probleme und Hindernisse der Staats- und Verwaltungspolitik. Kein Eigentum wird so zäh und erbittert verteidigt wie das Eigentum an Grund und Boden. Die Raumwirtschaft, die das deutsche Volk treiben muß und zu treiben versucht, gerät naturgemäß ständig in Konflikt mit dem Privateigentum an Grund und Boden, das den einzelnen Gliedern dieses Volkes zusteht. Dazu kommen die Konflikte zwischen den unteren Verwaltungsbehörden, also besonders zwischen Stadtverwaltungen, Landgemeinden und Landkreisen; in der ganzen Welt kennt man ja den natürlichen Partikularismus der Ressorts ...
So mündet schließlich das Problem der Menschen- und Raumwirtschaft in Deutschland ein in die große Auseinandersetzung über ein neues Gleichgewicht zwischen Gesamtinteresse und Privatinteresse, die vielleicht überhaupt das Signum unserer weltgeschichtlichen Epoche ist.

Typen der Theorie des Städtebaus
Von Alexander Schwab

Die Natur der Dinge bringt es mit sich, daß im Städtebau die Theorie einen weit breiteren Raum einnimmt in den anderen Bezirken des Bauwesens. Die Erstellung des greifbaren Objekts bildet hier den Schnittpunkt umfangreicher Bedingungsreihen, verantwortungsvoller Entschlüsse, fortwirkender neuer Ursachen und erheblicher materieller Aufwendungen, so daß jeder einzelne Fall begreiflicherweise von ausgiebigen Erörterungen umrahmt ist.

Formtypen der theoretischen Grundeinstellung im Städtebau sind es, die im folgenden angedeutet werden sollen, ohne dogmatischen Anspruch, doch in der Hoffnung, damit die Diskussion über den gegenwärtigen Stand hinauszuführen. Der Zeitpunkt dürfte für einen solchen Versuch nicht ungünstig sein. Nicht nur deshalb, weil die andauernde wirtschaftliche Krise den Praktikern keine großen Sprünge erlaubt und damit ohnehin eine gedankliche Selbstbesinnung nahelegt. Vielmehr auch aus dem viel wesentlicheren Grunde, weil in den fachlich beteiligten Kreisen häufig das Gefühl anzutreffen ist, es sei eben jetzt der Vorstellungs- und Gedankenschatz einer herrschenden Richtung ausgeschöpft, ohne daß die vielen Anregungen neuer Kräfte zu einer ausreichenden Zusammenfassung und Darstellung gediehen wären. Praktische Vorkommnisse von internationaler Bedeutung haben in jüngster Zeit dieses Gefühl noch verstärkt. —

Um gleich mit der Tür ins Haus zu fallen: drei Grundtypen des städtebaulichen Denkens könnte man — bei Vernachlässigung aller feineren Unterschiede — aufstellen, nämlich den ästhetischen, den analytisch-synthetischen und den organischen Typ. Die reinen Typen existieren zwar in der Realität kaum; dennoch ist hier ein Ordnungsprinzip gegeben, das zur Orientierung dienen kann.

Es bleibt einer der merkwürdigsten Erscheinungen der europäischen Geistesgeschichte um die Wende des 20. Jahrhunderts, wie plötzlich in England, Deutschland, Österreich sich das ästhetische Gewissen regte. Der Ausdruck enthält eine innere Paradoxie, deren Verständnis ihm erst seine volle Bedeutung gibt: was sich regte, war das Gewissen im eigentlichen Sinne, also das soziale Gewissen, das gesellschaftliche oder moralische oder wie man sonst will, aber es war gestachelt vom ästhetischen Mißbehagen: Das Bürgertum »sahe an alles, was es gemacht hatte« und siehe, es war alles häßlich. Da erhob sich der Ruf nach echtem Material, nach Handarbeit, nach neuer Schönheit in Leuchtern und Bucheinbänden, in Tapeten und Möbeln, in Häusern und Städten, und zugleich der Ruf nach Erhaltung der alten Schönheiten, die von Eisenbahn und Fabrik, von Warenhaus und Plakat zerstört zu werden drohten.

Das deutlichste Phänomen dieser Bewegung war zweifellos Friedrich Naumann, der vom Sozialen (und letzten Endes vom Religiösen) herkam, nicht vom Ästhetischen. Ein Bewußtsein von dieser Kombination des ästhetischen und des sozial-moralischen Motivs war nun zwar bei dem Verfasser des Buches, daß die Epoche des ästhetischen Typs im Städtebau einleitete, kaum vorhanden: Camillo Sittes »Städtebau nach seinen künstlerischen Grundsätzen« enthält nur selten eine Wendung, die darauf schließen läßt, der Verfasser habe nebenbei auch an die Menschen gedacht, die in den Städten wohnen, und von Arbeiterwohnungen ist darin überhaupt nirgends die Rede.

Dennoch mündet dieses Buch, das 1889 erschien und als Sensation aufgenommen wurde, in seinen Nachwirkungen ein in den breiten Strom jener ästhetisch-sozialen Bewegung, die etwa im ersten Jahrzehnt dieses Jahrhunderts auf ihre Höhe kam und u. a. den Anstoß zur Werkbundbewegung gab. Es ist ein merkwürdiges Schicksal, daß gerade auf dem Arbeitsgebiet, das am meisten einer Betonung, ja eines Übergewichtes des sozialen Elements bedurft hätte, daß im Städtebau das ästhetische Element innerhalb der Bewegung die Vorhand behielt. Und man braucht nur an die Arbeiten von Männern wie Schultze-Naumburg – mehr Materialsammler als Theoretiker – oder Theodor Fischer und seiner Schule zu denken, um zu sehen, daß die soziale und kulturpolitische Komponente in dieser Gruppe wesentlich charakterisiert war durch konservierende, romantisierende, ja kleinbürgerliche und reaktionäre Wesenszüge. So verlor sich bei den meisten Vertretern dieses Typs allmählich auch das Gefühl für die künstlerische Qualität, durch das Camillo Sitte selbst noch in hohem Maße ausgezeichnet war, die Bewegung versandete in einem neuen Formalismus der krummen Straßen und geschlossenen Plätze, der Winkel, Durchsichten und Achsen, der Verunstaltungspsychose und des Heimatschutzes. Kein Wunder, daß sie schließlich von dem robusten Realismus der Wilhelminischen Ära überrannt wurde und die natürliche Ordnung sich wieder herstellte, in der die künstlerische Form ein Ausdruck der gesellschaftlichen Verhältnisse ist und nicht umgekehrt.

Die erbitterten Kämpfe zwischen den einzelnen Geschmacksgruppen innerhalb des ästhetischen Städtebaues – erinnert sei beispielshalber an die Auseinandersetzungen anläßlich des Wettbewerbes um den Ulmer Münsterplatz 1925 – interessieren hier nur wenig, da wir notgedrungen alle überwiegend ästhetisch gerichteten Anschauungen in einem Grundtyp zusammenfassen müssen.

Hierbei kann auch eine Erscheinung wie Le Corbusier nicht ausgenommen werden. Wenn seine Arbeiten, allen heimatschützlerischen Gedankengängen diametral entgegengesetzt, auf eine Erneuerung des geometrischen Städtebaus ausgehen und eine deutliche Verwandtschaft mit den städtebaulichen Leistungen der Landesfürsten des 18. Jahrhunderts aufweisen, so sind doch auch sie, trotz aller Ausschmückung mit wirtschaftlichen und technischen Gedankengängen,

letzten Endes bestimmt von einem formal-ästhetischen Prinzip und erscheinen, so betrachtet, nur als eine Nebenform des ästhetischen Grundtyps.
Für die Beurteilung des ästhetischen Grundtyps an dieser Stelle sind auch die — im übrigen beträchtlichen — Verschiedenheiten in den Formen der Auswirkung im einzelnen weniger erheblich. Man mag an die nützlichen Seiten des Verunstaltungsgesetzes mit seinem Kampf gegen die Brutalitäten der Industriereklame denken oder an den Wettbewerb um die Bebauung der Berliner Straße »Unter den Linden«, an die Scheußlichkeiten des sogenannten Bayrischen Viertels in Berlin, oder etwa an die — schon stark von anderen Gedankengängen beeinflußte — Gartenstadt Hellerau bei Dresden; sicher kann jede dieser Erscheinungen nur für sich bewertet werden, aber ebenso sicher ist, daß sie alle unseren heutigen Bedürfnissen nicht mehr entsprechen, mindestens nicht mehr genügen.
Den historischen Ausgangspunkt des Typus, der hier als der analytisch-synthetische begriffen werden soll, kann man kaum fixieren.
Es läge nahe, ihn im Jahre 1890 zu suchen, als des damaligen Kölner Stadtbaurates Joseph Stübben großes Handbuch »Der Städtebau« in erster Auflage erschien, mithin fast gleichzeitig mit dem Eingreifen von Sitte. Doch wäre dies in verschiedenen Beziehungen unrichtig, ja fast ungerecht, am meisten gegen Stübben selbst, dessen Wirkung ja ebenfalls mit seinem Buch nicht aufgehört, vielmehr, wie die Neuauflage von 1924 beweist, lebendigen Fortgang genommen hat.
Versuchen wir also zunächst den Begriff »analytisch-synthetisch« in der Sache zu umreißen. Er soll, angewandt auf die Typenlehre des städtebaulichen Denkens, die Grundanschauung bezeichnen, daß — wenn eine paradoxe Ausdrucksweise gestattet ist — eine Stadt aus Häusern bestehe.
In der Regel verwendet man ja das Begriffspaar »analytisch« und »synthetisch« im Sinne eines Gegensatzes, und gerade heute wieder ist der Ruf nach der Synthese — als Rettung vor einer zu weit getriebenen Analyse — sehr in Mode. Man mag es mit diesen Worten halten wie man will, hier soll jedenfalls in diesem Zusammenhang mit ihrer Verkopplung eine Denkform angedeutet werden, die den Akt der Synthese als eine Wiederherstellung eines in seine Teile auseinander-analysierten Ganzen auffaßt. Angewandt auf das Ganze, von dem hier die Rede ist, also auf das Gebilde »Stadt«, umfaßt mithin der analytisch-synthetische Typ alle jene Leistungen der Theorie und Praxis, bei denen die Stadt gedanklich zunächst in ihre Teile zerlegt wird, um dann aus ihnen wieder aufgebaut zu werden. Es verschlägt nichts, ob die Analyse sich mit Häusern oder Blocks, mit Straßen oder Installationen, mit Vierteln oder Verkehrszügen oder Grünflächen beschäftigt.
Eine derartige Betrachtungsweise entspricht an sich den Traditionen — wenn auch nicht durchweg dem neuesten Stand — der europäischen Wissenschaft und

ihrer Methoden. Sie entspricht auch in hohem Maße den besonderen Bedürfnissen des Lehrbetriebes an den Technischen Hochschulen, an denen sie denn auch heute die beherrschende Stellung innehat. Kein Wort gegen die Wissenschaft! Aber auch innerhalb wissenschaftlicher Grundsätze bleiben immer wieder von neuem Schranken zu durchbrechen, der Entwicklungsstand der einzelnen Disziplinen läßt immer wieder Niveau-Unterschiede entdecken, und fachliche Isolierung ist eine Gefahr, vor der keine Einzeldisziplin dauernd geschützt ist. Die Idee der Einheit aller Wissenschaft lebt als ewig unerfüllte Forderung über allem vermeintlich gesicherten Lehrgut — und sogar über allen Lehrstühlen. Hierher zielt wohl eben, wenn die Anzeichen richtig gedeutet werden, jenes eingangs erwähnte Gefühl, es sei der Vorstellungs- und Gedankenschatz einer herrschenden Richtung jetzt ausgeschöpft. Was ist erreicht? Der Schüler der offiziellen akademischen Städtebaulehre hat heute gewiß nichts zu lachen. Er muß viel lernen, und Lücken werden ihm nicht leicht nachgesehen. Er muß — schon abgesehen von dem kunstgeschichtlichen Teil seiner Ausbildung — etwa und beispielsweise vielerlei lernen über Kanalisationen, Straßenführungen, Blocktiefen, Verkehrsziffern, Pflasterkosten, Straßenbeleuchtung, Wohndichte, Industrieviertel, Trabantenstädte, Grüngürtel, Bauzonen, Bodenpreise, Arbeitersiedlungen, Windrichtung — natürlich nicht so bunt durcheinander, sondern in gehöriger systematischer Ordnung.
Dies alles ist als wissenschaftlich geschulte Technik sehr wichtig: dabei sei ausdrücklich angemerkt, daß der Begriff Technik hier auch alle wirtschaftlichen Details umfaßt, von denen einige in Stichworten angedeutet wurden. Denn unter Technik ist ja jede Kunstlehre zu verstehen, die mitteilt, wie etwas gemacht werden muß, wenn — ja wenn man erst einmal weiß, was gemacht werden soll.
Hier aber liegt doch wohl, im großen und ganzen gesehen, der eigentliche Mangel der gesamten analytisch-synthetischen Richtung des heutigen Städtebaues: sie hat sich — und das ist ja die Gefahr aller Technik — mit ihrem hochentwickelten Apparat von Mitteln selbständig gemacht und den Zusammenhang mit Zweck und Wert verloren. Was das praktisch bedeutet, sei nur an einigen Beispielen erläutert, die sämtlich der Wirklichkeit entnommen und hier nicht mit Namen gekennzeichnet sind, um jeden Anschein einer tendenziösen Polemik zu vermeiden.
Beispiel 1: Für eine ausländische Stadt in wasserarmer Gegend wird ein Bebauungsplan aufgestellt, der das Doppelte derjenigen Einwohnerzahl vorsieht, die überhaupt mit Wasser versorgt werden kann. Beispiel 2: Für eine deutsche Kleinstadt wird ein Bebauungsplan aufgestellt, der auf das Vierfache der heutigen Einwohnerzahl zugeschnitten ist, obwohl irgendwelche wirtschaftlichen Anlässe zu einem besonders lebhaften Aufschwung dieser Stadt weder erkennbar noch etwa in dem Plan selbst vorgesehen sind. Beispiel 3: Eine deutsche Hafen-

stadt soll einen Ausbau ihres Hafens erhalten, der für das Fünffache der heutigen Verladeziffern ausreicht: dabei lassen die Entwicklungszahlen der letzten Jahrzehnte mit größter Wahrscheinlichkeit den Schluß zu, daß bestenfalls in 30 Jahren etwa eine Verdoppelung stattfinden kann. Dergleichen Dinge sind typisch für den losgelassenen Techniker, dem niemand mit der Frage nach der gesellschaftlichen und wirtschaftlichen Realisierbarkeit seiner Phantasie in den Arm fällt. Das Seltsame ist nur, daß Verwaltungsbehörden solche Pläne annehmen oder gar bestellen; offenbar genießt der Städtebau analytisch-synthetischer Observanz außerordentliche Autorität. Andere Gründe mögen hier unerörtert bleiben, weil sie nicht im Städtebau, sondern bei den Bauherrn liegen.

Wenn nun als dritter Formtyp der städtebaulichen Theorie der organische umrissen werden soll, so könnte man sich dieser Aufgabe fast allzuleicht entledigen. Es würde beinahe genügen, irgendeine bessere Definition aus einem wissenschaftlichen Handbuch abzuschreiben, nämlich eine Definition des Begriffs »Städtebau« überhaupt. Nehmen wir z. B. das Handwörterbuch der Staatswissenschaften vor, so beginnt dort der Beitrag von Heinrich Bechtel: »Unter der Bezeichnung Städtebau pflegt man heute die Tätigkeit des Sozialökonomen, Verwaltungsbeamten, Hygienikers, Technikers und Künstlers zusammenzufassen, soweit diese darauf gerichtet ist, das Wirtschaften, Bauen und Wohnen einer größeren Anzahl von Menschen mit verschiedenartigen Bedürfnissen zu einem Ganzen, der städtischen Siedlung, zu vereinigen.«

Gewiß ist diese Definition nicht vollkommen, doch läßt sich eines deutlich erkennen, der weitausgreifende, zusammenfassende Charakter des Begriffs. Schon dies spricht gegen die Verselbständigung eines Teilgebiets, wie sie beim technischen Ausführungsapparat zu beobachten war; es spricht übrigens auch gegen die Isolierung des ästhetischen Prinzips, wie sie bei Camillo Sitte unverkennbar vorliegt.

Das Kennzeichen des organischen Typs im städtebaulichen Denken ist das Festhalten am Zusammenhang, an der Einheit von Zwecken und Mitteln, die Ablehnung jeder Isolierung von Teilgebieten und Teilmethoden. Damit ist zugleich ausgesprochen, daß die wissenschaftliche Arbeitsweise keineswegs etwa gering geachtet wird. Im Gegenteil: es wird die Einbeziehung weiterer wissenschaftlicher Disziplinen verlangt, die in ihrem Verhältnis zum Städtebau die Funktion unentbehrlicher Hilfswissenschaften erhalten. Zu denken ist hierbei vor allem an die Nationalökonomie, und zwar an ihre theoretischen und praktischen wie an ihre historischen Disziplinen, an Soziologie, an Finanzwissenschaft, an Statistik und Geopolitik, schließlich an den ganzen Komplex dessen, was man heute als Kommunalwissenschaft bezeichnet.

Ansätze zu einer solchen Denkweise befinden sich bereits bei Stübben, sie treten weit deutlicher hervor bei Eberstadt; seine »Städtebaulichen Studien«, die 1912 zu erscheinen begannen, legen dafür Zeugnis ab. In neuerer Zeit hat vor allem Martin Mächler diese Entwicklungslinie aufgenommen und in seinen Arbeiten — auf das Risiko hin, das exakte Detail zu vernachlässigen — immer aufs stärkste die weltpolitischen, weltwirtschaftlichen und sozialen Zusammenhänge, vor allem für die Groß- und Weltstädte, hervorgehoben; dabei hat er in erkennbarem Gegensatz zu Spenglers Großstadt-Pessimismus stets an dem Zukunftswert der Großstadt festgehalten.

Es ist wohl in hohem Maße wahrscheinlich, daß es den Städtebauer dieses Typs als Einzelpersönlichkeit, die alle wissenschaftlichen, technischen und künstlerischen Teilgebiete beherrscht, nicht geben kann. Vielmehr wird eine fruchtbare Ausbildung der organischen Denk- und Arbeitsweise nur möglich sein in der Form einer Gemeinschaftsarbeit von Vertretern der verschiedenen Teilgebiete, die zusammengehalten werden durch eine gemeinsame Grundauffassung. Kräfte, die vom Bauwesen herkommen und zu einer solchen Gemeinschaftsarbeit bereit wären, sind da. Woran es fehlt, das ist die aktive Teilnahme der Wirtschaftswissenschaftler. Seit dem Tode von Eberstadt und von Max Weber — um zwei ganz verschiedene Männer zu nennen — haben Schicksal und Zukunft der Stadt kein besonderes Interesse mehr an den Universitäten gefunden. Die überall zu weit getriebene einseitige Spezialisierung der Fachwissenschaften hat dazu geführt, daß der Städtebau als eine Art Monopol der Technischen Hochschulen angesehen wird. Eine organische Grundauffassung wird sich mit diesem Zustande nicht auf die Dauer zufriedengeben können.

Heft 4/1931

Zur Freiflächenfrage / Forderung und Problematik
Von Alexander Schwab (Auszug)

Wenn eine isolierende Betrachtung des Grün- und Freiflächenproblems den Vorzug hat, die Aufstellung von Grundsätzen zu ermöglichen, deren Anwendung auf den Einzelfall dann nach den Gegebenheiten abzuwandeln ist, so wird ein Überblick über das Problem doch kaum zu gewinnen sein, wenn nicht seine Verbindungslinien nach den verschiedensten Seiten hin angedeutet werden. Nützlich wäre es, der programmatischen Feststellung dessen, was sein sollte, einen Katalog dessen, was ist, gegenüberzustellen. Leider ist das nicht möglich: die Flächenstatistik, die das Statistische Jahrbuch Deutscher Städte 1930 für 94 Städte veröffentlicht, gibt zwar eine Übersicht darüber, welche Flächen in diesen Städten mit Häusern (einschl. der Höfe und Hausgärten) bebaut, öffentliche Park- und Gartenanlagen, Spiel- und Sportplätze, landwirtschaftlich benutzt, Wälder, Wasserflächen und schließlich Ödland waren. Eine Summierung der Zahlen ist jedoch aus guten Gründen unterblieben, da hier alles auf den Einzelfall und seine besondere Lagerung ankommt...
Die Fragwürdigkeit solcher Berechnungen wird klar, sobald man Maßstäbe für ihre Bewertung sucht. Diese Bewertung nämlich ist abhängig einmal von der Bedeutung der angewandten Begriffe — was heißt Freifläche? was heißt Stadtfläche? — sodann von der Lage der Wohn- und Freiflächen zueinander und von den Verkehrsverbindungen unter ihnen, schließlich von der Besiedlungsdichte innerhalb der Wohnviertel. Bei der entscheidenden Bedeutung dieser konkreten Einzelfragen würde es auch nur geringen Wert haben, etwa zu wissen, wieviel Freifläche pro Kopf jedes deutschen Großstadtbewohners zu rechnen ist, und aus dem gleichen Grunde wird auch in jedem Einzelfalle das Urteil darüber, ob eine Stadt über ausreichende Freiflächen verfügt oder was sie in dieser Beziehung für die Zukunft vorzusorgen habe, sehr verschieden ausfallen müssen.
Zunächst fällt dabei der Unterschied zwischen tatsächlicher Nutzbarkeit und rechtlicher Verfügungsgewalt in die Augen, wobei noch zwischen verwaltungsrechtlicher Zugehörigkeit und privatrechtlichen Eigentumsverhältnissen zu unterscheiden ist. Der eigene Grundbesitz der Städte reicht bekanntlich oft — auch hier freilich mit außerordentlichen Differenzen — erheblich über die kommunalen Verwaltungsgrenzen hinaus. Andererseits wird häufig die praktische Nutzbarkeit der eine Stadt umgebenden Grünflächen und Gewässer für die Bedürfnisse der städtischen Bevölkerung einen weiteren Radius haben als die städtische Verwaltung, je nachdem billige und schnelle Verkehrsmittel die Umgebung erschließen. Daß die Verwaltung einer modernen Groß- oder sonstigen Industrie-

stadt die Verpflichtung hat, ihrer Bevölkerung ausreichende Freiflächen zu sichern, wird heute kaum mehr bezweifelt; welcher der beiden Wege, die hierfür zur Verfügung stehen, vorzuziehen ist, wird nicht ein für allemal entschieden werden können. Der Erwerb geeigneten Geländes durch eine planmäßige Bodenvorratspolitik wird meist sowohl für Wohnsiedlungen wie — in Verbindung hiermit — für die Sicherung dauernder Freiflächen eine weitergehende Verfügungsmacht schaffen, als die verwaltungsmäßige Zuständigkeit und ihre Ausdehnung durch Eingemeindungen zu geben vermag. Jedoch birgt jede Bodenvorratspolitik ein spekulatives Moment in sich und ist daher in ihrem wirtschaftlichen, oder richtiger: in ihrem kommunalfiskalischen Ergebnis von zahlreichen Konjunktur- und Strukturfaktoren abhängig. Sie ist nach Umfang, Richtung und Kosten überhaupt nur zu beurteilen im Zusammenhang mit der Entwicklung aller Produktions- und sozialen Verhältnisse der betreffenden Stadt. Als ein weiterer fraglicher Faktor kommt dort, wo das stadteigene Gelände außerhalb der kommunalen Grenzen liegt, noch das Problem des verwaltungsrechtlichen und kommunalpolitischen Verhältnisses zu dem zuständigen Landkreis in Betracht: die Fälle sind nicht selten, in denen die Interessen der beteiligten Verwaltungsinstanzen in Fragen der Landesplanung in Konflikt geraten.

Ist somit auch der andere Weg der Freiflächensicherung, nämlich der verwaltungsrechtliche, mit einem geringeren fiskalischen Risiko — und freilich auch mit geringeren fiskalischen Erfolgsmöglichkeiten — ausgestattet, so hat doch auch dieser Weg seine erheblichen Schwierigkeiten. Sie sind vor allem in der unzureichenden Gestaltung der rechtlichen Verhältnisse begründet. Ein Reichsrecht fehlt noch immer. Die gesetzlichen Bestimmungen der Länder aber sind sämtlich mehr oder minder unzulänglich, vor allem die besonders wichtigen preußischen Bestimmungen. Sie sind durchweg — abgesehen von dem in anderer Beziehung unzureichenden sächsischen Recht — auf die Festsetzung von Fluchtlinien eingestellt. Erst der preußische Entwurf eines Städtebaugesetzes, der nun seit Jahren nicht aus den Ausschußberatungen des Landtags herauskommt, versucht das Prinzip der Flächenaufteilung einzuführen, das allein dem Stande der modernen Städtebauwissenschaft entspricht: das gleiche Prinzip liegt auch dem Referentenentwurf eines Reichsgesetzes über das Baulandrecht zugrunde, der allerdings noch nicht einmal die Sanktion als Entwurf der Reichsregierung hat erhalten können. Offenbar begegnet also die Neuregelung dieses Rechtsgebietes nach den Erfordernissen der Gegenwart großen Schwierigkeiten. Das kann nicht wundernehmen, wenn man bedenkt, daß von jeder solchen Regelung beträchtliche Einwirkungen auf das Privateigentum ausgehen, ja, daß zum Teil der Sinn der geplanten Gesetze gerade darin liegt, geregelte Möglichkeiten einer Entwicklung auf den Privatbesitz an Grund und Boden zu schaffen. Schon die Festsetzung von Bauzonen hat bekanntlich die Bodenwerte bedeutend — nach oben wie nach unten — beeinflußt: um wieviel mehr müßte das durch eine Flächenaufteilung geschehen, deren Generalplan aus dem einfachen Grunde offengelegt werden muß, weil eine völlige Geheimhaltung nicht möglich, eine durchlöcherte aber das Einfallstor für übelste Korruption ist. Das Enteignungsrecht, das die unentbehrliche Ergänzung sowohl zur Bauzonenordnung und zur Fluchtlinienfestsetzung wie zu einer künftigen Flächenaufteilung bildet, ist schon in seiner heutigen Form nur ein mangelhaftes Instrument für die Wahrung der Allgemeininteressen; bekanntlich kommt es in der Regel teurer, zu enteignen als auf irgendeinem Umwege zu kaufen. Für größere Freiflächen, insbesondere etwa für Wälder, fehlt heute überhaupt die rechtliche Möglichkeit einer Enteignung.

Diese rechtlichen und rechtspolitischen Schwierigkeiten sind zwar der breiten Öffentlichkeit verhältnismäßig wenig bekannt. Dennoch wäre es falsch, sie zu unterschätzen. Denn hier, in der Auseinandersetzung um Bodenrecht und Bodenwerte, stoßen aufeinander das natürliche Rechtsbewußtsein des Volkes, das seinen gesunden Lebensraum verlangt, und das mit unserer gesamten Kultur und Geschichte aufs engste verbundene Prinzip des Privateigentums. Irgendwie wird der Ausgleich gefunden werden müssen — wie, dafür mag man vielleicht einen Hinweis erblicken in der Tatsache, daß in der Geschichte der Kommunen niemals der liberale Grundsatz des Vorranges der privaten Eigentumsrechte so unumschränkt geherrscht hat wie in den letzten achtzig Jahren, und daß die viel beklagten gesundheitlichen, wirtschaftlichen und ästhetischen Mängel unserer Städte zum weitaus größten Teil aus eben dieser Zeit stammen. Es war die expansive, ja explosive Entwicklung der modernen Industriewirtschaft, die sich in dieser Rechtsauffassung Bahn schaffte und damit die Bewohnerschaft der Großstädte um Millionen vermehrte und sie zugleich von Luft und Grün absperrte. Diese Entwicklung ist keineswegs zu Ende, aber vielleicht ist der Punkt erreicht, wo man beginnen kann, ihre inneren Gesetze besser zu übersehen, und damit auch der Punkt, wo die weit langsamere Entwicklung der Staats- und Verwaltungskunst versuchen könnte, die Dinge zu meistern, gerade auch im wohlverstandenen Interesse des Wirtschaftslebens.

Welche schweren Aufgaben eine solche reifere Verwaltungskunst auch nach Herstellung günstiger rechtlicher Bedingungen noch auf dem Gebiet der Schaffung und Sicherung von Freiflächen vorfinden würde, dafür mag das Idealprogramm, das Alexander Boecking in diesem Heft entwirft, eine Ahnung vermitteln. Nur ergänzend sei hier noch auf einige Fragen aufmerksam gemacht. Erhebliche Unterschiede ergeben sich in der Praxis aus der Dichte der Besiedlung. Legt man zugrunde die Forderung des Reichsausschusses für Leibesübungen: je Kopf der Bevölkerung 3 qm Sport- und Spielplätze, ferner den von Rappaport angegebenen Satz von weiteren 4 qm je Kopf bei mehrgeschossiger Bauweise ohne Eigengärten, so gelangt man bei einer Wohnfläche von 400 Menschen je ha

zu einem Freiflächenbedarf von nicht weniger als 28 v. H. des Wohngeländes. Bei Flachbauweise (200 Menschen je ha) reduziert sich dieser Bedarf auf 8 v. H. des Wohngeländes, wobei, wiederum nach Rappaport, außer den Sport- und Spielplätzen nur 1 qm je Kopf gerechnet ist. Die Frage, die sich aus dieser Gegenüberstellung ergibt, ist selbstverständlich die nach der richtigen Bauweise für neue Wohnviertel; was ist vorzuziehen: Flachbau mit Eigengärten oder Hochbau mit öffentlichen Grünflächen?
Von einer anderen Seite kommt man zu einer ähnlichen Fragestellung, wenn man Überlegungen über die gärtnerische Ausgestaltung anstellt. Alle Spiel- und Sportplätze und alle Wasserflächen vorweg abgezogen: was ist mit den übrigbleibenden Grünflächen im engeren Sinne anzufangen? Ist es richtiger, sie als öffentliches Gelände, als Liegewiese, Volkspark und dergleichen zu verwenden, oder ist die Aufteilung in nutzbare Schrebergärten mit flachen einfachen Dauerwohnungen vorzuziehen? Eine Frage, die nur in gemeinsamer Arbeit von Volkswirten, Hygienikern, Verkehrstechnikern, Gartenfachleuten und Arbeitsmarktpolitikern von Fall zu Fall richtig gelöst werden kann.
Die schwerste Frage der Praxis ist und bleibt natürlich die der Wirtschaftlichkeit. Um der Wahrheit die Ehre zu geben: unser Zeitalter ist der richtigen Formulierung dieser Frage noch recht fern. Denn sie ist eine Frage der Menschenökonomie. Der jährliche Rechnungsabschluß über städtische Grundstücke und ihre Bewirtschaftung bedeutet dafür etwa soviel, wie die Kostenrechnung über Granaten für die politische und ökonomische Bewertung eines Krieges bedeutet. Mit der skeptischen Geste eines nebulosen Irrationalismus ist freilich gar nichts getan; man hat bisher nicht zu viel, sondern zu wenig und vor allem zu wenig eins ins andere gerechnet. Faßt man nur einmal die hygienische Seite des Freiflächenproblems ins Auge, so müßte der Versuch gemacht werden, als Gegenposten die entsprechenden Anteile der Ausgaben für Krankenhäuser, Genesungsheime, Kinderverschickungen, für Sterblichkeiten von Kindern und Jugendlichen, für Jugendgerichtshöfe und Jugendwohlfahrt, für Strafgerichte und Gefängnisse aufzurechnen — Posten, an denen außerordentliche Ersparnisse möglich würden, wenn es gelänge, die Absperrung der Großstadtjugend von Licht, Luft und Bewegung erfolgreich zu durchbrechen.
Noch schwerer als die hygienische Erfolgsbilanz ist allerdings jene Bilanz aufzumachen, die sich aus der Gegenüberstellung von Eigengärten und Mietskasernen ergeben müßte. Denn hier wären nicht nur körperliche Krankheit und Gesundheit zu vergleichen, sondern außerdem in die Rechnung mit einzusetzen: seelische Spannkraft, Ausgleich gegen einseitige Industriearbeit, Rückhalt bei Arbeitslosigkeit, natürliche Bedingungen für den Nachwuchs...

Heft 7/1931
Die Wohnung unserer Zeit
Von Ludwig Hilberseimer (Auszug)

... Heute haben sich im großen ganzen klare Forderungen und bestimmte Vorstellungen von dem, was eine Kleinwohnung ist, herausgebildet. Auch die Berliner Ausstellung »Die Wohnung unserer Zeit« trägt zur Klärung Wesentliches bei, im positiven wie im negativen Sinne. Das Problem der Kleinwohnung kann allerdings nicht isoliert, sondern nur im Zusammenhang mit den heutigen wirtschaftlichen und sozialen Verhältnissen gelöst werden. Die veränderte wirtschaftliche und soziale Lage hat zwar die Kleinwohnung zum Kernpunkt der ganzen Wohnungsfrage gemacht: doch ist es bisher nicht gelungen, für die große Masse der Bevölkerung Wohnungen herzustellen, die sie auch bezahlen kann. Man hat daher vielfach versucht, das Mißverhältnis zwischen den Mietpreisen und der Zahlungsfähigkeit der Bevölkerung einfach dadurch zu beseitigen, daß die Wohnfläche immer mehr beschränkt, aus der Kleinwohnung die immer noch kleiner werdende Wohnung gemacht wurde. Nur durch Verkleinerung des Wohnraums ist jedoch eine Preissenkung nicht zu erreichen, denn der Preis einer Wohnung wächst im umgekehrten Verhältnis zu ihrer Größe. Das heißt, je kleiner eine Wohnung ist, um so relativ teurer wird sie. So bleiben wichtige Elemente einer Wohnung, wie Küche, Bad, Treppe usw., dieselben, gleichviel, ob die Wohnfläche 36 oder 48 oder 64 oder 72 qm beträgt. Eine Verbilligung kann daher nur durch eine entsprechende Umstellung der Produktion und durch zweckentsprechende Finanzierungsmethoden erfolgen. Es läßt sich heute nicht mehr umgehen, den Industrialisierungsprozeß, der alle unsere Gebrauchsgegenstände erfaßt hat, auch auf die Wohnung anzuwenden. Denn auch die Wohnung ist ein Gebrauchsgegenstand. Gerade durch serienweise Herstellung von Bauteilen läßt sich der Wohnraum so verbilligen, daß die übermäßige Verkleinerung der Wohnfläche, zu der heute die schlechte Organisation des Arbeitsprozesses zwingt, überflüssig wird. Ein Automobil ist bestimmt ein ebenso komplizierter Organismus wie ein Haus. Was Ford für den Automobilbau gelungen ist, kann auch für den Hausbau durchgeführt werden, speziell für das Einzelhaus (Erdgeschoßhaus), das ja für den industrialisierten Produktionsprozeß ein besonders geeignetes Objekt ist.
Ebenso wichtig wie die Veränderung des Produktionsprozesses ist die Veränderung der Finanzierungsmethoden, die vielleicht in einer gestufteren Beleihung aus öffentlichen Mitteln bestehen sollten, um den Preis der Wohnungen dem Einkommen ihrer Bewohner anzupassen, ohne dabei die Qualität der Wohnungen zu verringern. Es ist einer der entscheidendsten Mängel der Wohnungsfür-

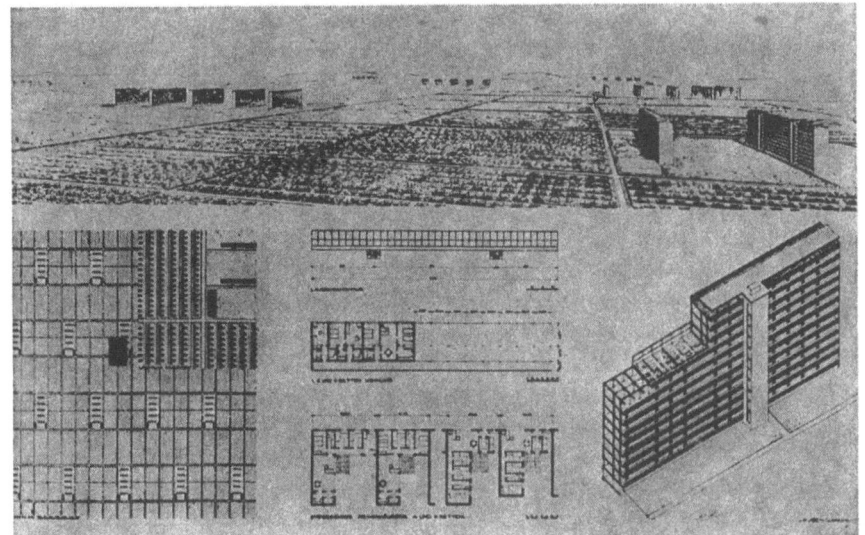

Mischsiedlung. Entwurf: Ludwig Hilberseimer, Berlin. Erdgeschoß-Reihenhäuser für 4 und 6 Betten und 10geschossige Laubenganghäuser mit Wohnungen von 1, 2, 3 bzw. 4 Betten. Im Erdgeschoß Gemeinschaftsräume

sorge, daß sie an die Hergabe von Mitteln für den Wohnungsbau zu bescheidene sozial-hygienische Forderungen geknüpft und einen zu geringen Einfluß auf die Mietbildung genommen hat. Um die Mittel für den Wohnungsbau auf das rationellste zu verwenden, muß der praktischen Verwirklichung die theoretische Erörterung über die Wohnform und die damit verbundenen wohntechnischen und sozial-hygienischen Anforderungen vorangehen. Gerade Ausstellungen sind zur Klärung dieser Probleme, die sie vor aller Öffentlichkeit aufrollen, außerordentlich zweckmäßig.

Der Zwang, die Wohnfläche immer mehr zu verkleinern, hat zu Versuchen geführt, die gesamte Wohnfläche als einheitlichen Tagesraum nutzbar zu machen. Die festen Trennwände fallen fort. An ihre Stelle treten Schiebe- oder Faltwände, die es ermöglichen, die Wohnfläche je nach Größe für den Nachtgebrauch in zwei oder drei Schlafräume zu unterteilen. Die Betten werden als Klappbetten eingebaut und zweckmäßig in einem lüftbaren Schrank untergebracht. Dem Vorteil, am Tage einen ungeteilten großen Raum zur Verfügung zu haben, steht der Nachteil ungenügender Isolierungsmöglichkeit gegenüber. Auch verursacht der Einbau der besonderen Einrichtung nicht unwesentliche Mehrkosten, die zweckmäßiger zur Vergrößerung der Wohnfläche verwendet werden sollten. Aus sozial-hygienischen Gründen ist eine Teilung der Wohnfläche entsprechend ihrer Funktion vorzuziehen und als Wohnform für Familien mit Kindern bestimmt die geeignetste Lösung.

Auch bei beschränkter Wohnfläche kann durch Grundrißlösung, Fensteranordnung und Möblierung durchaus der beengende Eindruck vermieden werden.

Neben der Grundrißgestaltung der Wohnzelle ist auch der Zusammenhang der einzelnen Wohnzellen untereinander von entscheidender Bedeutung. Es entstehen erhebliche städtebauliche Unterschiede dadurch, daß eine Wohnung im Einzelhaus, im gewöhnlichen Etagenhaus oder im Hochhaus untergebracht wird. Während man heute geneigt ist, das übliche Mietshaus als die billigste und praktischste Lösung anzusehen, wird man sich in Zukunft vielleicht zugunsten des Flachbaus und des Hochhauses entscheiden. Denn entgegen der herrschenden Meinung läßt sich auch mit dem Flachbau mit Erdgeschoßhäusern eine Wohndichtigkeit von ca. 300 Personen pro ha erreichen, eine Dichtigkeit, über die man auch bei Hochhäusern für Wohnzwecke nicht hinausgehen, sondern sie eher reduzieren sollte. Dazu kommt noch, daß Wohnungen im Flachbau wesentlich billiger als im Hochhaus herzustellen sind. Hochhaus und Flachbau können also als gleichwertige Hausformen hinsichtlich der Inanspruchnahme des Stadtraumes angesehen werden. Sie werden in Zukunft am zweckmäßigsten zu einer Mischbebauung vereinigt werden, wobei das Flachhaus mit Garten die geeignetste Hausform für Familien mit Kindern sein dürfte, während für kinderlose Familien und Alleinstehende das Hochhaus mit seinem weiten Blick die geeignetste Hausform ist.

Das Grundproblem der Haus- und Wohnformen aber ist ein gesellschaftliches. Sie werden jeweils andere sein, je nachdem die Gesellschaft die Tendenz hat, die Familie zu erhalten, aufzulösen oder dem einzelnen die Wahl der Lebensform zu überlassen. Also auch hier, wie bei allem Bauen, tritt zunächst das Bauherrnproblem als bestimmend in den Vordergrund, wobei unter Bauherr allerdings nicht der zufällige Auftraggeber, sondern die Gesellschaft als Bauherr zu verstehen ist. Aufgabe des Architekten aber ist es, die ihm durch die Gesellschaft gestellten Aufgaben so vollkommen wie möglich zu erfüllen, und einziges Kriterium einer solchen Lösung ist der Grad ihrer Vollkommenheit. Darüber hinaus hat der Architekt die Aufgabe, als Architekt neue Möglichkeiten auzuzeigen, die, wenn sie auch den gesellschaftlichen Anschauungen zunächst widersprechen sollten, zukünftige Lösungen vorbereiten.

Heft 6/1932
Diskussion um die Stadtrandsiedlung

Warum und wozu Selbstversorgersiedlungen?
Von Roger Ginsburger

Es scheint noch viele Intellektuelle zu geben, die sich den Glauben bewahrt haben, daß sie weit über den Klassen stehen, daß der Hunger der Massen und die Gewinnsucht der Besitzenden sie so lange nichts angehen, wie das, was sie Kultur nennen, nicht bedroht ist. Kriege, Arbeitslosigkeit und Notverordnungen sind ihnen nur vom geistigen Standpunkte aus wichtig. Wenn einmal irgendeine Frage ihr Interesse erweckt, weil sie kulturelle Folgen von ihrer Lösung erwarten, dann gehen sie mit einem rührenden Eifer an sie heran, sehen nicht die Ursachen und Zusammenhänge, propagieren ihre eigene Ideenverwirrung und schaffen so dem Monopolkapital und seiner Politik die ideologischen Waffen.

So haben sie 1914 den Krieg im Namen der nationalen Kultur oder Ehre verteidigt, so verteidigen sie heute die Selbstversorgersiedlung im Namen der Rückkehr zur Natur, der Verminderung des Zigarettenrauchens und der Hebung der Arbeitsfreude.

Warum verhilft ihnen ihre Bildung nicht wirklich zu einer unvoreingenommenen Erkenntnis der Tatsachen und infolgedessen zu einer Stellungnahme für diejenigen, deren Gesundheit, Lebensfreude, physische und psychische Entwicklungsbedürfnisse und -möglichkeiten den Interessen der Klasse geopfert wird, welche die Produktionsmittel monopolisiert und ihren Luxus mit dem Blut, dem Schweiß und der Not der anderen erkauft? Weil ihre Erziehung und historische, philosophische, ja sogar wissenschaftliche Bildung der Denkart und den Bedürfnissen der herrschenden Klasse angepaßt ist. Vor allem aber weil sich der Intellektuelle innerlich trotz allem sozialen Liberalismus, trotz Humanismus und Philantropie zu dieser Klasse gehörig fühlt. Sie bezahlt ihn als staatsbesoldeten Professor oder Pastor, als freien Künstler, Advokaten, Architekten oder Ingenieur. Da sie ihn besser bezahlt als den Arbeiter, hat er gesicherte Nahrung, eine saubere Wohnung und sogar verfeinerte Lebensgenüsse zu verteidigen. Der Selbsterhaltungstrieb verhütet, daß sein spekulatives Denken zu Schlußfolgerungen kommt, welche Opfer an Bequemlichkeit verlangen würden. Auch hofft er immer, wie alle Kleinbürger, irgendwie noch höher in der sozialen Stufenleiter aufzurücken, Besitz anzusammeln und als gemachter Mann von der heutigen Gesellschaftsordnung zu profitieren, und er baut sich so eine Lebensphilosophie von persönlicher Tüchtigkeit und Herrenmenschentum auf, hinter der man die Angst spürt, daß die Krawatte schief sitzt oder das Monokel gleich herunterfällt, das heißt, die Angst, nicht für voll genommen zu werden.

Erst im Augenblick, wenn er merkt, daß sein Wohl nicht mit dem der Besitzenden identisch ist, oder wenn die inneren Widersprüche der sozialen Ordnung, das Chaos, dem sie zustrebt, so offensichtlich und bedrohlich geworden sind wie heute, kann auch der Gebildete seinen bürgerlichen Standpunkt überwinden, besonders wenn er durch ein Element in seiner Herkunft, Erziehung oder Erfahrung und durch seine intellektuellen Qualitäten dafür vorbereitet ist.

Würden die Architekten und Kulturphilosophen wirklich jenseits von Klasseninteressen stehen, wie sie es gerne behaupten und sogar manchmal glauben, so hätten sie in der Frage der Erwerbslosensiedlung erst prüfen müssen, was für wirtschaftliche Folgen die Ausführung des Projektes nach sich ziehen wird und welche Absichten dahinter stehen, bevor sie nach Lösungen suchen und innere Zusammenhänge zwischen dieser Idee und geistigen Strömungen entdecken; bevor sie sich Sorgen darüber machen, ob die Bretterhütten auch angenehm aussehen werden, hätten sie sich überlegen müssen, ob die Leute darin nicht verhungern werden und warum man Menschen zwingen will, ohne Wasser, Kanalisation und Elektrizität in feuchten, kalten Baracken zu leben, während die Zementwerke stillstehen, die Hochöfen gelöscht werden und die Arbeiter vor den Volksküchen und Unterstützungsämtern Schlange stehen.

So sehr ich den Versuch von Alexander Schwab[1] anerkenne, fast alle mit der Erwerbslosensiedlung zusammenhängenden wirtschaftlichen Fragen aufzustellen, und trotzdem in den Fragen oft schon eine Antwort enthalten ist, die der Idee nicht gerade günstig ist, so glaube ich doch, daß es genügen würde, die wirtschaftlichen Überlegungen auf einige wenige Hauptpunkte zu beschränken.

Selbst wenn man dem Siedler soviel und so gutes Land zur Verfügung stellen könnte und wollte, daß er imstande wäre, alle Nahrungsmittel für sich zu erzeugen, so würde er trotzdem immer noch Werkzeuge, Kleidung und Brennstoff kaufen müssen. Auch soll er ja das staatliche Darlehen bald wieder verzinsen und amortisieren. Er muß also entweder einen Teil seiner Erzeugnisse verkaufen oder wieder als Heim- oder Kurzarbeiter für die Industrie tätig sein.

Die Produktion für den Nahrungsmittelmarkt ist heute aussichtslos, die pommerschen Bauern wissen etwas davon, trotzdem sie keine neugebackenen Siedler sind. Bei einem vollkommenen Einfuhrverbot landwirtschaftlicher Produkte wäre die Absatzmöglichkeit nicht besser, denn eine neue Masse von Industriearbeitern, die jetzt für den Export produzieren, wird arbeitslos und kann statt des vollen Arbeitslohnes nur noch die Arbeitslosenunterstützung in Lebensmittel umsetzen, und auch dies nur, wenn sie unter den verschlimmerten Umständen überhaupt noch aufrechterhalten werden kann. Andererseits würde die Autarkie den Kleinbauern der Großlandwirtschaft gegenüber nicht konkurrenzfähiger machen.

---

[1] A. Schwab, Wirtschaftsfragen zur Erwerbslosensiedlung. Die Form, Heft 1/1932

Will man aber den angesiedelten Erwerbslosen nebenbei noch für die Industrie arbeiten lassen, dann wird sein Los nicht beneidenswerter. Dann ist er wieder genau in der Lage seiner Vorfahren, die in den Kinderjahren der modernen Industrie als Kleinbauern versuchten, das ungenügende Einkommen aus Garten- und Feldarbeit durch Hausindustrie etwas aufzurunden. Dazu kann man bei Fr. Engels »Zur Wohnungsfrage«[1] folgendes und manches andere Interessante noch nachlesen: »Was die Familie auf ihrem eigenen Gärtchen und Feldchen erarbeitet, das erlaubt die Konkurrenz dem Kapitalisten vom Preis der Arbeitskraft abzuziehen; die Arbeiter müssen eben jeden Akkordlohn nehmen, weil sie sonst gar nichts erhalten und vom Produkt ihres Landbaus allein nicht leben können; und weil andererseits eben dieser Landbau und Grundbesitz sie an den Ort fesselt, sie hindert, sich nach anderer Beschäftigung umzusehen.« Und hier durchschaut man einen der Hauptgründe, welche zu der »neuen« Idee geführt haben! — Übrigens hat niemand darauf hingewiesen, daß die Umstellung auf Kurzarbeit, zugleich mit der Zurückführung von Erwerbslosen in die Produktion, andere bisher Vollbeschäftigte um die Hälfte ihres Einkommens kürzt. Die Wirkung des beabsichtigten Unternehmens auf die Erwerbslosen, denen man damit dienen will, wird also eine weitere Verelendung sein. Wie steht es nun mit seiner Wirkung auf die allgemeine Wirtschaftslage? Wenn die neuen Siedler kein Einkommen haben, werden sie auch keine Industriewaren kaufen können, die Absatzmöglichkeit für diese wird also nicht größer. Das Volumen der verkäuflichen Nahrungsmittel wird ziemlich genau um das kleiner, was die Selbstversorger für sich erzeugen. Die Preise werden noch mehr fallen und die Berufslandwirte werden noch weniger als jetzt Hypothekenzinsen und Steuern zahlen können und noch weniger Industrieprodukte kaufen. Die Wirkung auf die Staatsfinanzen kann dadurch verständlich gemacht werden, daß man sich überlegt, wieviel Jahre Arbeitslosenunterstützung, die man ersparen will, in dem Kapital enthalten ist, das man pro Siedler in den Siedlungen investieren muß. Daß dies Kapital vollkommen unverzinsbar und untilgbar sein wird, ist nach dem früher Gesagten als ziemlich sicher anzunehmen.
Was soll also dies Projekt, wenn nicht vor allen Dingen Hoffnungen wecken, zum Durchhalten anspornen und zum Ruhigbleiben, kurz ein Mittel zur Erhaltung der Macht sein? Oder erhofft die Großindustrie von seiner Durchführung eine neue Möglichkeit, die Löhne zu drücken und so auf dem Weltmarkt konkurrenzlos zu werden? Da aber die ausländischen Industriellen vom gleichen Bedürfnis getrieben zu den gleichen Überlegungen kommen, wird das gegenseitige Dumping zu einem noch vergnüglicheren Wirtschaftskrieg führen als dem, der heute schon wütet.

---

[1] Internationaler Arbeiterverlag, Berlin C 25.

Solchen Absichten stellen sich die deutschen Intellektuellen als Propagandisten zur Verfügung! Sie treiben keine Politik, die gesellschaftliche Struktur berührt sie nicht, aber die Erhöhung des Arbeitsethos durch Handarbeit und individuelle Gartenpflege ist ihnen ein Problem! Sie sehen nicht, daß die stumpfsinnige, aufreibende, taylorisierte Arbeit zum größten Teil technisch ersetzbar ist durch kompliziertere Maschinen, denn gerade gleichförmige menschliche Bewegungen kann die Maschine ersetzen. Meist ist aber die menschliche Arbeit für den Kapitalisten noch billiger als solche Maschinenarbeit, besonders wenn er wie heute den Lebensstandard des Arbeiters auf den des Kolonialarbeiters herabsetzt. Außerdem sind im letzten Jahrzehnt die Absatzkrisen mit solch einer Schnelligkeit und Gewalt aufeinandergefolgt, daß es für ihn viel rentabler ist, viele schlechtbezahlte Arbeitskräfte nach dem Taylorsystem zu verwenden und bei Stockungen auf die Straße zu setzen, als teure Maschinen anzuschaffen, die in Krisenzeiten als totes Kapital daliegen und verrosten.

Eben solch ein Problem, wie das der Freude an der Arbeit, und wie überhaupt alle kulturellen Probleme, ist nur durch die Veränderung der gesellschaftlichen Struktur zu lösen, aber nicht durch Rückkehr zu primitiven Produktionsformen, nicht durch Gartenarbeit und auch nicht durch Moralpredigten an die Kapitalisten, sie möchten doch beim Rationalisieren auch an die Arbeitsfreude denken. Erst wenn die Produktion kollektivisiert ist, besteht ein Interesse, die Arbeiter nicht zu verblöden und in wenigen Jahren zu verbrauchen, denn die Gesamtheit, der die Produktionsmittel gehören, besteht dann aus Arbeitern, aus Produzenten, und erst sie können die Maschine so verwenden, daß sie nicht an ihr zugrunde gehen. Wollte überdies der Kapitalist durchgehend die taylorisierte Arbeit durch entsprechende Maschinen ersetzen, hätte er also statt der vielen ungelernten Kettenarbeiter nur noch einige hochqualifizierte Mechaniker für ihre Bedienung und Instandhaltung, dann würde er die Krise, in der er heute steckt, noch viel mehr verstärken und erst recht daran zugrunde gehen, denn es gäbe noch mehr Arbeitslose, also noch weniger Abnehmer für seine Produkte.

Das Kulturgerede der Gebildeten wird weder die inneren Gesetze des Kapitalismus zerstören noch ihre Folgen, Kapitalakkumulation, Arbeitslosigkeit und Hunger aufheben. Es kann auch nicht die Explosion verhindern, die bei immer höherer Spannung der Gegensätze notwendigerweise eintritt. Aber es kann diese Lösung hinausschieben mit dem einschläfernden Gift, das es enthält. Ein Hinausschieben aber heißt: Leiden für Millionen, Tod an Unterernährung, Krankheit und Terror für Tausende. Ist es das, was sie wollen, die Gebildeten?

Wirtschaftliche Anmerkungen
Von Alexander Schwab

Roger Ginsburger hat mich schon ganz gut verstanden: von den vielen Fragezeichen, die ich zur Stadtrandsiedlung gemacht habe, bleiben in der Tat nicht nur manche, sondern die meisten bei näherer Prüfung als Fragezeichen stehen, und ich glaube nicht, daß die Propagandisten Antworten finden werden, die vor einer wirklichen Kenntnis der Bewegungsgesetze der kapitalistischen Wirtschaft bestehen können. Ja man kann wohl ruhig aussprechen, daß diejenigen, die uns die Stadtrandsiedlung einmal als die Rettung aus der Arbeitslosigkeit angepriesen haben, der Wirklichkeit vollkommen ahnungslos gegenüberstehen und sich nur in ihren eigenen propagandistischen Interessen auskennen.

Gegen Ginsburgers eigene wirtschaftliche Überlegungen sind aber doch zwei Einwände zu erheben:

Der erste Einwand: Ginsburger meint, die taylorisierte Arbeit sei meist zu ersetzen durch die noch kompliziertere Maschine, also durch den Vollautomaten. Diese Möglichkeit würde nur deshalb nicht ausgenutzt, weil die taylorisierte Handarbeit billiger sei als der Vollautomat. Für wichtige Produktionen trifft dies aber nicht zu. Die menschliche Hand ist z. B. weder im stark mechanisierten Bergbau noch in der Verarbeitung von Baumwolle und Wolle, noch schließlich in der Holzbearbeitung entbehrlich. Die Rückwirkung verstärkter Mechanisierung auf die Arbeiter ist verschieden. Je vollständiger z. B. in der Textilindustrie der automatisierte Arbeitsprozeß ausgebildet ist, desto mehr Maschinen werden der einzelnen Arbeitskraft zugewiesen; die Handarbeit hört hier fast ganz auf, aber die Tätigkeit der Überwachung, die an ihre Stelle tritt, wird dafür um so mechanischer und angespannter. In dieser Richtung geht die Entwicklung auch in anderen Produktionszweigen. Da sie aber je nach den Vorbedingungen des Materials und der Technik immer nur in sehr unterschiedlichem Tempo vorwärts getrieben werden kann, sind auch die Auswirkungen für den Arbeiter verschieden. Man vergleiche etwa den Kohlenarbeiter unter Tag mit dem Mann im gleichen Werk, der an der Schalttafel der elektrischen Zentrale sitzt.

Zugegeben, daß die heutige Wirtschaftsform der Technik schon erhebliche Hemmnisse in den Weg legt und sie an der vollen Entfaltung zur Erleichterung des menschlichen Lebens hindert. Ginsburger wird aber wohl kaum übersehen wollen, daß im ganzen und auf die Dauer das unerbittliche Gesetz der Konkurrenz eine freie Wahl zwischen Maschine und Handarbeit gar nicht offenläßt, sondern zu immer höherer organischer Zusammensetzung des Kapitals vorwärtspeitscht, obwohl gerade der Lohnfonds derjenige Teil des Kapitals ist, von dem die Profitrate abhängt. Daß das Gesetz vom tendenziellen Fall der Profitrate jetzt seine lang bewahrte Hülle der Latenz abgeworfen hat und zu einer manifesten Aktualität geworden ist — das eben ist ja eins der wesentlichen Kennzeichen der gegenwärtigen Krise. Angesichts dieser Überlegung verlieren, wie mir scheint, alle die Hinweise auf ungünstige Rückwirkungen der Stadtrandsiedlung — Einkommenskürzung bei bisher Vollbeschäftigten, weitere Markteinschränkung für landwirtschaftliche Produkte, Verlust der staatlichen Vorschüsse — erheblich an Bedeutung. Sie werden den nicht belehren, der glauben kann, mit 100 000 Kurzarbeitersiedlungen die deutsche Volkswirtschaft aus der Weltkrise herausretten zu können, und wer diesen frommen Köhlerglauben nicht teilt, kann dafür stärkere, tiefergehende Gründe anführen.

Ein zweiter Einwand kann hier nur angedeutet werden. Die landwirtschaftliche Autarkie Deutschlands ist keineswegs für alle Siedlungspropagandisten das Ziel, sie ist vielmehr nur die richtunggebende Utopie bestimmter Gruppen. Utopie — aber immerhin richtunggebend. Man brauchte sich mit ihr nicht zu beschäftigen, wenn sie eine fatale Übereinstimmung aufwiese mit allgemeinen Verfallstendenzen der Weltwirtschaft, vor allem also mit dem allgemeinen Anwachsen des Protektionismus. Diese Tendenzen sind aber Zeichen einer beginnenden Rückbildung und Zersetzung der kapitalistischen Wirtschaftsform überhaupt. Ein solcher Prozeß bringt gewiß scharfe Rückschläge für die Lebenshaltung der breiten Massen mit sich; aber womit kann bewiesen werden, daß er nicht trotzdem sich über eine erhebliche Zeitspanne ausdehnen kann? Und solange er anhält, ist zwar nicht die hundertprozentige Autarkie, vielleicht aber wohl die Kombination von Land- und Industriearbeit eine unausweichliche gesellschaftliche Begleiterscheinung.

An dieser Stelle geht nun freilich der Gedankengang über die Grenzen wirtschaftlicher Theorie hinaus. In der Geschichte der menschlichen Gesellschaft gibt es bekanntlich kein Ding, das nicht in mindestens zwei Farben schillert. Auch die Selbstversorgersiedlung ist so ein Ding, das die Möglichkeit des dialektischen Umschlags von Anfang an in sich trägt. So gewiß die Aufhebung des Gegensatzes zwischen Stadt und Land nicht von der gegenwärtigen Wirtschafts- und Gesellschaftsstruktur geleistet werden kann, so gewiß werden doch die Keime einer neuen Gesellschaft stets schon im Schoße der alten vorbereitet. Wer die Figur eines in seinem Schrebergarten am Sonntag arbeitenden Industrieproletariers nachdenklich betrachtet, kann sich über diese seltsame Verkörperung einer tiefsinnigen Weisheit nur wundern. Die Frage ist vielleicht nur so zu stellen, welche Lebensform für diejenigen Kräfte, die den Verfallsprozeß abschneiden und in die Entwicklung einer neuen Struktur überführen müssen, in der Zwischenzeit die günstigste ist. Ich könnte mir denken, daß die Antwort auf diese Frage — bei weitgehender Übereinstimmung im übrigen — nicht unbedingt so gegeben werden muß, wie Ginsburger sie gibt.

Heft 2/1932
Ein Volk, das nicht baut, stirbt!
Von Alexander Schwab

Die Fachpresse des Baugewerbes hallt wider von Klagerufen der beschäftigungslosen Unternehmer, der Prozentsatz der arbeitslosen Baufacharbeiter ist höher als jemals. In den Wohnvierteln der deutschen Großstädte ist kaum ein Haus ohne Vermietungsplakat, und die Spediteure wissen nicht, wie sie zum 1. April die Masse von Hausrat befördern sollen, dessen Besitzer der billigeren Miete zustreben. In der Dunkelheit, die unser künftiges Schicksal umfängt, liegt ein besonders tiefer Schlagschatten auf der Zukunft aller, die mit dem Bauen zu tun haben, und das ist mindestens ein Fünftel der deutschen Bevölkerung, da vom Einkommen der physischen Steuerzahler etwa ein Fünftel für Mieten ausgegeben wird.
Inzwischen breitet sich der Niedergang des wirtschaftlichen Lebens weiter um die Erde herum aus, die bürgerliche Welt insgesamt scheint bedroht, alle ihre Gelehrten sprechen aus, nur die Wiederherstellung der freien internationalen Kapital- und Warenbewegung könne den Umschwung zum Besseren bringen, alle ihre Regierungen sagen, wenn sie im Wirtschaftskomitee des Völkerbundes beisammen sitzen, dasselbe, und tun, sobald sie zu Hause sind, das Gegenteil.
Den großen und kleinen Finanzmächten der Welt steckt noch die Erfahrung in den Knochen, die sie mit ihrem nach Deutschland gegebenen Geld haben machen müssen; sie können es zunächst nicht wiederbekommen, und sie sind gezwungen, stillzuhalten und den kranken Schuldner zu schonen.
Dies ist die Lage, in der man vom Ausland her mit Fingern auf Deutschlands Neubauten weist, auf die Wohnsiedlungen, die Fabriken, die Schulen, Bäder, Sporthallen, Straßen und Bahnen, und sich zuflüstert: Seht, sie haben unser gutes Geld verbaut. Anstatt damit Geschäfte zu machen, an denen wir mitverdienen wollten, haben sie es festgelegt, und wir haben das Nachsehen.
Diese Anklage auf Verschwendung, um nicht zu sagen auf betrügerische Verschwendung, wird in Deutschland viel zuwenig beachtet. Man hat bisher nicht verstanden, wie nötig es ist, darauf zu antworten, weil man nicht weiß, welche ungeheure Verbreitung diese Anklage im Ausland bereits gefunden hat. Da gibt es z. B. einen Artikel des Amerikaners Garet Garrett, erschienen Ende September in der Saturday Evening Post und schon damit in einer Millionenauflage verbreitet. Innerhalb einer äußerst einseitigen, aber brillant geschriebenen Polemik gegen die deutsche Reparations- und Anleihepolitik erhebt Garrett speziell die Anklage auf Verschwendung. Man muß das lesen, zumal da dieser Aufsatz mit Hilfe der amerikanischen chemischen Großindustrie — vermutlich aus dem

Bedürfnis einer kreditpolitischen Auseinandersetzung mit den eigenen Banken – in weiteren Millionen von Exemplaren in der ganzen Welt verbreitet worden ist: »Das geliehene Geld wurde auf dreierlei Art wieder ausgegeben, einmal für Wohnungsbauten aller Art; zweitens für wirtschaftliche Betriebe, für Industriebauten und -einrichtungen, Umbauten, Rationalisieren, Vergrößern; drittens für soziale öffentliche Bauten, Parks, Bäder, Erholungsheime, Stadions, Ausstellungshallen, neue Rathäuser, Postgebäude, Landstraßen, selbst Denkmäler. Das Bauen wurde zur Leidenschaft. Im Jahre 1928 wurden 310 000 neue Wohnungen gebaut, 1929 sogar 330 000. Die Mehrzahl der Wohnungen war für Gehaltsempfänger, Staatsangestellte, Familien mit mittelmäßigem Einkommen bestimmt. So entstanden nach dem Massenprinzip die Siedlungen: Arbeitersiedlungen, Siedlungen für Eisenbahnbeamte und -angestellte, Siedlungen für Postbeamte, Siedlungen für Unverheiratete, ebenso Siedlungen in bevorzugten Gegenden für die Bessergestellten. Das ganze Siedlungswerk ist erstaunlich, gewaltig, nur aus der Vogelschau kann man seine Bedeutung ermessen, denn die meisten Siedlungen haben die Ausdehnung einer Stadt. Man müßte endlose Entfernungen zurücklegen, um die Orte von unten zu besichtigen, denn die Siedlungen sind ausgedehnt angelegt und auf neuem Baugrund errichtet. Die Städte selbst sind nicht umgebaut, sie haben sich nicht viel geändert. Man reißt in Deutschland nicht so häufig alte Häuser nieder, um neue auf den Platz zu setzen, sondern nimmt für Neubauten neuen Baugrund. Deshalb sind alle diese Siedlungen am Außengürtel der Städte.

Die Bauleidenschaft ging über das Maß des Notwendigen weit hinaus, wurde verschwenderisch, experimental, sportmäßig. Neue Zeiten, neues Material, neue Formen, neue Maßstäbe, neue Ziele, Kirchen, ganz aus Stahl und Glas. Extremer Modernismus in Villen, Leichenhäusern, Friedhofshallen, Hotels, Schulen, Wolkenkratzern, Kauf- und Geschäftshäusern. Es war ein Festefeiern für die Architekten.«

Unter den wenigen Antworten, die Garrett in Deutschland gefunden hat, ist besonders bemerkenswert ein Aufsatz des Schweizer Städtebauers Martin Mächler in der Zeitschrift »Der Ring«. Mächler erklärt zunächst:

»Garretts Behauptungen sind ein Spiegel, weniger der Tatsachen in ihrer Gesamtheit, als vielmehr eines bestimmten Aktes deutscher Unaufmerksamkeit. Wenn wir zutreffend unterrichtet sind, so spiegeln sie im wesentlichen den Glanz der Berliner Bauausstellung vom Sommer 1931, die selber nur ein Zerrspiegel der Entwicklungsperiode war, die in ihr dargestellt werden sollte. Jedenfalls hat Garrett offenbar niemals etwas gesehen von der Kehrseite des deutschen Bauglanzes, von der Wohnungsnot seit dem Weltkriege, dem immer schlimmer werdenden Wohnungselend, den völlig veralteten Arbeitsplätzen der Arbeiterschaft und rückständigen Betrieben der Unternehmer, die erneuert und moderni-

siert werden mußten, wenn der Industriestaat Deutschland auch nur einigermaßen wieder leistungs- und wettbewerbsfähig werden sollte. Garretts Darstellungen zeigen nichts von den gewaltigen Anstrengungen, die gemacht wurden und gemacht werden mußten, um die sozialen Zersetzungsherde inmitten der Großstädte auszumerzen, die in diesen Herden wohnende Bevölkerung auf das wenige noch freie Land zu evakuieren und die Stadtkerne der Großstädte als brauchbare Arbeitsplätze für den so dringend notwendigen Handel einzurichten. Die Bedeutung des deutschen Siedlungswerkes — nahezu 65 Millionen Menschen sollen auf einer vollkommen unzulänglichen Landfläche und in einem viel zu engen Lebensraum entwicklungsmäßig umgeschichtet werden — kann nicht nur aus der Vogelschau ermessen werden. Man wird dieses Werk, will man es objektiv beurteilen, zumindest auch vom Boden oder vielmehr von unten aus betrachten müssen. Und dann wird man wohl kaum mehr von Verschwendung sprechen können.«
Mit dieser Antwort kann man sich wohl einverstanden erklären. Aber wie ist es denn mit dem »Festefeiern für die Architekten«, mit dem »experimentalen, sportmäßigen« Bauen? Es wäre falsche Taktik, sich so zu stellen, als wäre mit diesen Angriffen nicht auch der Deutsche Werkbund, ja gerade er, getroffen. Und das internationale Ansehen des Deutschen Werkbundes verlangt eine Antwort.
Gewiß sind im deutschen Bauwesen Experimente gemacht worden, und der Werkbund hat sein gut Teil zu diesen Experimenten beigetragen, in denen er eine Erfüllung von Lebensnotwendigkeiten sah. Eine gerechte Würdigung setzt allerdings ein gewisses Maß von gutem Willen voraus. Was den guten Willen Garretts anlangt, so weckt der Verfasser selbst Zweifel, da er in seinem sehr ausführlichen Aufsatz kein einziges Wort über das Problem des deutschen Außenhandels findet: was würde er wohl gesagt haben, wenn die Auslandskredite restlos in Anlagen der Exportindustrie verwandelt worden wären und damit zwar zu verstärkten Rückzahlungen, aber auch zu einer noch weit gefährlicheren Bedrohung aller Auslandsmärkte geführt hätten? Und warum schweigt er über die ständige Erhöhung aller Zollmauern der Welt, nicht zuletzt der amerikanischen?
Mit etwas gutem Willen aber wird man auch in den kreditgebenden Ländern verstehen können, daß im deutschen Bauen Experimente nötig waren. Ja, man hat es bereits verstanden: die Ausstellungen, die unter tätiger Mitwirkung des Werkbundes in Amerika und Frankreich veranstaltet worden sind, haben es gezeigt. Gegen unendliche innere Hemmungen und Schwierigkeiten, tastend und gewiß nicht ohne Fehlschläge, hat sich doch der kulturelle Wille zu strengster Einfachheit und Sachlichkeit im ganzen durchgesetzt. Und ohne Unbescheidenheit kann man aussprechen, daß die deutschen Experimente nicht ohne Zusam-

menhang mit der internationalen Kulturwelt und sogar nicht ohne Nutzen für sie gemacht worden sind.

Mächler schließt seinen bereits zitierten Aufsatz mit einem Hinweis auf die steigenden Arbeitslosenziffern des Baugewerbes und auf ihren Zusammenhang mit dem allgemeinen Steigen der Arbeitslosigkeit; wenn auch diese Zahlen sich auf das wirtschaftlich schwächste unter den großen Völkern beziehen, so sei doch zu bedenken, »daß dieses Volk im gleichen abwärts gerichteten Entwicklungsstrom liegt wie die anderen Völker, für die die historische Erkenntnis ‚Ein Volk, das nicht baut, stirbt' die gleiche Bedeutung hat wie für Deutschland«. Muß es nicht nachdenklich stimmen, an dem Gegenbeispiel Rußlands zu sehen, wie stark der Lebenswille und die Lebenskraft eines aufsteigenden Volkes sich offenbart in einer ungeheuer gesteigerten Bautätigkeit?

Die Masse allein tut's freilich nicht. Und wenn Garrett sich konzentriert hätte auf eine kritische Prüfung der Frage, ob denn in Deutschland nun auch immer baupolitisch, wirtschaftspolitisch, siedlungspolitisch die richtige konstruktive Linie eingehalten worden sei, so wäre zugleich seine Position besser und die Diskussion mit ihm fruchtbarer. Gerade der Werkbund aber, gerade die Kräfte, die sich fürs Experimentieren eingesetzt haben, können für sich in Anspruch nehmen, von jeher für Qualität gekämpft, an der materiellen, formalen und wirtschaftlichen Klärung und Schärfung des Qualitätsbegriffs gearbeitet zu haben — was denn freilich nicht ohne Experimente möglich ist. Wenn Garrett seinen Aufsatz — ob ironisch oder im Ernst, sei dahingestellt — »Deutschlands Rettung« überschreibt, so muß ihm geantwortet werden: Deutschlands Volk und Deutschlands Produktion können nur durch Qualität gerettet werden, Qualität der Produkte, Qualität der Menschen, Qualität der sozialen und kulturellen Lebensbedingungen, und eins ohne das andere ist unmöglich.

THEATER, TANZ, FILM, FOTOGRAFIE

Schlaglichter

1924	Reinhardt übernimmt Theater in der Josephstadt
	Piscator an der Volksbühne Berlin (bis 1927)
	Brecht: Im Dickicht der Städte
	Clair: Entr'acte
	Murnau: Der letzte Mann
1925	Flaherty: Moana
	Zuckmayer: Der fröhliche Weinberg
	Berg: Wozzek
	Pirandello leitet Teatro dell'Arte, Rom
	Chaplin: Goldrausch
	Eisenstein: Panzerkreuzer Potemkin
1926	Hindemith: Cardillac
	von Laban: Choreographie, Gymnastik, Tanz
	Kartell zur Erneuerung des französischen Theaters
	Piscator, Zech: Das trunkene Schiff
	Pudowkin: Die Mutter
	Disney: Micky mouse
1927	Krenek: Jonny spielt auf
	Toller, Piscator: Hoppla, wir leben
	v. Stroheim: Wedding March
	Ruttmann: Berlin — Symphonie einer Großstadt
	Crossland: The Jazz Singer (erster Tonfilm)
	Turandot, getanzt von Kreutzberg
	Dreyer: La Passion de Jeanne d'Arc
1928	Dsiga Werthoff: Der Mann mit der Kamera
	Das russisch-jüdische ‚Habima'-Theater siedelt von Moskau nach Tel Aviv um
	Strawinski: Apollon Musagète
	Brecht/Weill: Dreigroschenoper
	Bunuel: Un chien andalou
1929	Bruckner: Die Verbrecher
	Mehring/Piscator/Moholy: Der Kaufmann von Berlin
	Brecht/Weill: Mahagonny
	Piscator: Das politische Theater
	Siodmak: Menschen am Sonntag
	Clair: Sous les toits de Paris
1930	Wolff: Die Matrosen von Cattaro
	Antheil: Transatlantic
	Milhaud: Christoph Columbus
	v. Sternberg: Der blaue Engel
	Papst: Westfront
1931	O'Neill: Trauer muß Elektra tragen
	Zuckmayer: Der Hauptmann von Köpenick
	Lang: M — eine Stadt sucht einen Mörder

	Papst: Kameradschaft
	Clair: A nous la liberté
	1000 Tonfilme von insgesamt 2500 km Länge
1932	Schönberg: Moses und Aaron
	Brecht: Heilige Johanna der Schlachthöfe
	Jooß: Ballett »Der grüne Tisch«
	Hauptmann: Vor Sonnenuntergang
	Hilpert übernimmt Volksbühne Berlin
	Hawks: Scarface
	Dreyer: Vampyr
1933	Lorca: Bluthochzeit
	Johst: Schlageter
	Vigo: Zero de Conduite
	Ophüls: Liebelei
1934	Wolff (im Exil): Prof. Mamlock
	Schostakowitsch: Lady Macbeth in Minsk
	Feyder: Le grand jeu
	Flaherty: Man of Aran

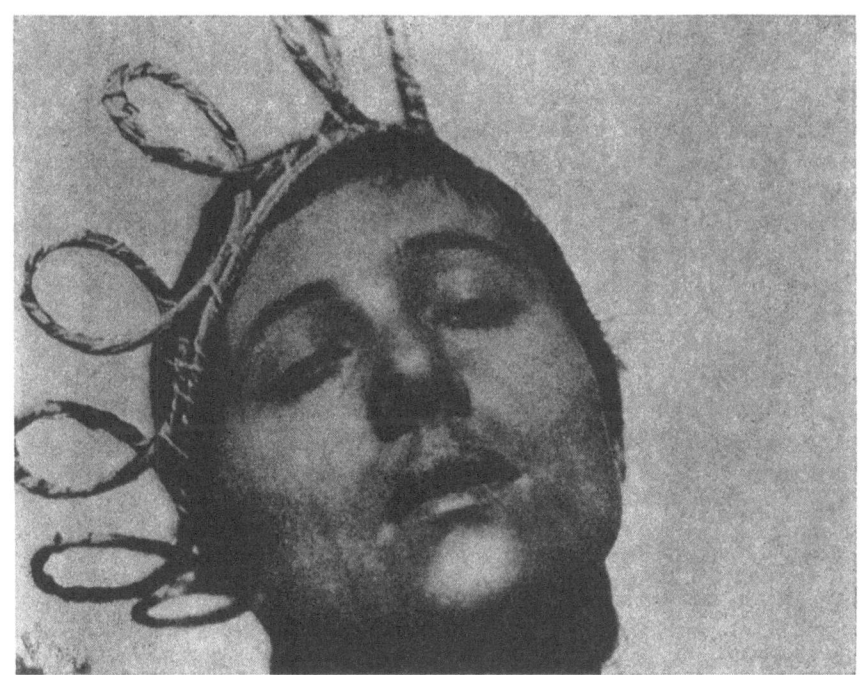

Johanna von Orléans in der Inszenierung von Carl Dreyer

Vom Chaos zur Form des Bühnenwerks
Von Paul Zech, Berlin

1.

Schon Zeitgenossen von Shakespeare, Molière, Schiller und dem naturalistischen Hauptmann schrien unentwegt nach dem »Neuen« Drama. Und meinten freilich Fortschritt des Theaters an sich.

Der Schrei heute nach dem »Neuen« Drama aber ist eine billige Verlegenheitsphrase jener Theaterpolitiker, die sich im Sumpf irgendwelcher Ismen verrannt haben und aus eigener Kraft keinen Ausweg mehr wissen (das heißt: Vorschlag zum Neubau haben). Sie verwässern die schon längst von anderen Mächten entwertete Substanz aller Dinge um den Komplex Theater und glauben der Inflation damit Herr zu werden.

Der Teufel soll mich holen, wenn tausend Dramenschreiber und tausend Schaubühnen im Luftbereich eines Sechzigmillionenvolkes den Gipfel kultureller Ballung bedeuten sollen — und nicht die gewissenlose Preisgabe edelster Güter an industrielle Ausbeutung sind.

Seht — das ist's: nicht am Wertgehalt des Schaustücks, aber an dem warenhaushaften Verschleiß von fabrikmäßig hingeschluderten Schaustellungen verdarb sich das Konsumentenheer den Magen und geht jetzt im Bogen um alles herum, was Schaubühne heißt. Bevölkert den Kintopp. Umlagert den Rundfunk und nährt sich von Ersatzstoffen der Magazine. Indes der Pleitegeier...

Den ihr bannen könnt, wenn ihr nur den Mut habt. Dämme wider die Überschwemmung zu türmen, nämlich: von Staats wegen fünf Zehntel aller »Kunsttempel« vernagelt und das Handlangertum der Stückeschreiber zurückbefördert zu Monatsgehalt, Schwof und Skatklub.

Oder:

noch deutlicher:

Vom Theater fordere man, daß es das preußisch-militaristische Panikmachen endlich ablege und erkenne: daß Kunst in jeglicher Form und in alle Ewigkeit nicht mechanisierbar ist für den Massenabsatz. Schenkt's in homöopathischen Dosen!

2.

Diese Sätze, vorausgeschickt: bezwecken Scheinwerferleistung. Jedoch das Chaos zeigt hinter den belichteten Trümmern noch tiefere Abgründe auf. Der Wirbel der Verwirrung ergreift alle Glieder des Kreises, die den Begriff Theater umspannen. Dichter, Spielleiter, Szeniker und Schauspieler zerfasern sich unter Anstrengungen, die von einem unsinnlichen Außen an ihr Erleben herangetragen werden. Sie greifen, um den Anschluß an den »Beruf« nicht zu verlieren, zu konstruktivistischen Mitteln. Sie wurden, weil sie vom Formerlebnis nichts mehr zuzusetzen hatten, formlos. Sie führen die Dynamik des Sinnlichen in das Tempo der Maschine hinüber. Sie mechanisieren Blut und Gefühl. Die mechanisierte Formlosigkeit liefert die Schaubühne der Maschine aus. Ein Theater der Maschine hebt aber die Ordnung des Geistes auf und bekennt sich zu einem aus dem Gleichgewicht geratenen Gelegenheitszustand der Konstruktion. Richtung, Raum und Darstellung veräußerlichen unter dieser Fremdherrschaft. Auch der Zuschauer veräußerlicht und brennt nach der einen mechanisierten Sensation mit noch vergröberten Empfangsorganen auf die Entflammung des nächsten Feuerwerkes. In einer solchen Glut der äußeren Erregungspunkte kann Wort nicht mehr Wort, Bild nicht mehr Bild und kann Bewegung nicht mehr Bewegung sein.

Nicht einmal Naturinstinkte sind hier entfesselt. Die große Welt des Geistes, zu der wirkliche Kunst auf der Bühne (d. h. in Bewegung gebrachte Dichtform) die Brücke zum Menschen schlägt, schafft sich jenseits der Schaubühne Wirkungsflächen. Das Theater läuft in einem grellen Geflitter von Buntheit leer. Nach stärksten Flittereffekten strebt nicht zuletzt der Schauspieler, der vor allem eine Vordergrundperson sein will, und nicht ein verhaltener Diener am Werk. Der, sobald er die geistige Linie des Werkes verläßt, zu einem von unsinnlichen Erregungen bewegten und von hier aus kühl konstruierenden Wort- und Bewegungsbeamten verhärtet, eine Maschine wird und jede Beziehung zu dem aus sinnlichen Bewegungen des Blutes unmittelbar heraus schöpferischen Geist verliert. Er meint Geist, wenn er lehrhaft mit Bildung prunkt. Er meint sinnliche Erregung, wenn er Gebärde und Ton mit körperlichem Kraftaufwand hinschleudert. Er meint Form zu gestalten, wenn er seine Mittel mit mechanischer Präzision auf alle Wirkungsflächen verteilen kann. An seiner Unsinnlichkeit entzündet sich das Publikum nur so lange, als die stoffliche Sensation Spannung hergibt. Da er zum Dichtwerk nur gedankliche Beziehungen hat, kann er es auch nur gedanklich in Ton und Bild umsetzen. Die Bühne aber verlangt eine Inbewegungsetzung jener Kräftekreise, die durch das sinnliche Erlebnis zur Form gesteigert wurden. Der Instinkt spielt bei diesem Prozeß eine wesentlichere Rolle als die von Bildung hergeleitete Erkenntnis. Instinktspieler, mögen sie in der technischen Behandlung der Ausdrucksmittel auch noch so unvollkommen sein, kommen jedenfalls der reinen Spielform näher als Denkspieler. Der Denkspieler ist ein Produkt des von der Literatur betäubten Spielführers. Er schafft Formgefäße ohne Zweckmäßigkeitsgefühl. Er vergeudet häufig edles Material an einem nur optisch wahrnehmbaren Reißer.

3.

Der zum Modeobjekt hochgelobte Spielführer des Theaters dieser Zeit erbaut aus dem von der Literatur bezogenen Wortszenarium, als Rohstoffprodukt, ein körperliches Gefüge. Er stellt es mit den Wirkungsmitteln Ton, Wort und Farbe mehr oder minder plastisch in den Raum und bewegt das Gemeng. Das Zufällige der instinktmäßig zum Ausdruck hinkreisenden Bewegung biegt er ab durch eine, in erster Linie optisch wahrnehmbare, gesetzmäßige Gliederung von Körper, Farbe und Raum. Eine organische Gliederung von solchen zueinander abgestimmten Wirkungselementen kann sehr wohl zur Form vorstoßen und in der von der Maschine gelösten Bewegung auch Form werden. Den meisten Spielführern von heute geht es aber nicht um eine organische Gliederung von individuellen Bewegungen. Der Durchschnitt ihrer Inszenierungen ist von außen an das Werk herangetragen worden. Auch ein ansonst so phantasievoller Kopf wie Karlheinz Martin läßt sich von rein hirnlichen Erwägungen vom Zweck äußerster Wirkungsspitzen zur Werkleistung bestimmen, will sagen: er paßt das Bühnenwerk in sein bis zur letzten Möglichkeit ausgeklügeltes Inszenierungsschema hinein. Er ordnet es sich ein für allemal unter. Er schlägt ihm, wenn es seine Pläne behindert, Kopf und Beine ab und demonstriert den Rumpf. (»Franziska« von Wedekind.) Er entwickelt unter reichlicher Dampfgebung sogenanntes Tempo. Die Maschine funktioniert. Es sprühen die Funken! Die Konkurrenz spitzt die Ohren. Ihr schneidigster Vertreter verdichtet die Leistung der Maschine noch stärker. Er inszeniert vollends die Bewegung der Maschine. Er mechanisiert die Bewegung von Körper, Farbe und Raum. Er interpretiert mit mechanisch-dynamischen Mitteln, ohne Beziehung zur Form, ohne den sinnlichen Rhythmus zur Aktion der Dichtung, ein optisch-tonliches Bühnenszenarium. Er macht den Schauspieler seinem von der Literatur bezogenen Bildungsdünkel unterwürfig. Er hemmt das aus dem Blut zur Bewegung vorstoßende Spiel und entfesselt die gehirnliche Mache. Er läßt »alle Puppen tanzen«. Er will revolutionieren und bleibt bei der Proklamation der roten Farbe stehen. Wie fundamental er irrt und den Irrtum nach dazu zum Dogma erhebt, zeigen mit Deutlichkeit seine Erfolge bei den literarischen Snobs auf, und seine Mißerfolge beim Volk. Die Spielführer alter Schule, so sie saubere Arbeit liefern wie Max Reinhardt, haben wieder Volk für sich. Weil sie Form, wenn auch längst erstarrte, liefern. Für das geistige Weltbild ihrer Zeit schufen sie auf der Bühne bestimmt die sinngemäße Form. Für Form hat das Volk, trotz tausendfacher Verbildung, immer noch den Instinkt. Deshalb nimmt es lieber das abgenützte Alte hin, als ein unbrauchbares Präparat neuer Fabrikation. Das Volk will in erster Linie von sinnlichen Eindrücken sich zur Entfesselung steigern lassen. Es will nicht Literatur aus einem von Literatur befingerten Gefäß empfangen. Es will Theater sehen, schmecken und fühlen. Der Spielführer des

Theaters dieser Zeit buhlt aber händeringend um das sich zurückhaltende Volk. Er hat diese Wissenschaft von den jungen Russen bezogen. Durch sein Gehirn geistern die Versuche Meyerholds und Tairoffs wirr durcheinander. Er bezog die neuen Theorien abermals auf dem Umwege über die Literatur. Er beachtete jedoch nicht die Atmosphäre, in welcher beispielsweise ein Theater Meyerhold zu einem lebendigen Organismus aufwachsen kann und mit aller Angespanntheit fortschrittlicher Arbeit in die sinngemäße Form hineinreift. Die Ideen Meyerholds konnten sehr wohl Wurzeln im Volk schlagen, weil sie auf politisch gestütztem Fundament sich an eine politisch revolutionäre Masse wenden durften. Meyerhold entfesselte das politische Theater und schuf dafür die sinngemäße Form. Er negierte, solange er zur alten dramatischen Dichtung greifen mußte, das geistige Format des Werkes, er sah in ihm nur das Spannungsgeripp, nicht aber den motorischen Kräftekreis und auch nicht das unantastbare Sprachgut. Er erhob die Gesinnung zur Kraftquelle und modelte nach solcher Richtung hin das Dichtwerk um. Er schnitt fort und setzte zu. Er wandelte kultische Eiferer zu parteipolitischen Fanatikern um. Er mechanisierte aber auch — und hier lief sich seine Bemühung heiß — den Ablauf der in ein anderes Bett abgelenkten Handlungsströmung. Er mechanisierte sie zu szenisch gespielten Manifesten. Er wollte zwar von der alten Theatermaschine des Bürgertums fort und konstruierte zu diesem Behuf eine in den technischen Drehs unerhört funktionierende Theatermaschine des revolutionären Proletariats. Er gesellte zu der, erst ganz allmählich aus der Formlosigkeit zur organischen Form sich entwickelnden, geistigen Idee des Proletkultes das unproduktive Nur-Gesinnungstheater. Seine weltanschauliche Gesinnung äußern, soll beileibe dem Bühnenwerkdichter nicht abgedrosselt werden. Nur muß das Bekenntnis (siehe Schillers »Räuber« und »Wilhelm Tell«) zur organischen Form geschmolzen sein. Die junge russische Dichtung, soweit sie uns erreichbar war zur Kenntnisnahme, wandelt sich schon zur Form. Der Stoff ist gebändigt, ist strotzendes Fleisch, Bein und Mark und seine Dynamik ein Orgelspiel auf der Muskulatur. Ob Meyerhold auch für die Inszenierung solcher ins Organische umgewandelten Dichtung das aktionsreife Tempo noch hat und ob er diese neue Form so tief in sein Blut hinüber erleben kann, daß er sich daran entzündet und sein eigenes schöpferisches Vermögen zur Form bringen kann, läßt sich heute noch nicht mit Sicherheit sagen. Wir glauben aber an seine endliche Abkehr von der Maschine. Denn seinem Ursprung nach ist er gegen die Maschine.

Wir bezweifeln jedoch den Erfolg der Bemühungen Tairoffs zu einer neuen Ausdruckskunst auf dem Theater. Tairoff ist der Gegenpol Meyerholds. Er rückt die Leistung des Schauspielers, die Entfesselung der äußeren Ausdrucksmittel in den Vordergrund. Er mindert das Dichtwerk, in seiner weltanschaulichen Substanz sowohl wie auch in seiner künstlerischen Form, zu einer sekundären

Bedeutung. Er läßt es nur als Unterbau gelten. Die lebendigen Wölbungen des Raumes überträgt er auf den mit literarischen Mitteln zur Bewegung hypnotisierten Schauspieler. Daß nur Hypnose als Spannungsbogen zum Ablauf der schauspielerischen Bewegung von Tairoff geübt wird, ergibt sich aus der theoretischen Erklärung seines Programms für schauspielerische Ausbildung. Er will (hier allerdings mit vollem Recht!) den Bildungseinfluß aufheben und den Instinkt wecken. Er läßt in endlosen Übungen Bewegungen improvisieren und übersieht, daß jede schematische Übung unweigerlich zur Mechanisierung führen muß. Er verlangt von seinen Spielern eine virtuose Beherrschung der Technik aller Ausdrucksmittel. Er strebt zu einer nach allen Seiten hin geschlossenen Form (sehr gut!) – und züchtet doch nur ein raffiniert in edles Material getriebenes Gehäuse. Er tötet das Blut und bewegt vollendet geformte Glieder durch das Mittel artistischer Tricks. In solch einer maschinell gespeisten Spannung aller Ausdrucksmittel muß der Raum auf die Dauer das Medium der Illusion verlieren. Er konzentriert nicht mehr Theater zur Übermittlung von Sinneseindrücken auf die Zuschauermenge, sondern produziert (und übertreibt diese Übung mit Fanatismus) optische und akustische Schauformen. Darum lautet auch der erste Satz aus Tairoffs Programm: »Jedes neue Theater, das wir anstreben, wird nicht von der Dichtung, sondern vom Schauspieler geschaffen, dem es schon bei seinem ersten Schritt in dem von der Dichtung angewiesenen Rahmen zu eng wird.« Diese Umkehrung aller fundamentalen Gesetze des Theaters kann man mit ernsthaften Mitteln nicht widerlegen. Auch Tairoff selber wird den Endpunkt der Sackgasse erleben und den Hochmut abschwören, oder auf der Strecke bleiben. Heute trägt ihn noch das westeuropäische Bürgertum. Er entfesselt seine Gier nach optischer Sensation durch ein zum Startum emporgedrilltes Ensemble. Er will für dieses unkollektivistische Publikum kollektiv gestalten und zeigt doch nur Einzelgänge. Denn so, wie er den Schauspieler in den Spannungskreis seiner maschinell funktionierenden Kraftquelle gedrängt hat, unterjocht er auch den Bühnenmaler, den Bühnenarchitekten. Er führt ihn aus dem Formerlebnis der Dichtung heraus und läßt ihn auf das verindustrialisierte Kunstgewerbe los. Der Raum muß hier konstruktivistisch aufgeteilt werden nach Gesetzen, die in der absoluten Malerei vielleicht eine innere Notwendigkeit bedeuten und diesen Trieb auch durch die Mittel der geistigen Dynamik auszudrücken vermögen. Im Bühnenraum jedoch sind andere Gesetze maßgebend. Ihre Formwerdung wird von den geistigen und dramaturgischen Ordnungen der Dichtung gespeist. Die Raumgestalter in Tairoffs Schule schaffen im Bühnenraum aus Figur, Licht und Farbe eine der Dichtung feindliche Atmosphäre. Sie zertrümmern mit optischen Überkurven und transparenten Symbolgrotesken die Sprachbögen der Wortwerte. Sie bauen tote Gerüste oder in den Farben aufdringliche Bilderbogen. Der Spieler bewohnt solche Räume ohne Beziehung zum

Oskar Schlemmer, Bühnendekoration zu C. Hauptmann „Der abtrünnige Zar"

Raum. Vor schiefen Türen, dreieckigen Häusern und auf hintergrundlosen Treppen muß ihm der letzte Tropfen Blut einfrieren. Das Wort nur hält ihn noch aufrecht. Aber selbst hinter dem Wort noch klappert das Gerüst. Alle westeuropäischen Nachahmer der Methoden Tairoff bemächtigten sich zuerst des Gerüstes. Von der Dichtung entliehen sie nur den Umfang der Schauplätze. Und konstruierten den Raum demonstrativ gegen den Geist der Dichtung.

4.

Das Bühnenbild als sinnfällige Illusion eines überwirklichen Raumes kann nur vom Bühnenwerk gestützt werden. Es hat von ihm auszugehen, die Spielfläche für alle Bewegungskurven zu gliedern, und muß mit seinen Ausmaßen in die Dichtung wieder einmünden. Es darf ebensowenig ein von biedermännischen Vollbärten doziertes Anschauungsobjekt sein, wie ein durch Manifeste entzündetes Pathos zur sogenannten heroischen Linie. Der Vordergrund soll für den vom Werk bezwungenen Spieler auch von der Kulisse so ausgiebig respektiert werden, daß Aufbau und Ablauf der Sprachbögen und Körperspannungen nicht behindert werden. Die Revue, auf deren optische Buntheit so viele Szeniker hereingefallen sind und diesen kaleidoskopischen Zauber auf das dramatische Theater übertrugen, ohne den Unterschied zwischen Sprach- und Schaubühne auch nur zu ahnen, ist zweifellos ein Produkt der Zeit. Sie hat sich mit schnell funktionierendem Instinkt dem Erlebnistempo des Publikums angepaßt und bietet dem Zuschauer wenigstens die zeitgemäß optische Sensation. Das Wort ist hier a priori Nebensache. Selbst der Witz und die Zote sind nur Füller von Zeitlücken zwischen Bild und Bild. Auch die vom Blut zum körperlichen Ausdruck getriebene Bewegung künstlerischen Lebens wird mit Absicht ausgeschaltet. Bewegung und Ton — hier Tanz und Jazz — sind durchaus sinngemäß in den szenischen Raum gestellt, ordnen sich den Bildern ein und ergeben eine primitive Form. Aber immerhin Form. Unform aber entsteht, wo in den szenischen Raum eines Revueklischees dramatische Dichtung gepreßt wird. Wir wollen der Kargheit, dem billigen Spiel mit grauen Wänden und magisch-gedämpften Beleuchtungen, dunklen Vorhängen und Andeutungsmöbeln gewiß nicht das Wort reden. Jeder Spielraum, auch der tragisches Geschehnis tragende, verträgt ungebrochene Farben, natürliche Helle und Spielflächen, Spielplätze, denen man die Bewohnbarkeit zutraut. Hielt sich der Naturalismus zu sklavisch an das Detail und konnte er vor Überladenheit nicht zur architektonisch reinen Form seiner Spielräume kommen, so übersteigert der Ismus von heute die Dimension der Horizontale und Vertikale im Raum und siecht hin an Atemnot. Zweifellos braucht der neueuropäische Mensch Bewegungsweite und Tiefe. Die aber müssen mit entsprechender Atmosphäre geladen sein. Jede Bewegung, groß und elementar, muß das Blut zum Rasen bringen, muß auf Kollektivwirkung aus sein und kollektiv gestalten. Der wirkliche Beherrscher des Raumes vermag es. Siehe Meister Poelzig. Auch Emil Pirchan kommt manchmal zur Besinnung und baut der Dichtung den sinngemäßen Raum. Und entfesselt mit der gegliederten Form der Maße die Atmosphäre des Spiels. Eine Sportarena, in der sich Titelkämpfe vollziehen, hat nicht nur eine optische Atmosphäre. Weil sie ein dynamisch bis zum Äußersten organisiertes Tempo vorlegt, entzündet sich auch die Atmosphäre der Erregung aus dem Blut. Sie mechanisiert weder die Aktion noch den Raum. Sie stößt auch nicht als Elektrisiermaschine vor. Ihre Vitalität wird von dem Instinkt gespeist und wendet sich an den Instinkt. Deshalb hat sie das Publikum, das lediglich dem Theater entlaufen ist; nicht der Dichtung und auch nicht dem Spieler. Aber dem Spielmacher. Hier wende man nicht ein, daß es auf dem Gefild der jungen Dichtung kein Bühnenwerk gäbe, Publikum zu sammeln, kein Werk, das mit geistig beschwingter Aktion dieser Masse auch den übersinnlichen Raum der verdichteten Welt sinnlich wahrnehmbar machen kann. Schon solange Theater des Abendlandes das Bühnenwerk aus dem Umkreis der Dichtung bezogen: propagieren Theaterdirektoren und Theaterrezensenten das Graulmärchen vom Verfall der dramatischen Dichtung. Man steigerte das Drama Shakespeares zur auserlesenen Form und leitete von hier aus die Ausmaße für jegliche Form ab. Gewiß ist die Form der Shakespearischen Dramen so voll-

Aus »Hoffmanns Erzählungen«. Regie: Legal. Gesamtausstattung: Moholy-Nagy

kommen, daß sie noch Jahrhunderte überdauern wird. Aber doch nur als Form des Dichtgeistes von Shakespeare. Die kritischen Zeitgenossen Lessings maßen jedoch die Werkleistung Lessings damit und warfen ihm Unform vor. Wobei sie selbst die zeitliche Distanz von Shakespeare zu Lessing übersahen. Gar nicht erst zu reden von der weltanschaulichen und ästhetischen Wandlung. Man erkannte sehr wohl den durch den Ablauf der Jahrhunderte bedingten Fortschritt auf anderem Gebiet und unterwarf sich ihm. Manchmal mit Widerstand, manchmal mit Freuden. Dem Fortschritt auf der Schaubühne aber legte das Kunstrichtertum Halseisen an, und das Volk begnügte sich, weil das Neue für Barbarismus erklärt wurde, mit Ersatzware. Was Lessing widerfuhr, vollzog sich an Schiller, sprang auf Kleist und Büchner über, rieb sich an Hebbel und Hauptmann, zerfetzt Georg Kaiser und verdammt die aufstrebende Jugend. Nicht nur sind es Greise, die so blindwütig lebendige Bildungen zu neuer Form ablehnen. Es gibt Dreißigjährige, ja sogar Zwanzigjährige auf kritischen Merkerstühlen, deren Heftigkeit den Grad von Paroxismus erreicht. Sofern der Delinquent nicht zur befreundeten Clique gehört, ist er ein für allemal gemeiner Schubiak.

5.

Wenn es der dichtenden Jugend nicht einfällt, die Form Shakespearischer Dramatik auf das zum Drama gestaltete Erlebnis von heute anzuwenden, nicht lessingisch daherkommt und auch von den Erstlingswerken Hauptmanns sich nicht die Schaftstiebel ausborgt, braucht das Bühnenwerk dieser aufstrebenden Generation doch nicht formlos zu sein. Es ist formlos im Vergleich zu den Werken einer früheren Kunstepoche. Es ist formlos, wenn es vom Chaos der Theater- und Regieführung sich benebeln läßt und dem jeweiligen Moderegisseur ein Leibstück zur Publikumsanreizung liefert. Es reift aber zur Form, wenn es die Sinndeutung menschlichen Lebens so gestaltet, daß die hochgesäulten Horizonte eines eindeutigen Weltbildes das Werk überwölben. Die äußeren Methoden der Gestaltung sind nebensächlich. Ausschlaggebend für die Vollendung zur Form ist die geistige Substanz des Werkes und die von ihm ausgehende Atmosphäre. Publikum ist auch noch heute eine knetbare Masse. Es muß nur umgeschichtet werden. Die von Bildung nicht angefaulten Elemente müssen nach vorn gebracht werden. In der Volksbühnenbewegung liegt der Weg zur Wandlung des Publikums, wenigstens nach einer Richtung hin, vorgezeichnet. Freilich ist auch in der Volksbühnenmasse ein großer Prozentsatz verbildetes Spießertum seßhaft geworden. Aus älteren Proletariern sind engstirnige Kleinbürger geworden, und die allgemeine Verelendung unterer Menschenklassen bewog das besitzschwache Kleinbürgertum, Befriedigung von Unterhaltungswünschen bei den Volksbühnen zu suchen. Die Jugend jedoch im proletarischen Bezirk hat auch für die Bewegung im Kunstgebiet offene Augen und gespannte Ohren. Sie fühlt mit der künstlerischen Jugend die gleichen Spannungen zur aufbauenden Tat. Sie tritt mit unbeschwerten Sinnen an das neue Werk. Und verbrüdert sich dem Kreis, wo der ewige Mensch, befreit von Maschine und dem mechanisierten Leben der Zeit, sich auswirken kann zum Erlebnis aller. Je dichter diese Zweiheit (einbezogen hierin auch die Spieler, Spielführer und Raumbildner als Instrument des Werkes) zusammenrückt und unter Entfesselung des aus der gleichen geistigen Befreiung gewordenen Dichterwerkes eine heilige Einheit wird, um so intensiver ballt sich das künstlerische Vermögen des jungen Dichters zur Form.

6.

Die Wandlung kann nicht von heute auf morgen geschehen? Mit der alten Spielplanpolitik, der immer noch geduldeten Einspännerwirtschaft der Vordergrund-Schauspieler und dem Halbgöttertum der Spielführer gewiß nicht. Aber gebt euch mit aller Kraft einer energischen Spielplanreform hin. Stattet weniger kostbar aus, bildet Ensembles aus glühenden Menschen, behandelt so wohlwollend junge Dramatik, wie von den Gazetten Revue und Operette (oder die jungen Weinhändler) lieb gestreichelt werden. Lüftet die alten Räume, laßt jungen Wind herein. Wuchert nicht mit der Armut jener Menschen, die für den Besuch eines Theaterabends drei Tage Sattessen opfern müssen. Vielleicht schafft ihr dann wieder die lebendige Bildung einer Gemeinde, die mit froher Zustimmung den Raum durchdröhnt.

Zum Problem des Bühnenbildes
Von Emil Preetorius

Sinn des Bühnenbildes ist es, Stimmungsgehalt und Abstufung der dramatischen Dichtung sichtbar zu machen, die der spielende Mensch in Wort und Gebärde verwirklicht. Aus diesen zwei Grundtatsachen ergeben sich Erfordernisse, Möglichkeiten, Grenzen für Szenenraum und Szenenkleid. Und diese machen in ihrer Totalität das aus, was man das Bühnenbild nennt. Diese Bezeichnung »Bühnenbild« ist jedoch irreführend: denn es handelt sich hier nicht um ein Bild im eigentlichen Sinne, und zwar weder an sich, noch im Zusammenhang mit dem Spiele, sondern um ein reales Geschehen, einen Erscheinungswandel: um Lebensraum und Wirkfeld der handelnden Personen. Freilich reichen die gegebenen Verhältnisse auch der opulentesten Bühne nicht aus, all die Ausdehnungs- und Gestaltungsillusionen sowie all die mannigfaltigen Einzelakzente zu schaffen, welche die Dichtung erfordert. Darum bedarf es eben des Szenikers, des Bildners, daß der Raum, Licht und Gewandung gestaltend zusammenfasse zur dramatischen Atmosphäre. Und er erwirkt sie mit den eigentümlichen Mitteln dieses Schaffensgebietes, mit den reichen Mitteln des schönen Scheines. Aber gerade der Szeniker muß dessen innebleiben, daß nie der Schauplatz, daß stets nur die Handlung das theatralische Urelement ist, und daß diese Handlung der Darsteller macht. Die Gewalt seines Spieles, die Mächtigkeit des Dichterwortes, sie bestimmen Maß und Art der szenischen Gestaltung. Denn das Wort der großen Dichtung schafft, groß verleibt, von sich aus Farbe, Form und Raum, ist trächtig von ausschaulicher Illusion und kann durch eine allzu ersichtliche, allzu vordringliche, allzu einzelhaft gestaltete Szene in seiner Weite ebenso beengt werden wie der dichterische Text im Buche durch allzu anspruchsvolle Aufmachung in Schrift, Schmuck oder sinnfälliger Illustration. Hier hat der Szeniker leise mitzugehen, behutsamer, sinnvoll schattierender Begleiter zu bleiben (wie der Pianist beim Liedvortrag), um das Farbenspiel der Dichtung, den dramatischen Verlauf spiegelnd, mitzuversinnlichen.

Zu einem Teil auf dieser rechten Spur erwuchs die abstrakte Szene, die Szene der absoluten oder genauer der nur sparsam andeutenden Formen, die mit dem mißverständlichsten aller Schlagworte die expressionistische genannt wurde. Vielfach beschritt man freilich diese rechte Spur zu schrullig, zu doktrinär und gar zu einseitig. Und daraus erwuchs der Widerstand gegen diese Art szenischer Gestaltung, der Widerstand zumal einer wieder zum Realistischen tendierenden Theatermode. Aber einerseits erweisen Fehlleistungen in der Durchführung eines künstlerischen Prinzips noch nichts gegen dessen grundsätzliche Richtigkeit: zumal solchen Fehlleistungen höchst geglückte, ja unvergleichliche Taten gegenüberstehen beim frühen Tairoff, beim hebräischen Theater und bei mancher neueren Berliner und Pariser Aufführung. Und andrerseits ist es nicht nur das Erlebnis der Zeitlosigkeit, das Wissen ums Ewiggültige großer Dichtung, was zur abstrakten, zur nur andeutenden Szene geführt hat. Es ist vielmehr zu einem höchst wesentlichen Teile die resignierte, doch unabweisliche, mehr oder minder bewußte Erkenntnis, daß die natürliche und die historische Realität in ihrem früheren Reichtum, ja, in ihrer früheren Wahrheit heute nicht mehr voll bestehen: daß sie für uns Heutige erschüttert, daß sie verwittert oder verblaßt sind, daß wir also diesen Realitäten nicht mehr fraglos und gläubig hingegeben sind und eingebettet. Daß es bei solchem Versiegen aber ehrlicher ist, tapferer und klüger, karg zu gestalten als üppig, unmittelbar zu sprechen statt in Zitaten — in Zitaten, die niemand mehr recht versteht und darum niemand mehr recht will. Und den heute wieder realistisch Gewordenen sei gesagt, daß es nicht leichter, sondern weit schwieriger ist, jene zusammengefaßte, aufs Wesentlichste zurückgeführte, also sozusagen abstrakte Szene sinnvoll und wirksam auszubilden als eine naturgenaue oder historisch getreue. Damit aber wird nun nicht behauptet, heute sei die naturnahe Szene immer schlecht, die naturferne immer gut. Auch hier geht es wie bei allem künstlerischen Schaffen zuletzt nicht ums Was, sondern ums Wie. Gut zu machen, was gemacht werden muß, gilt auch beim Szenenbau: das will sagen, Taktgefühl, Erfindungskraft, Bildnertum und Theaterinstinkt des Szenikers behalten ihr Recht über alle Theorie hinaus. Höchst wichtig bis an die Schwelle der eigentlich künstlerischen Bühnengestaltung bleibt Art und Weise, wie man ein »dramatisches«, ein aus dem gewohnten Ablauf heraustretendes, gesteigertes Begebnis der Außenwelt in sich erlebt: Verkehrsunfall, Feuersbrunst, Verbrechen, Volksauflauf oder stürmische Versammlung. Sichtbar wird dabei dem Beteiligten, auch dem aufmerksamsten Passanten oder Beobachter, nur das, was unmittelbar das Geschehnis ausmacht, trägt und enthält, alles dies aber mit unheimlich verstärkter Wucht, Schärfe, Eindringlichkeit. Das übrige »fällt nicht auf«, bleibt unbemerkt, versinkt. Es sei denn, eine Zufallseinzelheit dränge sich noch mit ein, sei akzentuierende Verzerrung oder erhöhender Kontrast, ähnlich wie gelegentlich auch in Werken höchster Kunst etwa bei Shakespeare. Ebenso aber soll beim Szenenbild nur das sichtbar gemacht, auffällig werden, was sinnbildhafte Dichte hat, Symbolkraft für Wesensgehalt und Dynamik des Dramas, und alles andere hat zurückzutreten oder wegzubleiben. So gibt beispielsweise ein knapp, aber charaktervoll umrissener Spitzbogen, etwa in einem Stücke von Kleist, meist mehr, eindringlicher die Suggestion gotischer Welt als ein differenziert, »mittelalterlich« durchstilisierter Außen- oder Innenraum, der den Kenner kaum interessiert, den naiven, also besten Zuschauer aber eher ablenkt oder verwirrt.

Es ist unmöglich, in dieser grundsätzlichen, notwendig knappen Darlegung all die Fragen, all die Aufgaben zu behandeln, die das Bühnenbild noch in sich faßt. Wir wollen sie hier gerade nur nennen: es gelte den wesentlichen Unterschied bei der Gestaltung von Tonwerk und Wortwerk deutlich zu machen, der mit der raum- und formschaffenden Kraft des gesprochenen Wortes zusammenhängt, das in gleichem Maße dem gesungenen, auch dem Wagnerischen Worte fehlt. Es wäre von der szenischen Verwirklichung des ernsten im Gegensatz zum heiteren Spiele zu sprechen, des gewichtigen zum leichten, dessen letzte Kategorie die Revue ist, die drei Viertel dem Auge und nur ein Viertel dem Ohre gilt. Es wäre von der Verwendung des Lichtes zu handeln, das in seiner heutigen technischen Meisterung nicht anders als Farbe, Form und Kostüm zu den Werkmitteln des Szenikers gehört und das eines der Hauptmittel ist, die Stimmung der Szene bei offenem Vorhang zu wandeln, also Umschwünge der szenischen Atmosphäre zu schaffen. Es müßte vom Bühnenportal gesprochen werden, vom Einblickswinkel der Zuschauer und der daraus sich ergebenden Notwendigkeit richtiger Deckungen; alsdann von der Korrelation der Figurinen zur Szene und der verschiedenen Bilder eines Werkes zueinander in Farb- wie Maßverhältnissen. Nicht zuletzt aber wäre das eigentliche Kernproblem des Bühnenbildes zu erörtern, das im Übergreifen, in der Verflechtung zweier artverschiedener Künste besteht. Denn es gilt ja bei aller Szenengestaltung, die Kunst des Raumes dienstbar zu machen der Kunst der Zeit, die Kunst des Ruhens, des Verharrens den Künsten der Bewegung, das klar Begrenzte, sichtbar Dauerhafte — das Bild dem wechselvoll Fließenden, schwebend Illusionären — der Dichtung.

Wir stellen zum Schlusse die sechs Leitsätze hierher, in denen der Unterricht unsrer Bühnenklasse an der Münchener Staatsschule für angewandte Kunst im wesentlichen verhaftet und mit denen der Problemkreis szenischer Gestaltung andeutend bezeichnet ist. 1. Das Bühnenbild ist das Gesamt von Szene und Figurinen und deren mannigfachen Beziehungen zueinander. 2. Das Bühnenbild ist kein Bild im üblichen Sinne; es ist der räumlich-reale Rahmen und Grund für das bewegte Spiel von Menschen und daher nicht vom Aufriß, sondern vom Grundriß her zu gestalten. 3. Das Bühnenbild ist nicht, es geschieht; darum sind alle Entwürfe zum Bühnenbild bloß vorläufig, all seine Wiedergaben in Foto, Skizze oder Modell notwendig unzureichend. 4. Kernproblem aller Bühnengestaltung ist die Verknüpfung des Räumlich-Ruhenden (Szene) mit dem zeitlich Ablaufenden (Drama) durch die wandelfähigen und wandelschaffenden Faktoren: Figurinen, Licht, Vorhänge, bewegliche Dekorationsteile. 5. Letzter Sinn des Bühnenbildes ist Dienst an der Dichtung: ihren Wesensgehalt zu erfassen, Ausdruck zu geben ihrer inneren Rhythmik, den Bann zu verdichten, in den sie zwingen soll. 6. Das kunstreichste Bühnenbild, das diesem Sinn zuwiderläuft, ist schlecht — das kunstloseste, das sie erfüllt, gut.

Heft 11/1926
Der neue Tanz in seiner symptomatischen Bedeutung
Von Hans W. Fischer, Berlin

Die neue Tanzkunst begann mit einer Negation: der bewußten Abkehr vom Ballett. Dieser letzte große Tanzstil hatte mehr als zweihundert Jahre souverän geherrscht und noch zuletzt, im zaristischen Rußland, eine hohe Nachblüte gezeigt. Die erstaunliche Dauerhaftigkeit verdankte das Ballett dem Umstand, daß es tatsächlich reiner und vollendeter Ausdruck einer großen Gesamtkultur war: des Barocks. Diese Epoche vermochte zum letzten Male, allen Künsten ein einheitliches Gepräge zu geben. Sie triumphiert in der pompösen Entfaltung starker zentralistischer Mächte: des politischen und des kirchlichen Absolutismus. Versailles und der Jesuitismus gelangten zu ganz ähnlichen Ausdrucksformen; sie sind majestätisch, prächtig und doch von einer gewissen Heiterkeit. Das große Ballett stellt die Krönung des höfischen Festes dar, an dem alle Zugelassenen mitwirken; der König selbst war Tänzer, die Bühne nur eine Fortsetzung des Gesellschaftsraumes. Und wie auf die Bühne, so drang die tänzerische Bewegtheit sogar auch in die Kirche; für uns Heutige eine Überraschung, wenn wir ihrer Spur plötzlich einmal begegnen, wo wir sie nicht erwarteten. Ich war einfach erschlagen, als ich eines Tages in die Wieskirche trat, die einsam zwischen Hochmooren Oberbayerns liegt: in dieser lichten Pracht von weißem Stuck und Gold alle Heiligenfiguren, selbst die würdig-bärtigen, in ausgesprochenen Tanzposen, und die Madonna eine entzückende Primadonna, die im Spitzentanz auffliegen zu wollen scheint. Ein Geist regiert alle Erscheinungen dieser Zeit, von der Allongeperücke bis zum Alexandriner.
Nur diese stilistische Unbeirrbarkeit ermöglichte es der Ballettkunst, sich einen so festen, bis ins kleinste Detail einheitlichen Formenschatz zu schaffen, daß er sich allen neuen Anläufen gegenüber unzerstörbar erwies. Während sich der Zusammenhang der Künste untereinander und schließlich auch mit einer bestimmten Zeit immer mehr lockerte, so daß von einem gewachsenen Stil nicht mehr die Rede sein konnte und schließlich auf der ganzen Linie der Eklektizismus herrschte, blieb die Ballettkunst unbeirrt ihrer ursprünglichen Art treu. Dank ihrer ungemein, ja raffiniert ausgebildeten Technik vermochte sie, alle Tanzformen eines neuen Temperaments — den Walzer so gut wie den Cancan, die Nationaltänze aller Völker — sich selbst anzugleichen. Freilich sank allmählich die Qualität des Balletts, je mehr sein natürlicher Boden unter ihm wich. Aber da, wo es sich stabil hielt, am absolutistischen russischen Hof, hielt auch das Ballett seine Höhe. Nachdem diese letzte Zuflucht zusammenbrach, ist sein Schicksal endgültig besiegelt. Auch die herrlichsten Endleistungen, deren Zeugen

wir selbst sind, können nur noch als Reste und Nachzügler gelten. Wir freuen uns ihrer Schönheit, aber mit einer gewissen Melancholie: denn sie haben keine Zukunft mehr.

Es war ein ganz richtiges und gesundes Gefühl, was um die Jahrhundertwende die Pioniere einer neuen Tanzkunst gegen die Herrschaft des Balletts revoltieren hieß: Auflehnung eines neuen Lebensgefühls gegen den Zwang ererbter und überalterter Form. Allerdings handelte es sich um eine große, geschlossene Form, der die Aufrührer zunächst nicht entgegenzusetzen hatten, was gleiche Allgemeingültigkeit beanspruchen durfte. Es waren rein individualistische Vorstöße, die hier geführt wurden, Versuche einzelner tänzerisch zum Teil hochbegabter Naturen, sich einen eigenen Tanzstil zu schaffen. Auf diesem Wege waren zweifellos schöne Leistungen möglich, aber immer nur auf einer verhältnismäßig schmalen Basis. Es ist charakteristisch für dieses Studium, daß es nur die Einzeltänzerin kannte und als ihre Stätte das Podium. Diese Bewegung, obwohl zeitweise von der Mode begünstigt, war zum Verkümmern verdammt, wenn es nicht gelang, sie auf eine breite Grundlage zu stellen, sie aus ihrer Isoliertheit zu befreien und mit dem Ganzen der Kunst und des Lebens in Einklang zu bringen. Was bisher gelungen war, war allenfalls Lösung von alter Form; nun galt es, von der Lösung zu neuer Bindung zu gelangen.

Genau dazu aber war die Zeit inzwischen reif geworden. Auf allen Gebieten, in der Gesellschaft wie in der Kunst, begann man jetzt eben zu erkennen, daß der Kampf gegen inhaltlos gewordene Konventionen nicht durch noch so kühne Durchbruchsversuche einzelner siegreich zu Ende geführt werden könne, sondern nur durch einen völligen, umfassenden Neubeginn. Man begriff, daß wir am Anfang einer grundstürzenden, sozialen Umschichtung stehen, die Massen in Bewegung bringt und die ganze gesellschaftliche Struktur ändert. Wie im einzelnen dieser Prozeß auch verlaufe — eins ist sicher: er wird durch einen neuen Kollektivwillen bestimmt sein. Und gegenüber dieser gewaltigen, durch die ganze Breite der Kultur laufenden Erschütterung wird sich nur eine Kunst halten können, die nicht auf zeitbegrenzten Formeln, aber auch nicht auf der Zufälligkeit der noch so bedeutenden Einzelperson, sondern auf tiefen, ewigen und allgemeinen Urkräften des Menschen gegründet ist. Es mag manchmal wie eine Spielerei erscheinen, wenn sich zeitgenössische Künstler zu den primitiven Völkern flüchten, und es ist auch eine, sofern sie von ihnen nur eklektizistisch Motive holen. Aber wer nicht an der Erscheinung haftet, sondern tiefer hinabsteigt, in den Urgrund hinein, der wird allerdings inne, daß wir völlig Neues zu schaffen nicht mehr anders imstande sein werden, als wenn wir sozusagen ganz von vorn, von den Urelementen anfangen. Nur auf diese Weise kann es gelingen, die Tyrannei der Überlieferung zu brechen und Form aus Wesen statt Form aus Form zu schaffen. Es handelt sich nicht etwa darum, ein

»Anderssein« künstlich herzustellen, indem man ehedem gültige Formen abändert oder umstülpt, sondern man muß sie zuallererst einfach einmal ganz vergessen und nur von dem Inhalt ausgehen, der sich ausdrücken will. Es spricht für die Richtigkeit, Tiefe und Gewalt dieser Tendenz, daß sie in verschiedenen Künsten gleichzeitig auftrat, ohne daß ihre Träger auch nur das Geringste voneinander wußten. Das unterscheidet diese wahrhaft neue Bewegung von dem sogenannten »Expressionismus«, der, wie schon der Name sagt, eine Reaktion auf den »Impressionismus« darstellt und darum nur durch ihn und mit ihm zu verstehen ist. Die Bewegung, von der wir sprechen, stellt sich nicht in Gegensatz zu einer anderen, die ein oder zwei Jahrzehnte herrschte. Man kann ihr also auch keinen programmatischen Kampfnamen geben. Aber sie ist da: in der Baukunst, in der Dichtkunst, in der Tanzkunst. In der Baukunst vertritt am schärfsten Hugo Häring den Grundsatz, daß aus der Bestimmung des Bauwerks heraus die organische Form zu entwickeln ist, die sich dem Inhalt genauso anpaßt wie eine natürliche Haut der Gestalt. Diese Forderung lehnt jedes geometrische Schema ebenso entschieden ab wie jede Willkür, sie will die zur präzisesten Form gesteigerte Sachlichkeit. In der Dichtkunst hat Arno Holz eine neue lyrische Form entwickelt, die jede metrisch-musikalische Bindung verwirft und ihr einziges Gesetz, das rhythmische, aus der Sprache selbst herleitet. Er ging dabei von keiner vorgefaßten Theorie aus: erst während der Arbeit am Phantasus und durch sie enthüllte sie sich ihm immer klarer, bis sie schließlich zwingend dastand. Es herrscht eine geradezu frappante Übereinstimmung zwischen der Entstehung der dichterischen Neuform bei Holz und der tänzerischen bei Laban. Wie jener aus der Sprache, holte dieser aus der Bewegung das ihr eigentümliche rhythmische Gesetz, das nichts mit taktmäßiger Bindung zu tun hat. Aus dem Auftauchen an so verschiedenen Stellen läßt sich vermuten, daß das neu gefundene Prinzip durch alle Gebiete der Kunst hindurchgeht; es hat etwas Überindividuelles, das der modernen Massenbewegung entspricht, und es erwies sich bei seiner Anwendung allenthalben als umfassend und tragfähig. Es ist bezeichnend für die neue, von Laban begründete Bewegungslehre, daß sie von vornherein für die Gruppe, also für eine Vielheit von Tänzern berechnet war. Gewiß ist auch auf ihrem Boden die hervorragende Einzelleistung möglich, und gerade die höchste, die Kunst der Mary Wigman, wurzelt darin. Aber auch wenn sich der ungeheure Glückszufall, daß sich die neue Lehre sofort in einer genialen Tänzerin verkörperte, nicht ereignet hätte, bliebe ihre Bedeutung unbestreitbar. Denn erst durch sie war (seit dem Ballett zum ersten Male!) die Möglichkeit gegeben, ganz von unten auf zu bauen, das Fundament der Tanzkunst zu verbreitern und so eine durchgehende stilistische Einheit zu schaffen. Im Gegensatz zum Ballett, das eine begrenzte Auswahl von Bewegungen zu virtuoser Vollendung emportrieb, gab Laban dem Körper seine volle Freiheit

Schule Trümpy-Skoronel: Bogen

zurück. Das Ballett, das wesentlich auf einer Gleichgewichtstechnik ruht, arbeitet fast ausschließlich mit Spannungen; Laban setzte daneben die Impulse (die stoßweise von der Körpermitte ausgehen) und die Schwünge; diese letzteren sind das Wesentliche und eigentlich Charakteristische. Sie durchreißen den ganzen Körper nach allen Richtungen hin und verschieben dabei alle seine Teile. Mit ihnen kehrt die gewaltige, gliederlösende Kraft, die der Tanz der Primitiven hat, wieder in die Tanzkunst zurück; ein strömendes, rauschhaftes, bacchantisches Element, das sich unmittelbar mitteilt. Der Genuß des Balletts ist in der Hauptsache eine Augenfreude; der neue Tanz appelliert an den ganzen Menschen, es strömt motorische Energie über. Daher seine Expansionskraft, er erfordert aktive Teilnahme. Es liegt in seiner Eigenart begründet, daß Laban selbst sofort zu der Gründung von Laienchören geführt wurde: die Grenze zwischen Tänzer und Zuschauer gerät in Fluß, es wird wieder Fest möglich, in dem sich die Bewegung wie die Wellenringe eines Teiches von einem Zentrum aus bis an die Grenze des Baumes fortpflanzt. Erst damit aber kehrt der Tanz, der vordem als Schau an die Peripherie gerückt war, wieder in seine zentrale Stellung zurück.
Alle diese Dinge stehen natürlich noch im Beginn, aber ihre treibende Tendenz ist bereits fühlbar. Es gibt, was es seit dem Ballett nicht mehr gab, wieder große, weit verbreitete, auf einheitlicher Grundlage arbeitende Schulen, die den Tanz bis zum geschlossenen Kunstwerk hinaufführen und auch, wenn eine hervor-

ragende tänzerische Einzelkraft an ihrer Spitze steht, immer die Arbeit der Gruppe als wesentliche Aufgabe ansehen. Laban selbst schuf während mehrerer Jahre in Hamburg eine Fülle chorischer Werke; er erwies sich dabei von einer Vielseitigkeit, die manchmal die Gefahr einer Zersplitterung befürchten ließ. Neben geschlossenen Höchstleistungen wie dem »Schwingenden Tempel« stand festliches Laienspiel (»Lichtwende«), tänzerische Pantomime (»Gaukelei«), Zusammenarbeit seines Tanzchors mit einem Sprechchor (»Fausts Erlösung«), Vorstoß zu großer dramatischer Gestaltung (»Agamemnon«) und in Grenzgebiete der Oper (»Don Juan«). Seine bevorstehende Übersiedelung nach Würzburg verspricht ihm ein neues, aussichtsreiches Wirkungsfeld.

Die stärkste Konzentration großer tänzerischer Form hat bisher Mary Wigman erreicht. Sie hat ihre Gruppe bis ins letzte vereinheitlicht, ohne zu mechanisieren. Sie ist schon als Einzeltänzerin die einzige, die orchestrale Wirkung ausübt und einen gewaltigen Raum mit ihrer Ausstrahlung zu füllen vermag: Urkraft, die aus der Tiefe quillt, durch tausend Formen wandelt und noch in der feinsten, leuchtendsten Verästelung ihre Herkunft nicht verleugnet. Die große, schlagende, unbedingte und endgültige Form ihrer Einzeltänze überträgt sich nicht durch Drill, sondern durch ihre Vorbildlichkeit auch auf die Gruppen. Den Gipfel bezeichnen die »Szenen aus einem Tanzdrama«, die ein Suchen, Wandern, einen Durchgang durch Chaos und strengen Formzwang, durch weite Seelenlandschaften voller Schrecken und Entzückungen geben bis zu einer festlich-erlösten, lebendigen Harmonie: und der »Totentanz«, diese aus einem fahlen Zwischenreich zwischen hier und dort unheimlich heraufbeschworene Vision. Neben diesen unerbittlich strengen Gestaltungen stehen stets auch andere, die die Gruppe in voller Flüssigkeit erhalten. Dieser Schonsamkeit bei aller durchgreifenden Energie ist es zu danken, daß sich die Gruppen, die von Wigman-Schülerinnen gegründet wurden, durchweg in Freiheit und nach eigenem Gesetz entfalten konnten.

Am gleichen Platz wie die Wigman selbst, in Dresden, wirkt Gret Palucca, eine Meisterin kurzer, kraftgespannter Form, die sich auch in ihrer Gruppe durchgesetzt hat. In Gera hatte Yvonne Georgi an das dortige Theater Anschluß gefunden; auch ihre Eigenart, die feine, schwungvolle Musikalität, findet in ihrer Gruppe die volle Entsprechung. In Berlin hat, auf der Grundlage einer bereits großen Schule, Berta Trümpy ihre Gruppe gegründet. Sie selbst tritt, obwohl eine fein durchgebildete Tänzerin, persönlich zurück. Außerordentlich intelligent beherrscht sie den ganzen Umfang des neuen tänzerischen Instruments und gibt gern ihren Veranstaltungen eine breite Basis, in dem sie andere Kräfte mit heranzieht. Mit ihr zusammen arbeitet jetzt Vera Skoronel, eine Tänzerin, die von der Wigman her zu einer eigenen, feingebrochenen, mitunter fast bizarren Form gelangt ist. Dennoch ist es ihr gelungen, sich in einheitliche, stark bewegte, streng

Mary Wigman: Aus der spanischen Suite (Foto Charlotte Rudolph, Dresden)

geführte Gruppen als den natürlichen Mittelpunkt einzugliedern. Von den Labanschülern wirkt Kurt Joß als Tanzleiter der Tanzgruppe am Stadttheater Münster, Herta Fest in Berlin.
Es gibt also schon eine ganze Reihe bedeutender und beachtenswerter Bildungen, die bei aller Selbständigkeit der Entwicklung doch auf dem gleichen Boden stehen. Es wäre eine durchaus wichtige Aufgabe, in Deutschland einen Mittelpunkt zu schaffen, wo man sie neben- oder nacheinander sehen und so einem großen Publikum ein wirklich zutreffendes Bild von dem heutigen Stand der Entwicklung geben könnte. Eine Zeitlang schien es, als solle Hamburg ein solcher Ort sein; solange nämlich die dortige »Deutsche Bühne« unter der Leitung Dr. Benninghoffs stand. Jetzt scheint die Führung an Berlin zu fallen, wo die Volksbühne am Bülowplatz in ihren winterlichen Sonntagstanzmatineen schon voriges Jahr einen bemerkenswerten, gewählten Überblick über eine Reihe der Gruppenbildungen gab und für den nächsten Winter wieder einen verspricht. Vielleicht, daß sich hier über diese sammelnde und sichtende Tätigkeit heraus auch Ansätze zu positiver Neuarbeit ergeben. Denn der neue Tanz verlangt zur Bühne.
Der Zugang zu ihr wird ihm nicht leicht gemacht. Er ist nicht nur verbarrikadiert durch die Ballettreste, die sich an allen größeren Opernbühnen zäh halten, sondern auch durch deren Bühnengestaltung und Repertoire. So bleibt es meist

bei Kompromissen, und man muß froh sein, wenn sie so geschmackvoll geschlossen werden wie von Terpis an der Berliner Staatsoper. Ganz ignorieren kann man den neuen Tanz freilich nicht mehr; selbst das russische Ballett in seiner heutigen Form hat vieles von ihm gelernt. Auch die Entwicklung der modernen Musik, wie sie sich bei Strawinski oder Hindemith zeigt, weist schon auf die Notwendigkeit von tänzerischen Übergangsformen hin. Die heutigen synkopischen Rhythmen sind mit reinen Ballettformen eben nicht mehr überzeugend zu gestalten. Aber wirklich die Bühne beherrschen wird der neue Tanz erst, wenn die Musik ihm gefolgt ist und sich seiner Rhythmik unterworfen hat. Denn weder die Musiklosigkeit noch die Geräuschmusik ist ein wesentliches Zubehör des neuen Tanzes. Beides hat sein Recht, zuweilen seine Notwendigkeit; aber oft ist es nur Ausdruck der Ratlosigkeit, die eine passende Musik noch nicht zu schaffen weiß. Das beginnt sich bereits zu ändern; schon beginnen Musiker, wie der Begleiter Mary Wigmans, Goetze, mit dem Tanzgestalter gemeinsam zu arbeiten, und ich zweifle nicht daran, daß hier große Möglichkeiten einer neuen Musik liegen. Und wie der Musiker, so wird auch der Architekt fruchtbarste Anregung von der neuen Bewegungskunst empfangen. Denn wenn sie beginnt, sich eigene Räume zu bauen, so werden es ganz bestimmt nicht die der herkömmlichen Kastenbühne sein, die eine unüberschreitbare Grenze zwischen Künstler und Publikum setzt; es wird vielmehr eine Form sein müssen, die beide verbindet und vereinheitlicht, wie das Amphitheater der Antike oder die kirchliche Mysterienbühne des Mittelalters, obwohl von vornherein gesagt werden muß, daß die alten Lösungen — Arena und Kirchenschiff — sicherlich nicht die der Zukunft sein werden.

Und nun wird bereits klar, daß sich zwangsläufig auch die Vereinigung der neuen Tanzkunst mit der neuen Bühnenkunst anbahnt. Schon die heutigen Regisseure neuen Geistes, die mit dem alten Apparat zu arbeiten gezwungen sind, kommen ohne Annäherung an die Bewegungskunst nicht aus. Tollers »Masse Mensch« in Fehlings, Carl Hauptmanns »Abtrünniger Zar« in Holls Inszenierung (beide an der Berliner Volksbühne) wiesen besonders entschieden nach ihr hin; aber Jeßner, Martin, Engel stehen ihr gleichfalls nah genug, und von den großen Berliner Regisseuren bewegt sich nur noch Reinhardt, dieser allerdings mit höchster Meisterschaft, auf dem Boden der Ballettkunst. Sie hält sich auch noch in der Revue, allerdings stark beeinflußt durch den Jazz; aber eben der Jazz ist dem Ballett grundsätzlich nach seiner ganzen Struktur bei weitem fremder als dem neuen Tanz. Daß dieser der Bühne lange Zeit ferngehalten wurde, hat ihm keine Nachteile gebracht. Im Gegenteil: er wurde so davor bewahrt, gleich von Anfang an im Sinne erprobter Zweckmäßigkeit um- und abgebogen zu werden, ehe er sich zur vollen Reife entwickelte. Er blieb in regem Blutsaustausch vor allem mit den volkstümlichen Bestrebungen des Laienspiels, das freilich nur in Haaß-Berkows schönsten Schöpfungen (»Paradiesspiel«, »Totentanz«, Goethes »Prometheus«) zu wirklicher Höchstleistung aufstieg, aber doch bündig dartat, daß eine große Sehnsucht nach einem Theater vorhanden ist, das nicht von außen an das Volk herangebracht wird, sondern aus ihm selbst erwächst. Die Auffrischung noch so schöner alter Spiele konnte dieser Sehnsucht nicht Genüge tun; auch hier muß von Grund auf neu geschaffen werden, und die Stunde harrt des Dichters, der nicht mehr aus individuellster Isolierung, sondern aus einem großen Gemeinschaftsgefühl heraus schafft.

Alle diese Dinge brauchen Zeit und dulden keine Überstürzung. Sie sind noch nirgends verwirklicht, auch da nicht, wo der stärkste und kühnste Wille dazu am Werke ist: in Rußland. Tairoff sowohl wie Meyerhold sind viel zu sehr von dem Willen, »anders« zu sein, besessen, als daß sie ruhig von Grund auf bauen könnten; die Signatur ihrer Leistung ist großartige Vergewaltigung. Oder glaubt jemand im Ernst, daß es Symptom eines organischen Werdens ist, wenn Tairoff Shaws »Heilige Johanna« in seinen Stil überträgt? Man muß Neuschöpfung aus dem Ganzen unterscheiden von neuer Anwendung, möge sie auch noch so interessant und radikal sein. Und so richtet sich mein Blick weit hoffnungsvoller auf eine bescheidene Neubildung, die man an Fertigkeit und technischer Vollendung in keiner Weise neben die Schöpfungen der Russen stellen kann: auf den proletarischen Sprechchor, den Florath in Berlin gegründet hat. Hier, in diesen großen gemeinschaftlichen Bekenntnissen, in denen Dichter als treue Handwerker die Seele der Masse reden lassen, jedes Wort ihr verständlich und von ihr als eigen tiefst erfühlt: hier ist echter Keim voll Saft und Trieb zum Wachstum.

Daß Sprech- und Bewegungschor zusammengehört, hat Laban schon erkannt; freilich gelang es ihm bisher nicht, sie zu verschmelzen, er mußte sie (den Sprechchor unter Vilma Mönckebergs Leitung) nebeneinander herlaufen lassen. Aber der Sprechchor hat, wenn er aus innerer Notwendigkeit wuchs, die Tendenz zur Eigenbewegung; schon bei Floraths Chor kündet sich das deutlich an. Diesen Ansatz gilt es zu entwickeln. Ein Versuch dazu wird kommenden Winter in der Berliner Volksbühne gemacht werden, mit dem Sprechchor dieser Bühne und Berta Trümpy als Bewegungsleiterin. Wenn es gelänge, einen wirklich echten Gehalt durch ein gewaltiges tönendes bewegtes Instrument zu Ausdruck und Wirkung zu bringen, so wäre etwas entscheidend Neues geleistet.

Auch nur ein Beginn freilich, wie die bacchischen Reigen der Griechen es waren. Aber aus ihnen wuchs die Tragödie, die in der griechischen Kultur genau das war, was wir von einem künftigen Theater erhoffen: Ausdruck einer umfassenden, einheitlichen Kultur, in der sich die Seele eines Volkes wahrheitsgetreu und in ihren höchsten Werten prägt.

Heft 3/1929
Neue Mittel der Filmgestaltung
Von Hans Richter

Wir veröffentlichen in den nächsten Heften im Hinblick auf die Stuttgarter Veranstaltung »Film und Foto« eine Anzahl Beiträge über dieses Thema. Dieser Artikel ist von dem Mitarbeiter für Filmfragen der Stuttgarter Veranstaltung verfaßt.
Die Schriftleitung

Ein Mensch sitzt im Kino und sieht sich ein- und denselben Film 60mal an. Zuerst interessiert ihn die Handlung, das Sujet, dann Mimik und Aussehen der Schauspieler, Regie, Dekoration, Kostüme, aber in dem Maß, in dem sein Interesse für Handlung und das Äußere der Gegenstände abnimmt, wächst es für etwas, was trotz dieser im Film (selbst im schlechtesten noch faszinierend) vorhanden ist; für das, was hinter der Spielhandlung auf der Leinwand vor sich geht.

Das Spiel des Lichts, der Reichtum der Bewegungen und der Reiz der einzelnen Form werden sich ihm aufdrängen, die natürliche Schönheit dessen, was Film eigentlich sein könnte, wird ihm aufgehen.

Darüber zu sprechen ist heute von aktueller Bedeutung, denn man hat die überwältigende Anzahl der Filme schon 60mal und mehr als 60mal gesehen. Es sind ja überhaupt heute nur ein Dutzend Filme, die in unzähligen Wiederholungen überall gezeigt werden — auch das Publikum beginnt das zu merken und genug davon zu haben.

Wenn man heute von Film als einer Kunst sprechen will, so kann man nur davon ausgehen, daß 90 v. H. aller Filme, die in den Lichtspieltheatern gezeigt werden, gar nicht »Film« sind. Der Film beruht wie jede andere Kunst auf seinen eigenen Gesetzen. An der Entdeckung dieser Gesetze ist von Filmleuten und Außenstehenden gearbeitet worden. Ob die Resultate dieser Arbeit nun in Form welterschütternder Dokumente, wie bei den Russenfilmen, oder als »Experimente«, wie bei den Avantgardefilmen, zutage treten, soll hier nicht untersucht werden, da es sich ja um die Sache und zunächst nicht um ihre Auswirkung handelt.

Im Jahre 1924 hat der Maler Fernand Léger einen bemerkenswerten Film »Ballet mécanique« gemacht: nur Gegenstände — keine Handlung. Er sagt folgendes: »Der Irrtum des Kinos ist das Szenarium. Lösegeld von dieser negativen Last könnte das riesige Mikroskop der nie gesehenen und nie empfundenen Dinge werden. Es gibt da ein Gebiet, das durchaus nicht von dokumentarischer Ordnung ist, aber das sowohl seine dramatischen wie komischen Möglichkeiten besitzt. Ich behaupte, daß eine Türklinke in starker Vergrößerung, die sich langsam bewegt (Gegenstand), mehr Eindruck hinterläßt als die Projektion der Person, die es in Bewegung setzt (Sujet). Von diesem Standpunkt ausgehend, gäbe es eine vollständige Erneuerung der Kinematografie. Alle negativen Werte, die das gegenwärtige Kino belasten, wie Sujet, Literatur, Sentimentalität, sind Wettbewerb mit dem Theater. Das echte Kino ist das Bild des unserem Auge gänzlich unbekannten Gegenstandes.«

Léger hat den Geist, den Witz, das Leben und die Form der Objekte — im Gegensatz zum Schauspieler, auf dem der heutige Film beruht — dokumentiert. Das Objekt, vorerst tote Dekoration, wird bei ihm zum filmischen Lebewesen. An und für sich ist aber auch der Gegenstand, sofern er nur einfach abfotografiert (gefilmt) ist, noch eine tote Sache. Er ist so lange noch literarisch-unfilmisch, als er nicht als Lichtform gelöst ist, durch fotografische Formung aus der Sphäre des rein Naturalistischen, Abfotografierten herausgehoben ist. Ob es sich dabei um einen Menschen, um einen einzelnen Gegenstand oder etwa nur um einen Lichtreflex handelt, ist zunächst gleich. Tot ist alles im Film, was nicht Lichtgestalt geworden ist. (Will man einen Kopf visionär auf die Leinwand bringen, so muß man ihn von unten beleuchten, beleuchtet man ihn wie üblich seitlich und von hinten, so wirkt er realistisch.) Das Spiel des Lichts zu beherrschen, ist eine der Hauptforderungen des Films.

Ohne Gesichtspunkte von letzter Konsequenz gefunden zu haben, hat doch besonders Man Ray, der amerikanische Maler-Fotograf, in zahlreichen Experimenten Material dazu geliefert. Er hat aus dem Schema »F« der Lichtbehandlung im Film (ebenso wie Léger unter Verzicht auf eine eigentliche Handlung) einen Weg gefunden und hat das Licht als formgebenden Faktor künstlerisch für den Film geradezu entdeckt. (Selbst die so fortschrittlichen Russen arbeiten noch in vieler Beziehung recht konventionell mit dem Licht.)

Entscheidender fast, jedenfalls aber noch ungeklärter ist das Problem der Bewegung. Wenn man von Bewegung spricht, so nimmt man da etwas als gegeben an, was in Wirklichkeit unbekannt ist, daß man nicht einmal ein Problem darin sieht. Man versteht unter Bewegung allgemein den natürlichen, den automatischen Zeitverlauf irgendeiner Handlung, die normale Bewegung, die natürliche Funktion eines natürlichen Objekts, so etwa: Ein Mensch läuft, ein Vogel fliegt. Das Laufen und das Fliegen sind in der Natur durch die Gesetze der Natur festgelegt, das Laufen und Fliegen im Film unterliegen den Gesetzen des Films: ein Mann in höchster Aufregung, man sieht nur seine Beine:
Er geht (unentschlossen)
    4 Schritte vor und 3 zurück,
    8 Schritte vor und 2 zurück,
    12 Schritte vor und 1 zurück.

Das ist ein extremer Fall und wäre auf der Straße völliger Unfug, im Film möglicherweise höchste Spannung, das rhythmische Vor und Zurück Mittel gesteigerten Ausdrucks.
Der sehr natürlich aufgenommene Flug eines Vogels muß keineswegs den Eindruck des Fliegens tatsächlich wiedergeben. Es gehören die Mittel der Kunst, eine filmische Ordnung der einzelnen Flugmomente dazu, um es auf der Leinwand anschaulich zu machen.
Es ist nicht die natürliche Bewegung allein, die den Dingen ihren Ausdruck verleiht, sondern die künstliche, die in sich rhythmisch geordnete, in der Steigen und Fallen, Vor und Zurück Teile eines künstlichen Planes sind.
Die Mittel des Bewegungsstils sind auch heute schon zahlreich. Die Zeitlupe schafft aus einer gewöhnlichen, d. h. ausdruckslosen Bewegung — ein Wunder. Der Zeitraffer bringt in 60 Sekunden eine Blüte zum Blühen. So ist man an die Kunst der Bewegung gewissermaßen von außen, vom Technischen her, gekommen.
Soweit es sich im Film überhaupt um eine Kunst handelt, nicht nur um eine Lunaparkangelegenheit, sind die oben erwähnten Fragen von entscheidender Bedeutung.
Ob ein Film ein großes oder ein kleines Publikum finden wird, ist dabei unwichtig, so entscheidend diese Frage für den Film im allgemeinen auch sein muß.
Daß die Entwicklung der jungen Filmkunst in Europa sich in einer »Avantgarde« vollzieht — abseits von der Industrie, in Rußland aber gerade die kühnsten Versuche im Spielfilm eine allen sofort verständliche Form annehmen, liegt an der Verschiedenheit der gesellschaftlichen Struktur. Man hat dort keine »Avantgarde«, weil man den Film nicht zur Unterhaltung macht, sondern ihn zum öffentlichen Leben und für alle Fragen dieses Lebens braucht.
Solche Aufgaben ziehen die schöpferischen Kräfte zu ganz konkreten Arbeiten, in denen sie ihre Kunst entfalten und anwenden können, heran, während die junge Generation Westeuropas außerhalb der eigentlichen Produktion bleibt. In unserer uneinheitlichen Gesellschaft stehen sich Industrie (wirtschaftlich orientiert) und »Avantgarde« (künstlerisch orientiert) noch fremd gegenüber. Die Auflösung dieses Gegensatzes ist weniger eine Frage der künstlerischen als vielmehr der gesellschaftlichen Entwicklung. Die Verschmelzung von Spielfilm und Kunstfilm zum »Film« geht sehr langsam vor sich, aber sie vollzieht sich trotzdem.

Film als reine Gestaltung
Von Theo van Doesburg

Wir geben den vorstehenden Ausführungen van Doesburgs wegen ihrer Konsequenz gern Raum, obgleich wir auf dem Standpunkt stehen, daß für den Film eine konkrete Problemstellung und eine konkrete Klärung seiner Mittel notwendig ist. Nur so wird er zu einer eigenen Entwicklung kommen können, und die Vorurteile werden fallen müssen.   Die Schriftleitung

Das Problem des Films als unabhängige, schöpferische Gestaltung hat in den letzten zehn Jahren keine großen Fortschritte gemacht. Nur die Aufgabe hat sich mehr und mehr geklärt. Durch viele Versuche von Menschen ganz verschiedenen Charakters hat sich das Filmproblem als solches klar herausgestellt. Bei jeder neuen Gattung handelt es sich anfangs hauptsächlich um die Eroberung der Materie. Die Versuche sind technischer Natur, man ringt um die Bereicherung neuer Ausdrucksmittel. Die Fotografie (Daguerreotypie) hat eine ähnliche Entwicklung hinter sich und ist schon heute in ein Stadium eingetreten, das es erlaubt, mit den eroberten technischen Mitteln zu spielen. Und Spiel ist Vorstufe zum Schaffen. Die drei wichtigsten Etappen schöpferischer Tätigkeit — Imitation — Darstellung — Gestaltung — lassen sich für jede Kunstgattung feststellen. Gestaltung ist immer Ziel, ganz gleich, ob es sich um Malerei, Plastik, Fotografie oder Film handelt. Sobald die schöpferische Initiative eingreift, ändert sich die Tendenz und das anfänglich Reproduktive setzt sich in das Produktive, Schöpferische um. Die Realität wird zur Überrealität. Diese Tendenzverschiebung kann aber nur dann stattfinden, wenn die alten Mittel erschöpft sind. Ich glaube annehmen zu dürfen, daß es im Grunde gleichgültig ist, ob es sich hierbei um optische oder akustische Empfindungen handelt. Mit der Reinigung oder besser Elementarisierung der Ausdrucksmittel ist gleichzeitig das Aufnahmeorgan erneuert worden. Denn nicht nur die technischen Mittel gehören zum Aufbau der Kunst, sondern auch das Ohr (Phonetik) und das Auge (Optik), Schönberg und Strawinski sind nicht nur die Schöpfer einer neuen Musik, sondern auch Schöpfer einer neuen Phonetik. Zu gleicher Zeit mit dem Futurismus und dem Kubismus wurde eine neue Optik geschaffen. Der euklidische Ruhepunkt im Bilde wurde zerstört. Die Retina hat sich an der alten perspektivischen Malerei durch die Wiederholung statischer Darstellungen ermüdet. Sie erfrischte sich an der futuristischen Dynamik. Genau dasselbe war der Fall in der Plastik. Die frontale, statische Statue war wirkungslos geworden, sie ließ keine Eindrücke mehr auf die Retina zu. Boccioni zerstörte die statische

Achse und schuf gleichzeitig eine neue Plastik und eine neue Optik. Anstatt auf die alte Weise vom Ruhe- oder Mittelpunkt aus sich von links nach rechts und von oben nach unten zu bewegen, wird das Auge gezwungen, sozusagen kreis- oder spiralförmig um die Plastik herum zu kreisen. Die Retina nimmt neue Eindrücke auf, und der Geist bereichert sich um neue plastische Gebiete. Dieser Vorgang in Plastik und Malerei ist von größter Bedeutung für die Erneuerung der Fotografie und des Films gewesen.
Es gibt heute schon eine ganze Literatur über den Film. Die Schriftsteller, meistens Künstler, die sich mit Filmkunst beschäftigen, gehen von einer falschen Voraussetzung aus, wenn sie behaupten:
1. Das dynamische Filmkunstwerk ersetzt die statische Malerei.
2. Der wesentliche Charakter des Films wird nur durch die Elemente des Filmmittels bestimmt. Außer diesem Film gibt es niemals »Film«.
3. Die Mittel des Films sind unendlich reich und verschieden usw.
Weshalb sind diese Voraussetzungen falsch? Weil sie nicht aus der Tatsache, sondern aus einer idealen Vorstellung von Filmgestaltung heraus gewachsen sind. Denn die Tatsachen beweisen, daß meine schon oben erwähnte These richtig ist: Jeder Kunstausdruck hat sich aus dem Nachahmungstrieb entwickelt. In dem Augenblick aber, wo an die Stelle des Nachahmungstriebs die schöpferische Initiative tritt, ändert sich nicht nur die Tendenz, sondern auch die Zielsetzung und damit das Problem. Anfänglich war der Film wie auch die Fotografie imitativ, und die Erfinder des Films, die Gebrüder Lumière, hatten überhaupt keine künstlerischen, sondern nur reproduktive Absichten. Sie wollten die Illusion des Natürlichen steigern und konnten das nur erreichen in dem Augenblick, wo die Entwicklung des fotografischen Apparats die Instantanée-Aufnahme ermöglichte. Die Weiterentwicklung des Filmtechnischen war unabhängig von den ganz kurzen Momentaufnahmen, die durch Verschärfung der Linse und der Ultra-Sensibilität der Platten ermöglicht wurde. Es kam hierbei vor allem auf die Bewegungsintervalle (Modulation) an, damit endlich durch die Abrundung die kontinuierliche Bewegung so naturgetreu wie nur möglich auf die Leinwand suggeriert wurde. Dieser Werdegang des Films hätte sich niemals aus rein schöpferischen »abstrakten« Elementen vollziehen können, da hierbei jeder Orientierungskörper, jedes raumzeitliche Kontrollmittel (Perspektive) fehlte. Sogar die ganze technische Verbesserung des Apparats verdanken wir der Naturimitation, dem ursprünglichen Ziel des Films. Es liegt hier eine ähnliche Entwicklung vor wie bei der Fotografie. Der auf die zweidimensionale Platte projizierten Abbildung eines Gegenstandes oder Naturausschnittes fehlte noch die Plastizität der Wirklichkeit, und so bildete sich zwischen Foto und Film eine weitere Entwicklungsstufe heraus, die sich ebenfalls aus der ursprünglichen Imitationstendenz ergab: das Stereoskop. Fotografie – Stereoskop – Film sind

also die drei prinzipiellen Vorgänge, die wir ins Auge fassen müssen, wenn wir die Materie des Films, anstatt in ihrer Verwendung für reproduktive, für rein schöpferische Zwecke verstehen wollen. Ich brauche hier wohl nicht das ganze Inventar des heutigen Films aufzuzählen. Was uns interessiert, ist folgendes:
1. Erlaubt uns die fortgeschrittene Technik des Films eine reine Filmgestaltung?
2. Wird diese Filmgestaltung die Malerei ersetzen?
3. Inwieweit hat der reproduktive, imitative Film eine Berechtigung?

Wir stehen zwar noch im Anfang einer reinen Filmgestaltung, aber schon heute sucht man die überwiegende Tendenz, die wirkliche Materie des Films zu entdecken. Wie immer in den Anfängen wird das Material erprobt, damit man endlich die eindeutigen schöpferischen Mittel des Films erobert. Ich brauche hier wohl kaum zu erörtern, daß die gebräuchlichen Tricks, wie »Surimpression«, Deformation, Verschmelzung, Drehung des Apparats usw. mit den wesentlichen elementaren Mitteln nichts zu schaffen haben. So wie man in der Fotografie die Fehler, wie unscharfe Einstellung, Verschleierung der Linse usw. benutzt hat, um von der langweiligen reproduktiven Darstellung wegzukommen, so hat man auch im Film alles Mögliche versucht, um durch allerlei Tricks einen überrealistischen Bildeindruck zu erzeugen. Man hat das Objektiv bis auf die äußersten Möglichkeiten hin erprobt und auf diese Weise den journalistischen, den wissenschaftlichen und den Spielfilmen ganz neue Möglichkeiten gegeben. Mit diesen Hilfsmitteln hat man sogar eine optische Poesie geschaffen, die sich besonders dazu eignet, der geistigen Transformation, ja der Qualität des Geistes überhaupt sichtbare Gestalt zu verleihen. Selbstverständlich sind diese Versuche, die vornehmlich in den letzten fünf Jahren Fortschritte gemacht haben, außerordentlich wichtig, aber trotzdem müssen wir diesen Filmpoetismus scharf trennen von dem Begriff: rein gestaltender Film.

Der Film hat schon eine dreißigjährige Kultur hinter sich, eine Kultur, die sich hauptsächlich auf die Realität zu orientiert hat. Es gibt deshalb schon heute gewöhnliche realistische Filme (wie etwa »Solitude«), die so stark wirken, daß die Versuche des gestaltenden Films dabei einfach wirkungslos bleiben. Sie wirken nur innerhalb des Rahmens der »Leinwand«, wirken aber nicht im Raum. Um dies nun zu umgehen, hat man realistische Gegenstände in sogenannten abstrakten Filmen »mitspielen« lassen und hat zwar stärkere Wirkungen erzeugt, aber eigentlich damit zugegeben, daß ein rein gestaltender Film, nur mit den Elementen des Films konstruiert, nicht möglich ist.

Es liegt hier ein gleicher Kompromiß vor wie in der kubistischen Malerei. Das Ziel der kubistischen Formzertrümmerung war, zu einer »Art pure« zu gelangen. Nur aus Gründen des Geschäfts und der Verständlichkeit hat man sich

Motiven der »Art imitative« (Akt, Stilleben, Geige usw.) zugewendet und zwei einander ganz entgegengesetzte Gebiete der künstlerischen Empfindung vermischt. Die witzigen Kombinationen, Verdrehungen und Deformationen, die man jetzt als avantgardistische Filme bezeichnet, liegen also außerhalb des Gebiets des gestaltenden Films. Bei diesen letzteren handelt es sich nicht um Witze oder wie man es in Paris nennt »Trouvailles«, sondern um einen ganz konstruktiven, klaren elementaren Aufbau einer dynamischen Lichtarchitektur. Diese Art dynamischer Lichtgestaltung bedeutet tatsächlich Eroberung einer neuen Kunstgattung, die das »Nacheinander« der Musik und das »Nebeneinander« der Malerei in sich vereinigt. Der gestaltende Film aber raubt der Malerei nicht ihre Stellung, denn bei dieser handelt es sich um konstante malerische Konstruktion, im Film aber um das Gegenteil. Im Bild handelt es sich weder um »Statik« noch um Dynamik, sondern um Neutralisierung, Gleichgewicht, konstante Harmonie, kurz um rein malerische Realität. So wie die Voraussetzungen verschieden sind, so sind auch die Aufbauelemente verschieden, und aus dieser Differenz ergibt sich die Existenzberechtigung beider Gattungen.

Die Aufbauelemente des rein schöpferischen Films sind: Licht — Bewegung — Raum — Zeit — Schatten[1]. Aus diesen Elementen stellt sich die dynamische Lichtarchitektur den reinen schöpferischen Film zusammen. Es liegt auf der Hand, daß dieser Film eine Kunstform ganz für sich ist und auch als solche betrachtet werden muß. Bachs Traum, ein optisches Äquivalent für den zeitlichen Aufbau einer musikalischen Konstruktion zu finden, wäre damit verwirklicht. Denn es handelt sich bei dem gestaltenden Film um kontrollierbaren Aufbau von Licht und Schatten zu raumzeitlicher Gestalt.

Hat man bis jetzt die Projektionsfläche als Leinwand betrachtet, ja sogar als eine durch den Rahmen begrenzte Leinwand, so soll man endlich den Lichtraum, das Filmkontinuum, entdecken. Der Versuch, filmtechnisch die dem statischen Bild fehlende Zeitdimension zum Gestaltungselement zu machen, ist nur deshalb gescheitert, weil man, vom Bild herkommend, die Projektionsfläche als Leinwand betrachtet hat. Versuche in dieser Richtung (Eggeling) sind in bewegter Grafik stecken geblieben. Was uns bis heute als abstrakter Film geboten wurde, beruht auf dem Irrtum, die Projektionsfläche sei eine Ebene, etwa wie die Bildfläche der konstanten Malerei.

Die Filmgestaltung baut sich auf um eine zentrale Achse ungefähr wie ein Renaissancegemälde. Das Zeitmoment wird durch Wiederholung eines Themas genau wie in der klassischen Musik (oder wie bei den orientalischen Teppich-

---

[1] Es ist nicht unmöglich, daß die Technik es später ermöglichen wird, die Filmgestaltung farbig zu unterstützen.

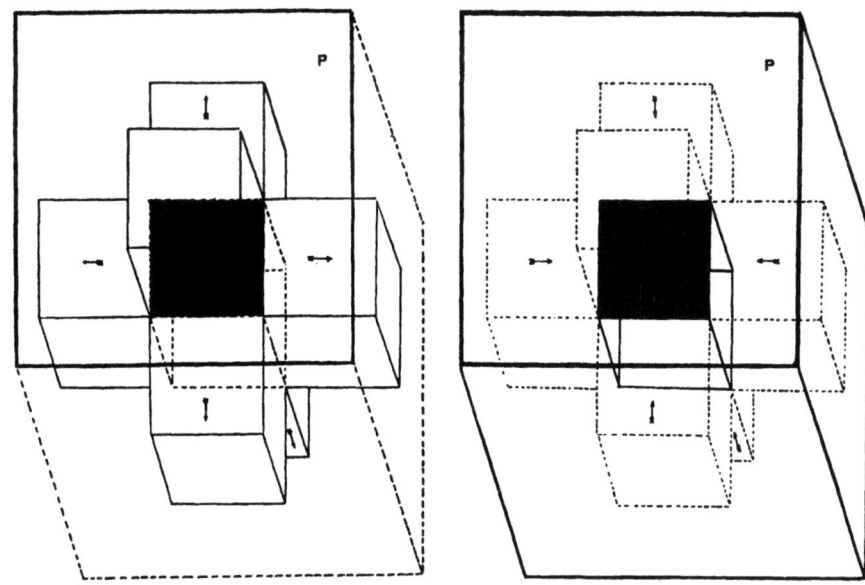

Schematische Darstellung eines gleichzeitig nach allen Richtungen geschüttelten dreidimensionalen Raumes. Probe zum Aufbau des neuen „kristallinischen" Filmkontinuums. Links zentrische und rechts peripherische Bewegung. Das schwarze Feld stellt die bis jetzt nur benutzte Leinwand dar

mustern) zum Ausdruck gebracht, mit keinem anderen Erfolg als der Schaffung eines bewegten Ornaments. Das Auge geht nur von links nach rechts und von oben nach unten, es bewegt sich innerhalb einer zweidimensionalen Fläche. Auf diese Weise wird nur ein winziger Teil des Film-Licht-Raums belebt, und zwar die dem Zuschauer zugewandte Fläche. Aber gerade diese Fläche muß gesprengt werden, um hinter ihr die neue Tiefe, das raumzeitliche Filmkontinuum zu entdecken. Dort und nirgends anders liegt die schöpferische Sphäre des gestaltenden Films! Der polydimensionale Raum, den die Bildhauer seit Michelangelos »Grablegung« vergeblich zu gestalten versucht haben, wird einmal mittels raffinierter Filmtechnik lebendig werden.

Die neuen Filmversuche der letzten zehn Jahre verdanken wir einerseits den Fortschritten des fotografischen Verfahrens, andererseits den Fortschritten der Malerei. Aus Foto und Bühne entwickelte sich der moderne illusionistische und Spielfilm, aus der neuen Malerei (Kubismus, Neo-Plastizismus, Futurismus) entwickelte sich eine abstrakte Filmornamentik. In beiden Fällen hat man nur (und zwar innerhalb des Bildrahmens) die Projektions- oder Bildfläche geschüttelt und dadurch zwar neue Proportionen oder dynamisch-plastische und dynamisch-ornamentale Wirkungen erreicht, aber der Filmraum blieb unberührt. Wir wissen, daß sämtliche Filmversuche, sei es auch mehr intuitiv als bewußt, auf der Tendenz beruhen: die Welt aus einer neuen Dimension zu betrachten. Räumliches Multiplizieren mittels Überschneidung, Repetieren des Gegenstandes mittels Durch-, Neben- und Nacheinander der Flächen werden niemals eine neue Filmgestaltung ermöglichen. Sogar das »moderne« Auge fängt schon an zu ermüden, denn diese Bildrhythmisierung beruht auf Effekt und Zufall, es ist neuer Illusionismus.

Was wir nun endlich von dem Film als rein schöpferische Manifestation verlangen, ist:

1. Logischer Aufbau des Filmbaues mit den reinen Mitteln:
Licht, Bewegung, Schatten.

2. Kontrollierbare (geometrische) Orchestration
von Licht- und Schattengebilden.

Der unbegrenzte Lichtraum wird erst Gestalt bekommen, wenn wir imstande sind, ihn gleichzeitig nach allen Richtungen und vermittels der Bewegung auch in der Richtung der Zeit (kontinuierlich und diskontinuierlich) körperlich zu bestimmen. Körperlich, das will aber keineswegs heißen: illusionistisch. Bis jetzt ist der Film, realistisch oder abstrakt, illusionistisch oder überimpressionistisch, aus unseren geläufigen Raumempfindungen konstruiert worden, aber der Film als reines Kunstwerk wird aus einer unendlich reicheren Raumempfindung aufgebaut sein. Anstatt einer malerischen wird eher eine architektonische Einstellung notwendig sein. Denn die neu eroberte Materie wird die neue Lichtarchitektur ermöglichen und ungeahnte Dimensionen hervorrufen können.

Ich habe bis jetzt nur die erste Phase des neuen Films berührt, ich habe die Notwendigkeit zur Sprengung der umrahmten »Bildfläche« (die Ebene) gezeigt und auf die Möglichkeit hingewiesen, aus dem grenzenlosen Lichtraum filmtechnisch, das heißt mittels der Bewegung, ein Filmkontinuum zu konstruieren. Dieser ganze Vorgang läßt sich nur farblos, also schwarz auf weiß, konstruieren. Im zweiten Stadium wird dieser kristallinische Raum durch die Farben gestaltet und mittels der Bewegung orchestriert.

Der Betrachter wird in eine ganz neue Welt hineinschauen, er wird dem ganzen Vorgang dieser dynamischen Lichtplastik folgen können wie etwa einem Orchesterwerk Schönbergs, Strawinskis oder Antheils. Aus dem Erwähnten geht hervor, daß der Zuschauerraum Teil des Filmraums wird. Die Trennung von »Projektionsfläche« und »Zuschauerraum« ist aufgehoben. Der Zuschauer wird den Film nicht mehr wie eine Theatervorführung betrachten, sondern sowohl optisch als akustisch miterleben. Denn das zukünftige Filmwerk ist nicht wie die

Abbildung aus dem Buch »Filmgegner von heute — Filmfreunde von morgen« von Hans Richter. Ideenassoziationen im Film

Malerei eine konstante und stumme Gestaltung, sondern die neue Simultanität optischer und phonetischer Ausdrucksmöglichkeiten[1].
Die Versuche verschiedener Künstler, die in dieser Richtung Pionierarbeit geleistet haben (Eggeling, Richter, Léger-Murphy, Man Ray und andere) schließen eine Periode ab, die wir als fotografisch und malerisch orientierte Filmgestaltung betrachten können ...

[1] Im »Studio 28« in Paris sah ich die Farblichtspiele von Baranof de Rossiné (»Clavier optique«). Die Farblichtspiele stehen zwar technisch außerhalb des Gebietes des Films, aber die ganze Wirkung ist dermaßen intensiv, daß man gerade für die Entwicklung des neuen raumzeitlichen Films dieses Experiment nicht außer acht lassen soll.

Heft 10/1929
Fotogramm und Grenzgebiete
Von Ladislav Moholy-Nagy

Der technische Vorgang des Fotogramms ist bekannt. Das Rezept kann dafür in kürzester Zeit einem jeden gegeben werden. Hingegen ist das unmöglich für den formschöpferischen Prozeß bei den Fotogrammen: die unbeschreibliche Wirkung der lichterfüllten Flächen in ihren Hell-Dunkel-Relationen, das strahlende Weiß, das mit dem tiefsten Schwarz kontrastiert, oft in feinste Grauwerte auflöst, über das Ganze zerfließt, war in der bisherigen Malerei unbekannt und ist mit den bisher geläufigsten Begriffen nicht erklärbar. In einem Satz formuliert: Unsere optischen Ausdruckswünsche können sich heute nach der Erkenntnisstufe des Lichtes richten.

Die Erfindung der Fotografie, die Einführung der hochwertigen künstlichen Lichtquellen, die Regulierbarkeit der Beleuchtungseffekte sind die Elemente einer Erneuerung für die optische Gestaltung geworden.

Bis gestern bedeutete die »Malerei« die Spitze der optischen Gestaltung. Ihr Sinn war, daß sie mit der verschiedenen Reflexionsfähigkeit der verschiedenen Farbstoffe arbeitete. Soweit ein Farbstoff das Licht zurückwerfen oder zu schlucken imstande war, wurde er für die Gestaltung eines angestrebten optischen Ergebnisses, das im Grunde die Welt im Spiele des Lichtes wiedergeben sollte, verwendet. Es besteht kein Zweifel darüber, daß diesem Vorgang gegenüber eine direkte Strahlung des Lichtes selbst viel intensivere Wirkung erzeugen könnte, wenn sie in demselben Maße beherrscht würde wie die Pigmentmalerei. Und in der Tat, das ist das Zukunftsproblem der optischen Gestaltung: die Gestaltung des direkten Lichtes. Damit wird der pädagogische Wert einer manuellen Farbstoffmalerei für das Individuum nicht bestritten, doch wird sie ihre traditionelle Wertung, sie wäre allein die Quelle der »Kunst«, einbüßen. Es scheint so, daß das Fotogramm die Brücke zu einer neuen optischen Gestaltung ist, die nicht mehr mit Leinwand, nicht mehr mit Pinsel, nicht mehr mit Farbstoff, sondern mit filmreflektorischen Spielen, mit »Beleuchtungsfresken« durchgeführt werden wird. Bei dem Fotogramm verschwindet bereits die grob-materielle Formung, die sekundäre Materialisation des Lichtes. Das Licht wird fast in seiner direkten Strahlung fluktuierend, oszillierend erfaßt. Und wenn auch von der materiellen Wirkung noch Spuren übrigbleiben, indem das Licht bei den Fotogrammen in der lichtempfindlichen Schicht in ein fast wesenloses Material umgesetzt wird, zeigt sich schon der zukünftige Weg zu einer sublimierteren, optischen Ausdrucksform.

Diese Fassung führt zu einer außerordentlichen Verfeinerung der optischen

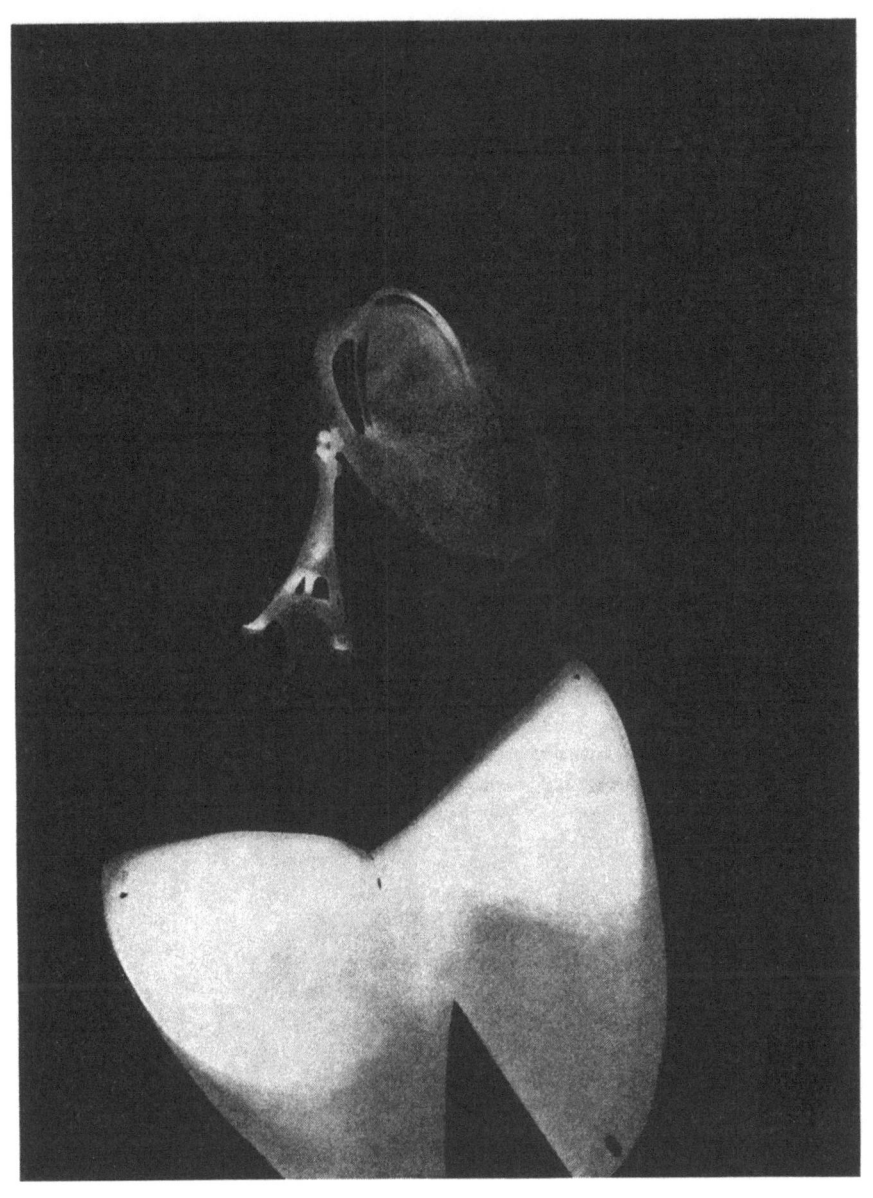

Fotogramm von Moholy-Nagy

Ausdrucksmittel und gleichzeitig des optischen Gestaltungsproblems. Ihre fruchtbaren Folgen sind heute noch nicht abzusehen. Forderungen und Ergebnisse überschneiden sich hier: die manuelle Malerei wird zur »maschinellen Malerei«, ohne daß man Angst zu haben braucht, daß die schöpferischen Leistungen durch die Maschinenarbeit nivelliert werden.

In Wahrheit ist neben dem schöpferischen geistigen Prozeß des Werkentstehens die Ausführungsfrage nur insofern wichtig, als sie bis aufs äußerste beherrscht werden muß. Ihre Art dagegen — ob persönlich oder durch Arbeitsübertragung, ob manuell oder maschinell — ist gleichgültig.

Allerdings ist die Praxis mit der theoretischen Klärung noch lange nicht erfaßt. Die Schwierigkeiten sind hier ökonomischer Natur. Die Versuche zu einer neuen optischen Gestaltung können keine Privatarbeiten mehr sein. Sie sind ohne größere Mittel, ohne Laboratoriumseinrichtungen, Projektionsapparate, Scheinwerfer, Polarisationsgeräte und andere optische Instrumente usw. nicht mehr durchführbar. Ein kleiner Trost, daß ein provisorisches Abtasten des Gebietes durch einige Aufgaben ermöglicht wird, die bisher zweckbetont mit fremdem Kapital finanziert, aber nicht im strengen Sinne als optische Leistungen verstanden worden sind:

Arbeiten mit Lichtapparaturen auf der Bühne, bei Meetings, Ausstellungen, Lichtreklamen (Lichtwoche) usw.

Doch die wirklichen Quellen einer Erneuerung wären Lichtstudios, die an Stelle der überlebten Malerakademie sich endlich mit wesenhaften Mitteln des Ausdrucks befassen müßten. Staat und Kommunen geben heute noch Millionen für einen veralteten Kunstbetrieb aus, und es wäre mehr als gerecht, wenn das heute Realisierbare auch unterstützt werden würde, anstatt es als Utopie beiseite zu schieben.

Heft 14/1929
Vom »Kino-Auge« zum »Radio-Auge«
(Aus dem Alphabet der »Kinoki«)
Von Dsiga Werthoff

1.
»Der Mann mit der Kamera« ist ein dokumentarer Film ohne Worte. Er ist nach der Methode des »Kino-Auges« hergestellt.

2.
Die Methode des »Kino-Auges« ist eine wissenschaftlich experimentelle, die die sichtbare Welt analysiert:
1. auf Basis der planmäßigen Fixierungen der menschlichen Fakten auf dem Filmband,
2. auf Basis der planmäßigen Organisation des auf dem Filmband festgelegten Materials.

3.
Kino-Auge = Kino-Schauen (schaue durch die Kino-Kamera), Kino-Notieren (notiere durch die Kamera auf dem Filmband), Kino-Organisieren (montiere).

4.
Montage: ist das Organisieren der Kino-Cadren in ein Kinowerk, ist mit den aufgenommenen Cadren ein Kinowerk niederschreiben. Es ist aber nicht das Sammeln von Cadren zu einzelnen »Szenen« (Theaterrichtung) oder passender Cadren zu den Unterschriften (Literaturrichtung).

5.
Kino-Auge = Kino-Niederschrift der Fakten = Bewegung für den dokumentaren Film.

6.
»Kino-Auge« ist nicht nur der Name des Filmes, ist nicht nur die Bezeichnung einer Gruppe von Kino-Arbeitern, ist nicht nur irgendeine Richtung in der sogenannten »Kunst« (rechts oder links).

Kino-Auge — ist eine sich immer weiter verbreitende Bewegung, ist die Einwirkung durch Fakten gegenüber der Einwirkung durch Erdichtetes, wie stark diese Wirkung auch immer sein mag.

Kino-Auge — ist die dokumentare Kino-Dechiffrierung der sichtbaren Welt mit Hilfe des menschlichen, unbewaffneten Auges.

7.

Kino-Auge — ist die Überwindung der Entfernung — ist ein visuelles Bündnis zwischen den Menschen der ganzen Welt auf Grundlage des unaufhörlichen Austausches der sichtbaren Fakten, der Kino-Dokumente, im Gegensatz zu den kinotheatralischen Vorstellungen »mehr oder weniger gewöhnlicher Art« (Lenin).

8.

Kino-Auge — ist die Überwindung der Zeit — ist ein visuelles Bedürfnis zwischen den zeitlich voneinander getrennten Gegebenheiten. Kino-Auge — ist die Konzentration und Zerlegung der Zeit. Kino-Auge — ermöglicht uns, die menschlichen Vorgänge in jedem beliebigen zeitlichen Ablauf, der sonst dem menschlichen Auge unerreichbar ist, zu sehen, in jeder für das menschliche Auge unerfaßbaren Zeitdauer.

9.

Zur Lösung der gestellten Aufgabe utilisiert das Kino-Auge alle der Kino-Kamera besonders entsprechenden Aufnahmemittel — Zeitraffer, Mikro-Aufnahme, Rücklauf-Aufnahme, Trick-Aufnahme, Aufnahme vom bewegten Standpunkt, Aufnahme unerwarteter Verkürzungen usw., die nicht als Tricks, nicht als Ausnahme anzunehmen sind, sondern als normales und gesetzmäßig breit angewandtes Aufnahmeverfahren.

10.

Zur Lösung der vom Kino-Auge gestellten Aufgabe werden alle nur möglichen Montagemittel utilisiert, die verschiedensten Punkte der Welt werden aneinandergereiht und zusammengefügt, in den verschiedensten Zeitabläufen werden alle bisherigen Gesetze der Konstruktion der Kino-Werke annulliert.

11.

Durch das Einschneiden in das scheinbare Chaos des menschlichen Lebens will das Kino-Auge in dem Leben selbst die Antwort auf das gestellte Thema finden. Es will zusammenmontieren, aus Millionen von Fakten und Gegebenheiten die Bilanz ziehen, durch die Kamera das Charakteristischste und Zweckmäßigste herausreißen. Alle herausgegriffenen Stücke will es in eine sinnfällig visuelle rhythmische Linie, in eine sinnfällig visuelle Form bringen, in ein extrahiertes »Schaue«!

12.

Die Vergangenheit des Kino-Auges — ist ein harter Kampf um die Änderung des Kurses der Welt-Kinematographie, um das Verlegen des Schwerpunktes der ganzen Welt-Kinematographie von dem Spielfilm auf den »ungestellten Film«, von dem inszenierten Film auf den dokumentaren, von der Arena des Theaters auf die Arena des Lebens.

13.

Kurzgefaßt — die Bilanz der Arbeit:

Erstens: Publiziert, entwickelt und popularisiert das Manifest der Kinoki über die ungestellte Kinematographie — »Kinoki-Umwälzung«.

Zweitens: Zur Bekräftigung des Manifestes wurden zirka 100 Beispiele des ungestellten Filmes von der primitiven Chronik bis zu den kompliziertesten, dokumentaren Kino-Werken geschaffen.

Drittens: wurden eine spezifische Kinosprache, spezifische Aufnahme- und Montageverfahren gefunden. Die vollständige Trennung der Kino-Sprache von der Theater- und Literatursprache ist vollbracht. Der Begriff: »Dokumentare Kinoschrift« wurde aufgestellt.

Viertens: Der Entwurf für eine experimentelle Kinostation der Tatsachen-Fixierung, die in eine Fabrik des ungestellten Filmes, in eine Fabrik der Fakten ausgebaut werden sollte, wurde vorgelegt.

Fünftens: Auf den Spielfilm wurde hinsichtlich der Veränderung der Kino-Sprache ein großer Einfluß ausgeübt. Allein die zunehmende Entlehnung der rein äußeren Manier des Kino-Auges durch die sogenannten künstlerischen Filme genügte schon (Streik, Panzerkreuzer Potemkin und andere), um im Gebiet des Spielfilms eine große Sensation hervorzurufen.

Sechstens: Auf alle Gebiete der sogenannten Kunst wurde großer Einfluß ausgeübt. Besonders auf das Schaffen der Musik und des Wortes. Schon im ersten Manifest wenden sich die Kinoki an die Schriftsteller mit der Aufforderung, die erste Nummer der hörbaren Chronik — Radio-Chronik — herauszugeben. Ossinski fordert die Literatur auf, die von dem Kino-Auge eingeschlagene Richtung, den Weg der Organisation der fixierten Tatsachen zu befolgen. Brigg stellt für die Fotografie das Kino-Auge als Beispiel auf.

Siebentes: Vom Radio-Auge.

Schon in ihren ersten Erklärungen in Hinblick auf die Zukunft, in der Zeit, als der Sprechfilm noch nicht erfunden war, haben die Kinoki (jetzt Radioki) ihren Weg als den Weg vom Kino-Auge zum Radio-Auge bezeichnet, das heißt zum hörbaren und per Radio zu übergebenden Kino-Auge. Es wurde die Aufgabe gestellt, die Werktätigen der ganzen Welt nicht nur durch das Sehen, sondern auch durch das gleichzeitige Hören miteinander zu verbinden. Die gesamte Presse hat auf diese Vorschläge stark reagiert, aber in kurzer Zeit ist die Aufmerksamkeit für diese als der fernen Zukunft angehörende Idee erlahmt. Aber die Kinoki haben sich inzwischen für den Übergang zur Arbeit des »Radio-Auges« in der Richtung des ungestellten Lautfilmes vorbereitet.

Schon im »Sechsten Teil der Welt« werden die Überschriften durch das kontrapunktisch aufgebaute Wort — Radio — Thema ersetzt. Das »Elfte« ist schon als »schaubar-hörbares« Kinowerk konstruiert, d. h. nicht nur visuell, sondern auch als Geräusch, als Laut notiert. In diesem Sinne ist auch »Der Mann mit der Kamera« in der Richtung vom »Kino-Auge« zum »Radio-Auge« aufgebaut.

Achtens: Die technischen und praktischen Arbeiten der Kinoki-Radioki haben schon längst die momentanen technischen Möglichkeiten überholt und warten nur auf die technische Basis für die Verbindung des Laut-Kinos mit dem plastischen Sehen.
Die letzten technischen Erfindungen auf diesem Gebiet liefern dem »Radio-Auge«, d. h. in die Hände der Laut-dokumentaren Kinoschrift die mächtigste Waffe für den Kampf um das »Ungestellte«.

Neuntens: Von der Montage der schaubaren und auf dem Filmband aufgezeichneten Fakten (Kino-Auge) — zu der Montage der schaubar-hörbaren und der dann Radio übergebenen Fakten (Radio-Auge) — zu der Montage gleichzeitig schaubar-hörbar-riechbarer und tastbarer Fakten —
zu der die menschlichen Gedanken überrumpelnden Aufnahme,
und endlich
zu den Versuchen einer direkten Organisation der Gedanken (d. h. auch der Handlungen) der gesamten Menschheit. — Dies sind die technischen Perspektiven des »Kino-Auges«, die durch den *Oktober* ins Leben gerufen wurden.

Heft 5/1932
Probleme des neuen Films
Von Ladislav Moholy-Nagy

Dieser Artikel ist 1928 geschrieben und auf der 10. Bildwoche Dresden als Vortrag gehalten worden. Man könnte meinen, daß der Film seit dieser Zeit bis heute (1932) eine Entwicklung durchmachte und daß gewisse Forderungen des Artikels sich verwirklichen ließen. Man muß leider feststellen, daß dies nicht der Fall ist. Im Gegenteil, die künstlerische Situation des Filmes hat sich — außer in Rußland — wesentlich verschlimmert: Nicht nur das Niveau des Geschäftsfilmes, auch die Bemühungen der Avantgarde wurden abgebaut.
Wir steuern auf allen Gebieten — trotz klarer theoretischer Erkenntnisse — einer ausgesprochenen Reaktion entgegen.

1. Die Situation

Nicht so sehr in der Praxis als vielmehr in der Theorie drang in den letzten Jahren die Idee der »Werkgerechtigkeit« alles Schaffens durch.

Auch im Film bemüht man sich seit einem Jahrzehnt um »Werkgerechtigkeit«. Doch ist das Filmschaffen noch heute von der Vorstellungswelt des herkömmlichen Tafelbildes abhängig, und man merkt in der Wirklichkeit wenig davon, daß das filmische Material Licht und nicht Farbstoff ist und daß der Film zu einer beweglichen räumlichen Projektion drängen müßte, anstatt, wie das heute geschieht, auf eine Fläche in Bewegung gesetzte »Stehbilder« zu projizieren.

Aber auch die akustische Kombination, der Tonfilm, hält sich an sein zwangsläufig gewähltes Vorbild: das Theater. Die Bemühungen um eine eigene Wirksamkeit ist vorläufig selbst in der Theorie kaum zu finden.

2. Die Verantwortung

Die Verantwortung für ein richtiges Arbeitsprogramm ist um so größer, je eindeutiger die technischen Vorrichtungen des Films und der anderen Arten der Mitteilung und des Ausdrucks (Radio, Fernsehen, Fernfilmen, Fernprojektion usw.) sich entwickeln werden.

Die Problemstellungen — daher auch die Lösungen — bewegen sich im allgemeinen auf eingefahrenen Ideenbahnen. Für die Techniker ist die heutige filmische Form die Konvention, also die Aufnahme (Fixierung) von Objekt- und Tonrealität und ihre zweidimensionale Projektion.

Von veränderten Voraussetzungen her würden sie vielleicht zu ganz anderen Ergebnissen kommen. Ihre Arbeit würde sofort in eine andere Richtung gelenkt werden. Durch ein neu gestelltes Arbeitsprogramm würden auch sie zu Förderern einer neuen, bisher unbekannten Gestaltungsform, einer völlig neuen Ausdrucksmöglichkeit werden[1].

3. Die Problemstellung

Um in die Eigenart der ganzen Materie einzudringen, wird man am besten die wichtigsten technischen Komponenten des Films:
das Optische (das Sehbare),
das Kinetische (das Bewegliche)
und
das Akustische (das Hörbare)
einzeln untersuchen. Die Untersuchung des Psychologischen (Psychophysischen) — wie es z. B. in surrealistischen Filmen auftritt — wird hier nur gestreift.

4. Das Optische: Bildgestaltung oder »Lichtgestaltung«?

Es ist wohl möglich, daß die Malerei sich als ausschließlich manuelle (handwerkliche) Gestaltung noch jahrzehntelang halten wird, einerseits als pädagogisches Mittel, andererseits als Vorbereitung für eine neue Kultur der Farben- bzw. der Lichtgestaltung. Aber es bedarf nur der richtigen Fragestellung — und in Konsequenz dann des neuen optischen Organisators —, um dieses Vorbereitungsstadium abzukürzen.

Symptome einer beginnenden Abnahme des traditionellen Bildermalens — worunter ich jetzt nicht allein die augenblickliche furchtbare wirtschaftliche Notlage der Maler verstehe — zeigen sich schon an geistesgeschichtlich entscheidenden Stellen, so in der Entwicklung des Suprematisten Malewitsch. Sein letztes Bild: das weiße Quadrat auf der quadratischen weißen Leinwand ist ein deutliches Symbol des Projektionsschirmes für Lichtbild- und Filmvorführung; Symbol für die Überführung der Pigmentmalerei in eine Lichtgestaltung: Auf die weiße Fläche kann Licht unmittelbar, auch in Bewegung projiziert werden. Malewitschs Arbeit ist ein bemerkenswertes Beispiel der neuen geistigen Einstellung. Man könnte sagen, es ist ein intuitiver Sieg über die Mißverständnisse des heutigen Films, der recht und schlecht die hinter uns liegende Periode des Tafelbildes nachahmt: im Bildausschnitt, in der oft mangelnden Beweglichkeit und in der malerischen Montage. Das suprematische Bild führt das handwerklich gemalte Vorbild zu Ende und schafft tabula rasa: Selbst die Malerei muß neue Wege gehen, wie könnte nun der Film das alte Tafelbild zum Vorbild nehmen?

---

[1] Theremin, der wissenschaftlich verdienstvolle Erfinder der Ätherwellenmusik, ist z. B. das beste Beispiel für eine falsche Problemstellung. Er ging von der alten Instrumentalmusik aus. Er versuchte mit dem neuen Ätherwelleninstrument alte konventionelle Musik nachzuahmen.

Man muß von vorne anfangen, vom neuen Mittel, nicht von der Übertragung eines früher gemalten malerischen Werkes her. Darum ist der Sieg der sog. abstrakten Richtungen in der Malerei gleichzeitig der Sieg einer kommenden Lichtkultur, die nicht nur über das Tafelbildhafte hinauswachsen muß, sondern auch noch über die Erkenntnisse und Vorstöße in der Malerei, die als Summierung hinter dem Bilde von Malewitsch stehen.
Daraus allein ergeben sich allerdings noch nicht alle Grundsätze einer optischen Gestaltung. Direkte Lichtgestaltung, kinetische, reflektorische Lichtspiele verlangen eine systematische Untersuchung. Malerei, Film und Foto sind innerhalb dieser nur Teilprobleme, doch selbst sie sind bei weitem noch nicht klargestellt, geschweige bis an ihre Grenzen ausgenutzt.

5. Das Lichtatelier der Zukunft

Zu den Wegbereitern einer neuen Lichtkultur, die mit berechenbaren und regulierbaren Lichtquellen arbeitet, gehören vor allem: hochwertige künstliche Lichtquellen, Reflektoren, Projektoren, physikalische Geräte, Polarisation und Interferenz des Lichts, neue Aufnahmeoptik und vor allem eine gesteigerte Sensibilisierung der lichtempfindlichen Schicht (dabei die Lösung der plastischen und Farbfilmfrage)[1].

6. Bedeutung und Zukunft des Filmateliers

In unserer heutigen politisch und wirtschaftlich zerrütteten Zeit muß der filmische Tatsachenbericht, die Reportage, als Erziehungs- und Propagandamittel in den Vordergrund gerückt werden. Trotzdem ist festzustellen, daß der Film — wie alle andern Ausdrucksformen auch — mit seinen Mitteln: Licht, Bewegung,

---

[1] Wenn irgendwo, dann ist meines Erachtens die Errichtung einer solchen vorläufigen, von praktischen Bindungen zunächst unabhängigen Lichtversuchsstelle am ehesten in Rußland möglich, wenn auch ein großer Teil unserer Malakademien mit gutem Gewissen schon heute in »Lichtakademien« umgewandelt werden könnte. (Siehe meinen Artikel in »Die Form« Nr. 10/29, »Fotogramm und Grenzgebiete«.) Doch hat Rußland in diesem Augenblick mehr Chancen. Erstens: weil die Filmarbeit in allen andern Ländern nur als Geschäft betrieben wird. Filmische und optische Gestaltung überhaupt, wie wir sie denken — wird allein in Rußland als Kulturgut, als geistige Schöpfung und nicht als Handelsobjekt angesehen. Zweitens: weil nirgends die Möglichkeit einer radikalen, revolutionären Umstellung auch in bezug auf künstlerische Aufgaben mehr vorhanden ist als in Rußland. Für Rußland ist der alte Begriff »Künstler« am deutlichsten geborsten — an Stelle der alten Handwerksmentalität baut sich dort langsam eine neue, geistig-organisatorische auf. Die Erfindung spielt sich dort nicht innerhalb der manuellen Tätigkeit allein ab; statt in Details (örtlichen Bindungen) versucht man jetzt dort in Synthesen (Zusammenhängen) zu denken.

psychologische Montage eine vom Sozialen unabhängige, im Biologischen wurzelnde Spannung auszulösen vermag (z. B. abstrakter Film). Aus diesem Grunde wird die Zukunft des Films in nicht geringem Maße auch mit dem Atelierbetrieb verbunden sein, wo die Wirkungen dieser Art bewußter und beherrschter erzeugt werden können. Natürlich werden auch diese filmischen Formen bestimmte Beziehungen zu ihrer Zeit haben. Möglicherweise sind sie sogar tiefer, durchdringender als die durch äußere Aktualität sichtlich zeitbedingten, da sie meist in dem Unterbewußtsein wurzeln, und so einen Teil der unbewußten Erziehungswege darstellen, die notwendig sind, um die geeignete Bewußtseinsform der zukünftigen Gesellschaft vorzubereiten.

Selbstverständlich wird das Lichtatelier der Zukunft nicht auf die Nachahmung, die Imitation, eingestellt sein wie heute, wo der höchste Ehrgeiz ist, aus Holz Bäume, aus Jupiterlicht Sonne zu zaubern. Im Atelier der Zukunft wird man von der Eigenart der Elemente, des vorhandenen Materials ausgehen.

Auch die Rolle des Filmarchitekten wird sich von dieser Basis her verändern. Er wird die Filmarchitektur neben dem akustischen gleichzeitig als licht- und schattenerzeugendes Requisit (Stabkonstruktion, Skelett) und als lichtschluckenden bzw. lichtreflektierenden Flächenkomplex verwenden. (Wände für organisierte Lichtverteilung.)

Der Schlüssel zur Lichtgestaltung im Film ist das »Fotogramm«, die kameralose Fotografie. Seine zahlreichen Abstufungen in Schwarz-Weiß und fließenden Grauwerten (später sicher auch in farbigen Werten) sind von grundsätzlicher Bedeutung[1].

Erst in einem nichtimitativen Atelier kann man dann Lichtformen schaffen, deren Spannungen uns bisher unbekannt gewesen sind. Der Film ist aber nicht allein ein Problem der Lichtgestaltung, sondern ebenso der Bewegungs- und Tongestaltung. Und auch mit dieser Erweiterung ist die Problematik des Films nicht erschöpft. Es gehören dazu eine Reihe von Elementen, die zum Teil von der Fotografie herrühren, zum Teil auch von seiner neuartigen umfassenden pädagogischen Aufgabe, z. B. für eine neue Bewußtseinsform der veränderten Raumzeitkonzeption.

---

[1] In der nächsten Zeit versuche ich mich mit diesem Problem auch in der Filmarbeit praktisch zu beschäftigen.
In »Die Form« Nr. 11/12 1930 veröffentlichte ich den Artikel »Lichtrequisit einer elektrischen Bühne«, in dem ich über eine Lichtarbeit referierte, die für die Pariser Werkbund-Ausstellung 1930 gemacht worden ist. Mein Plan ist nun, diese Arbeit im Film weiterzuführen, nicht als eine Wiedergabe der Maschinerie und der Lichteffekte, sondern filmisch umgewertet. (Inzwischen hat Moholy-Nagy diesen Film mit der Hilfe von AGFA und AEG fertiggestellt. »Lichtspiel schwarz-weiß-grau«. Red.)

7. Bewegungsgestaltung

Für die Verwendung und Beherrschung der Bewegung im Film fehlt noch jede Tradition. Auch die Praxis der Gegenwart ist noch sehr kurz. Sie ist gezwungen, sich aus dem unartikulierten Bestand heraus zu entwickeln. Das ist die Erklärung dafür, daß der Film als Bewegungskunst noch auf einer verhältnismäßig primitiven Stufe steht.

Unsere Augen sind in der Erfahrung verschiedener gleichzeitiger Bewegungsphasen oder Bewegungsabläufe noch ungeübt; in den meisten Fällen würde man die Vielphasigkeit eines noch so beherrschten Bewegungsspiels heute nicht als Organismus, sondern als Chaos empfinden.

Darum werden die Vorstöße in dieser Richtung zunächst — ungeachtet ihres ästhetischen Wertes — in erster Linie von technischer bzw. pädagogischer Bedeutung sein.

Die russische Montage ist bisher der einzige reale — wenn auch in manchem anfechtbare — Vorstoß auf diesem Gebiet. Errichtung und Erlebnis des Simultankinos — die gleichzeitige Projektion verschiedener aufeinander abgestimmter Filme — blieben bisher frommer Wunsch[1].

8. Zum Tonfilm

Der Tonfilm ist eine der großartigsten Erfindungen, die nicht nur das Gesichts- und Gehörfeld, sondern auch das Gewissen der Menschheit über das heute Vorstellbare hinaus erweitern wird. Aber der Tonfilm hat nichts mit der Reproduktion von Ton- und Gesprächsfolgen im Sinne des Theaters zu tun. Der rechte Tonfilm kann nicht allein darauf gerichtet sein, akustische Erscheinungen der Außenwelt dokumentarisch einzufangen und zu spiegeln. Tut er es, muß es in einer dem stummen Film analogen Gestaltungsabsicht als Tonmontage geschehen. Das ist ein Teil vom Aufgabenkreis des Tonfilms.

---

[1] Montage allein ergibt noch keine ausreichende Möglichkeit zur Bewegungsgestaltung. Der Sinn der Bewegungslösungen ist vorläufig selbst in den Russenfilmen mehr impressionistisch als konstruktiv. Die russische Montage rüstete den Film besonders mit assoziativen Impressionen aus (wenn sie meist auch vorberechnet und nicht Zufallsergebnisse waren). Durch rasche Wechsel u. a. auch von räumlich und zeitlich verschieden gelegenen Aufnahmen schuf sie die benötigte Qualität für eine Teilsituation.
Eine konstruktive Montage wird in der Zukunft mehr auf die Gesamtfassung des Films achten, mehr auf die Kontinuität der filmischen Komposition — in Licht, Raum, Bewegung, Ton — als auf die Reihung der oft optisch verblüffenden Montageimpressionen.
Eisenstein, Werthoff (»Der Mann mit der Kamera«) und Turin (»Turksib«) machten in dieser Richtung schon positive Vorstöße.

Doch bringt der hörbare Teil des Tonfilms kaum eine Bereicherung gegenüber dem stummen Film, wenn man darunter eine Tonuntermalung, Tonillustration der optisch gelösten Montageteile verstehen würde. Das mit einem Mittel — dem optischen — schon Erreichte wird durch die Einschaltung eines parallelen akustischen Vorgangs nur geschwächt. Eine qualitative Steigerung, eine neue durchdringende Ausdrucksform wird erst entstehen, wenn beide Komponenten in ihrer vollen Entfaltung wechselwirkend eingesetzt werden. Hier beginnt die wirkliche Ökonomie selbst des Reportagetonfilms[1].

9. Das augenblickliche Problem des Tonfilms

Unser akustisches Fassungsvermögen muß erst gewaltig gelockert und erweitert werden, bevor wir vom Tonfilm wirkliche Leistungen erwarten dürfen.

Die »Musiker« sind bis heute noch nicht einmal zur Produktivmachung der Grammophonplatte, geschweige denn des Radios und der Ätherinstrumente gelangt. Sie müssen es lernen, auf diesen Gebieten außerordentlich viel umzudenken.

Der Tonteil des Films müßte über das Dokumentarische hinaus unsere Ohren um bisher ungekannte Hörwirksamkeiten bereichern. Das gleiche ist im akustischen, was wir vom stummen Film in bezug auf das zu Sehende erwartet und teilweise bekommen haben.

Über die Reproduktionswünsche eines durch das Material zunächst verblüfften Publikums hinaus muß der Tonfilm zu einer optophonetischen Synthese geführt werden. Wenn der Tonfilm den Weg zu einer solchen Synthese einschlägt, so bedeutet das letzten Endes: abstrakten Tonfilm. Von da aus können alle Arten von Filmen befruchtet werden. Außer der Kategorie »dokumentarischer Tonfilm« und der extremen Kategorie »abstrakter Tonfilm« werden hier organisch die »Montage-Tonfilme« entstehen. Nicht nur Montage der optischen und akustischen Teile in sich, sondern der beiden ineinander.

Der tönende Film sollte darum vorläufig eine Periode der nur tonlichen Experimente absolvieren. Das heißt: Erst Isolierung vom Optischen; praktisch: den Tonteil des Licht-Ton-Filmbandes trennen und Einzelstücke daraus versuchsweise miteinander kombinieren. (Es ist klar, daß hier musikalische Herkömmlichkeiten genauso wenig Platz haben dürfen, wie die populäre Genremalerei mit der optischen Seite des Films nichts zu tun haben kann.) Eine nächste Etappe, die aber mit der ersten parallel verlaufen könnte, müßte folgende Richtlinien berücksichtigen:

---

[1] Vor einiger Zeit wurde der akustisch ausgezeichnete Vorstoß von Werthoff: »Enthusiasmus« in Berlin vorgeführt, der diese Auffassung als Anfangsstufe des Tonfilms bestätigt.

1. Verwertung von realen akustischen Phänomenen, wie sie uns im Naturgeräusch, im menschlichen Organ oder im Instrument zur Verfügung stehen.
2. Verwendung von optisch notierbaren, aber von der realen Existenz unabhängigen Klanggebilden, die auf dem Tonfilmstreifen nach einem vorgefaßten Plan fotografiert und nachher in reale Töne umgesetzt werden können. (Beim Tri-Ergon-System z. B. durch hell-dunkle Streifen, deren Abc vorher erlernt sein muß.) Dazu kommt
3. die Mischung der beiden.

Zu 1:
a) der sprechende Film braucht nicht unbedingt ein kontinuierliches akustisches Geschehnis zu enthalten.

Das Akustische kann doppelt intensiv wirken, wenn es, in kürzeren oder längeren Zeiträumen verteilt, unerwartet auftritt.

b) Wie der optische Film die Möglichkeiten besitzt, ein Objekt verschieden, von oben und von unten, von der Seite und von vorn, frontal und in Verkürzung zu fixieren, muß etwas Ähnliches mit dem Ton erfolgen können. Den verschiedenen Blickrichtungen müssen also verschiedene Hörrichtungen entsprechen. Dazu kommen die akustischen Großaufnahmen, Zeitlupe (Dehnung), Zeitraffer (Zusammenziehung), Zerrung, Überblendung, überhaupt die Mittel einer »Tonmontage«: der optischen Simultanität muß eine akustische entsprechen; das heißt: man muß den Mut haben, mitunter den akustischen, sogar sinnerfüllten Fluß des Sprechens mit anderen Klanggebilden zu vermischen, oder ihn plötzlich zu unterbrechen und eine andere akustische Dimension einzuschieben, zerren, dehnen, zusammenziehen, und erst nachher die ursprüngliche Linie fortzusetzen und ähnliches.

Zu 2:
a) eine rechte Höhe der schöpferischen Auswertung wird aber beim sprechenden Film erst dann erreicht, wenn wir das akustische Abc in Form von fotografierbaren Projektionen (z. B. bei den Lichttonsystemen) beherrschen.

Das bedeutet, daß wir — ohne reale akustische Geschehnisse in der Außenwelt — akustische Phänomene planmäßig auf dem Filmstreifen notieren, mit dem optischen, wenn nötig, synchronisiert; d. h.: der Tonfilmkomponist kann ein ausgedachtes, aber noch nie gehörtes, überhaupt nicht existierendes Hörspiel mit dem optophonetischen Abc allein schaffen[1].

b) Den ersten wirklichen sprechenden Film wird derjenige fertigstellen, der mit

---

[1] Inzwischen ist auch dies Experiment durchgeführt worden: In England zeichnete ein Maler auf großem Papierstreifen aus hell-dunkel Lineatur eine nicht existierende, doch im Film vorführbare Stimme.

dieser oder jener Methode eine akustische Eigensprache der Objekte und Geschehnisse und ihre Zusammenhänge schafft.
c) Das würde uns befähigen, akustische Umrisse von Geschehnissen oder einzelnen Objekten herzustellen.
d) Das wäre u. a. der Weg, auch die »Großaufnahme« im akustischen – nämlich Heraushebung, nicht Detaillierung – zu schaffen.

10. Vorführung

Die ausgespannte viereckige Leinwand oder ein anderer ähnlicher Projektionsschirm unserer Kinos ist im Grunde nur ein technifiziertes Tafelbild. Unsere Vorstellungen von räumlichen Erscheinungen, von Raum-Lichtverhältnissen sind denkbar primitiv. Sie werden mit einer jedem Menschen bekannten Erscheinung – durch eine Öffnung fallen Lichtstrahlen in den Raum – erschöpft.

Demgegenüber ist vorstellbar: daß von dem Projektionsapparat aus räumlich gelagerte, hintereinandergeschaltete, teils durchscheinende Projektionswände, Gitter, Netze usw. mit dem Licht getroffen werden (z. B. wie die Projektionsversuche der Piscatorbühne im »Kaufmann von Berlin« 1929 und in »Hai-Tang« 1930). Ferner ist es durchaus vorstellbar, daß an Stelle einer flachen Projektionswand eine (oder mehrere) gekrümmte treten; kugelförmige, teilbare und in ihren Teilen gegeneinander bewegliche, mit und ohne Ausschnitte. (Man könnte z. B. – wie von mir schon früher für den stummen Film vorgeschlagen – alle Wände des Filmtheaters unter einem Kreuzfeuer von Filmen halten: »Simultankino«; siehe das entsprechende Kapitel im Bauhausbuch Nr. 8: Malerei, Fotografie, Film.)

Es ist auch durchaus denkbar, daß Rauch oder Dunstgebilde gleichzeitig von verschiedenen Projektionsapparaten getroffen werden oder daß an den Schnittpunkten der verschiedenen Lichtkegel Lichtgestalten sich bilden; weiter ist vorstellbar – nicht nur für abstrakte Lichtgebilde, sondern für objektive Darstellung, Reportage – ein weiterer Ausbau dieser Art; das plastische Kino durch stereoskopische Aufnahmetechnik. (Das Objekt kann von Linsensystemen, die um das Objekt angeordnet sind, eingekreist und nachher in derselben Weise wiedergegeben werden.)

Der Tonfilm und seine noch überhaupt nicht erörterten akustischen Möglichkeiten werden bestimmt grundlegende Änderungen auch in diesen und folgenden Punkten schaffen.

11. Aufgaben der filmischen Arbeit

Die zur Gestaltung der drei großen Problemkreise des Filmes: Licht, Bewegung und Ton erforderliche Praxis muß in die verschiedensten Gebiete heutiger Wissenschaft und Technik eingreifen. Sie ist abhängig von der Arbeit

des Fotografen[1],
des Physikers und Chemikers,
des Architekten, Operateurs und Vorführers,
des Regisseurs und Autors.
Sie ist abhängig von Problemen der Aufnahmetechnik: Optik; Lichtempfindlichkeit; ultraviolette und infrarote Strahlen; Hypersensibilisierung (sowie unsere Augen sich nach und nach an das Dunkel gewöhnen können, werden wir eines Tages Apparate haben, die im Dunkel – bis zur Momentaufnahme – reagieren);
Farbenfilm;
plastischer Film;
Tonfilm;
sowie von Problemen der
dreidimensionalen Vorführung: hintereinandergeschaltete, räumlich organisierte Schirme; Projektionsflächen aus Rauch und Dunst gewonnen; Wölbungen, Doppelprojektion, Vielapparatur; mechanische Überblendungen; Schablonenspiele;
von den Problemen der
Akustik und
der alles zur Synthese Film (Filmwirkung) zusammenfügenden Montage.

---

[1] Zweifellos ist der Analphabet der Zukunft nicht nur der Schrift-, sondern auch der Fotografieunkundige. Nach dieser Erkenntnis ist die Fotografie bis heute nirgends systematisch entwickelt worden. So ist es zu verstehen, daß der preußische Kultusminister, als er die Fotografie 1928 als Unterrichtsfach durch einen offiziellen Erlaß in den Schulen einführte – trotz deutscher Gründlichkeit –, keine Richtlinien dafür bestimmen konnte. Doch könnte das Skelett eines Lehr- wie Versuchsprogramms leicht aufgestellt werden:
1. Lichtgestaltung mit und ohne Kamera (Fotografie, Fotogramm, Röntgenbild, Nachtaufnahme).
2. Fixierung des Tatbestandes:
   a) Liebhaberaufnahme,
   b) wissenschaftliche (Fach-)Fotografie (Mikroaufnahme, Vergrößerung),
   c) Darstellung (Dokument).
3. Fixierung der Bewegung: Momentaufnahme (Reportage).
4. Verschiedene mechanische, optische, chemische Reaktionen: Verzeichnung, Verzerrung, Schichtzerfließen, Schichtauflösung, Fehlaufnahme usw.
5. Simultanität:
   Überblendung, Fotomontage.

MALEREI UND TYPOGRAPHIE

Schlaglichter

1924	Die blauen vier: Feininger, Jawlensky, Kandinsky, Klee
	Kokoschka: Venedig
	Picasso: Großer Harlekin
1925	Corinth: Ecce homo
	Klee: Pädagogisches Skizzenbuch
	Ehmke: Schrift, ihre Gestaltung und Entwicklung
	Weiß: Weiß-Antiqua
1926	Claude Monet †
	Munch: Das rote Haus
	Hofer: Angelika
	Tiemann: Kleistfraktur
1927	Zille: Das große Zillealbum
	Schubert, W. F.: Die deutsche Werbegraphik
	Kokoschka: Courmajeur
	Rotationsschnellpresse druckt in einer Stunde 100 000 12seitige Zeitungen
1928	Beckmann: Blick aufs blaue Meer
	Chagall: Hochzeiterin
	Dix: Großstadt
	»Pressa« in Köln
1929	Zille †
	Museum of Modern Art in New York gegründet
	Feininger: Segelboote
1930	Bogeng: Geschichte der Buchdruckerkunst
	Grosz: Kaltes Buffet
	Otto Müller †
	Hearst besitzt 33 Zeitungen mit rund 11 Mill. Auflage
1931	Klee: Das Gespenst verschwindet
1932	Grosz emigriert nach Amerika
	Schlemmer: Bauhaustreppe
1933	Matisse: Der Tanz
	Mondrian: Composition mit blau und gelb
	Max Ernst: Die steinerne Stadt
1934	Dali: Wilhelm Tell

Heft 4/1928
Zur abstrakten Malerei
Erklärung zum Raum der Abstrakten in der Hannoverschen Gemäldegalerie
Von Alexander Dorner, Hannover

Der Sinn der abstrakten Kunstbewegung liegt in ihrem Bestreben, über den bisherigen Bildaufbau hinaus in eine neue unbekannte Welt der Vorstellungen von Raum und Körper tastend vorzudringen. Alle Bilder, die der Besucher bisher gesehen hat, seit Lukas Cranach und Brueghel bis zu Paula Modersohn und den Expressionisten, sind sich darin gleich, daß sie aufgebaut sind wie eine Bühne. Sie alle sind gleichsam ein Ausblick aus einem Fenster, wobei der Fensterrahmen dem Rahmen des Bildes entspricht, und das Bild selbst ist ein Ausblick über ein mehr oder minder großes Stück der Erdoberfläche. Die Ordnung in diesem Raum mit allem, was darin steht, ist durch die Perspektive geschaffen. Diese wurde um 1400 entdeckt und kam dem damaligen Bedürfnis des Menschen nach Erweiterung ihrer Vorstellungen entgegen, indem sie durch ein mathematisches System die Illusion des Raumes erzeugte. Denn im Bild vor 1400 findet sich keine klare Vorstellung dieses Raumes. Das Mittelalter hatte hinter seinen figürlichen Darstellungen fast immer den Goldgrund, der eine unbestimmte Vorstellung von der Unbegrenztheit gibt; aber nie ist der Raum klar gestaltet worden. Das geschieht erst durch die perspektivische Konstruktion. Die abstrakte Kunstbewegung der Gegenwart macht nun den Versuch, über diesen perspektivisch geordneten Raum hinauszugehen.
Die Gegenstände des bühnenartigen Bildes sind von außen her durch die perspektivische Konstruktion geordnet und festgehalten. Die abstrakte Bewegung will sie von dieser äußeren Ordnung befreien und sie durch die Spannung ihrer inneren Werte untereinander gegenseitig halten, so daß sie frei im unendlichen Raum schweben. Die Körper mit dem Gewicht ihrer dreidimensionalen Masse, die Flächen mit ihrer Ausdehnung und die Linien durch die Energie ihrer Richtungen wachsen zu einem neuen Kosmos zusammen, der sich nur durch die Ausbalancierung dieser inneren Energien und ihre gegenseitige Durchdringung hält. Körper, Ebenen und Linien werden von der Erdoberfläche gleichsam ins All versetzt, wo auch die Massen und die Energieströme sich gegenseitig ausbalancieren und durchdringen. So entspricht der Weg dieser neuen Art Malerei durchaus den Vorstellungen, die die Erkenntnisse unserer modernen Naturwissenschaften geschaffen haben.
Auch der Entwicklungsgang innerhalb der abstrakten Kunstbewegung ist ein ganz konsequenter. Nachdem durch das Bestreben des Expressionismus, das

seelische Erlebnis deutlich zu machen, das alte Bild in zunehmendem Maße zersetzt worden war, versuchte zunächst der französische Kubismus (Picasso, Léger, Marcoussis) unter Beibehaltung der alten Bildform die dargestellten Körper zu zerstückeln und neu zusammenzusetzen, und zwar aus dem noch unbestimmten Gefühl heraus für die inneren Werte der Massen, Flächen und Linien, die bei der alten Bildansicht von außen her nicht zu ihrem Recht kamen. Da er aber auch die alte Bildbezeichnung, wie »Der Geiger« oder »Herrenbildnis« beibehält, so verführt er den Betrachter dazu, den Geiger oder den Herren zu suchen, und anstatt auf das neue Positive hinzuweisen, demonstriert er nur das Negative, nämlich die Zersetzung der bisherigen Bildform; und hier schon zeigt sich die Notwendigkeit, sich auf die abstrakte Form zurückzuziehen, weil nur mit ihr eine Klarlegung der neuen Ziele erreicht wird. Archipenko geht schon weiter, indem er die Formen seiner Bilder auf abstrakte Formen reduziert. Aber auch diese haben als Basis noch das alte Bild (dessen Fensterausblick) und daher auch noch den Bildrahmen.

Die holländische Bewegung mit Mondrian an der Spitze beschränkt sich auf allein rechteckige Formen und kultiviert auch nur die Fläche, indem er sie in verschieden geformte rechteckige Flächen aufteilt und diese innerhalb der Bildfläche gegeneinander ausbalanciert. Auch die Farben dieser Flächen sind gegeneinander ausgeglichen. Gelb und Rot springen vor, Blau und Schwarz weichen zurück, und so heben sie sich gegenseitig in ihrer Wirkung auf, und der Enderfolg dieses Kampfes der Energien innerhalb der Bildfläche und der vor und hinter diese Fläche vorstoßenden Kräfte ist jedesmal die reine Fläche. Ein Rahmen würde dieses Spiel der Energien brutal zerschlagen und einzwängen. Er ist sinnlos geworden und fällt daher weg. Aber sowohl die Arbeiten des Kubismus wie die der holländischen Abstrakten gehören noch auf die Wand und sind in diesem Raume auch entsprechend gehängt.

Was die holländischen Abstrakten in der Fläche schaffen, macht der Konstruktivismus der Russen und Ungarn im Raum. Bei den Arbeiten von Lissitzky und bei denen von Moholy sehen wir eine Zusammenstellung von kubischen Körpern, von Flächen und Linien, die das Auge im alten Sinne der Perspektive untereinander nicht mehr in eine Ordnung bringen kann. Es ist ganz unmöglich zu sagen, was liegt vorn und was liegt hinten. Im Sinne der Perspektive sind diese Bilder ein Chaos, im Sinne einer frei im All schwebenden Komposition von Gewichten und Energien, die sich gegenseitig im Gleichgewicht halten und durchdringen, sind sie ein Kosmos, der nur in sich gehalten, auch nur von innen heraus seinen Halt im freien Raum hat. Das ist das Neue, das über die bisherige Dreidimensionalität der Bilder hinausgeht und das man mangels eines anderen Ausdrucks als die vierte Dimension bezeichnet hat. In Wahrheit ist die Dreidimensionalität des »Bühnenbildes« zweidimensional begrenzt, und erst die

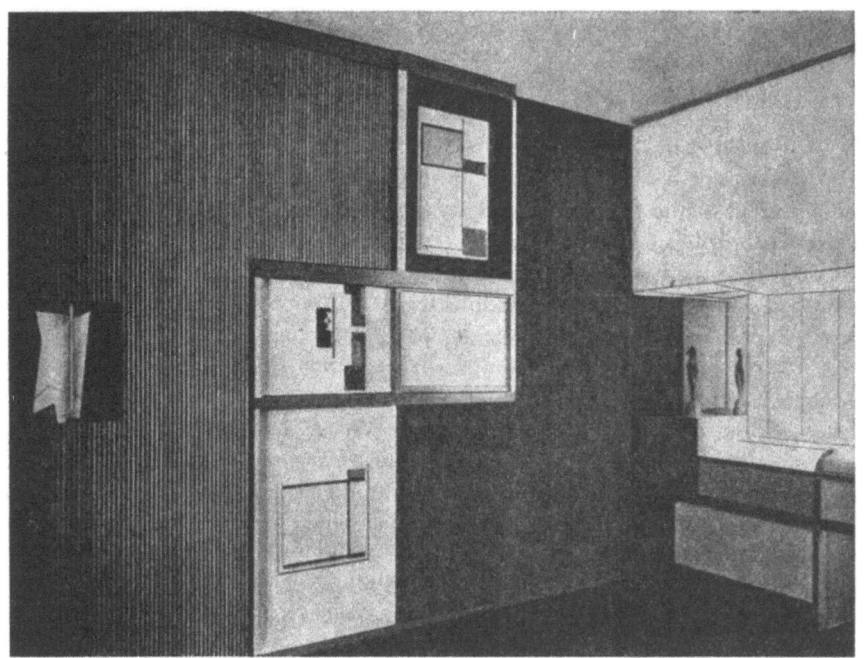

»Raum der Abstrakten«. Entworfen von Prof. Lissitzky, Moskau

Abstrakten erstreben eine allräumliche Dreidimensionalität, die von diesem Zwange befreit ist.
Ein Vergleich mit den Bestrebungen der modernen Architektur bringt auffallende Ähnlichkeiten an den Tag.
Diese Kompositionen des Konstruktivismus sind eigentlich schon keine Bilder mehr. Die einseitige Ansicht, die eine notwendige Eigenschaft der bemalten Fläche ist, schafft einen Zwang, der diesen räumlichen allseitig ausstrahlenden Gebilden hinderlich ist. Sie sind eigentlich schon architektonische Phantasien ohne praktischen Zweck. Um die Fläche der Wand, die sie gleichsam flachbügeln würde, auszuschalten, hat der Architekt, der diesen Museumsraum schuf (Prof. Lissitzky), eine Verkleidung mit Metallstreifen angewendet, die der Wand den Charakter der greifbaren Fläche nimmt und ihr etwas Schwimmendes gibt. Hier behalten die konstruktivischen Kompositionen die Freiheit ihres starken, allseitig ausstrahlenden Vorstoßes in den freien Raum wenigstens bis zu einem Grade . . .

Heft 2/1929
Farben im Raum
Von Theo van Doesburg

Die Gestaltung des Raumes ist ohne das Licht undenkbar. Licht und Raum ergänzen sich. Für die Architektur ist das Licht ein Gestaltungselement, und zwar das wichtigste. Der organische Zusammenhang von Raum und Material ist nur vermittels des Lichts möglich. Damit aber ist Architektur noch nicht vollendet. Höchste Vollendung der Architektur ist nur dann möglich, wenn auch das Licht Gestalt bekommt. Die architektonische Gestaltung des Lichts aber ist ohne die Farbe undenkbar. Farbe und Licht ergänzen sich. Ohne Farbe ist die Architektur ausdruckslos, blind.
Dieser Wahrheit hat jede Epoche auf ihre Weise, der Zeit gemäß, Ausdruck verliehen. Auch wir, im zwanzigsten Jahrhundert, tun es ebenfalls, und zwar auf unsre Weise. Wenn die Rationalisten die Farbe vollständig ausschalten wollen, so beweisen sie damit, daß sie niemals die Bedeutung der Farbe als Architekturelement, als Gestaltungsmaterie (genau wie Holz, Eisen, Glas oder Beton) verstanden haben. Es ist prinzipiell gleichgültig, ob es sich dabei um »Farbanstrich« oder um die eigne Farbe der Materialien handelt. Selbstverständlich wird die Architektur durch die Anwendung der Farbe nicht zur Kunst, und es ist auch zu verstehen, warum die radikalistischen und konstruktivistischen Architekten nur mit den architektonischen Mitteln auskommen wollen. Durch eine dekorative Anwendung in der Architektur hatte man die Farbe mißbraucht. Die Farbe ist aber den Menschen ebenso unentbehrlich wie das Licht. In der modernen Architektur verlangt die Fläche Belebung, das heißt Gestaltung mittels »räumlicher«, reiner Farbe. Selbst dann, wenn vom Farbanstrich vollständig abgesehen wird, ist die richtige Anwendung der modernen Materialien denselben Gesetzen unterworfen wie die Farbe in Raum und Zeit. So wie die verschiedenen Farben (Rot, Blau, Gelb) jede für sich eine eigene Energie vertreten, so vertreten auch die modernen Materialien (Beton, Eisen, Glas) jedes für sich eine eigene Energiekraft. Blau und Gelb etwa bilden zwei vollständig entgegengesetzte Energien. Diesen Gegensatz nenne ich: eine Spannung. Eine ähnliche Spannung bilden die zwei Materialien Eisen und Glas. Die Wertung dieser Spannungen in Raum und Zeit ist gerade so »ästhetisch« und architektonisch, wie die Wertung zweier Farben auf der Fläche oder im Raum.
Um uns über die Anwendung der Farben im Raum (wenn wir den Begriff »Zeit« vorläufig nicht berühren wollen) richtig zu orientieren, müssen wir uns darüber klarwerden, welches die verschiedenen Möglichkeiten sind, die Malerei mit der Architektur zu verbinden. Die Anwendungsmöglichkeiten sind folgende:

die dekorative ornamentale,
die rationalistische oder konstruktive,
die schöpferische oder gestaltende.
Bei einer dekorativen Anwendung der Farben handelt es sich nur um eine geschmackliche Wirkung der Farben im Raum. Mittels der Farbe (Ornament) wird der Raum geschmückt, und zwar ohne organischen Zusammenhang mit der Konstruktion. Die Farbe dient nur dazu, die Konstruktion zu verhüllen. (Der holländische Architekt Berlage hat sogar in seinen Schriften die Stelle angegeben, wo das Ornament in der Architektur angebracht werden soll.) Konstruktion und Malerei stehen in keinem wesentlichen Zusammenhang, sie existieren nebeneinander, anstatt durcheinander und rufen daher keine »synoptische« Wirkung hervor. Das Prinzip des Dekorativen und Ornamentalen beruht grundsätzlich auf der Wiederholung eines Motivs, eine Wiederholung, die durch den Faktor »Zeit« hervorgerufen ist. Die Lösung der Farben in der Architektur ist identisch mit der Lösung des Zeitmoments in der Malerei.
Erst heute, im zwanzigsten Jahrhundert, haben wir begriffen, daß es auf geistiger Armut beruht, wenn man die Lösung in der Repetierung des Ornaments sucht. Der orientalische Teppich und die daher abgeleitete Tapete sind dem gleichen Prinzip der Wiederholung unterworfen. Jede Malerei, die sich im Raum fortsetzt, also in zeitlicher Ausbreitung begriffen ist, war von jeher durch Wiederholung charakterisiert. Dasselbe gilt für die Malerei wie für die Architektur, für die Musik und die Dichtung. Das Problem ist unverändert geblieben, nur die Mittel und die Ausdrucksmöglichkeiten haben sich geändert. Sie sind statt illusionistisch real geworden. Die Wiederholung eines musikalischen Themas ist genauso dekorativ wie die regelmäßige Wiederkehr bestimmter Bauteile. Der Begriff der Symmetrie, der selbst heute noch von modernen Architekten (Le Corbusier, Loos, Oud) aufrecht gehalten wird, wurzelt ebenfalls im Prinzip des Dekorativen und Ornamentalen.
Als Reaktion gegen den Dekorativismus erklang etwa 15 Jahre lang der Ruf »zurück zu rationeller Konstruktion«, »nieder mit dem Ornament«! Man sah das Ornament als Verbrechen an und bannte die Farbe vollständig aus der Architektur. Man schuf nur noch »grau in grau«. An der Grenze der Konstruktion hörte die Welt der Farbe auf. Die Architektur wurde nackt: Knochen und Haut.
Schon früher (um 1918) habe ich diese Architektur, der es nur um die nackte Struktur geht, die »anatomische« genannt. In Deutschland sprach man auch tatsächlich von einer Knochen- und Hautarchitektur, und man wollte weder von ästhetischer Spekulation noch von Form- oder Gestaltungsproblemen etwas wissen. Das Gesunde dieser Bewegung war die Überwindung der Form in der Architektur. Die neue Definition der Architektur lautete: funktionsgemäße

Organisierung der Materialien. Form war sekundär, nebensächlich. Für Farbe war kein Platz. Mit der Malerei hatte man »abgeschlossen«.
Die Russen aber waren die ersten, die zur Malerei, und sogar zur l'art pour l'art zurückgriffen. Später (oder besser gesagt: in der Praxis) sah man ein, daß diese elementare, graue Architektur ausdruckslos, »blind« war. In fanatischer Verherrlichung der Nur-Utilität und des Nur-Funktionellen hat man sich nur auf das Praktische und Faktische beschränkt und die optischen, taktilischen und geistigen Bedürfnisse vollständig negiert. Das Bedürfnis nach Farben ist den modernen Menschen genauso unentbehrlich wie das Bedürfnis nach Licht, Bewegung (Tanz), ja sogar Lärm. Das sind wesentliche Lebensfaktoren des modernen Menschen, des modernen »Nervensystems« geworden.

Jeder Erneuerungsversuch, der nur einen bestimmten Faktor betont und um diesen alle anderen Faktoren negiert, ist arm und stirbt. So muß auch der Utilitarismus zugrunde gehen, wenn er nicht zur Anerkennung unserer geistigen Bedürfnisse zurückkehrt. Die Nützlichkeitsromantiker wollten aber nur dann die Farbe anerkennen, wenn sie nützlich war, und so entstand die zweite Anwendungsmöglichkeit der Farbe: die rationalistische und konstruktivistische. Ich muß betonen, daß diese Herabsetzung der Farbe zur Dienstbarkeit in einer Zeit entstand, in der die Existenz des Künstlers sehr bedroht war. Man machte aber aus der Not ein Prinzip und erklärte, das Plakat, Signet oder Inserat seien die Konsequenzen der neuen, »abstrakten« Malerei. Konsequenzen aber haben nur Bedeutung innerhalb des Gebiets der schöpferischen Tätigkeit.

Die Konsequenz der Malerei liegt nicht in ihrem Ende. Ebensowenig wie die Unterdrückung der Farbe in der Architektur als Konsequenz der modernen Architektur anzusehen ist. Im Gegenteil, da beide sich immer mehr nach einer gemeinsamen Achse hin entwickeln, war ein innerer Zusammenschluß zwischen Farbe und Raum unvermeidlich. Und hier setzte das Problem der schöpferischen oder gestaltenden Anwendung der Farbe im Raum ein. Ich selbst habe, während meiner Zusammenarbeit mit dem jungen Architekten C. van Eesteren (1923), versucht, die Farbe als Verstärkungselement der architektonischen Raumgestaltung anzuwenden. Dabei wurde von jeder künstlerischen, kompositorischen Tendenz abgesehen. Die den Raum gliedernden Flächen wurden nach ihrer Lage im Raum in einer bestimmten Farbe gemalt. Höhe, Tiefe und Breite wurden durch rot, blau und gelb betont, die Massen dagegen grau, schwarz und weiß angestrichen. Auf diese Weise kamen die Dimensionen des Raumes lebhaft zur Wirkung. Anstatt die Architektur zu zerstören (wie das im Barock der Fall war), wurde sie auf diese Weise verstärkt.

Was verstehen wir nun endlich unter einer »gestaltenden« Anwendung der Farbe im Raum?
Seit Anfang der sogenannten »Stijl«-Bewegung haben wir diese Frage sowohl

praktisch als theoretisch zu lösen versucht. Sie ergab sich von selbst aus den Konsequenzen der Bildmalerei. Nachdem jede Illusionserregung ausgeschaltet war und das Bild aufhörte, eine in sich abgeschlossene individuelle Ausdrucksform unserer Privaterlebnisse zu sein, kam die Malerei mit dem Raum und — was noch wichtiger war — mit dem Menschen in Berührung. Es entstand eine Beziehung von Farbe zum Raum und vom Menschen zur Farbe. Durch diese Beziehung vom sich bewegenden Menschen zum Raum ergab sich eine Empfindung in der Architektur, nämlich die Empfindung der Zeit.

Die Fährte des Menschen im Raum (von links nach rechts, von vorn nach hinten, von oben nach unten) wurde für die Malerei in der Architektur von prinzipieller Bedeutung. Wurde der Mensch durch das statische Bild an einen bestimmten Punkt gefesselt und hatte die dekorative »monumentale Wandmalerei« ihn schon für einen kinetischen linearen Ablauf des Malerischen im Raum empfindlich gemacht, so sollte ihm die gestaltende Raum-Zeitmalerei es ermöglichen, den ganzen Inhalt des Raumes, malerisch (optisch-ästhetisch) zu empfinden. Diese Empfindung war neu, ebenso neu wie die erste Empfindung einer Flugzeugfahrt im freien Raum.

Es handelte sich bei dieser Malerei nicht darum, den Menschen an den bemalten Wandflächen herumzuführen, damit er die malerische Entwicklung des Raums, von Wand zu Wand, beobachten kann, sondern vielmehr hierum: eine synoptische Wirkung von Malerei und Architektur hervorzurufen. Um das zu erreichen, müssen die gemalten Flächen sowohl architektonisch als malerisch in Beziehung stehen: das Ganze muß als ein fester Körper gestaltet sein.

Konstruktion und Komposition, Raum und Zeit, Statik und Dynamik in einem Griff gefaßt. Grundsätzlich ist der architektonische Raum nur als gestaltlose und blinde Leere zu betrachten, solange die Farbe sie nicht tatsächlich zum Raum gestaltet.

Die gestaltende Raum-Zeitmalerei des zwanzigsten Jahrhunderts ermöglicht es dem Künstler, seinen großen Traum, den Menschen statt vor die Malerei in sie zu stellen, zu verwirklichen.

Letzten Endes ist doch nur die Oberfläche für die Architektur entscheidend. Der Mensch lebt nicht in der Konstruktion, aber in der Atmosphäre, die durch die Oberfläche hervorgerufen wird.

Gegen den Dogmatismus in der Kunst
Von Paul Renner

Es wird heute zuviel über Kunst geredet und geschrieben von Leuten, in deren Denkapparaten (sit venia verbo!) zu schwache Hemmungen eingebaut sind, so daß es fortwährend zu logischen Kurzschlüssen kommt. Ich bilde mir nicht ein, Leitungsstörungen beseitigen zu können; ich möchte nur einige Warnungstafeln errichten: Achtung! Hochspannung!

Kleinstaben oder Großstaben

»wir schreiben alles klein, denn wir sparen damit zeit. außerdem, warum zwei alphabete, wenn eins dasselbe erreicht? warum groß schreiben, wenn man nicht groß sprechen kann?«
Ich wende mich nicht gegen die gute, von mir selbst seit Jahren öffentlich vertretene Sache. Vergleiche dazu Archiv für Buchgewerbe 1920, Seite 102 und viele andere Publikationen. Ich wende mich nur gegen ihre unlogische Begründung. Wessen Zeit wird denn mit dem Kleinschreiben gespart? Gemeint ist wohl die des Schreibers; er braucht den Taster nicht herunterdrücken, der an Stelle der Kleinstaben die Großstaben auf das Papier entläßt. Daß aber dieses Umschalten bei einem geübten Maschinenschreiber wesentlichen Zeitverlust verursache, wird nicht so leicht nachzuweisen sein. Wenn es die eigentliche Bestimmung des Briefschreibens wäre, dem *Schreibenden* Zeit zu sparen, so hätten wir die Maschinenschrift längst überall durch die Stenographie ersetzt. Wir *diktieren* in das Stenogramm, aber wir *verschicken* die Maschinenschrift, weil der Brief ja unsere Gedanken nicht lediglich festhalten, sondern *mitteilen* soll. Wir versetzen uns beim Schreiben eines Briefes in die Lage des Empfängers; wir suchen *ihm* Zeit zu sparen, nicht uns, wir scheuen keine Zeit und Mühe, unsere Gedanken in wohlüberlegtem Aufbau und sinnfälliger Formulierung so vorzutragen, damit man sie ohne Mühe und Zeitverlust verstehen kann. Aus diesem Grunde ist auch die Orthographie nur nach dem Dienste zu beurteilen, den sie dem Leser leistet. Der Schreibflüchtigkeit zuliebe müßte sie *phonetisch* sein; phonetisch ist deshalb die Rechtschreibung der dem schnellen Schreiben dienenden Stenographie auch immer gewesen. Wo es aber auf schnelles Lesen ankommt, werden wir bei der differenzierteren Rechtschreibung bleiben müssen, die den Wortstamm eindeutig erkennen läßt. Der moderne Gestalter unterscheidet sich vom Formalisten der vergangenen Zeit gerade dadurch, daß er den Zweck, den funktionellen Bestand seiner Aufgabe mit viel größerer Aufmerksamkeit durchdenkt. Wir können von der Schrift entweder größte Lesbarkeit verlangen oder höchste Schreibflüchtig-

keit; nicht beides zugleich; ohne Minderung der einen läßt sich die andere nicht steigern. Indem ich an diese Tatsache erinnere, will ich die reformbedürftige Rechtschreibung unserer Tage nicht verteidigen. Und gewiß darf im Namen der Lesbarkeit nicht gefordert werden, daß jedes Hauptwort mit einem Großbuchstaben beginne. Kein Land der Welt hat diese barocke Häufung der Großbuchstaben und auch das deutsche Volk erst seit Ende des siebzehnten Jahrhunderts. Wenn deutsche Sprachkenner wie die Brüder Grimm diese Rechtschreibung als sinnlos verworfen haben, hat niemand das Recht, sie eine deutsche Eigenart zu nennen, die man pflegen und erhalten müsse. Wir wollen den Dessauer Bauhäuslern von Herzen dafür dankbar sein, daß sie die so oft theoretisch erhobene Forderung wieder einmal zur Tat gemacht haben; nur bitten wir sie, der guten Sache nicht durch untriftige und mißverständliche Argumente zu schaden. Was soll das heißen, man könne nicht »groß sprechen«? Ich denke dabei gar nicht einmal an die Großsprecherei in jenem verfänglichen Wortsinn: an die Großsprecherei, in der unsere Zeit hinter keiner vergangenen zurücksteht. Ich meine auch nicht die moderne Reklame, die »groß sprechen« kann und die dafür in großen und fetten Schriftgraden auch die wirksamen typographischen Ausdrucksmittel verwendet. Nein, der »Großsprecher« selbst, auf griechisch das Megaphon, gehört zu den merkwürdigsten Erfindungen unseres technischen Zeitalters. Vielleicht vermag er noch unser ganzes politisches Leben neu zu gestalten. Stellen wir uns nur einmal eine unter freiem Himmel versammelte hunderttausendköpfige Menschenmenge vor, zu der aus zwanzig Megaphonen ein Mann wie Lenin, Gandhi oder auch nur ein Mussolini mit tausendfach überlebensgroßer Stimme spricht! Welche Erschütterung, welche Begeisterung der Massenseele ist durch die moderne Technik erst möglich geworden! — Aber noch einmal: das alles ist kein Grund, jedes Hauptwort mit einem Großbuchstaben beginnen zu lassen.

Bruchschrift oder Weltletter

Fremdsprachliche Texte pflegen wir auch mitten im Fraktursatz in Antiqua zu setzen. Daraus hat man gefolgert, Fraktur sei eine deutsche, Antiqua eine fremde Schrift. Die älteste und schönste Form der gebrochenen Schriften ist die gotische: wir haben nicht das mindeste Recht darauf, sie spezifisch deutsch zu nennen. Eckiges Schreiben formt noch unter der Herrschaft des romanischen Baustiles die karolingische Minuskel zur gotischen um; es scheint fast, als ob die Schriftform immer die feinste Witterung für kommenden Stilwandel gehabt habe. Der »Gotisierungsprozeß« der Schrift beginnt aber nicht in Deutschland, sondern in Frankreich: dort, wo die Wiege des gotischen Stiles zu suchen ist. Das Gotische greift auf ganz Europa über und wird auch von den Deutschen übernommen. Übrigens hat die Bezeichnung »gotisch« mit den Goten unmittelbar nichts zu tun. »Gotisch« ist eine erst später von den Humanisten aufgebrachte Bezeichnung und meint — an die Zerstörer des antiken Roms erinnernd — soviel wie vandalisch, barbarisch. »Gotische« Buchschrift und »gotische« Kurrentschrift haben dann durch einige Jahrhunderte ganz Europa beherrscht. Aus einer Vermengung ihrer Formen ist viel später, siebzig Jahre nach Erfindung des Buchdruckes, zu einer Zeit also, in der Schreiben nicht mehr schöpferische Kunst war, sondern eklektische Abwandlung überlieferter Formen, durch selbstgefällige Kalligraphie nach Vorlage kaiserlicher Kanzlisten, die spezifische Frakturform entstanden, die wir kaum verändert heute noch verwenden. Man beleidigt das Andenken eines Grünewald, Rembrandt, Bach, Goethe oder Hölderlin, wenn man in dem kleinlichen und komplizierten Wesen dieses späten Nachkömmlings der großen mittelalterlichen Schreibkunst den wahren Ausdruck deutschen Wesens erblickt. Mit viel mehr Recht könnte das nationale Geltungsbedürfnis die Kleinbuchstaben der heute zur Weltletter gewordenen Antiqua als deutsch beanspruchen. Ihre Schreibvorlage ist die humanistische Minuskel; diese aber ist nichts anderes als eine getreue Nachbildung der in den Schreibstuben Karls des Großen entstandenen karolingischen Minuskel. Die Humanisten haben sie, ohne ihre deutsche Abstammung zu kennen, als die littera antiqua horum temporum wieder eingeführt, an Stelle der damaligen »modernen« gotischen Schriften. Sie hielten sie für die Schrift der alten Römer, da die meisten antiken Autoren in ihr auf die Nachwelt gekommen sind. Die Fraktur ist nicht aus nationaler Eigenart hervorgegangen; sie erschwert (trotz gegenteiliger Behauptungen) die Erlernbarkeit und Lesbarkeit der deutschen Sprache.

Im nationalen Interesse, im Interesse der Weltgeltung unserer herrlichen deutschen Sprache sollten wir die Bruchschrift endlich aufgeben; wir würden damit auch den seit 1919 abgetrennten Gebieten es leichter machen, deutsche Sprache und deutschen Geist zu erhalten.

II. Mos. 20,4[1] *oder der Farben-Spartacus*

Darf der moderne Mensch noch zeichnen? Kann die uralte manuelle Technik der Handzeichnung den Wettbewerb aufnehmen mit den bequemen und wissenschaftlich-exakten photomechanischen Darstellungsverfahren unserer Zeit? Gehört die Darstellung von Gegenständen zu den Aufgaben, ja überhaupt zu den Möglichkeiten der bildenden Kunst? Wir betreten mit dieser Frage ein Gebiet, auf dem logische Kurzschlüsse schon manches Opfer gefordert haben. In einem Büchlein, das die sozialistische Arbeiterjugend mit den Problemen der modernen Kunst vertraut machen will, heißt es: »Lange Jahrhunderte hindurch haben die Farben dazu dienen müssen, die Herrschaft ganz anderer Mächte zu stützen,

---

[1] Du solt dir kein bildniß noch gleichniß machen / weder des / das oben im himmel / noch des / das unten auf erden / oder des / das im wasser unter der erden ist.

nämlich der Gegenstände ... Die Farben werden ausgebeutet im Interesse einer höheren Klasse: der Gegenstände ... Das gegenständliche Bild entspricht genau dem Prinzip des Klassenstaates: Farben arbeiten, damit Gegenstände sich gut präsentieren.« (Man erwartet nun den Aufruf: Farben aller Länder vereinigt euch!) Auch in einigen Bauhausbüchern wird die gegenständliche Darstellung verworfen als Verfehlung gegen die absolute Gestaltung, gegen die Kunst der »reinen Mittel«.»So kam auch die Malerei zu der Erkenntnis ihrer elementaren Mittel: Farbe und Fläche. Diese Erkenntnis wurde durch die Erfindung des mechanischen Darstellungsverfahrens, der Photographie, gefördert. Man erkannte einerseits die Möglichkeit der Darstellung auf objektiv-mechanischem Wege; andrerseits wurde klar, daß die jetzige Gestaltung ihren Gegenstand in sich selbst, in der Farbe birgt.« In Verfolgung dieser Gedankengänge bleibt dann nur noch die Malerei Mondrians übrig, der rechteckige Farbflächen zusammenfügt. Mondrian selbst verwirft jede Rundung als anthropomorph, als Kryptonaturalismus, als Sünde wider den Geist; er ist jedoch so tolerant, das Rund-Sein wenigstens den Rädern zu erlauben: »Immerhin kann der Zweck die Schönheit einengen. Einige Gebrauchsgegenstände, z. B. die Installation einer Fabrik, Räder von Fahrzeugen usw. können eine runde Form verlangen, während die rechteckige Form die höchste Schönheit wäre.«
Die abstrakte Malerei, auch die Mondrians, bedarf solcher kunsttheoretischer Rechtfertigungsversuche nicht; und eine Kunsttheorie, die »dargestellte Gegenständlichkeit« grundsätzlich verwirft und an ihrer Stelle die »Kunst der reinen Mittel« fordert, ist leicht ad absurdum zu führen. Es liegt im Wesen aller »Mittel«, auch der »Kunstmittel«, daß sie nicht für sich allein, sondern eben als Mittel für etwas anderes da sind. Wenn ein Kind Striche auf die Schiefertafel oder das Papier zeichnet und damit etwa Grenze, Umriß des Leibes oder Richtung der Beine meint, so meint es eben mit den Strichen die Grenze oder die Richtung, und meint nicht die Striche selbst. Die Striche sind Mittel, nicht Selbstzweck. Mit kapitalistischer Ausbeutung kann das schlechterdings nicht verglichen werden. Diese Kunstpfaffen, welche die gesamte Bildnerei der Vergangenheit und Gegenwart, soweit sie nicht abstrakt ist, als »öden Realismus« zu bezeichnen wagen und in ihr nur eine Vorstufe für die abstrakte Kunst der »reinen Mittel« sehen, befinden sich selbst als Philosophen auf der vorwissenschaftlichen Stufe des »naiven Realismus«. Man kann damit ein großer Künstler sein, sollte aber über Kunst erst schreiben, wenn man die elementarste philosophische Selbstbesinnung hinter sich hat. Bildungshungrigen jungen Arbeitern gibt man sonst Steine statt Brot. Jedes Geistesleben beruht auf der »Ausbeutung« der Mittel durch etwas anderes als durch sich selbst. Klang wird mehr als Klang, nämlich: Symbol für einen Begriff. Wir können nur durch diese »Mittel« die Fülle persönlicher Erfahrungen begrifflich ordnen: nur durch sie können wir uns

sprechend verständigen: wir gebrauchen bestimmte Klänge als Zeichen für bestimmte Begriffe, ohne den vollen Inhalt des Begriffes im einzelnen jedesmal aufzeigen zu müssen. Auch Schrift besteht nicht aus Linien und Zeichen, die sich selbst darstellen. Jedes Schriftzeichen ist Symbol für einen Klang. Schon bei Tieren finden wir die Verständigung durch Symbole, durch symbolische Handlungen. Wenn die Biene von einem Futterplatz zurückkommt, dessen Schätze sie allein nicht bergen kann (sonst nicht!), führt sie einen Tanz auf, dessen einziger und sofort verstandener Sinn die Aufforderung ist, ihr zu folgen und zu helfen. Der Tanz wird damit zur Sprache »ausgebeutet«.

Das unterscheidet ja Sprache von Musik, daß die Klänge der Sprache einen bestimmten, auf Gegenstände bezogenen *Sinn* haben, also nicht, wie die Verfechter der abstrakten Kunst zu sagen pflegen, »reine Mittel« sind. Sie dürften also folgerichtig in der Dichtung nur den Dadaismus gelten lassen.

Der Unterschied zwischen Photographie und Zeichnung läßt sich auch gar nicht auf die Formel bringen: »mechanisches oder manuelles Darstellungsverfahren«. Denken wir etwa an die Photographie eines Amtsrichters und an eine Zeichnung von George Grosz, die diesen Amtsrichtertyp darstellt. Das Lichtbild zeigt uns die gleiche ungelöste Aufgabe, vor die wir uns gestellt sähen, wenn wir dem Manne im Leben begegneten. Die Zeichnung von Grosz aber ist die Lösung dieser Aufgabe. Grosz gibt uns nicht wie die Photographie die auf hell-dunkel reduzierte Erscheinung, die auch der soeben mit Erfolg operierte Blindgeborene sehen würde, sondern die Form selbst, die Physiognomie: er gibt sie verständlich, weil er sie selbst verstanden hat. Wer den Radio-Abonnenten die Vorgänge eines Fußballkampfes während des Spieles berichten will, muß nicht nur redegewandt sein und scharfe Augen haben, sondern er muß auch die Regeln des Spieles und die Persönlichkeiten der Spieler genau kennen. Die mechanische Wiedergabe der Spielgeräusche allein im Radio oder der Spielerscheinung in der Photographie und im Film macht den Spielverlauf nicht verständlich. Wer physiognomischen Ausdruck und Gesichtsformen kennt wie der geniale Zeichner, sieht in der »Natur« (ebenso wie auch in der Photographie) viel mehr als die übrige Menschheit zu sehen vermag. Das Wort »Natur« sollten wir immer nur in Gänsefüßchen gebrauchen, da sie jeder anders erlebt. Die Verschiedenheit dieses Erlebens liegt nicht im Bau des Auges, sondern in der Ordnung und Klarheit der im Personalzusammenhang des individuellen Lebens erworbenen Formerkenntnis. Die Linien, die Striche, die Farben der Zeichner und Maler sind die Sprachmittel, diese Formerkenntnis auszudrücken und mitzuteilen. Daß akademisches Zeichnen um diesen Sinn des Zeichnens nicht immer weiß und mit der Photographie in der getreuen Nachahmung der Erscheinung zu wetteifern versucht, spricht nicht gegen das Zeichnen, sondern gegen die Akademie. Es kann uns niemand verwehren, daß wir die künstlerischen Aus-

drucksmittel für sich allein ins Auge fassen ohne jede Bezogenheit auf ihren Sinn: ich kann mir etwa die musikalischen Wortklänge eines Hölderlinschen Gedichtes anhören, ohne auf den Wortsinn zu achten. Wir können auch ein Bild von Cézanne auf den Kopf stellen und das Gefüge der farbigen Flächen allein betrachten. Aber das sind, wenn auch keineswegs verbotene, so doch willkürliche Abstraktionen, die von der künstlerischen Leistung Hölderlins und Cézannes nur einen Bruchteil erfassen.
Wir wollen die Photographie benutzen, wie es in vorbildlicher Weise Burchartz in den Reklamedrucksachen des Bochumer Vereins für Bergbau und Gußstahlfabrikation getan hat. Wir schätzen die abstrakte Malerei, wie wir die abstrakte Musik neben der Sprache als ebenbürtige Kunst anerkennen. Doch deshalb brauchen wir uns nicht auf die Einfalt des Materialismus, des Monismus oder sonst einer Weltanschauung für Halbgebildete festzulegen. Die abstrakte Kunst selbst fordert von ihren Verehrern kein sacrificio dell' intelletto.

Der magische Farbenkreis
Die arme Farbe ist heute Freiwild für jeden, der auf eigene Faust Kunsttheorie treibt. Da lesen wir, die Aufgabe des Künstlers sei, das Gleichgewicht der Farben zu stören und das gestörte Gleichgewicht wieder auszubalancieren. Das vollkommene Gleichgewicht aber sei die weiße Fläche: denn im Weiß seien alle Farben enthalten; auch physiologisch sei dieses Streben jeder Farbe zum Gleichgewicht begründet: das Nachbild zeige ja immer die Gegenfarbe.
Wenn man die Tatsachen der physikalischen, der physiologischen, psychologischen und logischen Sphären nicht sorgfältig gegeneinander isoliert, gibt es logische Kurzschlüsse. Die *physikalische Optik* handelt genau genommen gar nicht von Farben, sondern von Lichtstrahlen verschiedener Wellenlängen. Sie handelt von objektiven Vorgängen in der raumzeitlichen Welt. Die Brechung der Lichtstrahlen, ihre völlige oder teilweise Absorption, die Interferenz usw. sind Vorgänge, die sich unabhängig von der Existenz des Menschen abspielen: daß ihnen als psychologisches Korrelat das Empfindungsdatum der Farbe entspricht, läßt die Gesetzmäßigkeit der von der physikalischen Optik erforschten Vorgänge unberührt. Wie das menschliche Auge auf diese objektiven Vorgänge der raumzeitlichen Welt reagiert, das ist das Thema, mit dem sich die *physiologische Optik* beschäftigt. Hier werden die chemisch-biologischen Vorgänge in den Nervenendchen der Retina untersucht, die Dissimilations- und Assimilationsprozesse, die als physiologisches Korrelat dem Empfindungsdatum Farbe zugrunde liegen. Das Interesse des Künstlers beginnt aber erst bei dem *Phänomen* der Farbe: die physikalischen und physiologischen Vorbedingungen dieses in ungeteilter Totalität unmittelbar gegebenen Phänomens Farbe sind für seine Arbeit, für seine Überlegungen ohne Belang, so wie der Bankbeamte mit dem eingezahlten Geld

rechnet, ohne sich den Kopf darüber zerbrechen zu müssen, auf welche Art das Geld erworben ist. Der Ausgangspunkt des künstlerischen Denkens ist Farbe als Phänomen; er erhebt sie aber aus der Sphäre *psychologischen Erlebens* in den Bezirk *logischer Erkenntnis*. Nicht das hier und jetzt erlebte Rot ist die Gegenfarbe zu Grün: sondern es liegt in der zeitlosen *Idee*, im *Wesen* des Rot schlechthin, daß es in der Ähnlichkeitsreihe der reinen Farben dem Grün, d. h. der Idee »Grün« am wenigsten verwandt ist. Daß zwischen ähnlichen und unähnlichen Farben auch physikalische und physiologische Beziehungen bestehen, spielt sich auf anderen Ebenen ab. Es wäre eine unerlaubte metabasis eis allo genos, wollte man aus den Ergebnissen dieser Naturwissenschaften Schlüsse ziehen auf die ohne sie einsichtigen logischen Beziehungen der Farben schlechthin. Im Erlebnis des physiologischen Nachbildes (der sukzessiven Lichtinduktion) stellt sich z. B. das zarte gelbe Nachbild des Blau und das zarte blaue Nachbild des Gelb ins rötliche, also zu Orange und Violett um, weil das Tageslicht nicht rein-weiß, sondern rötlich ist. Das hat lange Zeit den Begriff des Farbkontrastes verwirrt und zum Begriff der Komplementärfarben, der zur Totalität ergänzenden Farben, geführt. Die Verwirrung wurde vollkommen durch die auch heute noch so oft mißverstandene Tatsache, daß sich gelbes und blaues Pigment zu Grün mischen, während die Summe von gelben und blauen Lichtstrahlen weißes, oder besser farbloses Licht ergibt. Das rührt nicht von der Reinheit oder Unreinheit der Farbstoffe her, sondern es beruht darauf, daß vom gelben Pigment besonders die kurzwelligen Strahlen, vom blauen die langwelligen absorbiert werden, von beiden aber der mittlere Teil des Spektrums, in dem Grün die herrschende Farbe ist, zurückgeworfen wird. Aus physikalischen und physiologischen Tatsachen lassen sich keine Vorschriften für den künstlerischen Gebrauch der Farben gewinnen. Es gibt unerhört schöne Kunstwerke aus allen Zeiten und bei allen Völkern, deren farbige Spannung und Dramatik sich merochromatisch in einem kleinen Ausschnitt des Farbenkreises abspielt, ohne daß die farbigen Partner dieses Spieles Gegner im Sinne der physikalisch oder physiologisch bestimmbaren Gegenfarbe wären.

Wenn wir die reinen Farben in einer Ähnlichkeitsreihe anordnen, so werden wir, von welcher Farbe wir auch ausgehen mögen, immer wieder zu ihr hingeführt. Gehen wir von Rot aus, so kommen wir entweder über Orange, Gelb, Grün, Blau, Violett wieder zum Rot, oder über Violett, Blau, Grün, Gelb, Orange auch wieder zum Rot zurück. Als Zeichen, als Symbol für diese Ähnlichkeitsbeziehung der reinen Farben hat man darum von jeher den Kreis gewählt. Der Kreis ermöglicht es auch noch, eine andere, wesentliche Beziehung der Farben: die paarweise Zuordnung der Gegenfarben, zu veranschaulichen; wir stellen sie im Kreis diametral gegenüber. Damit ist aber die Ergiebigkeit dieses Symboles erschöpft. Ein zu weit getriebener Vergleich fängt immer an zu hinken. Vor allen Dingen läßt sich aus dem Wesen der Farbe die exakte Bemessung der Kreissegmente nicht berechnen; deshalb hat ja auch jede Farbentheorie einen anderen Farbenkreis. Zwischen Gelb und Rot gibt es theoretisch unendlich viele Abstufungen reiner Farben, ebenso zwischen Blau und Grün, Grün und Gelb usw. In welchem Winkel die von Gegenfarbe zu Gegenfarbe führenden Kreisdurchmesser einander schneiden, dafür gibt es aus dem Wesen der Farbe keine exakte Bestimmung. Schon aus diesem Grunde sind alle Schlüsse, die man auf wesentliche Beziehungen der Farben zueinander aus dem Farbenkreis zieht, logische Fehlschlüsse. Von allen guten Geistern verlassen ist aber eine Farbentheorie, welche meint, durch Viertelung des Farbenkreises die guten Vierklänge, durch Drittelung die guten farbigen Dreiklänge auffinden zu können. Das ist noch nicht einmal ein logischer Kurzschluß, sondern eine Absurdität. Das Absurde hat aber leider immer, wenn es nur recht einfältig war, die gläubigste Gemeinde gefunden. Was dieser pseudowissenschaftliche Unsinn heute schon im Gewerbe für Unheil angerichtet hat, ist gar nicht zu sagen. Es gibt keinen Stein der Weisen, der uns unsere geistige Bemühung um die Wahrheit ersparen könnte. Es gibt auch keinen Königsweg zur Kunst. Das Geheimnis der Schönheit liegt weder in der S-Kurve, wie Hogarth glaubte, noch im Goldenen Schnitt, noch in der Quadratur oder Triangulatur des Kreises oder Farbenkreises. Lernen wird nur, wer seine Erfahrungen zu nutzen versteht. Daran hindert aber nichts so sehr, wie ein Dogma. Wessen Kopf mit einem Dogma ausgefüllt ist, verliert die Verbindung mit dem »quellenden Urgrund«. Er wird Schulmeister, Pedant.

Der magische Kubus

Der jetzt wenigstens moralisch erledigte Historismus der älteren Baukunst nahm wohl auch gewisse Rücksichten auf Gebrauchszweck, Rohstoff und Technik, also auf den funktionellen Bestand am Kunstwerk; der Künstler blieb aber der formalen Aufgabe zugewandt, und das Funktionelle mußte sich den formalen Absichten fügen. Die Form wurde immer wieder aus der Formentradition der Kunst erzeugt; Pallas Athene, die aus dem Haupte des Zeus geborene, war die Göttin dieser Kunst, die mit dem dorischen Tempel, einer in Stein übersetzten Holzkonstruktion, anhebt. Die neue Baukunst will nun keineswegs, wie einige meinen, die funktionellen Faktoren allein schalten lassen; sie strebt auch nicht etwa einen günstigeren Kompromiß zwischen den funktionellen und rein formalen Faktoren an. Mit dem nüchtern abwägenden Verstand, der genau die Mitte wählt zwischen der geometrischen Form und der »Naturform«, bringt man keine künstlerische Schöpfung hervor. Man bleibt damit in den akademischen Gefilden der Hildebrandschule oder in der billigen Stilisierung des Kunstgewerblers. Denn »Naturform« ist ein Begriff und keine Anschauung. Die Welt der anschaulichen Formen ist nicht real, dreidimensional vorhanden, sondern ein geistiger Bezirk. Deshalb sieht die neue Baukunst (wie die neue Typographie) im funktionellen Bestand ihrer Aufgaben nicht ein Hindernis, nicht einen Reibungskoeffizienten, nicht ein notwendiges Übel, sondern geradezu das *Objekt,* den Gegenstand der künstlerischen Gestaltung. Künstlerische Gestaltung heißt aber nichts anderes, als den Gegenstand hinaufheben in diese geistige Sphäre anschaulicher Formen. Der moderne Gestalter blickt also dem funktionellen Bestand voll ins Gesicht und nimmt nicht nur schielende Rücksicht auf ihn. Das Objekt seiner künstlerischen Tätigkeit ist also nicht die historische Form, die abzuwandeln, neu zu kombinieren oder zu modernisieren wäre, sondern der sorgfältig durchdachte Werkbestand selbst, den er in die einfachste, faßlichste, am leichtesten verständliche Form zu bringen sucht. Das ist der Sinn der schon von Cézanne erwähnten Kugel, Pyramide und Zylinder, des Kubus und des in der Typographie so oft zitierten Kreises, Dreieckes und Quadrates. Anschauliche Form ist erkennbare Form: Erkennen aber heißt Neues in eine bekannte Ordnung einfügen. Wenn wir etwa alle überhaupt denkbaren Flächenformen einzuordnen hätten, so müßten wir wohl runde, rechtwinklige und spitze Flächenformen unterscheiden; die sinnfälligsten Repräsentanten dieser drei Gruppen sind Kreis, Dreieck und Quadrat. Es handelt sich um Oberbegriffe, um Kategorien, um kategoriales Sehen. Kategoriales Sehen ist die besondere, künstlerisch potente, formenerkennende, formenschaffende Art und Weise des Sehens, das aber nicht auf die Kategorien, sondern auf die Objekte gerichtet ist. Der künstlerische Wert der Vereinfachung liegt also nicht in einer geheimnisvollen, mystischen, magischen Kraft, die vom Kubus, von der Kugel, vom Kreis, Dreieck und Quadrat ausstrahlt, sondern der Künstler gestaltet einfach, weil wir nur solche Formen verstehen, bei denen die folgerichtige Abwandlung, die logische Differenzierung aus den obersten Kategorien augenscheinlich, ersichtlich ist. Das große Beispiel dafür finden wir in der Plastik der Ägypter, der Chinesen und des romanischen Mittelalters. Hier herrschen die Kategorien, aber das kategoriale Sehen ist dennoch voll auf den funktionellen Bestand, auf die »Natur« gerichtet. Im Gegensatz zu dieser schöpferischen Hinwendung findet man heute so oft eine unfruchtbare Abwendung von der als Gegenständlichkeit verdächtigten Natur und ein Gerichtetsein auf das rein formale Prinzip der Vereinfachung. Das ist aber seinem Wesen nach der gleiche Formalismus, der einst zum Historismus in der Baukunst geführt hat.

Mit dem alten Dogma der Symmetrie hat man gründlich aufgeräumt. Hüten wir uns davor, aus der Asymmetrie ein neues Dogma zu machen.

Daß sich Ornament und moderne Gestaltung nicht unbedingt ausschließen, behauptet auch der Amerikaner Wright. Der schaffende Künstler braucht keine Theorien; es sei denn, um sich gegen die Ansprüche eines unverschämten Dogmatismus zu wehren, der ihm vorschreiben will, was er tun dürfe und was nicht.

Heft 4/1927
Inkonsequenzen
Von F. H. Ehmcke, München

Seit 30 Jahren wird um die Idee der neuen Form gekämpft. Was lange Angelegenheit eines kleinen Kreises war, steht plötzlich im Mittelpunkt allgemeinen Interesses. Die größten modernen Bauaufgaben sind über Nacht zu lauter Problemstellungen für unsere führenden Architekten geworden. Was gar in den ungeheuren Bereich der Technik, der neuzeitlichen Arbeitsprozesse gehört, das drängt nach neuer Formung. Die modernste Werbekunst geht selbst in der Schriftgestaltung eigene Wege und sucht in der Elementaren Typographie völlig selbständige, vom Überkommenen unabhängige Ausdrucksmittel.
Nur in der Buchkunst, die ursprünglich zu den am schnellsten von der neuen Formidee ergriffenen Arbeitsgebieten zählte, hat sich seit Jahren eine reaktionäre Gesinnung eingenistet und behauptet zäh ihr Feld. Die Auffindung einer großen Anzahl alter Schriftmatrizen, die Genießerfreude einiger maßgebender Bücherfreunde und die Möglichkeit, mit Hilfe der vervollkommneten Technik alles und jedes nachzuahmen, haben nach und nach eine ganze Reihe von Typen des 18. Jahrhunderts in neuen Schnitten auferstehen lassen: meist Antiquaschriften einer klassizistischen Periode, die einander so ähnlich sehen wie ein Ei dem andern, wenn sie auch — wie die Bodoni, die Didot, die Baskerville — Italiener, Franzosen oder Engländer zu Urhebern haben.
Verleger und Drucker haben dem zugestimmt und somit verschuldet, daß wir in der gleichen Zeit, da wir inmitten einer Formumwälzung von nie erlebtem Schwung und Ausmaß stehen, eine Schriftart pflegen, die um 150 Jahre älter ist als wir und die in ihrer nicht mehr fortentwickelbaren Ausgeglichenheit und Vollendung in striktem Widerspruch steht zu unserer durch Kampf und Bewegung auf äußerste gespannten Zeit. Beispielsweise bietet diese Zeitschrift einerseits mit ihrem aus der Gegenwart gespeisten Bildmaterial und Text, mit ihrem von der Elementaren Typographie beeinflußten Titel und Inseratenteil, andererseits ihrer Textschrift, die einem Schnitt des 18. Jahrhunderts ihre Herkunft verdankt, einen deutlichen Beweis dieser Gegensätzlichkeit.
Nun ist aber ganz gewiß das Kennzeichen eines reifen Stils, ja überhaupt dessen, was man Stil nennt, die Homogenität seiner Teile. Soweit wir in der Geschichte zurückblicken können, finden wir, daß in jeder der einander ablösenden Stilperioden, wo immer wir einen Querschnitt durch sie legen, die Einzelteile dasselbe Formprinzip aufweisen wie das Ganze.
Es fehlt auch unserer Zeit nicht an einem Streben, das darauf ausgeht, das ganze Leben in all seinen Äußerungen mit einheitlicher Form zu durchdringen.

Nur sind die Hindernisse, die dem entgegenstehen, infolge der komplizierten Vorgänge moderner Arbeitsteilung auf einzelnen Gebieten besonders stark. Gerade in bezug auf die zeitgemäße Umgestaltung unserer Schrifttypen ist Außerordentliches geleistet. Nur kann sich das nicht zwanglos auswirken. Ein kleiner, aber mächtiger Kreis von Pächtern des Publikumsgeschmacks findet nach Parvenüart Gefallen daran, seine Bücher in einer historischen Type gedruckt zu sehen, die die gereifte Geschlossenheit eines endgültigen ausgeprägten Zeitstils aufweist. Diese Bücherfabrikanten erklären ihren Druckern, diese klassische Schrift sei das nicht mehr zu überbietende Endziel aller Bemühungen und die große Mode. Die Drucker stellen fest, daß für neue Schriftschnitte kein Interesse vorherrscht, und die Schriftgießer befleißigen sich, dem Tagesbedürfnis Rechnung zu tragen. Eine jede Gießerei, die etwas auf sich hält, hat heute ihre eigene Bodoni-, Didot-, Baskerville-, Walbaum-, Fleischmann- oder sonstwelche bewährte Type.

Dazu kommt, daß die wenigen großen Setzmaschinenfabriken eine geradezu unumschränkte Gewalt ausüben zugunsten der Typen, die sie auf ihre Maschinen nehmen. Da nun der überwiegende Teil unserer modernen Buchproduktion, und zwar gerade die Herstellung billiger Bücher, auf die Setzmaschine angewiesen ist, so ergibt sich zwangsläufig, daß die Machthaber der Mono- und Linotype, die übrigens mit den amerikanischen Setzmaschinenfabrikanten vertrustet sind, die natürliche Entwicklung unserer deutschen Schriftgestaltung unterbinden können.

Es bleibt, um diesen Zustand, wenn auch nicht mit einem Schlage, so doch allmählich zu verändern, nichts weiter übrig, als vorerst aus einem kleinen Kreise denkender und verantwortungsfreudiger Menschen eine Abwehr zu organisieren, zu protestieren, dazu aufzufordern, beim Kauf von Büchern, bei der Vergebung von Drucksachen alle historischen Formen ebenso abzulehnen, wie sie das etwa bei ihrer Wohnungseinrichtung, bei der Wahl ihrer Gebrauchsgegenstände, ihrer Kleider, ihres Silbers, ihrer Gläser usw. schon lange tun.

Ich selber habe im Laufe der Zeit an die zehn Schriften geschaffen, immer bemüht, ohne irgendwelche Willkür die überkommenen Formen nach gewissen vom Gegenwartsgefühl diktierten Forderungen leicht zu wandeln. Ich habe für meine Bestrebungen eine gewisse Resonanz gefunden, am meisten bei einem kleinen Kreis von Gleichgerichteten, die auf die Gestaltung der weitverzweigten Arbeitsvorgänge kaum einen Einfluß haben, zum Teil bei einigen einsichtigen Druckern, zumeist der jüngeren Generation, fast gar nicht bei den ausschlaggebenden, die tatsächliche Macht ausübenden Verlegern. Diese beauftragen mich wohl bisweilen, Einbände für ihre Bücher zu zeichnen, die im übrigen — freilich ganz oberflächlich — das Gepräge von Werken tragen, die im 18. Jahrhundert gedruckt sind. Ganz oberflächlich. Denn der Maschinensatz der neuen ist natürlich mit der sorgfältigen Handarbeit guter alter Bücher nicht zu vergleichen, wie man eben überhaupt eine einmal vergangene Zeit nicht wieder heraufbeschwören kann. Klar wird wohl somit die ganze Verständnislosigkeit gegenüber der eigentlich gestaltenden Schaffensart, die doch immer auf ein Ganzes, auf eine in allen Teilen einheitliche Leistung gerichtet sein muß.

Ich habe darum schon lange resigniert und es aufgegeben, auf dem Wege dieser Zusammenarbeit mit Verlegern zu einem in jeder Hinsicht vollendeten und zeitgemäßen Ergebnis zu kommen. Die einzige Möglichkeit hierzu bietet mir meine Rupprechtpresse, die seit etwa zehn Jahren in Tätigkeit ist und auf der ich in dieser Spanne nahezu vierzig Bücher herausgebracht habe, für die ich hinsichtlich ihrer ganzen Gestaltung die volle Verantwortung tragen kann.

Es ist charakteristisch, daß diese meine Bestrebungen kaum beachtet werden, obgleich es an Versicherungen der Hochschätzung nie fehlt. Die öffentlichen Sammlungen, die vor dreißig Jahren jede Druckleistung, die vom Ausland kam, anschafften und als Musterbeispiel hinstellten, erklären jetzt, daß sie für meine Arbeit gar keine — aber auch gar keine — Mittel übrig hätten. Die Buchhändler, die doch die Vermittler zwischen den Schaffenden und den Aufnehmenden sein sollten, versagen vollständig. Man hält offenbar derlei Tun für eine überflüssige Spielerei, eine künstlerische Schnurre. Ich bin der gegenteiligen Ansicht: solche Arbeit ist die allernotwendigste, weil sie erst eine Grundlage schafft, auf der etwas Dauerversprechendes aufgebaut werden kann. Denn erst wenn im kleinen Maßstab in verantwortungsbewußter Arbeit die neue Buchform gefunden ist, wird das lebenswichtige, billige, das maschinell hergestellte Massenbuch sein wahrhaftiges Zeitgepräge erhalten und seine Herstellung sich nicht mehr erschöpfen im Nachäffen einst vollgültiger Formen mit gänzlich andersgearteten Mitteln.

Angesichts der Gleichgültigkeit gegenüber den Arbeiten meiner Presse habe ich mich denn kürzlich dazu entschlossen, eine Bezugsgemeinschaft zu gründen, d. h. eine Art von Subskription zu veranstalten, die mir das Weiterarbeiten überhaupt ermöglichen sollte. Dieser Appell an die Freunde meiner Arbeit ist nicht ohne Widerhall geblieben, und so kann die Presse jetzt ihr erstes Bezugsjahr mit vier neuen Werken beschließen, die sie den Mitgliedern der Bezugsgemeinschaft liefert: Klopstocks Oden, Emil Preetorius' geistvoller, weitausholender Vortrag über die chinesische Kunst, Moltkes Briefe aus der Türkei und Fischarts Glückhafft Schiff.

In einem Mann von seltener geistiger Überschau und sicherer Urteilskraft, dem Dichter Karl Wolfskehl, hat die Presse den bestgeeigneten literarischen Berater. Es ist mir hier die Möglichkeit geboten, einige der Pressendrucke im Bilde zu zeigen. Über allerlei Grundsätzliches des Arbeitsprozesses habe ich mich verschiedentlich ausgesprochen. So im ersten Almanach der Rupprechtpresse auf das Jahr 1920 und ausführlich im Heft 5/6 der »Bücherstube« 1923. Der letzgenannte Aufsatz ist in der Reihe »Moderne deutsche Druckschriften« in meiner Mediävalschrift im Verlage von Lambert Schneider, Berlin, 1925 erschienen und gibt auch einen Überblick über die Arbeit an meinen Schriften. Ich möchte mich hier drum nicht wiederholen.

Viel wichtiger war es mir, einmal die Widerstände zu beleuchten, die einer einheitlichen Entwicklung unserer Formkultur heute vielleicht stärker noch als vor etwa dreißig Jahren im Wege stehen und die durch gemeinsames Handeln und intensive Kleinarbeit, nicht nur im Schöpferischen und Technischen, sondern auch im Organisatorischen beseitigt werden müssen, wenn wir zu dem Ziel eines einheitlichen Stils in allen Lebensdingen kommen wollen, das allein erreicht wird durch eine Homogenität der Form des Ganzen und seiner Teile.

Daß unsere hochgepriesene Buchkunst diese Forderung durchaus noch nicht erfüllt, sondern sich in alexandrinischen Wiederholungen nicht genugtun kann, soll hier deutlich ausgesprochen sein. Damit stellt sie sich in Gegensatz zu dem durch Versuch, Verbesserung und Neuschöpfung gekennzeichneten Lebensprozeß alles wahrhaft heutigen Schaffens.

Heft 5/1928
Fotografie und Typografie
Von Jan Tschichold, München

Der künstlerische Wert der Fotografie ist umstritten, seit sie existiert. Zuerst liefen die Maler gegen sie Sturm, um dann zu erkennen, daß sie für sie keine erhebliche Konkurrenz war. Noch heute raufen sich die Kunsthistoriker um einige Probleme, die die Fotografie aufgeworfen hat.
Die Buchgewerbekünstler versagen ihr das Recht, Bestandteil eines »schönen Buches« zu sein. Sie begründen das mit dem angeblichen ästhetischen Zwiespalt zwischen der rein grafischen, materiell stark körperlichen Form der Type und der meist scheinbar »plastischen«, materiell aber mehr flächigen Netzätzung. Hierbei legen sie das Hauptgewicht auf die äußere Erscheinung beider Druckformen; sie sehen den Hauptfehler in der angeblich nicht buchmäßigen »Plastik« der Klischees. Der andere Einwand ist ohnehin nicht sehr stichhaltig: zerfällt doch die Autotypie schließlich in lauter kleine erhabene Einzelpunkte, die der Type durchaus verwandt sind.
Alle diese Theorien haben jedoch nicht verhindern können, daß, vornehmlich seit nach dem Kriege, die Fotografie im Buchdruck einen Siegeszug ohnegleichen angetreten hat.
Ihr großer rein praktischer Wert besteht darin, daß man mit ihr auf mechanischem Wege verhältnismäßig leicht, jedenfalls leichter als auf dem manuellen, ein getreues Abbild eines Objekts schaffen kann.
Das Foto ist zu einem so bezeichnenden Merkmal unserer Zeit geworden, daß man es sich nicht mehr hinwegdenken könnte. Der Bildhunger des modernen Menschen wird hauptsächlich durch die fotografisch illustrierten Zeitschriften und Magazine befriedigt; die Inseratreklame (vor allem Amerikas), auch vereinzelt schon die Plakatreklame, bedient sich mehr und mehr des Fotos. Das große Bedürfnis nach guten Fotografien hat die fotografische Technik und Kunst außerordentlich gefördert; es gibt in Frankreich und Amerika Mode- und Reklame-Fotografen, die viele Maler qualitativ überragen (Paris: Paul Outerbridge, O'Neill, Heuningen-Heune, Scaioni, Luigi Diaz; Amerika: Sheeler, Baron de Meyer, Ralph Steiner, Ellis u. a.). Ganz Ausgezeichnetes leisten auch die meist anonymen Reporterfotografen, deren Bilder, nicht zum wenigsten auch in rein fotografischer Hinsicht, oft mehr zu fesseln vermögen als die Gummidrucke der zünftigen Porträtfotografen und Amateure.
Schon heute wäre es gänzlich unmöglich, den ungeheuren Druckbedarf der Gegenwart mit Zeichnungen oder Malereien zu decken. Weder würden die Künstler von Qualität dazu ausreichen, sie herzustellen, noch die Zeit zu ihrer

Fertigung und Reproduktion. Vieles Aktuelle könnten wir überhaupt nicht erfahren, wenn es nicht die Fotografie gäbe. Dieser außerordentliche Konsum hat seinen Grund in den allgemeinen sozialen Verhältnissen, die sich seit der Mitte des 19. Jahrhunderts wesentlich verändert haben, und der gegenüber früher stark vermehrten Verbraucherzahl: in der zunehmenden Verbreitung der europäischen städtischen Kultur und der Vervollkommnung aller Nachrichtenmittel. Seine Befriedigung fordert zeitgemäße Mittel. Er kann gar nicht anders als auf mechanischem Wege gedeckt werden. Der mittelalterliche Holzschnitt, der den Buchgewerbekünstlern als Ideal vorschwebte, ist weder zeitgemäß, denn er ist schon archaisch geworden, noch rationell in bezug auf seine Herstellungsdauer; er fügt sich den modernen Reproduktionsverfahren schon rein technisch schlecht ein und vermag unsere Ansprüche an Klarheit und Exaktheit nicht zu befriedigen. Gerade in ihrer großen, oft übernatürlichen Klarheit und ihrer Unbestechlichkeit beruht der eigentümliche Reiz der Fotografie. Durch die Reinheit ihrer Erscheinung und den mechanischen Herstellungsprozeß wird so die Fotografie zum gegebenen Mittel bildlicher Darstellung in unserer Zeit.

Daß die bloße, selbst die nicht ganz zufällige Fotografie Kunst sei, darf bestritten werden. Aber kommt es denn in allen Fällen ihrer Verwendung auf Kunst an? Die einfache, sogar die gänzlich unkünstlerische Fotografie genügt den Ansprüchen, die man an ein Reporter- oder Sach-Foto stellt, zumeist vollkommen; denn diese wollen nichts anderes sein als Mitteilungen in bildlicher Form — keine Gestaltungen. Wo höhere Bedürfnisse vorhanden sind, treibt die natürliche Entwicklung stets von selbst zu ihrer Befriedigung. Sowenig die Fotografie nun an sich Kunst ist, liegen aber in ihr Keime zu einer Kunst, die sich freilich notwendig von den anderen Künsten sehr unterscheiden muß.

An der Grenze zur Kunst befindet sich die »gestellte« Fotografie. Durch Beleuchtung, Arrangement, Ausschnitt usw. lassen sich oft Wirkungen erzielen, die eine verblüffende Ähnlichkeit mit Werken der Kunst haben können. Ein Beispiel dafür mag unser Foto »Schokolademischmaschine im Gang« sein. Durch die großen Schwarz-Weiß-Kontraste und die Mannigfaltigkeit der Grautöne ist hier eine Wirkung entstanden, die in ihrer Farbigkeit manche Malerei oder Zeichnung übertrifft.

Zur Kunst kann die Fotografie namentlich in zwei Formen werden: als Fotomontage und als Fotogramm. Als Fotomontage bezeichnet man Bilder, die entweder ganz aus Einzelfotos zusammengeklebt sind (Fotoklebebilder) oder die das Foto als Einzelteil neben anderen Bildelementen verwenden (Fotozeichnung, Fotoplastik). Die Übergänge zwischen diesen Arten sind fließend. In der Fotomontage wird mit Hilfe gegebener oder gewählter Einzelfotos eine neue Bildeinheit aufgebaut, die als bewußte, nicht mehr zufällige Gestaltung grundsätzlich Anspruch auf die Bezeichnung Kunst hat. Natürlich sind nicht alle Fotomontagen, genausowenig wie alle Ölmalereien, Kunst. Aber das, was Heartfield (der die Fotomontage erfand), Baumeister, Burchartz, Max Ernst, Lissitzky, Moholy-Nagy, Vordemberge-Gildewart auf diesem Gebiete geschaffen haben, hat auf diesen Namen Anrecht. Das sind keine willkürlichen Zusammenstellungen mehr, sondern folgerichtig und harmonisch aufgebaute Bildeinheiten. Die zunächst zufällige Form des Einzelfotos (Grautöne, Strukturwirkung, Linienbewegungen) erhält künstlerischen Sinn durch die Komposition des Ganzen. Von der alten Kunst unterscheidet sich die Fotomontage durch das Fehlen des Objekts. Sie ist nicht wie jene Beurteilung eines Tatbestandes, sondern Verwirklichung einer Fantasie, also eine freie menschliche Schöpfung, die von der Natur unabhängig ist. Die »Logik« einer solchen Gestaltung ist freilich die irrationale des Kunstwerks. Zu ganz übernatürlicher Wirkung gelangt die Fotomontage durch den bewußten Kontrast des plastischen Fotos zur toten weißen oder farbigen Fläche und gegebenenfalls der rudimentär vorhandenen Zeichnung. Dieser unerhörte Eindruck kann mit keiner Zeichnung oder Malerei erreicht werden. Die Möglichkeiten stark kontrastierender Größen und Formen, des Kontrastes von Objekten von großer Nähe und weiter Ferne, flächigerer oder plastischerer Form usw. tun das ihre, diese Kunstform außerordentlich variabel zu machen.

In ihr liegen die weitesten Möglichkeiten auch für die zweckgebundene Reklame. Hier ist es naturgemäß nur vereinzelt möglich, durch Ausgleich aller Teile mit dem Ergebnis des freien Gleichgewichts ein »Kunstwerk« zu schaffen, da die Bindungen durch den notwendigen logischen Zusammenhang, die logische Größenordnung, die gegebene Schrift usf. stark hemmend wirken können. Es ist im übrigen auch nicht Aufgabe des reklameschaffenden Künstlers, freie Kunstwerke, sondern beste Reklame zu gestalten. Beides kann, muß aber nicht zusammenfallen.

Fotogramme sind Fotos, die ohne Apparat mittels bloßen lichtempfindlichen Papiers hergestellt werden. Diese einfache Methode ist an sich nicht neu, denn man kennt Fotogramme z. B. nach Blumen, die durch einfaches Auflegen des »Objekts« auf das fotografische Papier hergestellt werden, schon seit langem. Der Erfinder des gestalteten Fotogramms, des Fotogramms als Kunst, ist der jetzt in Paris lebende Amerikaner Man Ray. Er veröffentlichte um 1922 in der amerikanischen Zeitschrift »Broom« seine ersten Schöpfungen dieser Art. In ihnen enthüllt sich eine unwirkliche, übernatürliche Welt, die rein fotografisch gebildet worden ist. Es sind poetische Schöpfungen, die nichts mehr mit den gewöhnlichen Reporter- und Sachfotos gemein haben und sich zu ihnen verhalten wie die Dichtung zum Alltagsgespräch. Es wäre naiv, wollte man diese Fotogramme als Zufallsprodukte oder geschicktes Arrangement bezeichnen; daß sie alles andere als dies sind, kann jeder Fachmann bestätigen. Hier wurden die Möglichkeiten der autonomen Fotografie (ohne Kamera) zum ersten Male rein ausgebaut: aus der Verwendung modernen Materials erwuchs das Fotogramm als moderne Formpoesie.

Auch das Fotogramm kann in der Reklame verwandt werden. Als erster hat El Lissitzky 1924 Reklamefotogramme geschaffen. Ein ganz ausgezeichnetes Beispiel von ihm ist das Fotogramm für »Pelikan-Tinte«. Selbst die Schrift ist auf mechanisch-fotografischem Wege hergestellt. Die technischen Herstellungsmethoden des Fotogramms sind zwar sehr einfach, aber zu vielfältig, als daß sie in wenigen Worten beschrieben werden könnten. Jeder, der sich eine solche Aufgabe stellt, wird durch Versuche selbst die Wege zur Erreichung der Wirkung finden. Da man nur lichtempfindliches Papier und allenfalls eine Dunkelkammer braucht, kann sich jeder auf diesem Gebiet versuchen. Es sei bei dieser Gelegenheit auf das Buch »Malerei, Fotografie, Film« von L. Moholy-Nagy hingewiesen, das über diese Dinge ausführlich berichtet.

Der Typograf nun, dem fotografische Klischees zur Eingliederung in den bestellten Satz übergeben werden, wird vor allem vor die Frage gestellt, welche Schrift er in solchem Falle zu wählen habe. Die Künstlergeneration der Vorkriegszeit, die, wie ich schon oben beschrieb, der Fotografie ablehnend gegenüberstand, hat die Lösung dieses Problems zwar versucht, sie aber nicht finden können, weil sie von vornherein alle Zusammenstellungen von Schrift und Foto als Kompromiß empfand.

Wir Heutigen haben das Foto als ein wesentliches typografisches Mittel der Gegenwart anerkannt. Wir empfinden sein Hinzutreten zu den früheren Ausdrucksmitteln des Buchdrucks als Bereicherung und erblicken in der Fotografie geradezu das Merkmal, das unsere Typografie von aller früheren unterscheidet. Die bloß flächige Typografie gehört der Vergangenheit an. Durch das Hinzutreten des Fotoklischees haben wir uns des Raumes und seiner Dynamik bemächtigt. Gerade auf dem Kontrast zwischen den scheinbar dreidimensionalen Gebilden der Fotos und den flächigen Formen der Schrift beruht die starke Wirkung der Typografie der Gegenwart.

Die Hauptfrage, welche Schrift man zum Foto wählen müsse, hat man früher auf verschiedenste Weise zu lösen versucht; vor allem durch Verwendung grau wirkender oder manchmal wirklich grauer Schriften, durch sehr zarte und stark individualistische Typen und dergleichen mehr. Wie auf allen anderen Gebieten ging man auch hier auf eine nur äußerliche Angleichung der Aufbauteile, also auf Nivellierung, aus. So entstand höchstens ein einheitliches Grau, das aber über den Kompromiß nur schlecht hinwegtäuschte.

Die neue Typografie hat mit einem Schlage die Lösung herbeigeführt. Indem sie bei ihrer Absicht, aus elementaren zeitgemäßen Formen eine künstlerische Einheit zu bilden, eigentlich überhaupt keine Schriftfrage kennt (sie mußte mit Notwendigkeit die Grotesk wählen) und sie das Fotoklischee als ein ebenfalls

elementares Darstellungsmittel vorzugsweise verwendet, gelangt sie zu der Synthese: Fotografie + Grotesk!
Beim ersten Zusehen scheint es, als ob die Härte der klaren, eindeutigen schwarzen Schriftformen dieser Type mit den oft sehr weichen Grautönen der Fotos nicht zusammenstimmen könnten. Beide zusammen ergeben freilich kein gleichmäßiges Grau, denn ihre Harmonie beruht gerade auf ihrem Form- und Farbkontrast. Beiden ist aber gemeinsam: die Objektivität und unpersönliche Form, die sie als zeitgemäße Mittel erweist. Ihre Harmonie ist also nicht bloß eine äußerlich formale, wie sie früher irrtümlich angestrebt worden war, und auch keine Willkürlichkeit: denn es gibt nur eine objektive Schriftform — die Grotesk — und nur eine objektive Aufzeichnung unserer Umwelt — die Fotografie.
Damit ist der individualistischen Form der Grafik: Handschrift — Zeichnung heute die kollektive Form: Typo — Foto gegenübergetreten.
Als Typofoto bezeichnen wir jede Synthese von Typografie und Fotografie. Heute können wir mit Hilfe des Fotos vieles besser und schneller ausdrücken als auf den umständlichen Wegen der Rede oder Schreibe. Das Fotoklischee reiht sich damit den Buchstaben und Linien des Setzkastens als ein zeitgemäßes, aber differenzierteres typografisches Aufbauelement an. Es ist auch im rein materiellen Sinne jenen grundsätzlich gleich, ganz offenbar wenigstens im Buchdruck, wo dies durch die Zerlegung der Oberfläche in (gewissermaßen typografische) erhabene Rasterpunkte und die gemeinsame Schrifthöhe bewirkt wird. In den modernen Druckverfahren Tiefdruck und Offset entfällt ein solcher Maßstab vollkommen. Hier würde eine entgegengesetzte Meinung in der materiellen Form keine Stütze für die Behauptung der Ungleichartigkeit mehr finden. Nachdem wir Heutigen die Abneigung der Buchkünstler gegen das Foto im Buch nicht kennen und auch der Luxusbegriff des »schönen Buches« der Vergangenheit angehört, sieht der Buchgestalter unserer Zeit im Fotoklischee einen den Typen usw. ebenbürtigen Bestandteil auch des Buches.
Die Einordnung des Klischees in den übrigen Satz ist den Gesetzen einer sinngemäßen Typografie und einer harmonischen Flächengestaltung unterworfen.
Man darf sagen, daß das Typofoto eins der bezeichnendsten grafischen Ausdrucksmittel der heutigen Typografie und Reklame ist. Nur eines geringen Zeitraumes wird es bedürfen, bis sich auch die noch teilweise stark von hier ganz unberechtigten »traditionellen« Auffassungen beeinflußten populären Formen des Typofotos (vor allem die illustrierten Zeitungen und ein Teil der Reklame) von diesen befreien und durch eine bewußte konsequent zeitgemäße Gestaltung das kulturelle Niveau der Gegenwart erreichen ...

Das Buch und seine Gestaltung
Von Théo van Doesburg

Bei der Gestaltung des Buches handelt es sich wie bei der Architektur um ein Doppelproblem: Das Buch soll wie das Haus nicht nur vor allem nützlich, sondern auch schön, wenigstens angenehm zu sehen sein. Wie eine Lösung zu finden ist, die beiden Problemen gerecht wird, werden wir bald sehen. Wir brauchen wohl kaum lange zu suchen, denn wir wissen schon seit vielen Jahren, daß es sich im Grunde nicht um eine kunstgewerbliche Schmuckangelegenheit handelt. Es gibt Leute, die das Buch nur wegen seines Einbandes lieben, aber der Einband ist der Fassade des Hauses ähnlich und nur als letzte Oberfläche des Inhalts zu betrachten. Es gibt aber auch Leute, die auf jede ästhetische Aufmachung verzichten und das Buch nur als einen zeitlichen Ablauf von Geschehnissen betrachten. Einem solchen Buch fehlt jedes charakteristische Aussehen, es ist von Anfang bis zu Ende ausdruckslos. Dieser Art ist das französische Buch, die bekannte zitronengelbe Serie. Die Bücher sind alle gleich, in schlechter Schrifttype auf grauem Papier kaum leserlich gedruckt. Die Buchblätter sind alle von verschiedener Größe und die Buchstaben sind manchmal zu fett, manchmal zu blaß. In Frankreich, wo kaum ausländische Bücher auf den Markt kommen, kennt man das Buch nur in der obenerwähnten genormten, »automatischen« Form.

Im Gegensatz zu diesem langweiligen, automatischen Buch kennen wir seit Ende des Krieges das sogenannte gestaltete, »dynamische« Buch. Es fällt wie eine Bombe auf Ihren Tisch und wirkt durch Farben, Streifen, Punkte und Stäbe dermaßen aggressiv, daß Sie das Gefühl haben, der Autor hält Ihnen eine Pistole unter die Nase. Betrachten Sie das Buch etwas andächtiger, so erkennen Sie sehr rasch, daß diese aggressive Haltung des Buches durch nichts gerechtfertigt ist, denn es hat weder Verhältnis noch Maß, weder Proportion noch Gleichgewicht, und die schöne rechteckige Form, die dem Buch etwas Ruhiges, Vornehmes und Universales gibt, ist durch Überschneidung von Farbe und Streifen und ein Durcheinander von Vorstellungen und sonstigen Tricks zerstört. Es ist das »moderne«, expressionistische, fotografisch-montierte Buch. Öffnet man es, so beginnt erst recht ein Kampf zwischen Satz und Auge. Der Titel, der schon gar kein Verhältnis zur Druckseite hat, ist nochmals mit extra fetten Streifen versehen, denn der »Buchgestalter« setzt voraus, daß der Leser mindestens halbblind ist und außerdem schläft. Die Sätze, worauf besonders zu achten ist, werden entweder durch fette, vertikale Stäbe oder Punkte, so groß wie Untertassen, hervorgehoben.

Man hat diese Art neuer typografischer Ausstattung schon für inhaltlich sehr zahme Bücher verwendet. Derartig aggressive Einbände wirken fabelhaft in den Auslagen, und solche Schutzumschläge bestechen oft auch den Buchliebhaber. Es liegt auf der Hand, daß diese reichliche Verwendung von Balken, Streifen, Stäben und Punkten im Grunde genauso kitschig ist wie die früher üblichen Blümchen, Vöglein und typografischen Verzierungen. So wie in dem avantgardistischen Film liegt auch in dem typografisch gestalteten Buch schon ein neues Barock, wogegen wir Elementaristen uns wenden. Wir wollen das alles nicht mehr, denn wir wollen bis auf die Elemente der Gestaltung zurückgehen, um eine konkrete Lösung für die verschiedenen Gebiete der Gestaltung zu finden. Eine gestaltende Lösung ist aber keine Angelegenheit des Geschmacks, sondern eine Realität, welche auf unserer neuen Weltvorstellung beruht.

Absichtlich habe ich bis jetzt nur die zwei vollständig einander entgegengesetzten Buchformen, die ausdruckslose oder die automatische und die aggressive oder dynamische, charakterisiert. In bezug auf die Nützlichkeit des Buches ist letzten Endes die erste Art sympathischer als die zweite, denn das aggressive dynamische Buch ist in seiner Aufdringlichkeit geradeso unsympathisch wie das kitschig aufgemachte dekorative Buch des Rokoko. Das fotografisch-montierte Buch mit seinem Durcheinander von Bildern und Typen unterliegt im Grunde der romantischen Stimmungstendenz des Jugendstils. Es liegt hier bloß eine andere Verzierungsmethode vor.

Wir wissen, daß die Fotomontage und der unregelmäßige Satzaufbau zuerst von den Futuristen und später von den Dadaisten angewandt wurde. Man wollte durch unregelmäßigen Satzaufbau und Entproportionierung von Typen und Bild sofort zeigen, daß es sich um eine geistige Revolution handelt. Das Buch sollte schreien, das Buch sollte zertrümmern und das ruhige Einmaleins der klassisch gewordenen Automatik endgültig zerstören. Mittels Typografie, Farbe und Foto entstanden ganz überraschende Konstruktionen. Die Vorstellungswelt der Bürger wurde zerschnitten, und über jede menschliche Logik und Wissenschaft hinaus wurde eine neue fanatische Welt zusammengestellt. Es entstanden richtige Mysterien, Fantasmagorien und Märchen. Dieser schöpferischen Einstellung zur Typografie des Buches verdanken wir ein neues Bedürfnis, welches den Doppelvorgang Lesen und Sehen voraussetzt. In dieser synoptischen Wirkung wurzelt das Wesentliche der neuen Buchgestaltung.

So wie in der Malerei der Fauvismus überwunden ist, so ist auch in der Buchgestaltung die dynamische ordnungslose Typografie überwunden. Nur für eine sehr kurze Zeit war sie lebendig, berechtigt und echt, aber dabei wurde das Buch vergewaltigt, es wurde mit einem Maulkorb versehen und von der Werbe-Pest angesteckt. Die Fotomontagen, die »Surimpression«, die Entproportionierung wurden zu Lockmitteln für Reiselektüre und Handschuhreklame.

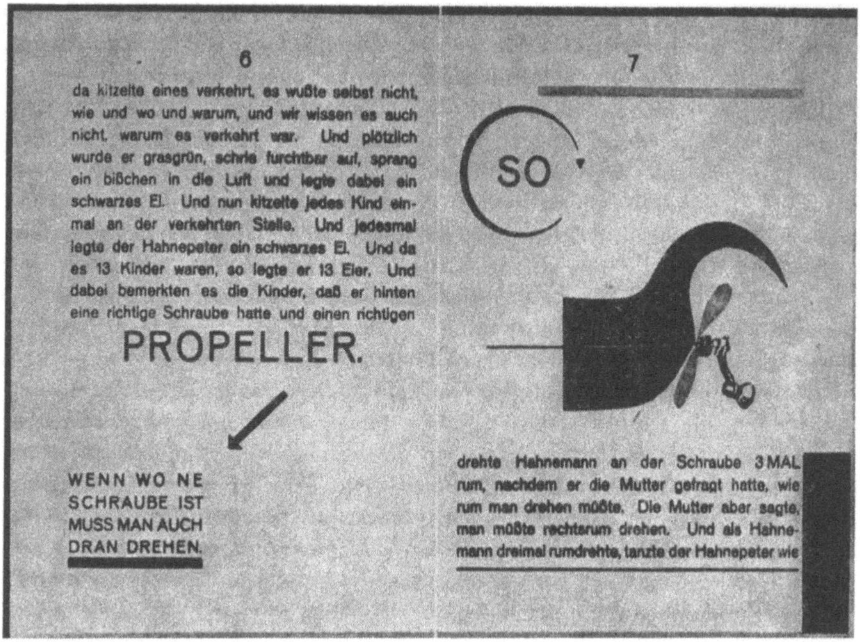

6

da kitzelte eines verkehrt, es wußte selbst nicht, wie und wo und warum, und wir wissen es auch nicht, warum es verkehrt war. Und plötzlich wurde er grasgrün, schrie furchtbar auf, sprang ein bißchen in die Luft und legte dabei ein schwarzes Ei. Und nun kitzelte jedes Kind einmal an der verkehrten Stelle. Und jedesmal legte der Hahnepeter ein schwarzes Ei. Und da es 13 Kinder waren, so legte er 13 Eier. Und dabei bemerkten es die Kinder, daß er hinten eine richtige Schraube hatte und einen richtigen

PROPELLER.

WENN WO NE
SCHRAUBE IST
MUSS MAN AUCH
DRAN DREHEN.

7

SO

drehte Hahnemann an der Schraube 3 MAL rum, nachdem er die Mutter gefragt hatte, wie rum man drehen müßte. Die Mutter aber sagte, man müßte rechtsrum drehen. Und als Hahnemann dreimal rumdrehte, tanzte der Hahnepeter wie

Oben: Zwei Seiten aus Kurt Schwitters: »Märchen vom Paradies«. Hannover, 1925

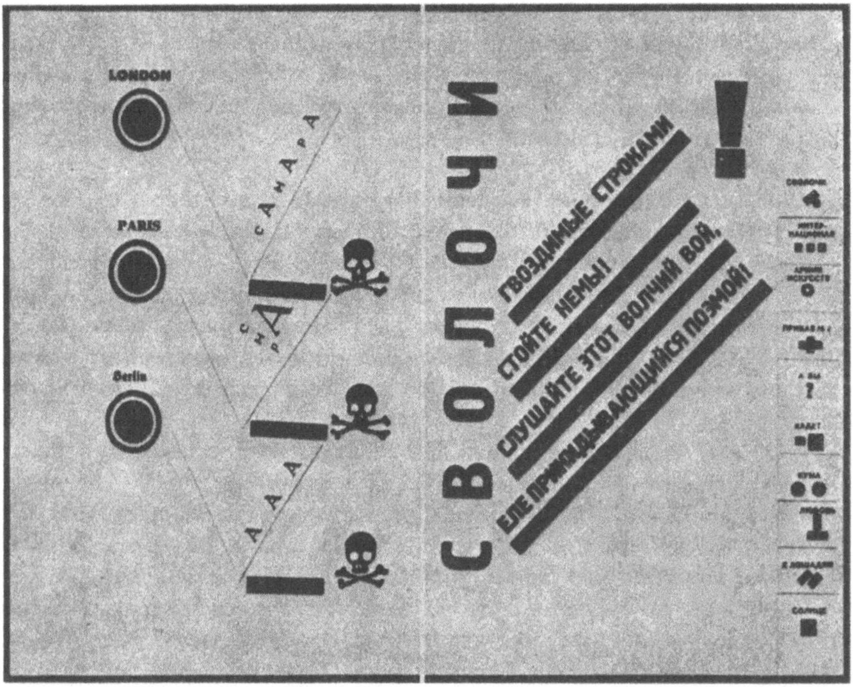

El Lissitzky: Zwei Seiten aus Majakowskys »Dlya Gólossa« (zum Vorlesen). Im Original Schwarz und Rot (Russischer Staatsverlag)

Linke Seite und unten: Umschlag-Vorderseite und zwei Seiten eines Märchenbuches. Elementare Typografie ohne übliche Verzierung mit Punkten, Streifen und Stäben. Entwurf: Théo van Doesburg

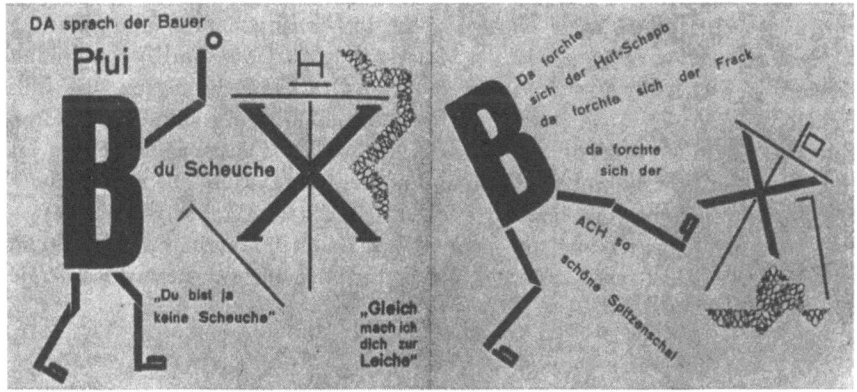

Das Buch, auch in moderner Gestalt, beängstigt den Bürger nicht mehr, er hat sich an die Streifen, Punkte und Balken gewöhnt und in seinem Klubsessel mit jeder geistigen Revolution ausgesöhnt. Und wir, werden wir zur klassischen Automatik zurückkehren? Nein, wir zerlegen das Buch in seine Elemente und schaffen ihm eine neue Gestalt.
Das Buch ist kein Bild.
Das Bild ist ein Kunstwerk, das heißt die optische Manifestation des Geistes. Das Buch dagegen enthält ein Kunstwerk: das Literarische. Die literarische oder dichterische Tiefe ist verborgen hinter der Oberfläche: Satz, Typografie, Einband. Ob das Buch schlecht, automatisch oder gut gedruckt ist, ändert an dem Literarischen im wesentlichen gar nichts, denn das Literarische oder Dichterische ist vollständig abstrakt. Ein schlechtes Buch wird nicht besser, wenn es auch noch so schön mit vielen Streifen, Stäben und Punkten aufgemacht wird. Es bleibt ein schlechtes Buch.
Das Buch wird gelesen, und zwar von links nach rechts und von oben nach unten, die eine Zeile nach der anderen. Aber gleichzeitig wird es gesehen, die ganze Seite auf einmal. Durch diesen gleichzeitigen Vorgang (akustisch-optisch) hat sich das moderne Buch um eine neue »plastische« Dimension bereichert. Der alte Satzaufbau war passiv und frontal, während der moderne Satzaufbau aktiv und raumzeitlich ist. Das moderne Buch hat aufgehört, nur ein kinematografischer Ablauf von verschiedenen Vorgängen zu sein. An Stelle der »Dauer« ist die »Intensität« getreten, und der Intensität wegen fordern wir eine typografische Unterstützung des Textes, das bedeutet aber nicht eine ornamentale Wirkung oder einen malerischen Bildaufbau mit typografischen Mitteln, wie es heute besonders bei den Russen üblich ist, sondern eine vollständige Beherrschung der typografischen Mittel. Diese sind: die weiße Fläche, der Text, die Farbe und an letzter Stelle das fotografische Bild. Außer für technische und wissenschaftliche Bücher gehört das Bild eigentlich nicht zum Element der Buchgestaltung. So wie die reine Musik keine Worte braucht, so können Literatur und Dichtung das Bild entbehren. Hingegen ist die Materie (Papier, Tinte, Farbe) von größter Bedeutung. Um wirkungsvoll zu sein, muß die Druckseite nicht ganz ausgefüllt werden. Wie in der Architektur, geht die stärkste Wirkung vom leeren Raum aus. Das Spannungsverhältnis vom Satz zur weißen Fläche wirkt aktiver als eine reichliche Anwendung von Streifen, Punkten und Balken. Die neue elementare Typografie verwendet deshalb weder Streifen noch Punkte. Sie richtet sich eher nach der Beschränkung und dem weißen Raum im Verhältnis zum Stand und Maß der Schrifttypen, während die Fettigkeitsgrade sich nach der Energie des Textes richten.

INDUSTRIEFORM

Schlaglichter

1924 Erste deutsche Funkausstellung und erste Automobil-Ausstellung in Berlin
Flugplatz Berlin-Tempelhof eröffnet
1925 Erster Stahlrohrstuhl von Marcel Breuer
Erstes Modell der Leica von Oskar Barnack
Zeiss-Planetarium im Deutschen Museum München
1926 Homann: Die Erreichbarkeit der Himmelskörper
Gleichdruck-Gasturbine von Lorenzen
Woolworth in Berlin (Einheitspreisgeschäfte)
Diamanthartes Widia-Hartmetall führt zu Höchstleistungsmaschinen für die Metallbearbeitung
1927 Weltwirtschaftskonferenz und Weltbevölkerungskongreß in Genf
Bau von Dieselmotorschiffen (1,6 BRT) übertrifft den von Dampfschiffen
Vershofen: Die Grenzen der Rationalisierung
Erster öffentlicher Bildtelegraph Berlin—Wien
1928 Autopilot (automatische Flugzeugsteuerung) von Boykow
Erfindung des Fernschreibers
1929 Oberth: Wege zur Raumschiffahrt (Raketentheorie)
Weltumfahrt des Luftschiffs »Graf Zeppelin«
Elektrifizierung der Berliner Stadtbahn
Müllverbrennungsanlage in Zürich: 300 t/24 Std.
1930 Normenwerk DIN
Wyatt: Das Problem der Monotonie und Langeweile bei der Industriearbeit
Erste drahtlose Fernsehübertragung
Technokratie-Bewegung in den USA (planmäßiger Einsatz der Technik zur Beseitigung von Wirtschaftskrisen)
Gropius entwirft Cabriolet für Adler
1931 Weltleistungen: Autos (36 Mill.) mit 1200 Mill. PS; Lokomotiven mit 170 Mill. PS; Elektrizitätswerke mit 135 Mill. PS
1932 Höhepunkt der Weltwirtschaftskrise
Autobahn Köln—Bonn
Chadwick entdeckt das Neutron, Anderson das Positron
H. C. Urey entdeckt den schweren Wasserstoff
Brauchbare Gasentladungslampen mit hoher Lichtausbeute
8-mm-Schmalfilm von Kodak, 16-mm-Agfacolor-Farbfilm
1933 Auto-Geschwindigkeitsrekord 437,91 km/h durch Campbell
Europäische Rohstahlexport-Gemeinschaft
Umfliegung der Erde in 121 Stunden durch Post
1934 Curie und Joliot entdecken die künstliche Radioaktivität
Erster Diesel-Personenkraftwagen
Ein einziger Staubsturm verweht 300 Mill. t Ackererde in den USA

Heft 5/1925-26
Wo berühren sich die Schaffensgebiete des Technikers und Künstlers?
Von Walter Gropius, Dessau

Wir haben uns allmählich daran gewöhnt, daß der künstlerische Gestalter bei dem technischen Erfinder und Konstrukteur in die Schule geht. Die antidekorative Bewegung, die sich zum Segen der Zeit Bahn brach, fiel in die industriellen Werkstätten ein und belauschte die Werkvorgänge bei der Herstellung moderner Zweckerzeugnisse. Seit 20 Jahren ist der Feldzug wider die formalistische Auffassung im Gange, aber wie gering sind noch die Erfolge der Pioniere dieser Bewegung! Gerade eindeutige und selbstverständliche Gedanken brauchen die längste Zeit zu ihrer Realisierung. Das liegt an ihrer radikalen, d. h. wurzelhaften Herkunft, die sie nicht nur für einen engen, schnell übersehbaren Bezirk, sondern für das umfassende Leben gültig sein läßt.
Mit allen Methoden anatomischer Analyse und synthetischer Totalerfassung hat sich eine ganze Generation von Künstlern darauf geworfen, dem Problem der Gestaltung auf den Ursprung zu kommen und die Ergebnisse ihrer Erkenntnisse mit zäher Energie in allen Tonarten der trägen und schwerhörigen Masse bewußt zu machen: nämlich, daß das Problem der künstlerischen Gestaltung nicht eine geistige Luxusangelegenheit, sondern Sache des Lebens selbst ist, sich also nur innerhalb der elementaren, physiologischen Eigenschaften des Menschen und der ihn umgebenden Natur lösen läßt und mit nationalen, ästhetisch-formalistischen oder beschränkenden Faktoren materiellen Ursprungs überhaupt nichts zu tun hat. Die Revolution des künstlerischen Geistes brachte uns die elementare Erkenntnis, die technische Umwälzung das Werkzeug für die neue Gestaltung. Heute gilt alle Anstrengung der Durchdringung beider Geistesgruppen, der Befreiung des schöpferischen Menschen aus seiner neurasthenischen Weltabgeschiedenheit durch seine Verbindung mit den heilsamen Realitäten der Werkwelt und gleichzeitig der Auflockerung und Erweiterung des starren, engen, fast nur materiell gerichteten Geistes ihrer wirtschaftlichen Führer.
Der Künstler wird kraft seines totaleren Geistes die Initiative bewahren müssen, die er in dieser geistigen Auseinandersetzung ergriffen hatte. Erst die dauernde Berührung mit den Vorgängen der Produktion in ihrem weitesten Sinne wird ihn befähigen, den ganzen Komplex des Gestaltens zu überschauen. Daher rührt sein Interesse an der Gestaltwerdung technischer Erzeugnisse und an der organischen Entwicklung ihrer Herstellungsmethoden. Er erkannte die gemeinsamen Voraussetzungen für sein eigenes Schaffensgebiet und das des Ingenieurs: Jedes Ding ist bestimmt durch sein Wesen. Um es so zu gestalten, daß es

Modell zum Junkers-Metallflugzeug J 1000. Nur-Flügel-Flugzeug. Endziel des ursprünglichen Patents (Prof. Junkers)

richtig funktioniert, muß sein Wesen erforscht werden; denn es soll seinem Zweck vollendet dienen, d. h. seine Funktionen praktisch erfüllen, dauerhaft, billig und wohlgestaltet sein. Um diese Forderungen zu erfüllen, muß »mit geringsten Mitteln größte Wirkung« erreicht werden. Unserer Zeit der Technik ist dieses alte Gesetz bei Lösung materieller Fragen und Dinge schnell bewußt geworden; es beherrscht das Werk des Technikers. Die Ökonomie geistiger Dinge setzt sich langsamer durch, da sie mehr Erkenntnis und Denkzucht voraussetzt als Ökonomie im materiellen Sinne. Hier ist der Brennpunkt zwischen Zivilisation und Kultur; er beleuchtet den Wesensunterschied zwischen dem Produkt der Technik und Wirtschaft, der nüchternen Arbeit des rechnenden Verstandes gegenüber dem »Kunstwerk«, dem Produkt der Leidenschaft. Jenes die objektive Summe aus der Arbeit zahlloser Individuen; dieses — darüber hinaus — auch ein einmaliges Resultat, ein in sich abgeschlossener, subjektiver Mikrokosmos, dessen Weltgeltung mit der Bedeutung seines Schöpfers wächst.
Das Kunstwerk ist immer auch ein Produkt der Technik. Was zieht den künstlerischen Gestalter zu dem vollendeten Vernunfterzeugnis der Technik hin? Die Mittel seiner Gestaltung! Denn seine innere Wahrhaftigkeit, die knappe, phrasenlose, der Funktion entsprechende Durchführung aller seiner Teile zu einem Organismus, die kühne Ausnutzung der neuen Stoffe und Methoden ist auch für die künstlerische Schöpfung logische Voraussetzung. Das »Kunstwerk« hat im geistigen wie im materiellen Sinne genauso zu »funktionieren« wie das Erzeugnis des Ingenieurs, z. B. wie ein Flugzeug, dessen unerbittliche Bestimmung es ist, zu fliegen. In diesem Sinne kann der künstlerisch Schaffende in ihm ein Vorbild sehen und aus der Vertiefung in seinen Entstehungsvorgang wertvolle Anregung für sein eigenes Werk empfangen.

Heft 8/1930
»Modern« als Handelsware
Von Lewis Mumford, New York

Als ich im Januar 1927 Grand Rapids, das Hauptzentrum der Möbelindustrie, besuchte, gab es dort nur eine einzige moderne Wohnungseinrichtung auf dem gängigen Markt: es war eine offensichtliche Anpassung an französische Arbeit. Im Verlauf von zwei Jahren hat sich, wenigstens an der Oberfläche, das ganze Bild geändert. Trotz des hartnäckigen Widerstandes bei Herstellern und Verkäufern ist man auf fast allen Gebieten des Einrichtungs- und Dekorationswesens zu Versuchen moderner Formgestaltung gekommen.
Die Anregung zu diesem Wechsel ging hauptsächlich von den großen hauptstädtischen Warenhäusern aus, wie Marshall Field, Macy, Lord and Taylor, Wanamaker und Loeser. Sie veranstalteten in kleinerem oder größerem Umfang Ausstellungen moderner europäischer und amerikanischer Arbeiten, und die Hersteller und kleineren Händler waren, ob sie nun wollten oder nicht, gezwungen, sich diesem Zug anzuschließen. Sogar die Zeitungen und Zeitschriften für Wohnungskunst, die der Entwicklung eines heimischen modernen Kunstgewerbes bisher mit offenkundiger Gleichgültigkeit gegenüberstanden, können nicht länger als Spötter am Wege stehen, trotz ihres großen, gutfundierten Interesses am Verkauf antiker Kunstgegenstände und an der Herstellung »authentischer« Reproduktionen, das sie zu schützen haben ...
In Amerika liegt eines der Hindernisse für moderne Gestaltung in der Tatsache, daß unsere Fabrikanten jeden anderen »Zeitstil« (»Period«), nur nicht ihren eigenen, kennen. Sie haben gelernt, arbeitsparende Maschinen zur Nachahmung der kunstvollsten Handwerksentwürfe zu benutzen; doch haben sie keine Ahnung davon, daß eine Maschine zu anderem Zweck verwendet werden könnte und sollte. Nun hat, seit den achtziger Jahren, eine große Reihe von Architekten und Kunstgewerblern, die mit H. H. Richardson und Louis Sullivan beginnt, versucht, die Grundlagen für eine klare Erkenntnis dessen, was das Wesen des modernen kunstgewerblichen Stils ausmacht, zu schaffen. Doch ist, abgesehen von vereinzelten Erfolgen im mittleren Westen, besonders in den Bauwerken von Sullivan, Frank Lloyd Wright, Irving Pond und Barry Byrne, dieser Versuch, ein System des zeitgenössischen Stils auszuarbeiten, fruchtlos geblieben. Zwischen 1905 und 1910 wurden die Möbelfabriken eine Zeitlang von der sogenannten Kunstgewerbe-Bewegung (Craftsman movement) beeinflußt. Der Erfolg waren logisch und zweckmäßig, wenn auch nicht gefällig entworfene Möbel. Aber diese »Missionsmöbel«, wie sie getauft wurden, waren von schwerfälligen Proportionen und kannten nur eine Formel für die verschiedensten Bedürfnisse.

Wären fähige Zeichner in unseren Möbelfabriken gewesen und hätten wir einen einzigen Fabrikanten von der Geschmackskultur und der Gewissenhaftigkeit einer Firma wie Heal in England gehabt, so hätten diese ihre neuen Entwürfe auf einer festen und einfachen Grundlage gestaltet; sie hätten die Bauart leichter gemacht, die vorherrschenden Farben geändert, Handwerksgebräuche, wie das Zusammenfügen mittels Zapfenloch und Zapfen, unzugerichtetes Leder und Raucheiche beseitigt und eine sorgsamere Anpassung der Formen an die wirtschaftlich vorteilhafte Maschinenproduktion angestrebt. Unglücklicherweise wurde der »Missionsstil«, obgleich er — in starkem Gegensatz zu der kraftlosen »Art nouveau«-Bewegung, die sich zur gleichen Zeit über Europa ausdehnte — unser bestes modernes Mobilar ungefähr zwanzig Jahre vorausempfand, von dem Snobismus der »stilechten« Entwürfe (»Period« designs) verdrängt; und unsere ersten unbeholfenen modernen Innenräume wurden die Zielscheibe volkstümlichen Witzes und Spottes.

Es gab verschiedene Gründe für diesen Zusammenbruch; doch ein Grund wurde kaum bemerkt, und dieses war der große Fehler des »Missionsmöbels« vom Standpunkt des Erzeugers aus: es war sehr gediegen gebaut, und es hielt sich zu gut. »Period«-Mobilar hatte den Vorteil des raschen Unbrauchbarwerdens, das entweder die Folge schlechter, viel zu sehr auf Leim beruhender Konstruktion war, oder, bei den feineren Möbeln, dadurch entstand, daß immer neue Stile und Formen eingeführt wurden.

Die wirtschaftlichen Gründe, die in der modernen Industrie die Formgebung bedingen und regeln, sind mit großem Scharfsinn von unserem vielleicht bedeutendsten Volkswirtschaftler, Mr. Thorstein-Veblen analysiert worden. In einer Reihe von Arbeiten, die mit »The Theory of Business Enterprise« beginnt, zeigt er den Zwiespalt zwischen Geschäft und Erzeugung, zwischen Händlerschaft und Produktionskraft, und den Wunsch, bei sparsamstem Aufwand an wirtschaftlichen Kräften einen Höchstnutzen herauszuholen. Das, was für die moderne Formgebung am bezeichnendsten ist, die Elemente der Einfachheit, Geradlinigkeit, der Materialersparnis, der mechanisierten Produktion und der daraus folgenden Billigkeit, ist gerade entgegengesetzt dem Wunsch nach Gepränge und finanzieller Protzerei, einer Forderung, die der Hersteller geschickt benutzt, um den Umsatz seines Produkts zu steigern.

Hierin liegt ein wirklicher Konflikt. Unsere Möbelfabrikanten haben sich das — natürlich etwas utopische — Ziel gesetzt, jeder amerikanischen Familie alle sechs Jahre eine neue Wohnungseinrichtung zu verkaufen. Der Gedanke ist verrückt, doch er würde eine Basis für raschesten Umsatz des Kapitals und, was ebenso schlimm ist, für raschesten »modernen« Formwechsel schaffen. Offenbar könnte nur auf zwei Wegen dieses Ziel erreicht werden: einerseits durch die Verwendung schlechten Materials und ebenso schlechte Verarbeitung; andererseits durch sehr raschen Wechsel der »Stile«. Beide Wege sind für die Entwicklung eines echten, modernen Stils äußerst schädlich. Denn wenn dieser sich überhaupt bildet, so kann er nur Stück um Stück, Schritt für Schritt in langsamem Verlauf geschaffen werden, wie es bei unserer Badezimmer- und Kücheneinrichtung geschehen ist. Jeder Zoll vorwärts muß ein fester Gewinn sein, und in seiner Begrenzung wird ein solcher Stil sich nicht in sechs oder in zwanzig Jahren so vollkommen ändern lassen, daß er die Forderungen unserer habgierigen Geschäftsleute befriedigen würde.

Wie in allen Zweigen der Maschinenindustrie, ist auch hier nur ein kleiner Teil der ursprünglich notwendigen Betriebsanlage erforderlich, um jedes Jahr das bestehende Möbellager zu ergänzen und Bevölkerungszuwachs zu versorgen. Unsere Automobilfabriken haben dies allmählich erkannt, und wir sehen jetzt ihre peinlichen Anstrengungen, mit verschiedenen Mitteln dagegen anzukämpfen: sie bringen neue Modelle mit zweifelhaften Verbesserungen heraus, sie sorgen, daß ihre Wagen in schnellerem Tempo veralten, und versuchen, jene, die es sich leisten können, zu beschwatzen, der Besitz von zwei oder sogar drei Automobilen sei eine »Notwendigkeit«. Diese verzweifelten Auswege unterstreichen nur die Tatsache, daß Übersteigerung der Maschinenproduktion zu einem Überangebot von Waren führt. Man hat nun die Wahl, die Betriebe zu verringern oder durch irgendwelche Mittel die Nachfrage zu steigern.

Wären die Einkommen gleichmäßiger verteilt, so könnte dies durch Erhöhung der Verbraucherzahl geschehen; doch endigt diese Möglichkeit in dem Augenblick, wo die ganze Bevölkerung versorgt ist. Früher oder später muß jedes Gemeinwesen der Tatsache ins Auge sehen, daß Maschinenproduktion sozial gerichtet sein muß. Denn sie schafft entweder nützliche, dauerhafte Waren und freie Zeit oder eine große Menge wertloser Waren, die weder an freier Zeit noch an Wohlstand Gewinn bringen, außer für die Money-maker.

Es mag scheinen, daß diese Erörterung weitab von dem Problem der Form für gestaltende Industriearbeit liegt; sie trifft jedoch den Kernpunkt. Was amerikanische Fabrikanten jetzt salbungsvoll »art moderne« nennen, ist nur ein anderer Stil, der ihren Händlerzwecken dienen wird, ohne dabei mit Sicherheit eine einzige wirksame oder schöne Form hervorzubringen.

Ein großer Teil der Möbel, der Silberwaren und der Nippsachen, die in Amerika »modern« genannt werden, weisen nur irgendeinen dekorativen Kunstgriff, wie voneinander abstechende Hölzer oder Anordnungen von Kuben und Rechtecken auf. Dies ist leicht an kleinen Gegenständen, wie Zigarettenanzündern, zu sehen, die wirklich modern waren, bis dem Hersteller der glückliche Gedanke kam, ihnen einen Anflug von »art moderne« zu geben. Mit diesem Anflug verschwanden Logik und Schönheit eilig.

Unseren Fabrikanten ging es häufig wie dem »Bourgeois Gentilhomme« mit seiner Prosa: sie haben modern gesprochen, ohne dessen gewahr zu werden. Es war wirklich interessant, im letzten Jahr auf der Macy-Exhibition festzustellen, daß zwei der gelungensten der von allen Ländern ausgestellten Räume ein Badezimmer und eine Wohnküche mit Nische waren: beide waren von einem Amerikaner, Mr. Kem Weber, entworfen und hatten den großen Vorzug, daß sie jene schönen industriellen Erzeugnisse verwandten, die unsere Fabrikanten von Öfen, Eisschränken und Badewannen in den letzten zwanzig Jahren ständig verbessert haben, ohne bewußt an modernen Stil oder Kunst zu denken. In den Vereinigten Staaten besteht die große Gefahr, daß an Stelle der echten modernen Gesinnung, die ihren Weg von Badezimmer und Küche aus in das übrige Haus nimmt und so unsere Möbel, Teppiche, Tafelgeräte und schließlich den ganzen Stil unseres Heimes beeinflußt, gerade das Entgegengesetzte sich durchsetzen wird, nämlich eine sogenannte moderne Kunst, die im Hinblick auf Verkaufsumsätze und nicht mit der Achtung vor Zweck und Gebrauch geschaffen wird; sie wird allmählich auch die Zweige der auf diesem Gebiete arbeitenden Industrie anstecken, die jetzt noch gesund sind.

Wir besitzen schon das abstoßende »stilechte« Badezimmer; und es gab mehr als ein oder zwei Anzeichen ähnlicher Rückfälle bei einigen der modernen Räume, die in diesem Winter von einer Gruppe von Architekten und Kunstgewerblern, die zusammen in der American Designer's Gallery ausstellen, gezeigt wurden. Einer dieser Räume war ein von Mr. Varnum Poor entworfenes Badezimmer. Mr. Poors Tischgerät, seine Gefäße und Vasen gehören zum Auserlesensten der modernen Keramik; ich glaube, daß auch in Europa keiner Feineres geschaffen hat. Diese sehr liebenswerte und persönliche Kunst scheint mir jedoch ganz falsch am Platze bei einem Badezimmer-Entwurf zu sein. Die Einführung von Mr. Poors geschmückten Fliesen in jenes keusche Heiligtum der amerikanischen Zivilisation war für den guten Geschmack gerade so schädlich wie der Versuch, die Maschine auf den der menschlichen Hand, dem Auge und Geiste vorbehaltenen Gebieten zu verwenden. Natürlich könnte Mr. Poors Badezimmer nicht für Massenproduktion verwendet werden. Doch fürchte ich, daß es unseren Fabrikanten in Trenton schlechte Ideen eingeben wird, denn sie schauen zweifellos begierig nach jeder Gelegenheit aus, den Stil ihrer hübschen Töpferarbeiten ebenso oft zu ändern, wie die Möbelindustrie den Stil der Möbel. Gerade da liegt bei unserer in sozialem Sinne ungeregelten Maschinenproduktion die Gefahr für modernen Geschmack und moderne Form. Mir scheint, es kann kein gesunder Stil entstehen, bis das Wirtschaftsproblem sich damit verbindet; denn, tiefer gesehen, erscheint echte Form erst dann in der Werkstatt des Künstlers, wenn sie die ganze Kultur durchdringt.

Heft 1/1932
Englische Charakterzüge — Englische Typenformen
Von P. Morton Shand (Auszug)

Wir setzen mit dieser Veröffentlichung unsere Berichtreihe über die Typenware des Auslandes fort und freuen uns, daß wir für Auswahl und Bericht über die englischen Typenwaren einen Engländer, unseren Freund Morton Shand, gewonnen haben. Wir haben es gerade bei diesem Land, wo Tradition und Lebensführung eine so große Rolle spielen, für richtig gehalten, einem Engländer das Wort zu erteilen.

Der schlechte Wirkungsgrad unserer materiellen Zivilisation steht in direktem Verhältnis zu der mit ihr verbundenen Verschwendung; die Herstellung überflüssiger Typen von Gegenständen verdient keinen anderen Namen. Wenn die Massenherstellung ein Segen anstatt eines Fluches werden soll, so müssen wir eine gemeinsame Anstrengung unternehmen, um die Dinge, die wir benutzen, auf ihre einfachsten Formeln nach Zahl und Form zurückzuführen. Ein internationales clearinghouse für Muster aller Gegenstände des täglichen Bedarfs ist dringend nötig; jedes Land sollte aufgefordert werden, an diese Stelle ein periodisches Verzeichnis seiner nationalen Formtypen einzureichen: eine praktische Anwendung des Prinzips der geistigen Zusammenarbeit, an das die Neunmalweisen von Genf nicht gedacht zu haben scheinen. Alle Nationen könnten zu dem gemeinsamen Erfahrungsschatz beitragen, denn ideale Formen sind ebenso oft ein Resultat des Zufalls wie der Eingebung oder des durchdachten Experiments. Man sollte nicht vergessen, daß man aus diesen internationalen Vergleichsmöglichkeiten gleich viel in negativem wie in positivem Sinne lernen kann. Wir können nicht erwarten, daß wir etwas wie endgültige Formen für die Dinge, die wir brauchen, erlangen, ehe wir uns darüber verständigt haben, welche wir nicht brauchen. Seltsamerweise bietet das erste beste Museum Gelegenheit zum Vergleich ehemals gebräuchlicher Haushaltsgegenstände aus zahlreichen Ländern, aber es ist kein Institut bekannt, das Vergleichsmöglichkeiten für die heute in diesen Ländern hergestellten und verwendeten Typen bietet.

Die wahre kulturelle Bedeutung Englands im Sinne der Formgebung liegt darin, daß bis vor hundert Jahren der Formwille der Nation ständig auf eine Vereinheitlichung der vielfältigen Typen von Haushaltsgegenständen durch Vereinfachung ihrer Formen hinarbeitete. England war wahrscheinlich das erste Land, in dem Dinge wie Wohnhäuser, Löffel und Gabeln, Trinkgläser, Kommoden, Lehnstühle und Küchenmöbel standardisiert wurden. Dieser Prozeß der

Rationalisierung wurde während des größeren Teils des 19. Jahrhunderts unterbrochen, wirkte aber weiter auf dem Gebiet der technischen Formen, wo er noch heute eine wesentliche Rolle spielt. Corbusier hat gesagt, ob verschiedene Modelle des gleichen Maschinentyps aus Frankreich, Deutschland, Amerika usw. stammen, sei an den Linien zu erkennen. Ich möchte hinzusetzen, daß die besonders ausgesprochen »nationalen« Konstruktionstypen im Maschinenbau gewöhnlich englischer Herkunft sind, und daß ihr besonderer englischer Charakter in der Betonung der glatten Oberfläche und der Einfachheit der Form liegt. Englische Ingenieure, die sich mit der Umkonstruktion amerikanischer Maschinen für englische Fabrikationszwecke beschäftigen, sagen, daß ihre Aufgabe darin bestände, »Ordnung in den Wirrwarr von amerikanischem Kleinkram zu bringen«. Der Rhythmus der englischen Linienführung in Stahl ist unmißverständlich für jeden, der Augen im Kopf hat. Ein deutliches Beispiel bietet die englische Lokomotive.

Der Puritanismus — eine latente Energie im englischen Leben und im englischen Charakter, die ebensooft für endgültig erloschen erklärt wurde, wie sie sich unter unerwarteten Umständen wieder behauptet hat — übte ohne Zweifel einen tiefen Einfluß auf die Entwicklung der englischen Formtypen aus. In keinem andern Land, in dem dieser entsagende und bedrückend-strenge Glaube sich bemerkbar gemacht hat, weder in Holland noch in der Schweiz, haben die kalvinistischen Doktrinen diese asketische Disziplinierung der äußeren Formen durchgesetzt. Hätte das 19. Jahrhundert uns nicht gezeigt, daß unter der Herrschaft des ungezügelten Industrialismus, der eine bemerkenswerte Renaissance des puritanischen Geistes mit sich brachte, äußerste Einfachheit mit kasernenmäßiger Scheußlichkeit vereinigt werden kann, so wäre dieser Einfluß als ein durchaus heilsames Erbgut zu begrüßen.

In seinen besten Manifestationen, und das sind fast immer die praktisch brauchbarsten und dezentesten, ist das englische Formideal ein Echo dessen, was in der für die Sekte der Quäker charakteristischen Kleidung zum Ausdruck kam. In einer Epoche prächtiger und kunstvoll gearbeiteter Gewandung »standardisierten« diese Aristokraten und Intellektuellen eines gereiften und humanisierten Puritanismus mit Überlegung die Kleidung, die sie trugen: sie brachten Schnitt und Zahl der Kleidungsstücke auf die für diese Zeit mögliche einfachste Formel. Die reiche patrizische Nüchternheit im Geschmack der Quäker wurde zur Norm für das England des 18. Jahrhunderts — eine Norm, die sich ständig verfeinerte und vereinfachte, bis sie und alles, was englische Tradition bedeutete, in der protzigen Vulgarität des bürgerlich-philiströsen 19. Jahrhunderts unterging.

Hinsichtlich des Formtyps scheint es dem Engländer über die bloße Gefälligkeit des Aussehens hinaus auf eine gewisse Tastqualität anzukommen, die feststellbar ist durch eine Tastprobe, wie Frauen sie mit Kleiderstoffen vornehmen. Da

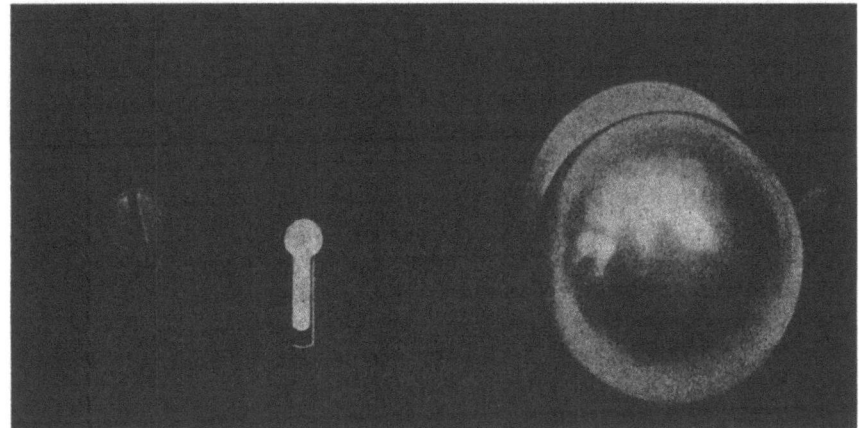

Schloß mit Gehäuse aus gehämmertem Eisen, Türknöpfe und Bolzen aus Messing, Schnappschloßfeder. Henry Hope & Sons Ltd., Birmingham

ihnen abstrakte Betrachtungsweisen fernliegen, macht es ihnen oft mehr Freude, die Güte des Materials oder die Zweckmäßigkeit der Form mit den Händen abzuschätzen, als glückliche Proportionen oder delikate Einzelheiten der dekorativen Erfindung mit kritischem Auge zu beurteilen.
Wenn der Franzose das Material benutzt, um die Form damit auszudrücken, also als Mittel zum Zweck, so benutzt der Engländer — immer so wenig wie möglich — die Form dazu, die Schönheit seines Materials herauszustellen oder zu steigern. Mittel und Zweck sind für ihn identisch. Sein Respekt vor dem Material, welches auch immer es sei, ist instinktmäßig und bezieht sich auf den Charakter des Materials, abgesehen von seiner Schönheit. Der Engländer empfindet Mißtrauen gegen eine Form, die über ihr Material hinausgeht oder es in den Hintergrund drängt. Er ist überzeugt, daß in aller wahren Kunst ein Element der Zurückhaltung steckt; denn Zurückhaltung ist die Qualität, die er in allen Bezirken des Lebens am meisten bewundert. Wenn auch Rhetorik, Überschwenglichkeit und Affektation stets unser Feingefühl verletzen, so tun sie das doch nicht in dem Maße wie jener große Mißbrauch des Materials, der mit dem Ausdruck »showing off« (Dicketun) gekennzeichnet wird, ohne bloße technische Virtuosität. Das einzige, was uns noch mehr empört, ist die Benutzung eines Materials zur Nachahmung eines anderen. Bis zum Krieg war falscher Schmuck in allen Gesellschaftsklassen praktisch unbekannt. (In dem englischen Wort »sham« für unecht liegt eine Heftigkeit der Verachtung, die dem entsprechenden französischen Ausdruck »simili« vollständig fehlt.)

Englische Formtypen sind selten »extrem«; »extrem« sein ist fast gleichbedeutend mit schlechten Manieren; und schlechte Manieren sind vielleicht unser strengstes nationales Tabu. Trystan Edwards, einer unserer wenigen ernsthaften Architekturkritiker, betont ständig die Bedeutung »guter Manieren in der Architektur«. Hier liegt wahrscheinlich der Grund dafür, daß England selten in der Avantgarde irgendeiner künstlerischen Bewegung vertreten ist und im allgemeinen nur zögernd neue Materialien oder Methoden übernimmt. Der englische Kunstgewerbler macht fast immer instinktiv ein Kompromiß zwischen alt und neu, weil Mäßigung und »common sense« seiner Ansicht nach gleichbedeutend sind. Abstrakte Formtypen englischer Herkunft sind gewöhnlich schlecht; ebenso pflegen Versuche, subtil oder kompliziert zu sein, oft mit Verwirrung und Unsicherheit zu enden. Ist dagegen der Formtyp einfach, direkt und unintellektuell, so ist er oft so gut, daß er nicht besser sein könnte, und erreicht bisweilen so etwas wie Endgültigkeit. Als Nation neigen wir dazu, höchste fachliche Tüchtigkeit höher zu schätzen als künstlerische Inspiration.
Sechs Hauptrichtungen lassen sich in der heutigen englischen Formgebung unterscheiden:
1. Normale Entwicklung auf einer Linie, die man in einem sehr allgemeinen Sinn als traditionell englische Richtung bezeichnen kann.
2. »Zweckmäßige« Entwürfe, die nichts mit irgendeinem bewußten künstlerischen Einfluß zu tun haben, ohne »modernen« Ehrgeiz, direkte Produkte der angeborenen englischen Neigung für einfache Formen und ehrliche Materialbehandlung.
3. Bemühungen, die jetzt auf dem Kontinent vorherrschenden funktionellen Formen den englischen Geschmacksregeln anzupassen.
4. Versuche zu Kompromissen zwischen den L'art-pour-l'art-Idealen der dahinsiechenden »Arts and Crafts«-Bewegung, deren Väter Ruskin und Morris waren, und der modernen Forderung nach glatten Oberflächen, sauberer Linienführung und aufrichtigen Formen und der Verdammung aller überflüssigen Ornamentik.
5. Nichtassimilierte Nachahmungen kontinentaler modernistischer Muster.
6. Einfache Stilreproduktionen »wissenschaftlicher« und »kommerzieller« Observanz und pseudo-stilechte Ornamentik an im übrigen modernen Gegenständen.

Bei oberflächlicher Betrachtung scheint von allen diesen Richtungen — mit Ausnahme der beiden letzten — die erste die aussichtsreichste zu sein. In Wirklichkeit jedoch berechtigt sie, aus Gründen, die der Erläuterung bedürfen, zu großen Hoffnungen.
Großbritannien hatte das große Mißgeschick, die industrielle Revolution zu beginnen; daher konnte es nichts aus den Fehlern der anderen Nationen lernen, die demselben Prozeß später unterlagen. Der Übergang von der häuslichen zur

Fabrikherstellung ging in blindem und rasend schnellem Wachstum vor sich. Innerhalb weniger Jahrzehnte war alles Lebendige in der englischen Formtradition unter einer Lawine von prächtigem Schund verschüttet. Die ererbte Ordentlichkeit und Sorgfalt; der Sinn für Maßstäbe, Proportion, Schicklichkeit, Nüchternheit und Zurückhaltung; Stolz auf gute handwerkliche Qualität und richtige Verwendung des Materials; Vorsorge für die Zukunft in der Anlage von Gebäuden, bei der Straßenplanung, beim Anpflanzen von Bäumen: all das verschwand, ohne daß das Verschwinden auch nur bemerkt wurde. Heute hat sich die englische Kultur aus den Fesseln des Viktorianismus befreit, aber die Nation als Ganzes ist noch damit beschäftigt, sich aus dieser planlosen Wurstelei der Viktoriazeit herauszuwursteln. Unser Heimweh nach den verlorenen Idealen der Würde und Schlichtheit erklärt, ohne es zu entschuldigen, das Vorherrschen des sogenannten Neo-Georgischen Stils in der Architektur und die Mode der Nachahmung von Adam-Dekorationen und Möbeln des 18. Jahrhunderts.
In Dingen der Architektur und des Möbelbaus war die Zeit, die der industriellen Revolution voranging und ungefähr mit der Regentschaft Georg IV. zusammenfiel, durch eine extreme Einfachheit der Form ausgezeichnet, die sich in starker Vorliebe für große glatte Oberflächen, kühne ungebrochene Linien und ganz geringe Bedeutung des Ornaments ausdrückte. Dieser sogenannte Regency-Stil wird oft irrtümlich als später englischer Nachklang des französischen Empire aufgefaßt. Der Regency-Stil war nicht nur die letzte Vereinfachung der Tradition des 18. Jahrhunderts, sondern auch der englischste Stil, den England je gekannt hat. Um das zu begreifen, braucht man nur einen Blick in eine der Straßen mit ihren langen Fronten gleichförmiger Häuser, zwei oder drei Fenster breit, drei oder vier Stockwerke hoch, zu werfen, die, jetzt in schnellem Verschwinden begriffen, noch typisch für bestimmte Londoner Stadtviertel wie Bloomsbury und St. Marylebone sind. Diese spät-georgischen Häuser haben wenig Dekoration und keine Talmi-Architektur; sie kamen in der letzten Dekade des 18. Jahrhunderts auf und blieben die nächsten 40 Jahre über ohne irgendwelche Abänderungen der »Standardtyp«. Wenn man ihre jetzt geschwärzten Ziegelfronten mit Zement verputzte, würden Häuserreihen von Adolf Loos, beinahe von André Lurçat herauskommen; aber trotzdem wäre es noch echte englische Formtradition.
Das beste Beispiel für die Möbel der Regency-Epoche sind ihre soliden, ganz einfachen Kommoden aus leicht poliertem Mahagoni mit großen runden Holzknöpfen als Griffe.
Dieser Regency-Stil und damit die gesamte englische Formation fand zwischen 1830 und 1845 sein Ende.
Während des langen Interregnums der allgemeinen Barbarei, das bis zum Ende des Jahrhunderts und darüber hinaus währte, gingen handwerkliche Tüchtigkeit

und Gestaltungskraft, die auf dem Kontinent nur in einen zeitweiligen Schwebezustand gerieten, in England gänzlich verloren. Die Grundprinzipien der Gestaltung und die ererbte Beherrschung des Materials verschwanden mit der Auflösung des Lehrlingssystems der alten Handwerksinnungen. Unglücklicherweise ist es leichter, handwerkliche Tüchtigkeit neu zu beleben als gute Formgebung, weil die Wiederherstellung des traditionellen Sinnes für zweckmäßige Form, wenn er einmal verlorengegangen ist, eine ungeheure kulturelle Anstrengung erfordert; der gesamte Ausleseprozeß, die Trennung guter und vernünftiger Formen von schlechten und sinnlosen, muß mühsam wieder von vorne durchgemacht werden.

In manchen Handwerkszweigen jedoch hielten sich die alten Traditionen hier und da mehrere Jahrzehnte lang, nicht ohne einen allmählichen Verlust an handwerklicher Qualität und Lebendigkeit. Zu den Handwerkszweigen, die sich am längsten hielten und am ehesten wieder zum Leben kamen, gehörte die Beschriftung in Stein, Metall, Holz, die Vergoldung und die Gestaltung der Buchstaben. Die Arbeit von Edward Johnston und Eric Gill hat auf das Gewerbe des Buchstabenschneidens in England einen tiefen und in jedem Sinne wohltätigen Einfluß ausgeübt. Im gegenwärtigen Augenblick ist die englische Beschriftung in Bronze, Messing, Kupfer, Blei, Eisen, rostfreiem Stahl, Aluminium, Glas und Zelluloid, ob mit der Hand geschnitten oder mechanisch graviert, in Stempelschnitt oder in erhabenem Relief, wohl das Beste in der Welt.

Ich kenne kein Land, in dem die Straßenschilder sowohl für Automobilfahrer als auch für Fußgänger so deutlich lesbar sind — was sich von Wegweisern auf Chausseen nicht in gleichem Maße sagen läßt. Obwohl manche lokale Behörden noch an gußeisernen Prägungen, glasierten Buchstabentäfelchen und schwarzbeschrifteten weißen Milchglasscheiben in gemalten Holzrahmen festhalten, gewinnt doch das große Modell aus Glasemail, das in Kensington kurz vor dem Krieg eingeführt wurde, ständig so viele neue Anhänger, daß es als das englische Standardmodell der Zukunft angesehen werden kann. Auf jeden Fall kann man sich schwer eine lesbarere Type von Aufschrift vorstellen als die scharfen schwarzen Umrisse dieser deutlichen gutproportionierten »Trajanischen« Lettern, die sich scharf von dem gelblichweißen Grund abheben. England war das erste Land, in dem man zu der Einsicht kam, daß das Auftreten des Kraftwagens notwendigerweise die bisherigen Typen unbrauchbar machte, und dementsprechende Schritte tat. Die Schilder auf der Untergrundbahn sowie die Haltestellenschilder der Londoner Omnibusse bestehen aus standardisierten Sanserif-Typen in Email, die von Edward Johnston entworfen sind. Die Teilstreckenschilder auf der London-Suburban-Tramways, die Schrift auf Ladenfronten, die Nummernschilder der Autos und die Namensschilder von Büros, Privathäusern usw. stehen im allgemeinen auf einem sehr hohen Niveau.

Oben: Normales Straßenschild aus dem Kensington-Bezirk, London. Material: Glasemail auf Stahl, schwarze »Trajan«-Buchstaben auf weißem Grund, postalischer Teil rot. The Birmingham Guild Ltd., Birmingham

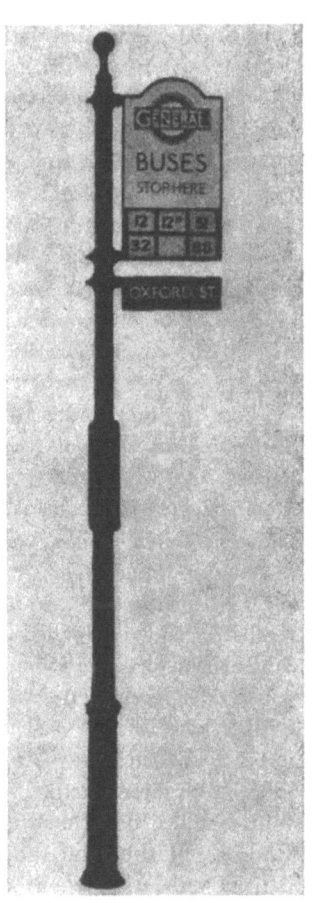

Normale Omnibus-Haltestelle mit Teilstreckentafel, London General Omnibus Services. Mast aus schwarz gestrichenem Gußeisen, beide Schilder aus Glasemail. Das untere mit Angabe der Straße. Die Nummern der Omnibuslinien, in Schwarz, auf einzelnen Täfelchen, können ausgewechselt werden

Wenn ein Engländer von durchschnittlicher Intelligenz die bekannte Annonce liest, in der dem Publikum versichert wird, die Waren der Firma XY seien »ebenso praktisch wie schön in der Form«, so wird er sofort mißtrauisch, gewöhnlich nicht ohne guten Grund. Da das Wort Schönheit für ihn einen ziemlich poetischen, wenn nicht geradezu rhetorischen Klang hat und eins dieser großen Worte ist, die er instinktiv ungern gebraucht, so kommt es ihm fast unglaublich vor, daß ein Ding gleichzeitig wirklich praktisch und wirklich schön sein kann. In seinen Augen schließen sich diese Eigenschaften gegenseitig aus. Wenn man ihm sagt, daß ein Gegenstand, den er nicht im Traum für »künstlerisch« halten würde, wie eine gewöhnliche englische Puddingschüssel, nicht nur ein hervorragend praktisches, sondern auch ein hervorragend schönes Ding sei, so würde er einen für verrückt halten; denn plastische Schönheit ist etwas, das er innerhalb einer Kunstgalerie oder in einem Museum zu finden erwartet und nirgendwo sonst. Was ihm wirklich gefällt, ist »eine vollkommen vernünftige Form«. Von einem etwas höheren Niveau des ästhetischen Bewußtseins aus ist sein höchstes Lob zu sagen, ein Formtyp sei »sauber«. Wenn er diese Lobesworte in der Bezeichnung »sauber und vernünftig« oder in dem gleichbedeutenden »einfach und praktisch« vereinigt, so ist er sich keineswegs klar darüber, daß er damit sagt, seiner Meinung nach habe der bezeichnete Gegenstand den höchstmöglichen Formausdruck für seinen Zweck oder seinen Charakter gefunden.
Die Schlacht zwischen Vergangenheit und Zukunft ist in Deutschland geschlagen und gewonnen worden. In England, einem Land, das immer schwer beweglich ist und ungern die Richtung wechselt, fängt sie gerade erst an. Die Verkümmerung der kritischen Fähigkeiten des Publikums rührt im wesentlichen von dem verdummenden Einfluß her, den die kritiklose Übernahme vorgekauter Ansichten aus der volkstümlichen Presse ausübt. Ein anderer, unmittelbarer Grund ist die Leichtigkeit, mit der man sich in England eine Verleumdungsklage zuziehen kann. Es wird immer gefährlicher, etwas an untauglichen gesetzlich geschützten Typen von Fabrikwaren auszusetzen oder ungünstige Kritik an den Produkten irgendwelcher Firmen zu üben, denn unsere Rechtsanwälte sind sehr tüchtig darin, in unschmeichelhafte Kritiken eine Schädigung des Rufes der betreffenden Gesellschaften hineinzuinterpretieren. Da heute die meisten Zeitschriften den größeren Teil ihres Profits aus dem Anzeigenteil ziehen, ist »loben oder ignorieren« das leitende Prinzip der meisten Kritiker geworden; der Kritiker nämlich, der sich diesem Brauch nicht fügt, wird bald keine Gelegenheit mehr haben, seinen Antipathien Luft zu machen.
Schriebe ich diesen Artikel für eine englische Zeitschrift, so müßte der Redakteur wahrscheinlich den Rotstift zücken, wenn ich meine persönliche Meinung zum Ausdruck brächte, daß alles, was die Carron Iron Works (ein vorsichtigerer Kritiker würde schreiben: »eine gewisse Eisengießerei«) dem Publikum heute

an Feuerrosten zu bieten hat, ordinäre, pseudomoderne Parodien der einfachen und befriedigenden Formen sind, die dieselbe Gesellschaft im 18. Jahrhundert herstellte. Obwohl England ebenso schwer wie andere Länder an der Epidemie des »Malerischen« im 19. Jahrhundert gelitten hat, und vielleicht mehr als andere unter deren besonderer Komplikation, die »Eigenartigkeit« heißt und englischen Ursprungs sein soll, so sind doch beide, so paradox es klingen mag, dem englischen Charakter völlig fremd. Auf Reisen hat der Engländer vielleicht eine Vorliebe für das Malerische in der Landschaft, aber in seinem eigenen Heim schätzt er es eigentlich nicht.

Es gibt keine Bauernkunst in England, und es kann nie eine geben, aus dem einfachen Grund, weil es bei uns keine Bauern gibt. Das hat gewisse enthusiastische und romantisch gestimmte Leute nicht daran gehindert, eine mythische englische Bauernschaft zu erfinden, um eine »englische Bauernkunst« zu begründen. Die Kunstläden von Chelsea, Hampstead und Kensington sind voll von »ländlichem« Geschirr, hergestellt für (und gewöhnlich auch von) entschieden kunstsinnige Leute. Diese Art von sentimentalem Schwindel stirbt in England nur langsam aus, weil im allgemeinen niemand genügend Interesse daran nimmt, solche »abstrakten« Schwindeleien bloßzustellen, die scheinbar ebenso »unwichtig« wie »harmlos« sind. Es ist viel leichter, unsere Neugierde für die Lebensgewohnheiten wilder Tiere zu erwecken als für die Lehrsätze der wildesten Richtungen in Kunst und Philosophie.

So ist es zu erklären, daß niemand sich die Mühe gemacht hat, die geistigen Grundlagen der »Arts and Crafts«-Bewegung zu demolieren. Obgleich diese gefeierte Bewegung keine Kunst gezeitigt und kein Handwerk gefördert hat, hat sie die unvorhergesehene Wirkung gehabt, eine riesige Industrie ins Leben zu rufen, die sich mit der Herstellung nachgemachter antiker Möbel und dessen, was man so »getreue Reproduktionen früherer Stilarten« nennt, beschäftigt. Außerdem ist sie direkt verantwortlich für die Tausende von halbgezimmerten Villen im Talmi-Neu-Tudor-Stil und die Dutzende von Tankstellen im Stil der Elisabethzeit, die unsere prächtigen neuen Hauptausfallstraßen verschandeln. Eine Folge dieses Mischmasches von faksimilierten Imitationen ist die, daß das Publikum die Fähigkeit verliert, die verschiedenen »neuen Stile« mit den Exemplaren der echten Stile, die es noch vor Augen hat, in Beziehung zu setzen. Tatsächlich beginnt man jetzt, Nachahmungen für Originale zu halten.

Es ist vielleicht nur natürlich, daß das, was Mr. Gloag »eine allgemeine Unsicherheit des Sinns für Formgebung« nennt, sich in einer Epoche breitmacht, in der der Ersatz einfacher ist als die Ausbesserung. Der instinktmäßige Sinn für praktische und unpraktische Formen bei den Dingen des täglichen Gebrauchs, der bei den Leuten, die sie benutzen, viel besser entwickelt sein müßte als bei denen,

die sie herstellen, scheint im Schwinden begriffen zu sein — eine Folge der sinnlosen Vervielfältigung unserer ständig wechselnden Besitztümer. Die Unfähigkeit, die »richtige Form für das richtige Ding« aus dem wachsenden Wirrwarr der Formen und Dinge herauszufinden, ist dadurch noch gesteigert worden, daß man einem Teil der Gesellschaft, der bisher zufrieden gewesen ist, wenn die benutzten Gegenstände zweckmäßig hergestellt waren, einen künstlichen »Kunstsinn« eingetrichtert hat. Heute haben schlechte und unpraktische Formtypen, wenn sie billiger oder sogar ebenso teuer sind, eine ebenso gute Verkaufschance wie praktische und gute. »A penny plain and two pence coloured« (»Ein Penny einfach und zwei Penny farbig«), das ist heute noch der gleitende Maßstab des Publikums für künstlerische Werte. Die Formen, die die Fabrikanten herausbringen, werden kritiklos akzeptiert, als ob sie Dogmen wären, denn keine Zeitung hat sie je kritisiert. Wenn man äußert, sie könnten noch besser sein, wenn sie rationeller oder einfacher wären, so bekommt man meist die überlegene Antwort: »Ich kann nicht einsehen, wie sie anders gemacht werden könnten. Die Hersteller müssen wissen, was am besten ist.« In der Vorstellung des Publikums wird ständig der Hersteller mit dem Urheber des Entwurfs verwechselt.
Eine nationale Formtradition, die ihren Namen verdient, ist etwas so Dynamisches und stets Lebendiges wie das nationale Bewußtsein selbst. Man kann sie definieren als die fortschreitende Entwicklung gewisser Eigenheiten und Neigungen, die ihren gegebenen Ausdruck in der Form finden. Sie ist nicht gleich der Summe der unzähligen kleineren Einzelheiten und vorübergehenden Moderichtungen, die sich zu den spezifischen nationalen Manieriertheiten in jeder der aufeinanderfolgenden Stilphasen kristallisieren.
Ich halte es für ein gutes Zeichen, daß die englischen Kunstgewerbler, im Bewußtsein dessen, was sie ihrer Zeit schuldig sind, und angeregt von den Manifestationen des Gestaltungswillens im Ausland, endlich die allzu getreue Nachahmung historischer Vorbilder aufgeben und anfangen, ihren Weg zurück über die Stile hinaus zu den Wurzeln der englischen Formensprache zu suchen. Der Regency-Stil, dieser Höhepunkt der Schlichtheit, an dem die Entwicklung der englischen Tradition vor hundert Jahren durch die Ankunft der Maschine abgebrochen wurde, könnte wohl der Punkt sein, an dem sie wieder aufgenommen wird.

MODE

Schlaglichter

1924 Olympische Spiele in Paris
Mode unterdrückt Taille und Brust, Bubikopf-Frisur
Modetanz Shimmy

1925 Anfänge einer Chemie der synthetischen Fasern (Staudinger)
»Das Reformhaus«, Monatsschrift für gesunde Lebensführung
Kniefreie Röcke, taillenlos; Topfhüte
Modetänze Charleston und Black Bottom

1926 Van de Velde: Die vollkommene Ehe
Gesetz zur Bewahrung der Jugend vor Schmutz- und Schundschriften
Reichsausschuß für hygienische Volksbelehrung
Josephine Baker in Paris

1927 Baubeginn Hygiene-Museum Dresden (Architekt Kreis)
Modetanz Slowfox

1928 Emmeline Pankhurst †, Führerin der englischen Suffragetten-Bewegung
Lindsay und Evans: Die Kameradschaftsehe
Bata-Schuhwerke produzieren täglich 75 000 Paar Schuhe

1929 R. von Urbantschitsch: Die Probeehe
Abendkleider vorn kurz, hinten lang
»Herrenschnitt«

1930 Abendkleid wieder fußbodenlang, meist ärmellos und tief ausgeschnitten, gelegentlich mit Schleppe
Friseurtechnik: Dauerwellen
Russel: Ehe und Moral

1931 Internationale Kolonial-Ausstellung Paris
Mode unter exotischen Einflüssen: Asien und Afrika
Farben werden lebhafter

1932 Verbot ‚unmoralischer' Badekleidung (»Zwickel-Erlaß«)

1933 Elly Beinhorn umfliegt Afrika

1934 Knöchellange Kleider in Deutschland
Haare länger — »Rolle«

Heft 16/1930
Probleme der Mode
Von Renate Richter-Green

Das Tageskleid
Zu gewissen Zeiten wurde ein Kleid um seiner selbst willen geschaffen! Um ein Drahtgestell herum drapierte man Stoffe, Spitzen, Stickereien, Blumenranken, Bänder, Rüschen, Schleifen. In dieses Dekor wurde eine Frau gesteckt, um es zu bewegen.
Inzwischen bedingte eine neue Lebensweise eine andere Kleidungsart.
Der Körper wurde nicht mehr eingeschnürt, um seine Bewegungen nicht zu hemmen und der Gesundheit nicht zu schaden ...
die Röcke wurden kurz, um den Beinen Bewegungsfreiheit zu geben ...
übermäßige Verzierungen fielen weg aus Gründen der Hygiene und der Bequemlichkeit ...
ohne aber zu einer bewußten klaren Neugestaltung zu führen, wie wir sie z. B. in der Architektur haben.
Die Modeschöpfer arbeiten ausschließlich für die wenigen Frauen, die imstande sind, ein Luxusleben zu führen.
Die Konfektion, die für die Minderbemittelten da ist, kopiert diese Modeschöpfungen.
Aber 90 v. H. aller Frauen arbeiten heute, und diese 90 v. H. brauchen eine rationelle Kleidung.
Es kann sich nicht darum handeln, feststehende Gesetze zu geben. Das Leben ist in fortwährender Bewegung. Es wandelt sich die Vorliebe für Linie, Farbe, Haltung, und diese Bevorzugung ist wieder bei jedem Menschen verschieden. Es kann sich nur darum handeln, gewisse Forderungen der Zweckmäßigkeit des Kleides prinzipiell zu erfüllen. Das ist das zentrale Problem der heutigen Mode, der Mode für die 90 v. H. der Frauen.
Ein Kleid ist nicht um seiner selbst willen da, sondern um getragen zu werden. Die meisten Ärmel sind schlecht geschnitten. Einen Ärmel so zu schneiden, daß man sich bewegen kann, ohne im mindesten gehemmt zu sein, ist ein Problem. Lang herabfallende Dekorationen, riesige Manschetten, unten weit ausfallende Ansätze hindern jede Bewegung. Ein anderer Grundfehler des Ärmelschnitts ist der, daß er unter dem Arm zu wenig Spielraum hat, und meistens auch am Oberarm, und einige Zentimeter zu eng ist, so daß er unbeweglich den Arm umschließt.
Man muß also unterscheiden zwischen Ärmeln und Armdekorationen.
Ein enger Rock ist schlecht. Es gibt sogar häufig Röcke, die plissierte oder mit

Das Transformationskleid: 1. Ein Kleid. 2. Dasselbe Kleid mit einem zweifarbigen Pullover in passenden Farbtönen. Passender Ledergürtel. 3. Dasselbe Kleid als Tailleur mit Jacke, Kragen und Krawatte mit passendem Schal, mit Handschuhen und Tasche

Kleid aus beigefarbenem Tweed. Beigefarbene Bluse, rote Krawatte. Modell Cyber

Volants besetzte Flügelteile haben, während der eigentliche Rock eng ist, obwohl es unendliche Möglichkeiten gibt, einen Rock schön, elegant, zweckmäßig zu haben.
Die abgebildeten Röcke sind im Prinzip richtig.
Ein Kleidverschluß mit vielen Knöpfen, ganz gleich ob vorn, hinten oder an der Seite, ist schlecht, weil er unbequem ist, Zeit wegnimmt und nervös macht.
Wir haben Reißverschlüsse.
Oder wenn es ein Knopfverschluß sein muß, warum dann so viele Knöpfe? Es genügt einer — oder zwei.
Man sieht sogar noch Knopfverzierungen, d. h. angesetzte Knöpfe, die gar nicht zum Knöpfen da sind, sondern zur »Verzierung«.
Besonders die Konfektion liebt solche Dinge und verwendet minderwertige Stoffe, die schon nach wenigen Tagen jedes Aussehen verlieren, eine Wäsche aber schon gar nicht aushalten.
Was wir also von einem rationellen, eleganten, schönen Kleid verlangen müssen, ist:
daß es aus gutem Material gearbeitet ist;
daß der Schnitt in jeder Beziehung bequem ist;
daß das Kleid einfach genug ist, um Kombinationen mit einer Jacke, einem Schal, einem Gürtel, einer Blume usw. zu ermöglichen;
daß die Farbe zu der Trägerin paßt, ohne von den Vorschriften einer Modeindustrie abhängig zu sein;
daß außerdem die Farbe zu den übrigen Kleidungsstücken der Trägerin paßt.
Auf diese Forderungen einzugehen, geschieht nicht auf Kosten des Charmes, der Grazie unserer Kleidung, sondern kultiviert sie.
Man spricht von der Rationalisierung der Kleidung wie von einer Gefahr für das erotische Moment. Das erotische Moment existiert und ist genauso wichtig wie die anderen Beweggründe der Kleidung, aber es liegt nicht in einer Knopfreihe oder in einem Ärmel mit einer überraschenden Dekoration, sondern vielmehr in der Harmonie des Kleides mit dem Körper, im Schnitt, in der Linie, in der Farbe.
Der einzige Weg für die Konfektion ist also der: sich unabhängig zu machen von der Modeschöpfung für einige Reiche. Unter neuen, unserer Zeit gemäßen Gesichtspunkten eine rationelle Kleidung zu schaffen, das heißt: den zweckmäßigen Schnitt zu studieren; nur gutes Material zu verwenden unter Berücksichtigung von Haltbarkeit, Hygiene und Farbenwirkung; zu einfachen Formen zu kommen, die eine persönliche Umgestaltung ermöglichen.

Der Pullover

Das Modehaus Patou sagt: In dieser Saison machen wir keine Stricksachen. Dagegen ist nichts zu sagen, denn hier handelt es sich um Luxus, also nur Einfall, Laune, Abwechslung.

Bei der Konfektion dagegen handelt es sich darüber hinaus um Zweckmäßigkeit, und der Pullover ist ein vollkommenes Kleidungsstück. (Sofern nicht eine schlechte Farbenzusammenstellung alles zerstört.) Er ist restlos bequem, auch wenn er ganz eng anliegt. Er kann ohne Gürtel, mit Gürtel, unter dem Rock und über dem Rock getragen werden.

Der Hut
schützt den Kopf im Winter gegen Kälte, im Sommer gegen Hitze. Darum sind im Winter Materialien wie Filz, Velours geeignet. Daß auch im Sommer Filzhüte getragen werden, ist unverständlich, da es sehr ungesund ist. Im Sommer sind vielmehr poröse Materialien wie Stroh, Strohstoffe, Seide oder anderer leichter Stoff notwendig.
Abgesehen von dem Material ist das Wesentliche des Hutes die Form. Die Grundform jedes Hutes ist die exakte Kopfform. Ob die Grundform eine große, kleine oder gar keine Krempe hat, ob sie durch ein Band, einen Schleier, eine Falte, eine Blume usw. betont wird, ist ganz individuell.
Die Hutfabrikation hat bis heute noch nicht begriffen, daß die von ihr verwendeten Kopfformen gar nicht dem menschlichen Kopf entsprechen. Ferner hat sie nicht begriffen, daß es wichtiger ist, besseres Material zu verwenden als den Hut mit Schnallen, Federchen oder Steppereien zu verzieren.

Der Schuh
Es gibt kaum einen Menschen, sofern er Schuhe trägt, der nicht verkrüppelte Füße hat. Man fragt sich, warum nicht alle Menschen protestieren, sondern Schuhe akzeptieren, die gar nicht für Füße gemacht sind, die nicht nur Schmerzen beim Gehen verursachen, sondern auch dem Nervensystem erheblich schaden — während man mit Leichtigkeit die Form der Schuhe verbreitern kann; während man mit Leichtigkeit jedes Leder so präparieren kann, daß es vollkommen weich wird; während man die Absätze für Straßenschuhe flach oder halbhoch und mit breiten Unterstützungsflächen arbeiten kann.
Was hindert die Schuhfabrikation, diesen Bedürfnissen entgegenzukommen?

Der Handschuh
schützt die Hand gegen Kälte, Staub, Schmutz. Das beste Material ist Waschleder, vorausgesetzt, daß es eine gute Qualität ist. Zu Zwirn- und Seidenhandschuhen sollte nur ganz festes Material verwendet werden mit doppelten Fingerspitzen, da sie sonst nicht den Anforderungen an Haltbarkeit genügen.
Eine Stulpe an einem Handschuh hat nur dann Sinn und ist nur dann schön, wenn sie mindestens eine Handbreit über den Ärmel geht, so daß auch zugleich der Arm geschützt wird.

Verschlüsse an Handschuhen sind überflüssig. Wenn es trotzdem ein Verschluß sein soll, dann keine Knöpfe zum Durchknöpfen, sondern nur Druckknöpfe oder eine Schnalle.
Gut geschnittene Handschuhe sind sehr teuer. Es ist gar nicht einzusehen, warum nicht alle Handschuhe gut geschnitten sind. Die Handschuhfabrikanten bringen Handschuhe aus Mako auf den Markt, aus dem schlechtesten Material, aber mit reichbestickten oder sonst verzierten Manschetten. Es wäre besser, auf die Verzierungen zu verzichten und besseres Material zu verwenden.

Die Tasche

Eine Tasche ist dazu da, daß man etwas hineinlegen und ohne langes Suchen wieder herausnehmen kann. Wenn die Tasche sehr tief ist, noch dazu nur eine kleine Spalte geöffnet werden kann wie bei den Taschen mit Reißverschluß, so ist das sehr unangenehm. Also darf eine gute Tasche nicht sehr tief sein. Dagegen kann sie breit sein.
Sie muß mehrere Fächer haben, um verschiedenes getrennt hineinlegen zu können.
Die besten Verschlüsse für Taschen sind die neuen Schnappschlösser, die, obwohl sie leicht zu öffnen sind, nicht von selbst aufgehen können. Es gibt Taschen in allen Materialien, die überhaupt nur denkbar sind. Das beste Material ist, glaube ich, bis jetzt abwaschbares Leder.

Das Abendkleid

Das sogenannte Abendkleid ist ein Festkleid. Sein einziger »Zweck« ist, majestätisch, großartig, feierlich zu wirken. Darum ist es lang. Darum ist es aus weichem, fließendem Material.
Abendkleider sind Luxus. Sie sind also keine Aufgabe für die Konfektion.

Heft 16/1930
Bemerkungen eines Architekten zur Mode
Von Roger Ginsburger, Paris

Architektur und Mode haben das gemeinsam, daß sie als Gebiet schon bestanden, als die sozialen, wissenschaftlichen und technischen Gärungen und Umwälzungen des letzten Jahrhunderts einsetzten. Deswegen haben beide eine Zeitlang vollkommen die Beziehungen zum Leben verloren. Deshalb ist es so schwer für beide, den Weg zu einer gesunden, unproblematischen, unliterarischen und unartistischen Arbeitsweise zu finden. Und doch ist schon ein Schritt getan.
Mode vor dem Krieg war plötzliches Überspringen von einer Form zur anderen. Die Formen waren Selbstzweck, der Frauenkörper, seine Bewegungen, die verschiedenen Bestimmungen der Kleidung Nebensache. Das Korsett ist das Symbol jener Zeit. Hier wie in der Architektur steht das Fieberthermometer der Kultur über 40°. Der Couturier ist Künstler, Individualist. Das Trocadero und die Opéra sind ihm näher als die Galerie des Machines und die Rennautos.
Nach dem Kriege lebte dieser Geist noch etwa zwei Jahre weiter. Dann aber setzte eine Entwicklung ein, die in ihrer Hauptlinie stetig blieb bis zum vorigen Jahr. Die Sprünge hin und her sind einem schrittweisen Abändern gewichen.
Im vorletzten Winter begann das Abendkleid hinten länger als vorn zu sein. Die Sommerkleider blieben dann kurz, aber in den Modeschauen vom Herbst versuchte man, das lange Tageskleid durchzusetzen. Die Zeitungen veranstalteten Rundfragen bei allen mondänen, schriftstellernden und schauspielernden Damen, ob sie das lange oder das kurze Kleid lieber mögen. Die Abendkleider hatten wieder Schleppen, und viele Couturiers ließen auch das Nachmittagskleid bis zum Boden reichen. Es sah fast so aus, als ob die Zeit der Formspielerei in der Mode wieder gekommen sei. Aber, ein Zeichen der Zeit, diese artistische Revolution der Mode sogar versuchte Worth in einer Plauderei über seine damaligen neuen Modelle funktionalistisch zu erklären, trotzdem das Wort »Sachlichkeit« noch nicht ein französisches Schlagwort geworden ist. Er sagte, die Frau habe während des Krieges im Handel und in der Industrie die Stelle des Mannes einnehmen müssen, und viele hätten ihre Beschäftigung nach dem Kriege beibehalten. Deswegen sei auch die Frauenmode jahrelang auf diese arbeitenden Frauen eingestellt gewesen. Nun, nach zehn Jahren sei das wieder anders geworden(!) und es sei wieder möglich, auf das Weibliche der Frau Rücksicht zu nehmen. *Ein* Kleid allerdings würde kurz bleiben müssen: das Sportkleid.
Schon jetzt kann man die Bilanz dieses Umsturzes aufstellen. Es war ein letztes Aufflackern des Geistes des 19. Jahrhunderts in der Mode vor dem endgültigen Verglimmen. Das Abendkleid ist zwar lang geblieben, es reicht fast bis zum

Boden, hat aber die Schleppe wieder ganz verloren. Am Sonntag sieht man noch ein paar Dienstmädchen, die Salle Wagram zum Tanzen gehen, stolz mit schlecht geschnittenen, hinten langen Glocken durch die Straßen stelzen. Die gutgekleideten Mannequins, die reichen Damen, die man in Auteuil oder um die Madeleine und auf den Champs-Elysées sieht, tragen das halblange, bis zur Mitte des Unterschenkels reichende Nachmittagskleid oder den Tailleur, der eher noch kürzer ist. In der Untergrundbahn sieht man auffallend viele ganz einfache Sportmäntel aus gemischtfarbigem Tweed-Wollstoff mit Leder oder Stoffgürtel über der Hüfte. Die Trägerinnen dieser Mäntel, die eine Hand breit unter dem Knie enden, sind kleine Angestellte, Verkäuferinnen und Arbeiterinnen aus den Modeateliers, kurz Midinettes, die ihr Formgefühl im ständigen Umgang mit der Eleganz der großen Welt verfeinert haben. In Amerika soll zwar dieselbe soziale Klasse das lange Kleid rückhaltlos angenommen haben. Jean Patou hat einem Redakteur des »New York Herald« sein Entsetzen darüber ausgedrückt, daß jedes Mädchen dort die Straßen mit seinem langen Kleide kehrt. Die langen Kleider seien für den Luxus gemacht, für große Empfänge, außerordentliche Gelegenheiten, aber nicht, um immer getragen zu werden. Das praktische Kleid solle so bleiben wie es war.

Diese Worte zeigen, daß einer der Schöpfer der neuen Mode zum Unterschied von anderen und besonders von den Nachläufern und den oberflächlichen Modejournalisten von Anfang an gar nicht eine Umstellung der gesamten Frauenmode erstrebte, sondern nur eine Erneuerung des Abendkleides im Sinne einer gutverstandenen Zweckmäßigkeit. Der Zweck dieses Kleides ist unbedingt der, seine Trägerin groß, erhaben, stolz, majestätisch erscheinen zu lassen. Dies Kleid hat theatralische Maske zu sein, Monumentalfassade und — nicht zuletzt — Plakat! Reiche Amerikanerinnen, Frauen von bekannten Politikern und anderen im Mittelpunkt des Tagesinteresses stehenden Männern, Schauspielerinnen und geschäftstüchtige Halbweltdamen wollen aus Geschmack oder Berechnung oder aus beiden dieser Gründe die Blicke auf sich ziehen, wenn sie abends ausgehen. Man kann es bedauern, daß in der heutigen Gesellschaftsordnung noch so viel Unwahrheit und Ungerechtigkeit vorhanden ist, daß es überhaupt noch Menschen gibt, die statt von gemeinnütziger Arbeit von äußerlichem Bluff leben, daß es andere gibt, denen mondäne Bewunderung oder Neid Lebenszweck sind. Man muß aber zugeben, daß die Gesellschaftsklasse, die das repräsentative Abendkleid braucht, noch lebt. Ich neige sogar zur Ansicht, daß auch in einer ideal aufgebauten Gesellschaft ein Unterschied zwischen dem Arbeitskleid und dem Kleid, das man bei besonderen Gelegenheiten anzieht, bestehenbleiben würde. Man darf nicht vergessen, welche suggestive Wirkung von der Kleidung durch ihre Form, Farbe oder ihr Material ausgehen kann, wie sehr die Haltung, die ihm ein Kleid aufzwängt, den Menschen in anregende und aufnahmefähige Stimmung versetzen kann, wie sehr das festliche Aussehen der ihn umgebenden Menschen diese Stimmung noch hebt. Wenn man dieses Teilgebiet der Mode, das Abendkleid, betrachtet, dann merkt man, was für ein Unterschied zwischen der Arbeit der guten Couturiers und der schlechten und besonders den Nachahmungen der kleinbürgerlichen Schneiderinnen und der Konfektion besteht. Auf der einen Seite wird die Eleganz und Größe durch die Silhouette, den Schnitt also und die Qualität der Näharbeit, erzielt, durch die raffinierte Auswahl der Stoffe und natürlich auch ihre Güte, auf der anderen Seite macht man es oder glaubt man es machen zu können mit aufgenähten Zipfeln und Bändern, denen man anmerkt, daß sie nur da sind, um eine leere Stelle auszufüllen.

Bei den Tages- und besonders Sportkostümen ist der Unterschied viel weniger kraß, eben weil die Zweckmäßigkeit, welche die Frauen selber auf diesen Gebieten verlangen, manchen ornamentalen Schwulst unmöglich macht.

Man kann ruhig behaupten, daß das schnelle Überspringen von einer Modeform zur anderen, das schnelle Veralten einer Mode vor allem daher kommt, daß sie bald in schlechten Nachahmungen hergestellt wird und dann ins Vulgäre und ins Groteske fällt. Wenn dies Stadium erreicht ist, dann sind die gut gearbeiteten gleichen Modeformen diskreditiert. Je gewollter, künstlicher eine Modeform ist, desto schneller wird sie unmöglich, auch wenn sie in den ersten Modellen durch ihre Neuheit noch überzeugend wirkt. Ein Beispiel dafür ist das Abendkleid vom vorletzten Winter, das hinten länger als vorn war. Solch ein Kleid konnte einerseits nur als Abendkleid, andererseits nur von schlanken Frauen und nur in sehr guter Qualität und Ausführung getragen werden. Der Gegensatz zwischen dem pompösen Ausdruck seiner Silhouette und einem billigen Stoff, einem schlechten Schnitt und einer plumpen oder ärmlich aussehenden Trägerin gehört zu den Dissonanzen zwischen dem Sein und dem Scheinenwollen, die uns grotesk erscheinen. Der Herr, der sehr selbstüberzeugt und erhaben über die Straße schreitet und plötzlich über eine Bananenschale ausrutscht und hilflose Reflexbewegungen macht, Charlie Chaplin, der einem eleganten Herrn ähnlich sehen will und deswegen seine Wollsocken als Gamaschen über die Schuhe anzieht, seien hier als Beispiele solcher Groteskwirkungen genannt. Eine zweckbedingte Form dagegen wird viel weniger rasch aus der Mode kommen, weil sie, auch weniger gut ausgeführt, immer noch sinnvoll und notwendig erscheinen wird.

Die Gründe, derentwegen auch ziemlich zweckmäßige Formen sich doch langsam verändern, sind das allgemein menschliche Bedürfnis nach Neuem, das Bedürfnis der Frau, dem Manne anders zu erscheinen, und auch sehr stark das Bedürfnis zu verbessern, sei es nun im rein praktischen Sinne, sei es im Sinne eines weiblichen Körperideals oder eines Bewegungs- oder Haltungs-, also Wesensideals. Ich glaube zum Beispiel — ohne dessen ganz sicher zu sein, denn es gibt auch andere Erklärungsmöglichkeiten —, daß die Taille nach langen Jahren nun endlich wieder an ihrer natürlichen Stelle sitzt, weil das weibliche Körperideal ein anderes geworden ist. Die Frau, deren Kleid auf den Hüften eng saß, dagegen locker über dem Oberkörper, kann man sich nur in der Fragezeichenstellung der Mannequins und Modezeichnungen vorstellen, etwas lässig, etwas prätentiös, etwas dekadent: Nachkriegstypus. Die Frau, die Sport treibt, braucht ein Kleid, das ihr erlaubt, gerade zu gehen. Sie bekam es in den Sportmodellen zuerst, und dann ging plötzlich die natürlich sitzende Taille auch ins Nachmittags- und Abendkleid über. Heute, wo die Modediktatur der Couturiers unmöglich ist, wo die Entwicklung der Mode schon sehr stark durch die Nachfrage, durch den Erfolg oder Mißerfolg bestimmt wird, ist sie Teil der sozialen und der Kulturentwicklung. Sie war im Grunde ja schon vor dem Kriege der Ausdruck der sozialen Unordnung und der kulturellen Haltlosigkeit.

Die Männerkleidung ist nie in allzu krasse Übertreibung des Formalen verfallen, sie entwickelt sich aber hingegen jetzt viel weniger bestimmt in der Richtung zum Einfachen und Praktischen. Die Fesseln der sozialen Stellung, die Angst aufzufallen oder nicht ernst genommen zu werden, zwingen die Männer dazu, sich dem herrschenden Modestandard anzupassen und sich möglichst wenig davon zu entfernen. Dabei vergessen wir beinahe, daß dieser Standard manche Verbesserung verlangt. Auch hier ist am meisten Fortschritt in der Sportkleidung zu verzeichnen. Der Pullover wird wohl Teil des künftigen Standardanzuges sein. Auch das weiche amerikanische Sporthemd mit angenähtem Umlegekragen wird allmählich immer mehr selbst in unserem traditionalistischeren Europa durchdringen. Schon 1927 hat ein hiesiger junger »Chemisier«, der selber bekannter Sportsmann ist, J. C. d'Ahetze, ein Hemd herausgebracht, dessen Halsausschnitt gleich als Kragen ausgebildet ist und mit zwei schleifenartigen Fortsätzen aus gleichem Stoff zugebunden wird. Er hat vor einiger Zeit ein anderes Hemd geschaffen, bei dem Hemd und Kragen wieder ein Stück sind, der Kragen ebenfalls nicht zugeknöpft, sondern durch den Selbstbinder zusammengehalten wird, also nie spannen kann und doch gut sitzt. — Das alles sind natürlich nur Anfänge zu einer vernünftigeren Herrenmode, und sie genügen längst nicht den Anforderungen. Vor allem ist der Stadtanzug mit Weste und Rock viel zu kompliziert und noch sehr gekünstelt und von der Körperform entfernt mit seinen Wattepolstern und Steifleineneinlagen. Die Hose in ihrer jetzigen Form, welche die Bügelfalte nicht entbehren kann, kann auch nicht als Ideallösung aufgefaßt werden. Je mehr der korpulente oder ungeschmeidige Männertyp durch Körperkultur und gesunde Lebensweise einem schlanken, elastischen Typ Platz machen wird, desto schneller wird eine Reform sich durchsetzen. Auf jeden Fall kann sie nur schrittweise vor sich gehen.

ANHANG

Jahresinhaltsverzeichnisse
DIE FORM
1922, 1925—1934

Das erste Heft der Werkbund-Zeitschrift »Die Form« erschien im Januar 1922. Im Oktober des gleichen Jahres mußte die Zeitschrift unter dem Druck der wirtschaftlichen Verhältnisse ihr Erscheinen einstellen. Genau drei Jahre später, im Oktober 1925, wurde sie unter einem neuen Herausgeber und in einem anderen Verlag neubegründet.
»Die Form« erschien zunächst zweimonatlich, nach der Neugründung monatlich und ab Oktober 1928 halbmonatlich. Im Oktober 1930 ging man — zunächst in Form von Doppelheften — wieder zur monatlichen Erscheinungsweise über.
1933 erschien der letzte vollständige Jahrgang. 1934 kamen noch 5 Hefte, davon 2 Doppelhefte. Mit der Julinummer, die fast nur aus Bildern bestand, ließen die zu diesem Zeitpunkt Verantwortlichen die unbequeme Zeitschrift einschlafen.
Die hier folgenden Verzeichnisse enthalten nur die aus heutiger Sicht wichtigen Beiträge, vor allem die Aufsätze mit kritischer Stellungnahme der Verfasser. Mitteilungen, Diskussionsbeiträge und Buchbesprechungen blieben aus Raumgründen in der Regel unberücksichtigt.

1922

Heft 1
Zum Geleit. Walter Riezler
Stil? Peter Behrens
Zur Frage des Zeitstiles. Richard Riemerschmid
Die neue Einigung. Wilhelm Kreis
Die Baukunst als Deuterin der Zeit. Otto Bartning
Stil und Gegenwart. Theodor Heuss
Vom Bauen unserer Zeit. Hans Poelzig
Qualität und Form. Walter Riezler

Heft 2
Natur und Maschine. Walter Riezler
Architektur und Ingenieurbau. Werner Lindner
Die Schönheit maschinentechnischer Bauwerke. Benedict
Die formschaffende Arbeit in der Industrie. Günter von Pechmann
Das Problem der Form im Eisenbrückenbau. Adolf Feige und Walter Riezler
Über das Veralten technischer Formen. Walter Riezler

Heft 3
Das Bühnenbild im Gesamtkunstwerk. Walter Riezler
Das deutsche Bühnenbild unserer Zeit. Franz Rapp
Das Problem des Raums im Drama. Kurt Gutzeit
Auf dem Wege zur Kunstform. Walter Riezler
Zum Formproblem des Lichtspiels. Franz Pauli

Heft 4	Religion und Kunst der Gegenwart. Walter Riezler Aufgaben heutiger kirchlicher Kunst. August Hoff Kirche und Handwerk. Edwin Redslob Das Evangelische Kirchbauprogramm. Otto Bartning Die großen Thorn-Prikker-Fenster in der Dreikönigenkirche zu Neuß am Rhein. Pfarrer Geller
Heft 5	Der Sinn der Mode. Walter Riezler Modefragen. Lilly Reich Woran liegt's? Richard Lisker Hand- und Maschinenspitze. Marie Schuette Über Möglichkeit und Pflicht des Echtfärbens. Josef Hoffmann Blaudruck. Richard Lisker Batikarbeiten. Georg Lill

1925—1926 (1. Jahrgang)

Heft 1	Geleitwort. Walter Curt Behrendt Wege zur Form. Hugo Häring Stadt, Form, Architekt. Adolf Rading Deutschland und die internationale Gewerbeausstellung in Monza. Walter Riezler Das Zeiss-Planetarium in Jena. Adolf Meyer
Heft 2	Industrie und Ornament. Georg Mendelssohn Der Klubsessel. R. Sackur Die Form in der amerikanischen Zivilisation. Lewis Mumford Die Werkstattgruppe des Deutschen Werkbundes. Else Meißner
Heft 3	Die Situation des Kunstgewerbes. Walter Curt Behrendt Die Form in der Goldschmiedekunst. Wilhelm Lotz Die Finnischen Ryijen. Konrad Hahm Kunstgewerbe-Dämmerung? Oscar Gehrig Werkstoffbearbeitung. Neumann Zeitfragen. Luise Pollitzer
Heft 4	Zum Bauproblem der Zeit. Richard Döcker Keramik und Baukunst. P. R. Henning Ausstellungen. Adolf Platz Architektur des Auslandes
Heft 5	Vom Chaos zur Form des Bühnenwerkes. Paul Zech Zu Ewald Dülbergs Don-Giovanni-Bühne. Hans Curjel Auf dem Wege zur stahlzeitlichen Theatergestalt. Johannes Molzahn Amerikanische Baukunst. Lewis Mumford
Heft 6	Kunstform und Naturform. Rudolf von Delius Die Schönheit der Maschine. Curt Ewald Wo berühren sich die Schaffensgebiete des Technikers und des Künstlers? Walter Gropius

Heft 7	Reklame und Stadtbild. Alfred Gellhorn Neuzeitliche Werbung. Max Burchartz Oekonomie der Reklame-Mechane. Johannes Molzahn Das Schaufenster. Gerta-Elisabeth Thiel Die neue Sammlung in München. Rudolf von Delius
Heft 8	Vom Weg der Bautypen. Gustav Wolf Wohnbauten der Stadtgemeinde Wien. Walter Curt Behrendt Zwei Städte. Hugo Häring Die Stadt der Zukunft. Lewis Mumford Die Tradition, Schultze-Naumburg und wir. Hugo Häring
Heft 9	Vergangenes und Zukünftiges. Karl Scheffler Zum Formproblem der Zeit. Walter Curt Behrendt Zur Form des Automobils. Werner Gräff Ford. Walter Riezler
Heft 10	Bildungskrise. Paul Renner Die schöne Zeitung. Arthur W. Just Neue Typographie. Willy Baumeister Das Schleiflack- oder Ofenlackmöbel. R. Sackur Zur Technik des Möbelbaus. A. Hamburger
Heft 11	Der Einfluß der Großindustrie auf die Formung unserer Zeit. Richard Riemerschmid Grundformen im Möbelbau. Adolf G. Schneck Zur Technik des Möbelbaues. Karl Schmidt Die Jubiläumsausstellung für Gartenbau, Dresden 1926. Hugo Koch
Heft 12	Aus der Werkstatt des Keramikers. Curt Scholz Zur Form des Automobils (Fortsetzung vom Heft 9). Werner Gräff Neue Baukunst. Neubauten von Otto Bartning Wohngerät und Werkkultur. Alfred Gellhorn
Heft 13	Der neue Tanz in seiner symptomatischen Bedeutung. Hans W. Fischer Neue Baukunst: Haus May. Konrad Hahm
Heft 14	Mode und Wirtschaft. Leon Zeitlin Bekleidungskunst. Marlise Hinz Die Lipperheidesche Kostümbibliothek. F. A. Lutz Die Mode und ihre Requisiten. Marlise Hinz
Heft 15	Die Atmosphäre der neuen Architektur. Harry Scheibe Neue Architektur: Wohnungsbauten in Magdeburg. Carl Krayl Über die Typisierung des Mietshauses. Ludwig Hilberseimer Charakteristik des Schönen für einige Textilien. Maria Brinckmann Zum Weben von Bildteppichen. Johanna Schütz-Wolff Vom Wesen der Zahl. Fritz Schumacher

1927 (2. Jahrgang)

Heft 1
Zum neuen Jahrgang. Mies van der Rohe, Walter Riezler
Plastik und Architektur. Wilhelm Lotz
Form und Garten. Hermann Heuß
Haus Sonja Knips in Wien. Walter Riezler
Volkskunst und Kunsthandwerk. Wilhelm Lotz
Die neuen Schiffsbauten des Norddeutschen Lloyd. Walter Riezler
Werkbund-Ausstellung: Die Wohnung

Heft 2
Umgestaltung der Fassaden. Walter Riezler
Wohnform und Wandlungsfähigkeit. Fritz Block
Wohngewohnheiten. Adolf Rading
Die Stadterweiterung Amsterdam-West. Th. Metz
Formung der Großstadt. Alfred Gellhorn
Werkbund-Ausstellung: Die Wohnung

Heft 3
Stoff und Kleid. Wilhelm Lotz
Die deutsche Seidenindustrie. Erich Raemisch
Der Wert wissenschaftlicher Forschung für die Seidenindustrie. W. Weltzien
Alte und neue Farbprobleme. Max Creutz
Die Frage nach der Gültigkeit der Ostwaldschen Farbenlehre. Walter Riezler
Das Bedrucken der Gewebe. W. Keiper
Die Ausbildung des Nachwuchses in der Seidenweberei in geschmacklicher Hinsicht. Alex Oppenheimer
Kunstschutz auf Textilmuster. Else Meißner

Heft 4
Die Buchkunst. Emil Preetorius
Inkonsequenzen. F. H. Ehmcke
Die Schrift unserer Zeit. Paul Renner
Von der Zeichnung als Illustration. Emil Preetorius
Zeitgemäße Buchgestaltung. Jan Tschichold
Illustrierte Dichtungen. Rudolf von Delius

Heft 5
Neue Möbel von Adolf G. Schneck. Walter Riezler
Serienfabrikation in Silber. Wilhelm Lotz
Schwedische Textilarbeiten. Walther Karbe
Hans Poelzigs Deutsches Lichtspieltheater in Breslau. Wilhelm Lotz

Heft 6
Kunstschulen. Richard Riemerschmid
Die Kunstgewerbeschulen der kleineren Städte. Walter Riezler
Der Aufbau unserer Kunst und Gewerbeschulen. Paul Renner
Kunstgewerbeschulen. Adolf Rading
Die festen Lehrpläne der Kunstgewerbeschulen. Walter Riezler

Heft 7
Organisation eines Baugedankens. Henry de Fries
Schriftschilder. Wilhelm Lotz
Die deutsche Volkskunstausstellung Dresden 1929. Walter Riezler
Die Arbeiten in der Werkbund-Ausstellung »Die Wohnung«
Die Stellung der Kunstgewerbebibliotheken in der gestaltenden Arbeit. Else Meißner

Einiges über die Bauweise der neuesten Amsterdamer Stadterweiterung Amsterdam-West. Th. Metz
Normung. Otto Baur

Heft 8 Qualität oder Quantität?
Gedanken über die Formgebung im Lokomotivbau. Curt Ewald
Einheit der Welt. Walter Riezler
Werkbund-Ausstellung »Die Wohnung«. Das Ziel. Eröffnung.
Werner Gräff und Wilhelm Lotz

Heft 9 Einleitung. Mies van der Rohe
»Die Wohnung«. Walter Riezler
Haus Schneck. Adolf G. Schneck
Die Häuser von Oud. J. J. P. Oud
Fünf Punkte zu einer neuen Architektur. Le Corbusier und Pierre Jeanneret
Wie bauen wir billigere, bessere, schönere Wohnungen? Walter Gropius
Das Haus von Ludwig Hilberseimer. Ludwig Hilberseimer
Das Haus Poelzig. Hans Poelzig
Arbeiterwohnhaus. Bruno Taut
Die Häuser von Dr. Döcker. Richard Döcker
Das Haus von Adolf Rading. Adolf Rading
Drei Behauptungen und ihre Folgen. Josef Frank
Häuser Mart Stam. Mart Stam
Haus Scharoun. Hans Scharoun
Terrassen am Haus. Peter Behrens

Heft 10 Wohnen und Wohnung. Wilhelm Lotz
Das Küchenproblem auf der Werkbund-Ausstellung. Erna Meyer
Bedeutung und Verwendung des Gases im Haushalt.
 Hilde Zimmermann
Elektrizität im Haushalt. Walter Holtz
Baukörper ohne Wohnungen. Marie Elisabeth Lüders
Zu den Arbeiten von Ferdinand Kramer. Paul Renner
Ein Kinderzimmer. Hans Schwab-Felisch

Heft 11 Handwerk und Werkbund. Hans Meusch
Korreferat zur Rede von Dr. Meusch. Walter Riezler
Handwerk und Kunsthandwerker. Julius Schramm
Handwerk, Werkbund und Kultur, das Für und Wider der Zusammenarbeit. Wilhelm Lotz
Das Handwerk in der Solinger Stahlwaren-Industrie.
 Horn und Paul Woenne
Vom Sinn des Handwerks, zur Ausstellung »Das Bayrische Handwerk München 1927«. Günther von Pechmann
Hermann Muthesius. Walter Riezler

Heft 12 Bayerische Spielwarenindustrie. Günther von Pechmann
Das Kind, seine Welt, sein Spielzeug und seine Bücher. Wilhelm Lotz
Keramische Ausstellung in Berlin. Walter Riezler

1928 (3. Jahrgang)

Heft 1
Siedlung Köln-Kalkerfeld. Henry de Fries
Plastik, Naturstoff und Handwerk. Walter Riezler
Blechplastik. Zu den Arbeiten von Hans Wissel. Wilhelm Lotz
Die Gestaltung der Waren. Wilhelm Lotz

Heft 2
Das Schiffshebewerk Niederfinow. Walter Riezler
Form und Formalismus in der Baukunst. Walter Riezler
Wohnhausgruppe in Hoek van Holland. J. J. P. Oud
Das Deukonhaus — Umbau von Erich Mendelsohn
Wohin führt das neue Bauen: Kunst und Standort. J. J. P. Oud
Zur Werkbundausstellung 1932 in Köln

Heft 3
Der Garten als Kulturerscheinung. H. König
Kunst und Natur in der Gartengestaltung. H. Maag
Vom pflanzlichen Werden. Gustav Allinger
Architektur und Natur, zweierlei Formwille. Hermann Heuß

Heft 4
Form der Kleingärten. Leberecht Migge
Über die typischen Besonderheiten handgewebter Stoffe
Zur abstrakten Malerei. Dorner
Glasraum in der Gewerbehalle auf der Werkbundausstellung
»Die Wohnung«, Stuttgart 1927

Heft 5
Die Deutsche Presse und die neue Gestaltung. Wilhelm Lotz
Fotografie und Typografie
Bahnhof Schönberg O. L. von Adolf Rading
Die neue Volksschule in Celle

Heft 6
Möbelentwicklung und Typenmöbel
Entwurf zu einem produktiven Stadion
Revolutionierung der Pietät. W. H. Dressler
Friedhofsreform
Etwas über die Bedeutung des Schreibunterrichts

Heft 7
Die internationale Werkbundausstellung 1932 in Köln
Gespräch von den Pressabauten
Ausstellungstechnisches von der »Pressa«
Zum Thema Presse und neue Gestaltung
Der Werkbundpavillon

Heft 8
Schmuck und Maschine
Maschinenornament
Form und Form. Hildegard Schwab
Reise-Bericht über New York. Bruno Paul
Stimmen zur Werkbundtagung

Heft 9
Die Sonderbauten der Pressa
Ausstellungspolitik und Pressa. Wilhelm Lotz
Reklame architekturbildend
Metallgeräte in Küche und Haus. E. Meyer
Waschmaschinen und Zentrifugen; Auswahlsorgen. Friedrich E. Krauß

Heft 10	Die Gagfah-Siedlung. Wilhelm Lotz
	Gestaltung der Metallwaren. Wilhelm Wagenfeld
	Ausstellung »Der Stuhl«, Stuttgart 1928
	Zum Thema der Formung in der Produktion
Heft 11	Gegen den Dogmatismus in der Kunst. Paul Renner
	Emailgeräte. Wilhelm Lotz
	Ausstellungsräume der Frankfurter Gasgesellschaft
	Briefe über Ausstellungspolitik und Wirtschaftlichkeit
Heft 12	Max Beckmann. F. Wichert
	Zur Ästhetik des Eisenbahnwagens
	Das Eisenbahnabteil
Heft 13	Schilder als Zeichen
	Der neue Umschlag unserer Zeitschrift
	Werbedrucksachen
	Das Spritzverfahren in der Werbegraphik
	Aus dem Nirosta-Ausstellungsraum der Fried. Krupp AG
	Dogmen, für gesunden Dogmatismus in der Kunst
	Einiges über Dogmen in Religion, Wissenschaft und Kunst

1929 (4. Jahrgang)

Heft 1	1932. Walter Riezler
	Die Zehlendorfer Siedlung der Gehag. Adolf Behne
	Zur Gehagsiedlung Zehlendorf. Grundsätzliches und Wirtschaftliches. Alexander Schwab
Heft 2	Die atonale Welt. Walter Riezler
	Das Tagblatt-Turmhaus in Stuttgart. Henry de Fries
	Farben im Raum. Théo van Doesburg
	Die Architektur der Primitiven in Ägypten. Johanna Schütz-Wolff
	Die Aubette in Straßburg
Heft 3	Warum geben wir an Kunstschulen immer noch Schreibunterricht? Paul Renner
	Neue Mittel der Film-Gestaltung. Hans Richter
	Die jüngste Generation in der Architektur. Wilhelm Lotz
Heft 4	Gestaltung der Lichtreklame. Ernst Reinhardt
	Ein Lichtspielgebäude. Architekt Erich Mendelsohn
	Johanna von Orléans im Film. Paul Renner
Heft 5	Der heutige Film und sein Publikum. S. Kracauer
	Das Objekt im Film. Zu Pudowkins »Sturm über Asien«. Wilhelm Lotz
	Ein Wohnhausblock in Los Angeles. Roger Ginsburger
	Eingerichtete Wohnräume. K. Wiehl
Heft 6	Die Bebauung des Alexanderplatzes. Walter Riezler
	Das Flachdach in Frankreich. Roger Ginsburger
	Die Kinderklinik des Rittberghauses vom Roten Kreuz in Berlin-Lichterfelde
	»Wohnung und Werkraum«
	»1932«

Heft 7	Museumspläne der Stadt Berlin? Walter Riezler Die Neue Sammlung in München. Hermann Eßwein Fotografie und Objekt. Zu den Fotos von Renger-Patzsch. Wilhelm Lotz Zurück zur Fotografie. Sasha Stone Werkbundausstellung Stuttgart 1929 »Film und Foto« »Wohnung und Werkraum« Werkbundausstellung in Breslau
Heft 8	Das Kunstgewerbe unserer Zeit. Wilhelm Lotz Erzeugnisse der Metallwerkstatt der Staatlichen Hochschule für Handwerk und Baukunst, Weimar. Wilhelm Lotz Eine Webewerkstatt. A. B. Enns Keramik in der Gestalt der Zeit. E. Gärtner Die Thonetindustrie. Ferdinand Kramer Entwicklungstendenzen des Städtebaus. Ludwig Hilberseimer
Heft 9	Lichtbilder. Zu den Arbeiten von Helmar Lerski. Konrad Hahm Das Haus des »Centrosoyus« in Moskau. Le Corbusier Zur Neuvorlage des Entwurfs zum Städtebaugesetz. Ludwig Hilberseimer Organisierte Lichtreklame. Walter Riezler
Heft 10	Film als reine Gestaltung. Théo van Doesburg 2 Seiten aus dem Buch »Filmgegner von heute — Filmfreunde von morgen« von Hans Richter 2 Seiten aus dem Buch »Es kommt der neue Fotograf!« von Werner Gräff Fotogramm und Grenzgebiete. Moholy-Nagy Filmkunst in Frankreich. Roger Ginsburger Das neue Gewerbemuseum in Winterthur. W. Hugelshofer O. E. Schweizers Kaffeehaus im Nürnberger Stadion. Justus Bier Wieder einmal das flache Dach
Heft 11	Ethos der neuen Baukunst. G. F. Hartlaub »Film und Foto«. Wilhelm Lotz Wohnhaus in Nunspeet von C. van Eesteren Kritische Anmerkungen zum Farben-Unterricht. Paul Renner
Heft 12	Die Kunstakademie in Breslau. A. Rothenberg Plan einer Schlesischen Kunst- und Gewerbehalle. Heinrich Lauterbach
Heft 13	Die Frankfurter Schule für freie und angewandte Kunst. F. Wichert Werkbundausstellung »Wohnung und Werkraum« Breslau. Wilhelm Lotz
Heft 14	»Form«, Foto und Film. Walter Riezler »Der Mann mit der Kamera«. Ein Film von Dsiga Werthoff. Wilhelm Lotz Vom »Kino-Auge« zum »Radio-Auge« (aus dem Alphabet der »Kinoki«). Dsiga Werthoff Werkbundsiedlung Mülheim-Ruhr. Henry de Fries »Die wachsende Wohnung«. Praktische Vorschläge zum Farben-Unterricht. Paul Renner

Heft 15	Idee und Realisierung der Internationalen Werkbundausstellung »Die Neue Zeit« Köln 1932. Bericht und Vortrag von Ernst Jäckh
Heft 16	Mies van der Rohes Reichspavillon in Barcelona. Justus Bier Ein Verwaltungsgebäude Ladenmöbel Ein Lesesaal
Heft 17	»Wohnung und Werkraum« Ausstellung Breslau 1929. Ludwig Hilberseimer Das Hotelzimmer
Heft 18	Technik — Kultur — Kunst. Friedrich Dessauer Neubau des Dienstgebäudes des Siedlungsverbandes Ruhrkohlenbezirk in Essen. Karl With Das Massenerzeugnis. Wilhelm Lotz
Heft 19	Das Musikheim Frankfurt a. d. Oder. Wilhelm Lotz Glasarchitektur. Ludwig Hilberseimer Siedlung Dammerstock, Karlsruhe. Wilhelm Lotz Die Stockholmer Ausstellung 1930. H. Rabén Die moderne Zimmeruhr. K. Martin Billige moderne Möbel im Handel. Reinhardt
Heft 20	Der Neubau der Leipziger Großmarkthalle. Hans Ritter Flughafen Kiel »Wohnung und Werkraum«. Ein modernes Gehöft. Hans Nowak
Heft 21	Konstruktive und konstruierte Form. Paul Renner Das Buch und seine Gestaltung. Théo van Doesburg Zur Lage der Handbuchbinderei innerhalb der Buchproduktion der Gegenwart. S. Fuchs Zu einem Bildbuch. Marc Maurus Das Plakat in Paris. Roger Ginsburger »Die Neue Zeit«, Köln 1932. Otto Neurath
Heft 22	Zum Wohnproblem. Otto Haesler Ausstellung »Die Gebrauchswohnung« in der Siedlung Dammerstock, Karlsruhe. Justus Bier Die Finanzierung der Siedlung Dammerstock. Alexander Schwab Anmerkungen zum XII. Internationalen Kongreß für Wohnungswesen und Städtebau. Rom, September 1929. Josef Gantner Gewerbliche Berufsschulen in München. Hermann Eßwein
Heft 23	Die »Bremen«. Walter Riezler Versuche zur technischen Formanalyse. Franz Kollmann Pont Transbordeur in Marseille. Alex Strasser Der Stahlskelettbau. Otto Haesler Eisenbahnwaggons, Flugzeuge und Automobile. Roger Ginsburger
Heft 24	Die Wohnung für das Existenzminimum. Ferdinand Kramer Neue Arbeiten des Architekten Schneider-Hamburg. Henry de Fries Aus dem Kreis der Wiener Werkstätte

1930 (5. Jahrgang)

Heft 1 Zum neuen Jahrgang. Walter Riezler
Das Waisenhaus: Bau, Raum und Tracht. Hildegard Schwab-Felisch
Kinderheim im Querumerwald für die Braunschweigische Landesversicherungsanstalt, Erläuterung von Alexander Boecking
Montessori-Möbel. Rudolf Schwarz
Ein Kindergarten. Howe und Lescaze
Film: Ein neuer Russenfilm / Wege des Films

Heft 2 Das Sachbild. Otto Neurath
Grafische Typisierung
Denkmalpflege und neue Form. Hans Karlinger
Neue Form und Heimatschutz. Wilhelm Lotz
Räume im Reckendorfhaus

Heft 3 Asymmetrie im Buchdruck und in der modernen Gestaltung überhaupt. Paul Renner
Neuere niederländische Architektur. Th. Metz
Vorläufige Bemerkungen zur neuen niederländischen Architektur
Pariser Momentaufnahmen. Roger Ginsburger

Heft 4 Kogan und die Griechen. Walter Riezler
Der Bildhauer Gerhart Marcks. Ernst Kállai
Zu den Arbeiten von Maria Eulenbruch. Wilhelm Lotz
Neues Porzellan

Heft 5 Beiträge zur Frage des Hochhauses. Marcel Breuer
Der Bau des Deutschlandhauses in Hamburg
Weiß, alles weiß. J. E. Hammann
Wiener Notizen. L. W. Rochowanski

Heft 6 Pädagogische Fragmente einer Formenlehre. Aus dem Unterricht der Ittenschule. Johannes Itten
Eine Apologie der Kunsthochschule. Walter Riezler

Heft 7 Die Köln-Mülheimer Brücke. Walter Riezler
Formen im modernen Flugzeugbau. Franz Ludwig Habbel
Ein amerikanischer Flughafen. Harwell H. Harris
Problematik des Städtebaues. Henry de Fries

Heft 8 Die Mitarbeit des Künstlers am industriellen Erzeugnis. Zusammengestellt von Wilhelm Lotz unter Verwendung von Äußerungen von folgenden Künstlern und Firmen: Ferdinand Kramer, Erich Dieckmann, Walter Maria Kersting, Lutz König, Karl Schmidt, Wilhelm Wagenfeld, Wolfgang Tümpel, Fritz Deutsch, Körting & Mathiesen AG, Leipzig, Bamberger, Leroi & Co., Frankfurt a. M., H. Fuld & Co., Frankfurt a. M.
»Modern« als Handelsware. Lewis Mumford

Heft 9 Die doppelgeschossige Etagenwohnung. Otto Haesler
Neue Bauaufgaben in der Sowjet-Union. Leonie Pilewski
Klub der chemischen Arbeiter. M. Ilyin

Heft 10	Das Kunstgewerbe heute und morgen. Walter Riezler Moderne Bildwirkereien. Ludwig Grote Das österreichische Kunstgewerbe. Axel Romdahl Zur Auflösung der Staatlichen Bauhochschule in Weimar. Justus Bier Neues Bauen und Wohnen als Arbeitsgebiete der Volksbildung. Arthur Blochwitz
Heft 11/12	Ausstellung des Deutschen Werkbundes in Paris. Wilhelm Lotz Lichtrequisit einer elektrischen Bühne. Moholy-Nagy Typenware in Frankreich. Roger Ginsburger Le Werkbund et la Production moderne. Victor Bourgeois Typenwaren in Großbritannien Bürgerliche Kultur und Maschine. Lewis Mumford Menschenwirtschaft und Raumwirtschaft in Deutschland. Alexander Schwab
Heft 13	Die Ausstellungen des Österreichischen Werkbundes. Soma Morgenstern Reichstagserweiterung und Platz der Republik. Ludwig Hilberseimer Neue Pläne von Frank Lloyd Wright. Henry de Fries
Heft 14	Die städtische Siedlung »Kiefhoek« in Rotterdam. J. J. P. Oud Eine neue Kölner Siedlung. Henry de Fries Das Lichtbild. Rede zur Eröffnung der Internationalen Ausstellung »Das Lichtbild« München 1930, gehalten von Paul Renner
Heft 15	»Völkerkunde«. Walter Riezler Das Museum für Völkerkunde in München. Walther Schmidt Was ist modern? Vortrag von Josef Frank, gehalten auf der Tagung des Deutschen Werkbundes in Wien Die neue Zeit. Mies van der Rohe auf der Wiener Tagung des Deutschen Werkbundes
Heft 16	Ein Briefwechsel über Mode. Josef Frank — Roger Ginsburger Probleme der Mode. Renate Richter — Green Bemerkungen eines Architekten zur Mode. Roger Ginsburger Typus und Individuum in Kleidung und Mode. Wilhelm Lotz Le vingtième Salon des Artistes décorateurs français et les problèmes de l'art moderne. Gaston Varenne
Heft 17	»Stockholmutställningen 1930«. Walter Riezler Schwedisches Bauen. Hans Bartning Die schwedische Werkbundbewegung. Walther Karbe
Heft 18	Neue Münchener Postbauten. Justus Bier Arbeiten der Oberpostdirektion München Die neue Architektur in Ungarn. Virgil Bierbauer Das ist modern! Wilhelm Lotz Einiges über die Schmucklosigkeit. Julius Schramm
Heft 19/20	Technik und Landschaft. Zu den Bauten der Neckarkanalisation. Paul Bonatz Wasserbau-Probleme in den Niederlanden. Landschaft, Siedlung, Verkehr und Wirtschaft. Th. Metz

	Neue Literatur über Städtebau. Ludwig Hilberseimer Typen der Theorie des Städtebaues. Alexander Schwab Kunsthandwerk. Will Grohmann Die neue Zeit im Lichte der Zahlen. Otto Neurath
Heft 21/22	Erneuerung des Kirchenbaues? Walter Riezler / Rudolf Schwarz Evangelische Kirche für Dahlem. Hans Soeder Die Arbeiten der Kunstgewerbeschule Aachen. Anton Schickel Mosaik und Glasmalerei. Wilhelm Lotz Baukunst und Ethos. Cornelius/Riezler Loos. Paul Westheim Bausparkassen und Baukultur. Ernst Hopmann
Heft 23/24	Kult und Form. Vortrag von Paul Tillich. Frankfurt a. M. Werkzeug und Gerät. Wilhelm Lotz Autogen-Schweißung und Kunstschmiedearbeiten. Josef Blümmel Raum und Farbe. Otto Rückert Die Tragödie der Berliner Museen. Walter Riezler Was ist Heimatschutz? Werner Lindner Heimatschutz und Neues Bauen. Hans Eckstein

1931 (6. Jahrgang)

Heft 1	Werkbundkrisis? Walter Riezler Um die Herkunft der Form. Walther Schmidt »Was ist modern?« Auszüge aus einem Vortrag von Roger Ginsburger Die soziale Frauenschule in Aachen. Rudolf Schwarz Gegenwärtige Bauarbeit in Japan. Richard J. Neutra Fotobücher. Wilhelm Lotz
Heft 2	Möbel und Wohnraum. Wilhelm Lotz Neue Büromöbel. Justus Bier Ein Wohnhausumbau. Justus Bier Gebrauchsgerät in Frankreich. Roger Ginsburger Eine Ausstellung im Gewerbemuseum Basel Moderne französische Redaktionsräume der Zeitschrift »La Semaine à Paris«
Heft 3	Die Bauten der Bayerischen Milchversorgung. Justus Bier Japanische Wohnung. Ableitung. Schwierigkeiten. Richard J. Neutra Neuer Wohnungsbau in der Sowjetunion. Leonie Pilewski Kommunaler Wohnungsbau in Wien. Otto Neurath Reichsheimstättensiedlung Düsseldorf-Gerresheim
Heft 4	Gartengestaltung der »Neuen Zeit«. Walter Riezler Soziale Grünanlagen im Städtebau. Alexander Boecking Zur Freiflächenfrage / Forderung und Problematik. Alexander Schwab Eine Gestaltungsmöglichkeit des Reichskanzlerplatzes zu Charlottenburg. Gartenterrassen auf unterirdischen Hallen. Erwin Barth Von Werkgärten des öffentlichen Grüns. Harry Maasz Landstraßen ohne Bäume. Becker und Alexander Schimmelpfennig

Heft 5	Ewige Formen — Neue Formen. Wilhelm Lotz »Ewig« — »Zeitlos«. Walter Riezler Zur Ausstellung »Ewige Formen«. Justus Bier Brauweiler, der elektrische Garten. Aufnahmen von Hein Gorny Die neue Gestaltung in der spanischen Architektur. Théo van Doesburg
Heft 6	Handwerk und neues Bauen. Otto Rückert Anmerkungen zur Bauausstellung. Alexander Schwab Kritik der Bauausstellung. Wilhelm Lotz Das Sachbild. Otto Neurath Der Schuberthof. Thomas Wechs Die Erneuerung des Friedhofswesens. Stephan Hirzel
Heft 7	Die Halle II auf der Bauausstellung. Wilhelm Lotz Die Wohnung unserer Zeit. Ludwig Hilberseimer Ausstellung der Staatshochbauverwaltung des Preußischen Finanzministeriums Bild und Bau. Betrachtungen zur Bauausstellung. Walther Riezler
Heft 8	Handwerk, höhere Schulen und Werkbund. Karl Rupflin Neue handwerkliche Keramik. Walter Riezler Keramik von Max Läuger. Hanna Kronberger-Frentzen Schwedisches Gebrauchsgerät. Hans Bartning Das Behandlungszimmer des Arztes Die Neuregelung der Sachverständigenfrage im Kunst- und Geschmacksmusterschutz. Else Meißner
Heft 9	Das Haus Tugendhat in Brünn. Walter Riezler Neue Architektur in Japan. Richard J. Neutra Die Mechanisierung und die Materialien. Frank Lloyd Wright Ein russischer Tonfilm. Wilhelm Lotz
Heft 10	Lob der Grafik. F. H. Ehmcke Bemerkungen zum Thema Werbung. Hans Nowak Notizen zu den Bildern: Schaufenster und Geschäftshäuser Neue Geschäftshäuser in Köln. Gustav Barthel Neuere Typografie in Frankreich. Jan Tschichold Grafische Beispiele auf dem Gebiet der Erziehung. Wilhelm Lotz Was wird aus der Tapete? Justus Bier Entwurf für die Stadthalle Nürnberg. Ludwig Hilberseimer Kann man im Haus Tugendhat wohnen?
Heft 11	Die Tarnkappe der Technik. Wilhelm Lotz Zur Form der Automobile. Werner Gräff Drei Bücher über Technik. Walter Riezler Zweckhaftigkeit und geistige Haltung. Roger Ginsburger und Walter Riezler Das Haus Tugendhat. Grete und Fritz Tugendhat. Ludwig Hilberseimer

Heft 12 Gebrauchsgerät als Ware. Wilhelm Lotz
Standardform im Besteck. Ein Bildbericht. Justus Bier
Glas des Alltags. Richard L. F. Schulz
Jenaer Glas. Wilhelm Wagenfeld
Gabo. Justus Bier

1932 (7. Jahrgang)

Heft 1 Front 1932. Walter Riezler
Siedlung und Arbeit. Wilhelm Lotz
Wirtschaftsfragen zur Erwerbslosensiedlung. Alexander Schwab
Selbstversorgersiedlung. R. Wilbrandt
Englische Charakterzüge – englische Typenformen. P. Morton Shand

Heft 2 Die Kluft. Walter Riezler
Alt und Neu. Herbert Günther
Türme. Wilhelm Lotz
Abbruch des Kölner Doms und kein Ende. Hans Schmitt
Über den ideologischen Ausdruck in der Architektur. A. Ruchljadiew und E. Krinskij
Ein Volk, das nicht baut, stirbt! Alexander Schwab
Deutsche Typografie. Konrad F. Bauer

Heft 3 Die Brücke. Walter Riezler
Die Architektur der Gegenwart in Österreich. Laszlo Gabor
Typenware in Österreich. J. T. Kalmár
Zur Entwicklung des Gebrauchsgegenstandes. Walter Sobotka
Erwerbslosensiedlung. Adolf Rading
Neue Bautypen auf dem flachen Land. Herbert Albrecht

Heft 4 »Bildung«. Walter Riezler
Zur Problematik des Gestaltungsunterrichts in der Volksschule. Walter Dexel
Gewerbeerziehung. Walther Schmidt
Die Aufgaben des Gestaltungsunterrichts. Wilhelm Lotz
Industriell hergestellte Schulgebäude. Richard J. Neutra
Der »Stil« des neuen Möbels. Walter Riezler
Das augenfällige Museum. Günther von Pechmann

Heft 5 Museumsreformen. Walter Riezler
Umbildung chinesischer Städte. Richard J. Neutra
Das Problem des sozialistischen Städtebaues. B. Martens
Städtebau in der UdSSR. Ernst Hopmann
Probleme des neuen Films. Moholy-Nagy
Vier Wohnhäuser in Utrecht von Architekt Rietveld. Jan Lauweriks

Heft 6 Die Fassade. Walter Riezler
Altersheim in Kassel. Otto Haesler
»Sonne, Luft und Haus für Alle!« Wilhelm Lotz
Ausstellung »Wohnbedarf«, Werkbund-Ausstellung 1932

Diskussion um die Stadtrandsiedlung. Otto Haesler:
Arbeitsbeschaffungsprogramme oder Aufbauprogramm.
Roger Ginsburger: Warum und wozu Selbstversorgersiedlungen?
Alexander Schwab: Wirtschaftliche Anmerkungen.
Wilhelm Lotz: Systemgläubigkeit und Wirklichkeit

Heft 7   Die Wiener Werkbundsiedlung. Wilhelm Lotz
Bemerkungen zur Werkbundausstellung Wien-Lainz 1932.
Hugo Häring
Die internationale Werkbundsiedlung Wien 1932 als »Ausstellung«.
Otto Neurath
Versuch einer Orientierung. Vortrag von Hugo Häring auf der
20. Jahresversammlung des Österreichischen Werkbundes in Wien
Werkbundausstellung »Wohnbedarf« Stuttgart 1932. Wilhelm Lotz

Heft 8   Verkehrswerbung, deutsche Lebensform und Kulturpropaganda.
Paul Renner
Garagenbauten
Postkraftwagenhalle in Hindelang
Die Kant-Garage in Berlin

Heft 9   Die soziologische These. Walter Riezler
Typenware in Amerika. Catherine K. Bauer
Amerikanische Architektur im Spiegel der Fachinserate
Das Ende des Bauhauses in Dessau

Heft 10 Die Gründung des Deutschen Werkbundes 6. Oktober 1907.
Peter Bruckmann
Aus der Werkbund-Entwicklung. Arbeiten und Gedanken aus den ersten
zwanzig Jahren, zusammengestellt von Wilhelm Lotz
Der Kampf um die deutsche Kultur. Walter Riezler
Qualitative Erneuerung. Die Position der Negation in der abendländischen Kulturentwicklung. Martin Mächler

Heft 11 Zur Gründungsgeschichte des Deutschen Werkbundes.
Tagung des Deutschen Werkbundes. Berichte der Ausschüsse:
Der Qualitätsgedanke und die Deutsche Wirtschaftspolitik. Bericht des
Warenausschusses. Günther von Pechmann
Werkbund und Erziehung. Bericht des Ausschusses für Erziehungsfragen. Paul Renner
Werkbund und Siedlungswesen. Bericht des Ausschusses für Siedlungswesen. Ludwig Hilberseimer
Notizen von einer Reise in Griechenland. Heinrich Lauterbach
Die industriell hergestellte Wohnung in USA. Typisierungsschwierigkeiten. Richard J. Neutra

Heft 12 Zum Problem des Bühnenbildes. Emil Preetorius
6 Jahre moderne Architektur-Bewegung in Italien. E. H. Zilch
Materialstudium. Alfred Ehrhardt
Fotomontage auf der Briefmarke

1933 (8. Jahrgang)

Heft 1
Zum neuen Jahrgang. Wilhelm Lotz
Ist eine Soziologie der Kunst möglich? Adolf Behne
Bild und Gesellschaft. Eine Bildfolge, zusammengestellt von Adolf Behne
Das Wohnen, der Raum und die Zeit. Rede, gehalten zur Einweihung des »Hauses auf dem Küssel«. Paul Tillich
Rationelle Terrassenhaustypen. Einfamilienhäuser. Architekten Walter Loos und Peter Feile. Begleittext von Justus Bier
Ein neuer Wohnhaustyp in Rußland. Gustav Hassenpflug
Der Kampf der elektrischen Glühlampe um ihre formale Selbständigkeit. Richard L. F. Schulz

Heft 2
Europäische und arabische Architektur in Afrika. Charlotte Weidler
Frühe moderne Architektur: Chicago 1870–1910
Die Weltausstellung in Chicago 1933
Die Darstellung des Werkstoffes »Farbe«. Otto Rückert
Zur Berliner Automobil-Ausstellung
Technokratie? Alexander Schwab

Heft 3
Über gewebte Stoffe. Richard Lisker
Handwerk und Maschine in der Weberei. S. von Weech
Stoffe und Ornament. Wilhelm Lotz
Kleidung als Wirtschaftsfaktor. Alexander Schwab

Heft 4
Neue Sowjetarchitektur
Zum Thema »Neues Bauen«. Äußerungen von Bruno E. Werner und Peter Meyer. Aus dem Programm der »Triennale« Stoffe und Materialien. Wilhelm Lotz
Diskussion um das Handwerk. Wilhelm Lotz u. a.

Heft 5
Gebrauchsgerät aus drei Jahrhunderten. Walter Dexel
Die Maschine in der Produktion. Wilhelm Lotz
Statistische Betrachtung geschichtlicher Zusammenhänge. Franz Roh

Heft 6
Vom Holz. Eine Bildfolge, zusammengestellt von Heinrich Lauterbach
Das Holz in der deutschen Wirtschaft. W. Erdmann
Deutsche Grafik auf der V. Triennale in Mailand
Neue Deutsche Kirchenkunst auf der Weltausstellung in Chicago 1933

Heft 7
Japanische Wohnkultur. Helmut Hentrich
Japanische Gärten. Marta Heisinger
Entwurf einer Schule, von Peter Getz und Josef Prümm unter der Leitung von Prof. Schwarz nach pädagogischen Unterlagen von Helene Helming
Qualitätsarbeit tut not! Alexander Schwab
Die besonderen Qualitäten des Werkstoffes Farbe. Otto Rückert
Pariser Villentypen 1932

Heft 8
Deutsches Goldschmiedehandwerk. Wilhelm Lotz
Geschliffenes und gepreßtes Glas. Richard L. F. Schulz
Neues Thüringer Glas. Wilhelm Wagenfeld

	Wer gestaltet die Massenware? W. M. Kersting
	Drei Aufsätze über die Schrift. Lorenz Reinhard Spitzenfeil
	Fort mit dem nationalen Kitsch! Ernst Hopmann
Heft 9	Der Deutsche Werkbund im neuen Reich. Winfried Wendland
	Arbeiten von Carl Christoph Lörcher
	Neubildung deutschen Bauerntums und bäuerlicher Bauweise.
	Carl Christoph Lörcher
	Arbeiten von Winfried Wendland
	Arbeitszimmer eines Reichsministers. Architekt Albert Speer
	Altstadtsanierung, die städtebauliche Aufgabe der Zeit. Hans Schmitt
	Für Deutsche Wertarbeit. Eine Chronik. Alexander Schwab
	Ehrenbürgerbrief der Stadt Göttingen für Reichskanzler Adolf Hitler
Heft 10	Haus im Neckartal. Architekt Albert Speer
	Deutsche Schrift und ihre Entwicklung. F. H. Ehmcke
	Die Darstellung des Werkstoffes Putz. Otto Rückert
	Nationalsozialistische Kunstpolitik im neuen Preußen.
	Winfried Wendland
	Jahresversammlung des Deutschen Werkbundes in Würzburg.
	Die neuen Satzungen des DWB
Heft 11	Zur Ausstellung »Die Kamera« in Berlin. Wilhelm Lotz
	Berufsfotografie. Wilhelm Niemann
	Arbeiten junger Architekten
	Eine Ausstellung der Schüler Professor Tessenows. R. Troje
Heft 12	Leinen und Leinenweberei. Kurt Hentschel
	Kunstschutz für Textilerzeugnisse. Otto Lange
	Randbemerkungen zum Thema Formentstehung. Walter Dexel
	Zur Neubildung des Bauernhauses. Carl Christoph Lörcher
	Kulturelle Förderung der Heimindustrie. Denkschrift von
	Wilhelm Wagenfeld
	Wird die Kultur diktiert?
	1934 (9. Jahrgang)
Heft 1	Qualität und Wirtschaft. Vortrag von Wilhelm Wagenfeld
	Das Würzburger Denkmal für die Gefallenen
	Neue deutsche Kunst. Herbert Griebitzsch
	Ein Beitrag für künstlerisch angewandte Schrift. E. P. Börner
	Arbeitsbeschaffung. Alexander Schwab
	Anweisung zum richtigen Wohnen. Buchbesprechungen von
	Winfried Wendland
	Masa. Wilhelm Lotz
	Zum Masaverfahren. Eleonore Späing
	Zum Preisausschreiben des Kampfbundes. Karl Schmidt-Hellerau
	Von der Arbeitstagung des Bundesbeirates
Heft 2/3	Von guter Buchbindearbeit. Heinrich Lüers
	Die Lage in der kirchlichen Kunst. Winfried Wendland
	Ein Beispiel religiöser Festgestaltung. Emil Steffann

Heft 4	Seltsames aus spanischen Friedhöfen. Harry Maasz Mut zur Treue. Herbert von Oelsen Zum Kelchwettbewerb der Deutschen Gesellschaft für Goldschmiedekunst. Franz R. Meunier Verfasser, Grafiker und Verlag Was bedeutet der Deutsche Werkbund heute? Die große Aufgabe des Werkbundes Wir rufen ins Gedächtnis. Worte von Adolf Hitler und Joseph Goebbels Die bauliche Gesinnung unserer Zeit. Friedrich G. Heiss Das Gesicht einer Reichsführerschule Kraft durch Freude? Herbert von Oelsen Ein Unternehmen sucht eine neue Schutzmarke. Otto Bolte Wandlung des Künstlers. Winfried Wendland
Heft 5/6	Wie gestaltet man eine Schau? Friedrich G. Heiss Unsere Maler malen wieder Deutschland. Herbert von Oelsen Einige Ideen zu guten Sportpreisen Arbeiten einer Werkstatt. Stefan Hirzel Die 23. Jahrestagung unseres Bundes
Heft 7	Dieses Heft enthält außer einer Einleitung von Karl Kretschmer keine Textbeiträge, sondern ausschließlich Bilder zum Thema: Schafft schöne Arbeitsstätten!

Kurzbiographien
von Mitarbeitern der »Form«

Behne, Adolf
geb. 1895 in Berlin
gest. 1948 in Berlin

1918—20	Mitbegründer und Schriftführer des »Arbeitsrats für Kunst«
1946—48	Professor für Kunstgeschichte an der Staatlichen Hochschule für bildende Künste Berlin

Wichtigste Publikationen
Die Wiederkehr der Kunst. Leipzig, 1919
Holländische Baukunst der Gegenwart. Berlin, 1922
Blick über die Grenze (Baukunst des Auslandes). Hrsg. H. de Fries. Berlin, 1925
Der moderne Zweckbau. München, 1926 (Neudruck in der Reihe Bauwelt Fundamente, Bd. 10. Berlin, 1964)

Behrendt, Walter Curt
geb. 1884 in Metz
gest. 1945 in Hanover, New Hampshire, USA

	Studium an den Technischen Hochschulen Berlin, München und Dresden
1912—33	Offizieller Berater bei Stadtplanungen und beim Preußischen Ministerium für öffentliche Arbeiten, Gesundheitswesen und Finanzen
1919—24	Herausgeber der Zeitschrift »Die Volkswohnung«
1934	Emigration nach USA, Lektor für Wohnungsbau und Stadtplanung am Dartmouth College in Hanover, N. H., USA
1937	Technischer Direktor der Buffalo City Planning Association
1941	Professor für City Planning and Housing der Universität Buffalo
ab 1941	in gleicher Eigenschaft am Dartmouth College in Hanover

Wichtigste Publikationen
Die einheitliche Blockfront als Raumelement im Stadtbau. Berlin, 1911
Städtebau und Wohnungswesen in den Vereinigten Staaten. Berlin, 1926
Der Sieg des neuen Baustils. Stuttgart, 1927
Die holländische Stadt. Berlin, 1928

Behrens, Peter
geb. 1868 in Hamburg
gest. 1940 in Berlin

1886—89	Studium in Karlsruhe, Düsseldorf und München
1893	Mitbegründer der Münchner »Sezession«

1891—99	Maler und Kunstgewerbler in München
1903—07	Direktor der Kunstgewerbeschule Düsseldorf
1907	Lampenentwürfe für AEG
	Architekt in Berlin und künstlerischer Beirat der AEG
1909	Turbinenhalle der AEG, Berlin
1910—11	Wohnstadt Henningsdorf bei Berlin
1911—12	Fabrikbauten der Gasgesellschaft Frankfurt a. M.
1920—24	Bürohaus der Farbwerke Hoechst, Frankfurt a. M.
1921—25	Gutehoffnungshütte Oberhausen AG, Oberhausen
1922—27	Direktor der Architektur-Abteilung der Kunstakademie Wien
1928—32	Bürohaus am Alexanderplatz, Berlin
1930	Tabakfabrik, Linz (mit A. Popp)
1936	Leiter der Architektur-Abteilung der Preuß. Akademie der Künste, Berlin

Wichtigste Publikationen

Feste des Lebens und der Kunst. Eine Betrachtung des Theaters. Leipzig, 1900
Einfluß von Zeit- und Raumausnutzung auf moderne Formentwicklung. Jahrbuch des Deutschen Werkbundes, 1914
Vom sparsamen Bauen, ein Beitrag zur Siedlungsfrage (mit Henry de Fries). Berlin, 1918

Breuer, Marcel
geb. 1902 in Pecz (Fünfkirchen), Ungarn
lebt in New York

	Studium bei Gropius am Bauhaus in Weimar
1925—28	Lehrtätigkeit am Bauhaus in Dessau
1928—31	Freie Tätigkeit in Berlin
1931—35	Reisen nach Spanien, Marokko, Schweiz, Deutschland, Griechenland, England
1935—37	in Zürich und London
seit 1937	Professor an der Zeichenschule der Harvard University in Cambridge

Publikation

Sun and Shadow, the Philosophy of an architect. Hrsg. London, 1956

Bruckmann, Peter
geb. 1865 in Heilbronn
gest. 1937 in Heilbronn

1883—86	Studium an der Kunstgewerbeschule und an der Technischen Hochschule in München
1887	Eintritt in die Firma Bruckmann u. Söhne, Heilbronn, Silberwaren und Bestecke
1907	Gründungsmitglied des Deutschen Werkbundes, hielt Gründungsrede von seiten der Industrie

ab 1908	abwechselnd erster und zweiter Vorsitzender des Deutschen Werkbundes
1924	Vorsitzender der Werkbundausstellung »Die Form« in Stuttgart

Doesburg, Theo van
geb. 1883 in Utrecht
gest. 1931 in Davos

1917	Erste Nummer von »De Stijl«
1918	1. Manifest der Stijl-Gruppe
1920—21	Vorlesungen in Berlin und Weimar
	2. Manifest (Literaturmanifest)
	3. Manifest »Vers une nouvelle formation du monde«
ab 1922	Aufenthalte in Paris
1923	Große Retrospektive seiner Bilder in Weimar
	Erste umfassende Ausstellung von De-Stijl-Architektur in Paris
1924	Ausstellung in Hannover
1930	»Art Concret«

Wichtigste Publikationen
Grundbegriffe der neuen gestaltenden Kunst (Bauhausbücher). München, 1924
De nieuwe beweging in de schilderkunst (Die neue Bewegung in der Malerei). Delft, 1917
Drie vordrachten over de nieuwe beeldende Kunst (Drei Vorträge über die neue bildende Kunst). Amsterdam, 1919
Classique, baroque, moderne Paris (éd. de l'Effort Moderne). 1921

Dorner, Alexander
geb. 1893 in Königsberg
gest. 1957 in Neapel

Studium der Kunstgeschichte, Archäologie, Geschichte und Philosophie an den Universitäten Königsberg und Berlin

1919	Promotion zum Dr. phil. an der Universität Berlin, anschließend Dozent
1928—36	a. o. Professor an der Technischen Hochschule Hannover
1923—25	Kustos am Landesmuseum Hannover
1925—36	Direktor am Landesmuseum
	Beauftragter für 25 Kunstmuseen in Norddeutschland
1925	Richtet zusammen mit Lissitzky »Das Abstrakte Kabinett« ein.
	Leiter der Kestner-Gesellschaft
1937	Emigration nach USA
1938—41	Direktor des Kunstmuseums der Rhode Island School of Design, Providence, R. I., USA
1941—48	Dozent an der Brown University, Providence, R. I.
1948—57	Professor für Kunstgeschichte und Ästhetik am Bennington College, Vermont

Wichtigste Publikationen
The Way beyond "Art". New York, 1947. Dtsch. Ausg.: Überwindung der »Kunst«. Hannover, 1959
Cauman, S. und A. Dorner, Das lebende Museum. Hannover, 1960

Ehmcke, Fritz-Helmut
geb. 1878 in Hohensalza
gest. 1965 in Herrsching/Ammersee

1899—1901	Studium am Königlichen Kunstgewerbemuseum Berlin
1903—13	Lehrer an der Kunstgewerbeschule Düsseldorf
1913—38	Lehrer an der Kunstgewerbeschule München
1946	Berufung an die Akademie für angewandte Kunst, München

Ehmcke-Schriften:
1907—09	Antiqua
1907—11	Kursiv
1909—12	Fraktur
1911—14	Rustika
1911—20	Schwabacher
1913—25	Latein
1917—23	Mediäval und Mediäval-Kursiv
1917—28	Brotschrift
1924—27	Elzevier

Wichtigste Publikationen
Zur Krisis der Kunst. Jena, 1920
Drei Jahrzehnte deutsche Buchkunst. 1890—1920, Berlin, 1921
Die historische Entwicklung abendländischer Schriftformen, Ravensburg, 1927
Broschur und Schutzumschlag am deutschen Buch der neueren Zeit, Mainz, 1951

Elsaesser, Martin
geb. 1884 in Tübingen
gest. 1957 in Stuttgart

	Studium an den TH Stuttgart und München
1912	Evangelische Kirche Stuttgart-Gaisberg
1912—29	Professor an der TH Stuttgart
	Direktor der Kunstgewerbe- und Handwerkerschule der Stadt Köln
1922—24	Braunkohlensyndikat Köln und Mannheim
1923—30	Schulen in Köln und Frankfurt a. M.
1925	Stadtbaudirektor in Frankfurt a. M.
1927	Evangelische Kirche Frankfurt-Niederrad
1927—30	Krankenhäuser
1928	Großmarkthalle in Frankfurt a. M.

1932	Haus Reemtsma, Hamburg
1934—38	Bauten in Ankara
1947	Professor an der TH München

Fischer, Hans W.
(Pseudonym: Dr. Frosch)
geb. 1876 in Schweidnitz/Schlesien
(weitere Daten nicht ermittelt)

Studium in Breslau (Dr. phil.)
lebte als freier Schriftsteller, Theaterkritiker und Redakteur in Berlin und Hamburg und schrieb u. a. auch Bühnenstücke

Wichtigste Publikationen
Soziale Anatomie. Ein Dutzend Aufsätze mit Prolog und Epilog. Leipzig/München, 1906
Buch des Widerspruchs. Gedichte. Leipzig/München, 1907
Flieger. Drama in fünf Aufzügen. München, 1913
Der Motor. Drama in fünf Aufzügen. Berlin, 1919

Fischer, Theodor
geb. 1862 in Schweinfurt a. M.
gest. 1938 in München

	Schüler von Thiersch am Polytechnikum in München
1889—92	selbständig in Dresden
1892	nach München
1893—1901	Vorstand des Stadterweiterungsamts und der Hochbauabteilung IV
1901	zum Honorar-Professor an der TH München ernannt
	Berufung an die TH Stuttgart
1908	o. Professor an der TH München
1905—08	Universitätsgebäude in Jena
1906—08	Garnisonskirche in Ulm

Wichtigste Publikationen
Wohnbauten. Leipzig, 1912
Sechs Vorträge über Stadtbaukunst. München, 1920
Vom Werken und Wirken. München, 1946

Fries, Henry de
geb. 1887 in Berlin
gest. ?

	Studium an der TH Hannover und in Düsseldorf, Berlin und Bonn
1916—18	Mitarbeiter von Peter Behrens bei der AEG, dann im Atelier von Hermann Jansen

1919—21	Herausgeber der Wasmuthschen »Monatshefte für Baukunst« und des »Städtebau«

Wichtigste Publikationen
Wohnstädte der Zukunft. Berlin, 1919
Moderne Villen und Landhäuser. Berlin, 1924
Junge Baukunst in Deutschland. Berlin, 1926
Frank Lloyd Wright. Berlin, 1926

Gropius, Walter
geb. 1883 in Berlin
lebt in USA

1907—10	Studium in Berlin und München
1908—10	Hauptassistent bei Peter Behrens
1911—12	Fabrikgebäude der Faguswerke in Alfeld bei Hannover (mit Meyer)
1919—26	Direktor der Kunstakademie und der Akademie für angewandte Kunst in Weimar, die er in »Staatliches Bauhaus« zusammenfaßte
1926	Übersiedlung nach Dessau, Bauhausbauten in Dessau
1928—34	Freie Tätigkeit in Berlin
1929—57	Vizepräsident der CIAM
1929	Bauten in der Dammerstock-Siedlung bei Karlsruhe
1930	Siedlungsbauten in Siemensstadt und Haselhorst, Berlin
1934—37	Tätigkeit in London zusammen mit Maxwell Fry
ab 1937	Professor für Architektur an der Graduate School of Design, Harvard University, Cambridge, Mass.

Wichtigste Publikationen
Idee und Aufbau des staatlichen Bauhauses Weimar. München, 1923
Internationale Architektur. München, 1925
The new Architecture and the Bauhaus. London, 1935
Rebuilding our Cummunities. Chicago, 1945
Architecture and Design in the Age of Science. New York, 1952
Scope of Total Architecture. New York, 1955

Häring, Hugo
geb. 1882 in Biberach a. d. Riß
gest. 1958 in Biberach

1899—1903	Studien an den TH Stuttgart und Dresden
ab 1921	in Berlin tätig, Mitglied der Novembergruppe
1923—24	Gut Garkau
1924	Gründung der Architektenvereinigung »Der Ring«, wird deren Sekretär
1926—31	Wettbewerbsentwurf für das Haus der Berliner Sezession
	Großsiedlung Onkel-Toms-Hütte, Berlin
1929—30	Siedlungsbauten in Berlin-Siemensstadt

1935—43	Gründung und Leitung der Schule für Gestaltung, Kunst und Werk in Berlin
1950	Ehrendoktor der TH Stuttgart

Haesler, Otto
geb. 1880 in München
gest. 1962 in Berlin

1924—26	Siedlung Georgsgarten in Celle
1929—31	Siedlung Rothenberg in Kassel
1929	Siedlungsbauten Siedlung Dammerstock bei Karlsruhe (in Zusammenarbeit mit Gropius) Volksschule in Celle
1930—31	Altersheim in Kassel (mit Hans Völker)
1946—47	Aufbauplanung Rathenow
1950—52	Leiter der Weimarer Hochschule für Baukunst

Publikation
Zum Problem des Wohnungsbaues. 1930

Hilberseimer, Ludwig
geb. 1885 in Karlsruhe
gest. 1967 in Chicago

	Studium an der TH Karlsruhe
1919	Mitglied der Novembergruppe
1919—24	erste städtebauliche Arbeiten Projekt Hallesches Tor, Berlin Projekt Zentralbahnhof Berlin Wohnhaus in der Weißenhofsiedlung Stuttgart
1928	Berufung als Meister für Siedlungswesen und Städtebau an das Staatliche Bauhaus Dessau
1931—34	zweite Gruppe städtebaulicher Arbeiten
1932	Planung für Dessau
1933	Planung für die dezentralisierte Großstadt
1938	Berufung als Professor für Stadt- und Regionalplanung an das Illinois Institute of Technology, Chicago
1939—45	Dritte Gruppe städtebaulicher Studien
1944	Projekt für Apartmenthäuser, Dormitorien und Verbindungshäuser für das I. I. T., Chicago
1945—50	verschiedene städtebauliche Studien Projekt Evergreen Chicago
1955	Direktor des neugegründeten Departments of City and Regional Planning am I. I. T., Chicago
1956—63	Stadt- und Regionalplanung für Chicago
1963	außerordentliches Mitglied der Akademie der Künste Berlin

Wichtigste Publikationen
Großstadtbauten. Hannover, 1926
Internationale neue Baukunst. Stuttgart, 1927
Großstadtarchitektur. Stuttgart, 1928
The New City. Chicago, 1944
The Nature of Cities. Chicago, 1955
Contemporary Architecture — its Roots and Trends. Chicago, 1963
Entfaltung einer Planungsidee (Bauwelt Fundamente, Bd. 6). Berlin, 1963

Hoffmann, Josef
geb. 1870 in Pirnitz, Mähren
gest. 1956 in Wien

Studium an der Wiener Akademie unter Karl von Hasenauer und Otto Wagner

1898	Mitgründer der unabhängigen Künstlergruppe »Sezession«
1899	Fachklasse für Architektur an der Wiener Kunstgewerbeschule
1903	gründet mit K. Moser und H. O. Czeschka die »Wiener Werkstätte« Sanatorium in Purkersdorf
1905—11	Palais des belgischen Kohlenmagnaten Stoclet in Brüssel
1912	Stifter und Führer des »Österreich-Werkbundes«, den er 1920 verläßt, um an die Spitze der »Gruppe Wien« des Deutschen Werkbundes zu treten
1920	Oberbaurat der Stadt Wien
1925	Bauten der österreichischen Abteilung auf der Pariser Kunstgewerbeausstellung
1933	Schließung der »Wiener Werkstätten«

Jäckh, Ernst
geb. 1875 in Urach
gest. 1959 in New York

Studium an der TH Stuttgart und in Genf, Breslau, Heidelberg, München;
Studium der Germanistik, Romanistik, Geschichtsphilosophie, Nationalökonomie;
Lehrauftrag am orientalischen Seminar der Universität Berlin

1912	Einleitung der deutsch-türkischen Freundschaft
	Berater des Auswärtigen Amtes
	Geschäftsführer des Deutschen Werkbundes
	Redakteur der »Neckarzeitung«
1920	Gründung der Hochschule für Politik
	Herausgeber von »Deutsche Politik«
1933—39	Emigration nach England
1939	Übersiedlung nach Amerika
	Professor an der Columbia University New York
	Berater des State Department in Washington für Orientfragen

Itten, Johannes
geb. 1888 in Schwarzenegg/Thun
gest. 1967 in Zürich

1904—08	Lehrerseminar Bern/Hofwil
1908—09	Volksschullehrer in Schwarzenberg
1909—10	Studium an der École des Beaux-Arts, Genf
1910—12	mathematische und naturwissenschaftliche Studien an der Universität Bern
1913	Vorlesungen bei Adolf Hoelzel in Stuttgart
1916	besucht Paul Klee in München und zieht nach Wien; eröffnet eine Kunstschule
1919—23	Lehrer am Bauhaus
1926—34	eigene Kunstschule in Berlin (Itten-Schule)
1932—36	Leiter der Höheren Fachschule für textile Flächenkunst in Krefeld
1938	geht nach Amsterdam
1948—53	Direktor der Kunstgewerbeschule und des Kunstgewerbemuseums Zürich
1943—60	Leiter der Textilfachschule Zürich

Publikation
Horizontal — Vertikal. 1915/16

Kramer, Ferdinand
geb. 1898 in Frankfurt a. M.
lebt in Frankfurt a. M.

Studium an der TH München und am Bauhaus Weimar

1926—28	Vorlesungen über Architektur an der Kunstgewerbeschule Frankfurt
1925—30	Architekt des städtischen Hochbauamts Frankfurt **Ganghäuser Westhausen, Zentralwäscherei, Fernheizung, Kindergärten** **Typisierung von Baumaterialien (Frankfurter Normen) usw.**
1930—38	selbständiges Büro, Bauten und Industrieberatung
1938—52	registered architect in USA Vice president von zwei Siedlungsgesellschaften in Westchester County N. Y., Consulting architect von Lehmann Brothers, Bankhaus New York, mehrerer Warenhauskonzerne usw. Massenproduktion von packaged furniture, eines Regenschirmes aus plat. Papier usw.
1952—64	Baudirektor der Universität Frankfurt a. M.
ab 1964	eigenes Büro

May, Ernst
geb. 1886 in Frankfurt
lebt in Hamburg

Studium in London, München (bei Thiersch und Fischer) und Planegg bei München (bei Berlepsch-Valendàs)

1925—30	Stadtbaurat in Frankfurt a. M. Siedlungen: Heddernheim, Bornheim, Praunheim, Niederrad, Riederwald u. a.
1930—33	in der UdSSR
1933—53	in Nairobi (Kenia) und Daressalam (Ostafrika)
seit 1954	in Hamburg; Leiter der Planungsabteilung der Wohnungs- und Siedlungsgenossenschaft »Neue Heimat«

Mendelsohn, Erich
geb. 1887 in Allenstein
gest. 1953 in San Francisco

	Ausbildung in Berlin und München
1912	Malerei, Bühnenentwürfe
1920	Einsteinturm in Potsdam
1927	Warenhaus Schocken, Stuttgart
1928	Warenhaus Schocken, Chemnitz
	Baugruppe Universum am Kurfürstendamm, Berlin
1931	Gebäudekomplex am Potsdamer Platz, Berlin
1933	Emigration nach Palästina
1934	De la Warr Pavillon, Bexhill
1937	Krankenhaus in Haifa
1937—39	Medizinisches Zentrum der Universität von Jerusalem
1941	Übersiedlung nach USA
	Professor an der Architekturschule der University of California in San Francisco
1946	Krankenhaus Maimonides in San Francisco
1946—53	Synagogen in St. Louis, Missouri, Cleveland, Ohio, Grand Rapids, Michigan, St. Paul, Minnesota

Wichtigste Publikationen
Amerika. Bilderbuch eines Architekten. Berlin, 1926
Rußland, Europa, Amerika. Berlin, 1929
Three Lectures on Architecture. Berkeley and Los Angeles, 1944

Mies van der Rohe, Ludwig
geb. 1886 in Aachen
lebt in Chicago

	Steinmetzlehre
	Mitarbeiter von Bruno Paul und Peter Behrens
1919	Projekte für Stahl-Glas-Hochhäuser
1922	Entwurf für ein Gebäude aus Stahlbeton
1927	Leiter der Weißenhofsiedlung Stuttgart; Wohnblock
1929	Deutscher Pavillon in Barcelona
1930—31	Haus Tugendhat in Brünn (Mähren)

1930—32	Leiter des Staatlichen Bauhauses in Dessau
1932—33	Versuch, das Bauhaus als privates Institut in Berlin fortzuführen
1937	Emigration nach Amerika
1938	Ruf an das Illinois Institute of Technology in Chicago
seit 1946	Direktor der Architektur-Abteilung des I. I. T.
1942—43	Erste Bauten in den USA
1944—58	I.I.T.-Bauten in Chicago
1948—50	Stahl-Wohnhäuser am Lake Shore Drive
1950—51	50 × 50 Fuß-Haus (Entwurf)
1950—56	Crown Hall, Chicago
1953—54	Convention Hall (Entwurf)
1954—58	Seagram Building, New York
1955—56	Lafayette-Park-Siedlung, Bebauungsplan (mit Hilberseimer)
1959—64	Federal Center, Chicago

Migge, Leberecht
geb. 1881 in Danzig
gest. 1935

Gartenarchitekt in Hamburg-Blankenese
Künstlerischer Leiter der Werkstätten Jakob Ochs

Wichtigste Publikationen
Die Gartenkultur des 20. Jahrhunderts. Jena, 1913
Deutsche Binnenkolonisation, Sachgrundlagen des Siedlungswesens. Berlin, 1926

Moholy-Nagy, Laszlo
geb. 1895 in Bacsborsod
gest. 1946 in Chicago

1918	Abschluß des Jurastudiums
1920	Übersiedlung nach Berlin
1923—28	Lehrtätigkeit am Bauhaus in Dessau
1925—30	Herausgabe der Bauhaus-Bücher zusammen mit Gropius
1928	Rückkehr nach Berlin
	Bühnenbilder für die Staatsoper und das Piscator-Theater
1935	Übersiedlung nach London
	Dokumentarfilme
1937	Direktor des »Neuen Bauhauses« in Chicago
1938	Gründung einer eigenen School of Design in Chicago

Wichtigste Publikationen
Malerei, Fotografie, Film. München, 1925
Von Material zu Architektur. München, 1929
Vision in Motion. Chicago, 1961

Mumford, Lewis
geb. 1895 in Flushing, N. Y.
lebt in USA

Soziologie-Studium in New York
Lehrtätigkeit am Dartmouth College, Stanford, und an Universitäten in North Carolina
1951 Professur für Regionalplanung an der Universität von Pennsylvania

Wichtigste Publikationen
Vom Blockhaus zum Wolkenkratzer. Eine Studie über amerikanische Architektur und Zivilisation. Berlin, 1925
The Culture of Cities. New York, 1938
Kunst und Technik. Stuttgart, 1959
Megapolis. Gesicht und Seele der Großstadt. Wiesbaden, 1951 (City Development. New York, 1945)
Die Stadt. Köln/Berlin, 1963 (The City in History. London 1961)

Muthesius, Hermann
geb. 1861 in Groß-Neuhausen
gest. 1927 in Berlin

Schüler von H. Ende
1887—91 für Ende und Böckmann in Japan, dann Ministerium für öffentliche Arbeiten, Berlin
1896—1903 der Deutschen Botschaft in London attachiert
1907 Mitgründer des Deutschen Werkbundes
1911 formuliert er die Ziele des Deutschen Werkbundes

Wichtigste Publikationen
Englische Baukunst der Gegenwart. Leipzig, 1900/04
Die neuere kirchliche Baukunst in England. Berlin, 1901
Kultur und Kunst. Jena, 1904
Das englische Haus. Berlin, 1904/05
Landhaus und Garten. München, 1907
Wie baue ich mein Haus. München, 1917
Kleinhaus und Kleinsiedelung. München, 1918
Die schöne Wohnung. München, 1922

Poelzig, Hans
geb. 1869 in Berlin
gest. 1936 in Berlin

1888—89 Studium an der TH Berlin
1900—03 Lehrer an der Akademie in Breslau
1903—16 **Direktor der Breslauer Akademie**
1906 Rathaus Löwenberg

1910	Wasserturm, Posen
1911—12	Chemische Fabrik, Luban bei Posen
1916—20	Stadtbaurat und Professor an der TH Dresden
1918—19	Umbau des Großen Schauspielhauses, Berlin
1920	Professor an der TH Berlin und Vorsteher eines Meisterateliers freier Architekt an der Akademie der Künste Senator der Preußischen Akademie der Künste
1928—30	Verwaltungsgebäude der I. G. Farben, Frankfurt a. M.
1929—30	Haus des Rundfunks, Berlin
1933—34	Direktor der Vereinigten Staatsschulen für freie und angewandte Kunst, Berlin. Als Nachfolger von Bruno Paul Mitglied der Preußischen Akademie der Künste

Preetorius, Emil
geb. 1883 in Mainz
gest. 1968 in München

Naturwissenschaftliches, kunstgeschichtliches und juristisches Studium. Dr. jur.
kurzer Besuch der Münchner Kunstgewerbeschule

1909	Gründung der Münchner Schule für Illustration und Buchgewerbe zusammen mit Paul Renner
1910	Leiter der Münchner Lehrwerkstätten
1926	Leiter einer Klasse für Illustration und einer Klasse für Bühnenbildkunst an der Münchner Akademie
1928	Professor an der Hochschule für bildende Künste in München
1932	szenischer Leiter der Bayreuther Festspiele
seit 1948	Mitglied des Bayerischen Senats, Präsident der Ostasiatischen Gesellschaft
1953	Präsident der Bayerischen Akademie der Schönen Künste

Publikation
Gedanken zur Kunst. Berlin, 1940

Rading, Adolf
geb. 1888 in Berlin
gest. 1957 in London

Maurergeselle, kaufmännische Lehre, Städtische Baugewerbeschule Berlin
Mitarbeiter von August Endell in Breslau

1921	Haus Stifterstraße 4 in Breslau
1923—32	Professur an der Staatl. Akademie für Kunst und Kunstgewerbe in Breslau
1925 + 28	Umbau Mohrenapotheke, Breslau
1925—26	Oddfellow-Loge
1927	Haus in der Weißenhofsiedlung, Stuttgart
1929	Miethaus in der Werkbundsiedlung, Breslau
1931	Kleinstwohnungsblöcke, Berlin-Lichtenberg

Renner, Paul
geb. 1878 in Wernigerode
gest. 1956 in Hoedingen/Überlingen

Studium an den Kunstakademien in Berlin, Karlsruhe, München. In München als Maler tätig

ab 1907	Beschäftigung mit Typographie und Buchgestaltung
1911	Gründung der Münchner Schule für Illustration und Buchgewerbe zusammen mit Emil Preetorius
	Ausbau der Schule zu den Münchner Lehrwerkstätten
1925	Berufung an die neuorganisierte Kunstschule in Frankfurt a. M.
1926	Leitung der Graphischen Berufsschule der Stadt München
1927	Angliederung der Meisterschule für Deutschlands Buchdrucker an die Graphische Berufsschule
	Schnitt der »Futura, der Schrift unserer Zeit«
1933	aus dem Lehramt entlassen wegen Broschüre: Kulturbolschewismus
ab 1934	wieder als Maler am Bodensee

Wichtigste Publikationen
Typographie als Kunst. München, 1922
Mechanisierte Grafik. Schrift, Typo, Foto, Film, Farbe. Berlin, 1930
Kunst und Typographie. Berlin, 1939
Die Kunst der Typographie. Berlin, 1940
Ordnung und Harmonie der Farben. Ravensburg, 1947
Das moderne Buch. Lindau, 1947

Riemerschmid, Richard
geb. 1868 in München
gest. 1957 in München

1888—90	Studium an der Akademie der Künste, München
1896	Bild: Garten Eden
1897	Gründungsmitglied der Vereinigten Werkstätten für Kunst und Handwerk
1901	Innenausbau des Münchner Schauspielhauses
1910	Fabrikgebäude der Deutschen Werkstätten in Dresden-Hellerau
1913—24	Direktor der Kunstgewerbeschule München
1926	Direktor der Kölner Werkschulen
	Mitbegründer der Münchner Werkstätten für Handwerkskunst

Publikation
Künstlerische Erziehungsfragen. 2 Bände. München, 1917/1919

Riezler, Walter
geb. 1878 in München
gest. 1965 in München

Studium an der Universität München bei Adolf Furtwängler
Musikstudium bei Max Reger und Felix Mottl

1907	Gründungsmitglied des Deutschen Werkbundes
1910—33	Städtischer Museumsdirektor in Stettin: Ausbau der Gemäldegalerie Vortragsveranstaltungen mit Ludwig Klages, Julius Meier-Graefe, Peter Behrends, Wilhelm Pinder, Hans Prinzhorn, Fedor Stepun, Mary Wigmann, Hans Pfitzner u. a.
1927—33	Herausgeber der »Form«
1933	Beurlaubung und Zwangspensionierung Übersiedlung nach Irschenhausen im Isartal
1946	Honorarprofessor für Neuere Musikgeschichte an der Universität München; Wahl in die Sektion Musik der Bayerischen Akademie der Schönen Künste

Wichtigste Publikationen
Die Grenzen von Ostwalds Farbenlehre. Mitteilungen des Deutschen Werkbundes. 1915
Die Kulturarbeit des Deutschen Werkbundes. München, 1916
Hans Pfitzner und die deutsche Bühne. München, 1917
Das Deutsche Kunstgewerbe. Monza, 1925/Berlin, 1926
Beethoven. Berlin/Zürich, 1936

Schmidt, Hans
geb. 1893 in Basel
lebt in Berlin (Ost)

Studium an den Technischen Hochschulen München und Zürich

1922—23	Architektentätigkeit in Holland
1924—28	Herausgabe der Zeitschrift „ABC — Beiträge zum Bauen" gemeinsam mit Emil Roth und Mart Stam
1926—29	eigenes Atelier in Basel
1925	Haus Colnaghi, Basel
1928	Mitbegründer der CIAM
1929—30	Mitarbeit Werkbundsiedlung Neubühl, Zürich
1930—37	Tätigkeit in der Sowjetunion
ab 1937	wieder in Basel
1947—49	Haus der Schweizer Gesandtschaft in Warschau
seit 1956	Tätigkeit in der DDR; zuerst Hauptarchitekt des Instituts für Typung, später leitender Mitarbeiter der Architekturtheorie

Publikation
Beiträge zur Architektur 1924—1964. Zusammengestellt und eingeleitet von Bruno Flierl. Berlin, 1965

Schwab, Alexander
geb. 1887 in Stuttgart
gest. 1943 im Zuchthaus Zwickau

Sohn des Komponisten Karl Julius Schwab
Studium der Philosophie, Germanistik, alter Sprachen, Nationalökonomie,

Soziologie und Staatsrecht an den Universitäten Rostock, Jena, Heidelberg und Freiburg. Dr. phil.
Mitglied des Spartakus-Bundes
1920 Eintritt in die KAP
1921 Referat in Moskau, das als Kampfansage an die leninistische Politik aufgefaßt wurde
Flucht aus der Sowjetunion und Bruch mit der KAP
In den folgenden Jahren freier Journalist
1928 Pressechef der Reichsanstalt für Arbeitslosenvermittlung und Arbeitslosenversicherung in Berlin
1933 Entlassung, 8 Wochen in Schutzhaft
Aufbau einer Pressekorrespondenz gemeinsam mit Franz Jung
Illegale politische Arbeit, Organisation der Widerstandsgruppe »Roter Kämpfer«
1936 in Berlin verhaftet und vom Volksgerichtshof zu 8 Jahren Zuchthaus verurteilt
1943 im Zuchthaus Zwickau gestorben. Todesursache ungeklärt

Wichtigste Publikationen
Möbelkonsumtion und Möbelproduktion in Deutschland. Berlin, 1915
Das Buch vom Bauen (unter dem Pseudonym Albert Sigrist). Berlin, 1930

Schwagenscheidt, Walter
geb. 1886 in Elberfeld
gest. 1968 in Kronberg/Taunus

Volksschule, Lehre im Architekturbüro
Arbeit in mehreren Architekturbüros
je 1 Semester Kunstgewerbeschule Düsseldorf (Kreis), TH Stuttgart (Bonatz), TH München (Fischer)
1921—27 Assistent (Städtebau und bürgerliche Baukunst) an der TH Aachen
1298—29 technischer und künstlerischer Leiter der Gartenstadt-Gesellschaft Frankfurt a. M.
1930—33 in der Sowjetunion tätig
1933—68 Architekt (vorwiegend für Wohnhäuser) in Kronberg
u. a. 1. Preis und Ausführung der Nordweststadt Frankfurt a. M.

Wichtigste Publikationen
Die Raumstadt. Heidelberg, 1949
Ein Mensch wandert durch die Stadt. Godesberg-Mehlem, 1957
Die Nordweststadt. Stuttgart, 1964

Tessenow, Heinrich
geb. 1876 in Rostock
gest. 1950 in Berlin

Schüler von Hocheder und Thiersch an der TH München
1909—11 Assistent von Prof. Dülfer an der TH Dresden

1910—12	Bau des Dalcroze-Instituts in der Gartenstadt Hellerau bei Dresden
1920	Leiter der Architekturschule der Dresdner Kunstakademie
1925—26	Sächsische Landesschule in Klotzsche bei Dresden
1926	Ordinarius an der TH Berlin und Leiter eines Meisterateliers an den Vereinigten Staatschulen für freie und angewandte Kunst
1927—30	Städtisches Lyzeum mit Studienanstalt in Kassel
1931	Umbau der Neuen Wache Schinkels in Berlin zu einem Ehrenmal für die Gefallenen des Weltkrieges

Wichtigste Publikationen
Der Wohnhausbau. München, 1909
Hausbau und dergleichen. Berlin 1916
Handwerk und Kleinstadt. Berlin, 1919

Tschichold, Jan
geb. 1902 in Basel
lebt in Basel

Studium an der Akademie für graphische Künste und Buchgewerbe in Leipzig

1921—26	Abendlehrer für Kalligraphie an derselben Akademie
1926—33	Lehrer für Kalligraphie und Typographie an der Meisterschule für Deutschlands Buchdrucker in München
1933	Emigration nach Basel
1945—49	Vollständige typographische Neugestaltung der Penguin Books, London
1965	entwirft die Sabon-Schrifttype für Stempel, Mono- und Linotype

Publikationen
Die neue Typographie. Berlin, 1928
Typographische Gestaltung. Basel, 1935
Geschichte der Schrift in Bildern. Basel, 1941
Schriftkunde, Schreibübungen und Skizzieren. Berlin, 1951

van de Velde, Henry
geb. 1863 in Antwerpen
gest. 1957 in Zürich

1881—86	Malerstudium an der Academie des Beaux Arts in Antwerpen und bei Carolus Duran in Paris
1890	Studium der Architektur und dekorativen Kunst
1894	erste Möbel
1895	Haus Bloemenwerf in Uccle bei Brüssel
1899	verläßt Belgien und geht zur Berliner Pan-Gruppe
1900—01	Vortragsreise durch Deutschland
1909—02	Innenausstattung des Museums Folkwang in Hagen
1901	Künstlerischer Beirat für Industrie und Kunstgewerbe am Hof des Großherzogs von Sachsen-Weimar

1906	Gründung und Errichtung der Kunstgewerbeschule in Weimar
1911	Bekanntschaft mit Gordon Craig und Max Reinhardt
1914	Werkbundtheater Köln (zerstört)
1917	geht in die Schweiz
1921	nach Holland
1925	zurück nach Belgien
1926—35	gründet und leitet das Institut des Arts Décoratifs de la Chambre in Brüssel
1926—36	Professor für Architektur an der Universität Gent
1937—54	Museum Kröller-Müller in Otterlo
	zieht nach Oberägeri am Zugersee/Schweiz

Wichtigste Publikationen
Formules de la Beauté Architectonique moderne. 1917
Der neue Stil in Frankreich. Berlin, 1925
Geschichte meines Lebens. München, 1962

Wagner, Martin
geb. 1885 in Berlin
gest. 1957 in Cambridge, Mass., USA

Stadtbaurat und Leiter der Sozialen Baubetriebe
Direktor der Deutschen Wohnungsfürsorge AG für Beamte, Angestellte und Arbeiter

1918—19	Flachbausiedlung Lindenhof, Berlin
1920	Stadtbaurat in Berlin-Schöneberg
1926—33	Stadtbaurat für Berlin
1925—27	Groß-Siedlung Berlin-Britz mit Bruno Taut
1930	Städtebaufilm »Die Stadt von morgen«
	Strandbad Wannsee, Berlin
1933—38	Städtebau-Berater der türkischen Regierung
1938—50	Professor für Städtebau an der Harvard University, Cambridge, Mass.

Wichtigste Publikationen
Das wachsende Haus. Berlin, 1932
Die neue Stadt im neuen Land. Berlin, 1934
Wirtschaftlicher Städtebau. Stuttgart, 1951

Werthoff (Wertow), Dsiga
geb. 1896
gest. ?

	begann als Bild- und Filmreporter in der Partisanenarmee, später Chef der Filmabteilung im »Allrussischen Zentralen Exekutivkomitee«
1922—23	Produzent der bekannten sowjetischen Filmwochenschau »Kino-Prawda« (Film-Wahrheit)
	Hersteller der Serie: Kino-Auge

1925—26	»Vorwärts Sowjets«
1926—27	»Ein Sechstel der Welt«
1928	»Das elfte Jahr«
1928—29	»Der Mann mit der Filmkamera«
1931	Vorführung der ersten russischen Tonfilme in Berlin

Wolf, Gustav
geb. 1887 in Osterode/Harz
gest. 1963 in Münster

Architektur-Studium an der TH München
Mitarbeiter von Paul Schmitthenner bei Anlegung der Gartenstadt Carlowitz bei Breslau und der Gartenstadt Staaken bei Berlin

1915—19	Bezirksarchitekt und Bauberater beim Wiederaufbau Ostpreußens
1920	Stadtarchitekt und Bauberater in Soest/Westf.
1922—27	Baudirektor der Westfälischen Heimstätte Münster i. W. und Leiter der Westfälischen Bauberatungsstelle Gartenstadt Habichtshöhe in Münster
1927—34	Direktor der Handwerker- und Kunstgewerbeschule Breslau
1934—38	Dozent an der Staatsbauschule Berlin-Neukölln
1939—52	Landesbaupfleger von Westfalen

Wichtigste Publikationen
Die schöne deutsche Stadt (2 Bände). 1911/13
Praktische Baupflege in Stadt und Land. 1923
Haus und Hof deutscher Bauern. Band 1: 1940; Band 2: 1960; Band 3: 1961
Typus und Norm. Zur Planung des kommenden Wohnungsbaues. Minden, 1947
Vom Grundriß der Volkswohnung. Ravensburg, 1950

Zech, Paul
geb. 1881 in Briesen
gest. 1946 in Buenos Aires

war nach Universitätsstudium Berg- und Metallarbeiter, später Dramaturg, Lektor und Bibliothekar
Übersetzungen von Villon, Rimbaud und Verhaeren

1924	Herausgeber von »Das dramatische Theater« (ein Jahrgang)
1934	Übersiedlung nach Amerika

Wichtigste Publikationen
Das trunkene Schiff. Eine szenische Ballade. Leipzig, 1924
Sebastian oder die vier Weltkreise eines Geschlagenen. Leipzig, 1924
Die ewige Dreieinigkeit (Gedichte). Rudolstadt, 1924
Erde. Die vier Etappen des Dramas zwischen Rhein und Ruhr. Leipzig, 1925
Ich bin Du oder die Begegnung mit dem Unbekannten. Leipzig, 1926

Bauwelt Fundamente

1 Ulrich Conrads, Programme und Manifeste zur Architektur des 20. Jahrhunderts
180 Seiten, 27 Bilder, DM 10,80

2 Le Corbusier, Ausblick auf eine Architektur
216 Seiten, 231 Bilder, DM 12,80

3 Werner Hegemann, Das steinerne Berlin
Geschichte der größten Mietskasernenstadt der Welt
344 Seiten, 100 Bilder, DM 12,80

4 Jane Jacobs, Tod und Leben großer amerikanischer Städte
221 Seiten, 4 Bilder, DM 10,80

5 Sherman Paul, Louis H. Sullivan
Ein amerikanischer Architekt und Denker
164 Seiten, 26 Bilder, DM 9,80

6 L. Hilberseimer, Entfaltung einer Planungsidee
140 Seiten, 121 Bilder, DM 10,80

7 H. L. C. Jaffé, De Stijl 1917–1931
Der niederländische Beitrag zur modernen Kunst
272 Seiten, 54 Bilder, DM 14,80

8 Bruno Taut, Frühlicht — Eine Folge für die Verwirklichung des neuen Baugedankens
224 Seiten, 240 Bilder, DM 9,80

9 Jürgen Pahl, Die Stadt im Aufbruch der perspektivischen Welt
176 Seiten, 86 Bilder, DM 10,80

10 Adolf Behne, Der moderne Zweckbau
132 Seiten, 95 Bilder, DM 10,80

11 Julius Posener, Anfänge des Funktionalismus
Von Arts and Crafts zum Deutschen Werkbund
232 Seiten, 52 Bilder, DM 11,80

(Fortsetzung nächste Seite)

Bauwelt Fundamente

12 Le Corbusier, Feststellungen zu Architektur und Städtebau
248 Seiten, 230, teils farbige Bilder, DM 14,80

13 Hermann Mattern, Gras darf nicht mehr wachsen
12 Kapitel über den Verbrauch der Landschaft
184 Seiten, 40 Bilder, DM 12,80

14 El Lissitzky, Rußland: Architektur für eine Weltrevolution
208 Seiten, 116 Bilder, DM 11,80

15 Christian Norberg-Schulz, Logik der Baukunst
308 Seiten, 118 Bilder, DM 15,80

16 Kevin Lynch, Das Bild der Stadt
216 Seiten, 140 Bilder, DM 12,80

17 Günter Günschel, Große Konstrukteure 1
Freyssinet — Maillart — Dischinger — Finsterwalder
276 Seiten, 172 Bilder, DM 15,80

19 Anna Teut, Architektur im Dritten Reich 1933—1945
392 Seiten, 56 Bilder, DM 17,80

20 Erich Schild, Zwischen Glaspalast und Palais des Illusions
Form und Konstruktion im 19. Jahrhundert
224 Seiten, 157 Bilder, DM 14,80

21 Ebenezer Howard, Gartenstädte von morgen
Ein Buch und seine Geschichte
198 Seiten, 35 Bilder, DM 14,80

22 Cornelius Gurlitt, Zur Befreiung der Baukunst
Ziele und Taten deutscher Architekten im 19. Jahrhundert
166 Seiten, 19 Bilder, DM 8,80

23 James M. Fitch, Vier Jahrhunderte Bauen in USA
330 Seiten, 247 Bilder, DM 22,80

Bertelsmann Fachverlag

Bei Fragen zur Produktsicherheit wenden Sie sich bitte an:
If you have any questions regarding product safety,
please contact:

Birkhäuser Verlag GmbH
Im Westfeld 8
4055 Basel, Schweiz
productsafety@degruyterbrill.com